改訂
第2版

大学入学共通テスト

英語［リーディング］
の点数が面白いほどとれる本

駿台予備学校講師
竹岡広信

＊この本は，小社より 2022 年に刊行された『改訂版　大学入学
共通テスト　英語［リーディング］の点数が面白いほどとれる
本』に、最新の学習指導要領と出題傾向に準じた問題選定・加
筆・修正を施し、令和 7 年度以降の大学入学共通テストに対応
させた改訂版です。

＊この本には「赤色チェックシート」がついています。

はじめに

▶共通テストの「英語[リーディング]」って，どんな試験?

　共通テストの前身・センター試験の英語の出題は，ひと言でまとめれば「すばらしい!」という出来映えです。東京大学の入試問題と同様に，「日本の英語教育をリードしていく」という気概が感じられます。受験人数が数十万人にも上ることを考えれば，教育現場への影響力は計り知れないものがあります。「センター試験のおかげで，英語教育が向上した」と言ってもいいくらいです。

　共通一次試験が始まった1979年当時でも，たしかに良問が出題されてはいましたが，試行錯誤の感がまだありました。1990年に共通一次試験がセンター試験に移行して以来，1990年代にはさまざまな問題パターンが試され，出題の精度がさらに高まっていきました。その進化は，共通テストに移行しても続いています。英語の実力をつけるためには，センター試験の過去問演習はとても効果的です。2019年のシンポジウムでは「センター試験の問題は世界遺産」と話されていました。共通テストもそのDNAを受け継いでいくことでしょう。

▶この本って，どんな本?

　センター試験(そしておそらく共通テスト)の出題には，「従来の"受験英語"を打破し，日本の英語教育を変革しよう」という高い志がうかがえます。しかし，そのような出題者(問題作成部会)の願いとは裏腹に，普遍性のないテクニックに走る対策書が数多く出回っています。傾向が変わるたびに「新傾向」対策用の新作問題集や模擬試験などが出回ります。先ほどのシンポジウムで，問題作成部会の人がこれらの問題を「劣化」と評していました。

　私は，出題者の意図から外れ，従来の"受験英語"への後退を助長するような類書を，文字どおり「打破」したいという動機から，この本を書きました。この本は，共通一次試験，大学入試センター試験と大学入学共通テストの本試験・追試験・試行調査のすべての過去問を分析・研究した結果と，のべ何万人にも及ぶ私の教え子を対象として行った授業やテスト，受講生たちからの質問を通して知った彼らの弱点を網羅したものになっています。

　また，この本は，「真正面から英語に取り組むための試練の場」を提供することもめざしています。したがって，「あやしげな」テクニックや，些末

な知識はすべて排除しています。掲載した問題は、「考えずに解ける」ような平均点調整のための問題ではなく、「差がつく」ものとなっています（したがって、本書は、たとえ現行の試験の読解問題とは出題傾向が異なる問題であっても、「良問」であれば積極的に載せています）。

▶刊行にあたって

　この『面白いほどとれる』シリーズのうち、私が執筆した書籍は、おかげさまで、のべ50万人以上の受験生に支持されてきました。実際、「この本を繰り返し勉強したおかげで○点も伸びました」といううれしい声を何度も聞きました。それが「この本が本物である証」だと自負しています。

　私には常々、「読解力をつけるには、目先の傾向などは無視していいから、過去問をしっかりやり込めばいい」という信念があり、本書についても大幅な改訂は控えてきました。しかし、共通テストに移行するにあたり、より普遍的な読解力を育成するための書にするには大幅な手直しが必要であるとの判断に至りました。そこで大改訂に踏み切ったのですが、良いものに仕上がったと思っています。さらなるパワーアップを果たした本書を用いて、受験生の皆さんが英語力を向上させられることを心から願っています。

▶感謝の言葉

　私がセンター試験の分析・研究に興味を持ったのは、先輩である田平稔先生のおかげです。田平先生の方法論を参考にすることによって、今の「竹岡本」が出来上がったと言っても過言ではありません。その後も、貴重なアドバイスや校正などで大変お世話になっています。田平先生以外にも、すばらしい問題を提供していただいた歴代のセンター試験問題作成部会の方々、これまで私が出会ってきたさまざまな指導者の方々など、多くの方に心からお礼を申し上げます。

　さらに、執筆・編集の過程ではKADOKAWAの山川徹氏、細田朋幸氏（旧版）、丸岡希実子氏（新版）に多大なるご尽力をいただいたことに感謝いたします。

　最後に、この本を手に取ってくださった読者の皆さんへの感謝・激励の気持ちを込めて、以下の言葉を贈らせていただきます。

　「まああえか！」　その一言で　あと一年　　　　　　竹岡　広信

もくじ

本文デザイン：長谷川有香（ムシカゴグラフィクス）
本文イラスト：青葡萄

この本の特長と使い方

共通テストの英語の出題範囲は，すべて高校における履習内容に基づいています。基本さえしっかり身につければ，高得点も可能です。本書を用いて，徹底的に基本事項をおさえてください。

1st step 傾向チェック編 ➡ 竹岡先生が過去問を詳細に分析した結果，見えてきた明らかな傾向を，楽しい読み物風に書いています。

---

1 情報取得問題（図表チラシ）

1st step 傾向チェック編

1 情報取得に重点を置いた読解のねらい

図や表などを含む英文を読ませて，「必要な情報を素早く取得する」訓練をさせるものである。これは「スキャニング (scanning)」と呼ばれ，古くからある手法である。素材には図や表に留まらず，e-mail，各種申込書，チラシ類，新聞の投稿欄などさまざまなものが使用されているが，そのための特殊な学習が必要だとは思われない。結局，必要なのは，次の2点である。

① 図表・チラシなどを隅々まで見て，情報の見落としをしない。
　　➡ 時間との闘い
② イラストなどを見て，日常的な英語が理解できる。
　　➡ たとえば **put ～ on the wall** は「～を壁に貼る」

> 竹岡先生の，ちょっと毒舌だけどためになる解説にじっくり耳を傾けてください

 竹岡の一言

「情報取得問題」は，図表やチラシ，e-mail，各種申込書などの，英語圏の日常生活におけるさまざまな情報の中から必要なものを選び出す訓練のための問題。さらには，「机の下にもぐった (**I got under the desk.**)」「電話が圏外だ (**I can't get a signal here.**)」などの，日常生活に必要な英語を訓練する目的も含まれている。実用英語練習の機会だと思って，楽しみながら勉強してほしい。

> 「要するに，問題作成部会はこういうことを問おうとしている」という出題のねらいを，ズバリ分析しています

そのジャンルの問題を解く
うえで威力を発揮する解法
を **原則** としてあげ，それ
に対応した **例題** を収録し
ています。

毎年，卒業した
受講生から，「本
番でバッチリ使
えた！」と感謝さ
れている解法の
エッセンスを，余
すところなく解説
しています。直前
期には，ここだけ
でも，目を通して
ください

原則⑥ 本文の「主張・テーマ」を考え，方向性から
選択肢を吟味しよう。解答は本文の要約にな
っているから，「本文には直接該当箇所がない
表現」が多用されている。よって，まずは消
去法により選択肢を絞ろう

　正解の選択肢は，全体のテーマを踏まえたうえで作られている。よって，
正解の選択肢は，本文のある1文を「言い換えた」というレベルではなく，
「全体のテーマの方向性」を考えて作られている。「本文を読んで，該当箇
所を探す」というやり方は通用しないので，避けること。

学習の目安とし
て問題のレベル
表示（易／標準
／やや難／難）
と解答目標時間
を示しています

例題 14　　　　　　　　　　やや難 2分

「デジタルカメラのために，被写体が「特別なもの」から「日常的なもの」
に変化した」という主張の英文に合致しているものを，①～④のうちか
ら一つ選べ。

問　The main idea of the passage is that .
　① digital photography is changing the way we keep track of our
　　lives
　② people have become more careless about taking photos than
　　they were in the past
　③ the digital camera is one of the most important inventions in
　　human history
　④ we should carry digital photography to help us remember
　　important events
　　　　　　　　　　　　　　　　　　　　　　　　　［追試・改題］

原則 のエッセン
スの理解を試す
ため，精選され
た過去問を使用
しています

解説　問　「この文の主なテーマは 　　　　 ということである」
　　　実際には「主張・テーマ」がわかれば正解できたに等しい。このよ
うな形式で出題されれば簡単に感じるかもしれない。この設問は，あ
くまでも選択肢を吟味するための方法論を試す問題だと考えてほし

疑問点を残さな
い，論理的な解説
を行っています

この本の特長と使い方　　7

3rd step 問題チャレンジ編 ➡ 過去問の傾向を把握し，解法を学んだあとに，腕試しとして取り組むのにふさわしい「差がつく」良問を厳選しています。

例題 21 ▌▌▌▌▌▌▌ 標準 8分

次の文章を読み，問1～3の ▭ に入れるのに最も適当なものを，それぞれの選択肢のうちから一つずつ選べ。

You found the following story in a study-abroad magazine.

Flowers and Their Hidden Meanings
Naoko Maeyama (Teaching Assistant)

(1) Giving flowers is definitely a nice thing to do. However, when you are in a foreign country, you should be aware of cultural differences.

(2) Deborah, who was at our school in Japan for a three-week language program, was nervous at first because there were no students from Canada, her home country. But she soon made many friends and was having a great time inside and outside the classroom. One day she heard that her Japanese teacher, Mr. Hayashi, was in the hospital

問題を解くうえでの着眼点を，ひと言アドバイスしています

 時系列を尋ねる問題は，正答率の低いものが多いので慎重に解くこと。

竹岡先生による，キレがあって，応用のきく解説が展開されています

解説 パラグラフメモ

第1パラグラフ：外国では文化の差に注意

第2パラグラフ：デボラは先生のお見舞いに鉢植えの花を持って行く。先生が困惑

第3パラグラフ：デボラの説明。先生は情熱的だから赤が好きなはず

第4パラグラフ：デボラはお見舞いに関する日本文化を知って，入院中の先生に再度謝りに行く

問1 「話によると，デボラの感情は次の ▭ の順番で変化した」
この英文は「最初は混乱したが，文化の違いに気がついて申し訳なく思った」というオチだから，それだけでも，① 「緊張している ⇒ 混乱している ⇒ 幸せだ ⇒ 衝撃を受けている ⇒ 申し訳ない」と，③

このように，いろいろな工夫が詰まったこの本で過去問をしっかり演習すれば，どのレベルにある人でも必ず合格点を取れるようになります。
さあ，さっそく自分の苦手ジャンルからページを開いてみてください。

さあ，「英語」の勉強が始まるよ！
今回は「リーディング」に絞った対
策で，新傾向の問題も出題されてい
る。どうやって対策すればいいか困っ
ているだろうけど，この本を読み込
めば，どんな問題が出てもたじろが
ない，真の実力がつくよ。さっそく
始めてみよう！

1 情報取得問題（図表チラシ）

1st step 傾向チェック編

■1 情報取得に重点を置いた読解のねらい

図や表などを含む英文を読ませて，「必要な情報を素早く取得する」訓練をさせるものである。これは「スキャニング（scanning）」と呼ばれ，古くからある手法である。素材には図や表に留まらず，e-mail，各種申込書，チラシ類，新聞の投稿欄などさまざまなものが使用されているが，そのための特殊な学習が必要だとは思われない。結局，必要なのは，次の2点である。

---

❶ 図表・チラシなどを隅々まで見て，情報の見落としをしない。
　　➡ 時間との闘い
❷ イラストなどを見て，日常的な英語が理解できる。
　　➡ たとえば put 〜 on the wall は「〜を壁に貼る」

■2 本書の方針

いたずらに「新傾向」の出題に振り回されることなく，さまざまなタイプの出題に慣れておくことが大切である。

本書では前述のタイプの問題を「情報取得問題」として位置づけ，過去に出題されたさまざまな傾向の問題を提示することによって読者の学力向上に寄与したい，と考えている。したがって，本書は，たとえ現行の共通テストの読解問題とは出題傾向が異なる問題であっても，「良問」であれば積極的に取り上げている。

次のものは，「写真」の出題例。図表やイラスト以外にもさまざまなパターンが予想されるが，どのようなものが出てきてもあわてず落ち着いて取り組めば大丈夫！

You are studying about Brazil in the international club at your senior high school. Your teacher asked you to do research on food in Brazil. You find a Brazilian cookbook and read about fruits used to make desserts.

Popular Brazilian Fruits	
Cupuaçu	**Jabuticaba**
· Smells and tastes like chocolate · Great for desserts, such as cakes, and with yogurt · Brazilians love the chocolate flavored juice of this fruit.	· Looks like a grape · Eat them within three days of picking for a sweet flavor. · After they get sour, use them for making jams, jellies, and cakes.
Pitanga	**Buriti**
· Comes in two varieties, red and green · Use the sweet red one for making cakes. · The sour green one is only for jams and jellies.	· Orange inside, similar to a peach or a mango · Tastes very sweet, melts in your mouth · Best for ice cream, cakes, and jams

問1　Both *cupuaçu* and *buriti* can be used to make [1].

① a cake

② chocolate

③ ice cream

④ yogurt

問2　If you want to make a sour cake, the best fruit to use is [2].

① *buriti*

② *cupuaçu*

③ *jabuticaba*

④ *pitanga*

[本試]

　あなたは高校のインターナショナル部で，ブラジルについて学んでいる。先生はあなたにブラジルの食べ物について調べるよう伝えた。あなたはブラジルの料理本を見つけ，デザートを作るために使用される果物についての文章を読んでいる。

ブラジルで人気の果物	
クプアス ・香りと風味はチョコレートに近い ・ケーキなどのデザートや，ヨーグルトと一緒に食べるのに最適 ・ブラジル人はこのフルーツから作るチョコレート味のジュースが大好き	ジャボティカバ ・ブドウに似た見た目 ・甘さを味わうには摘んでから3日以内に食べること ・酸っぱくなったら，ジャムやゼリー，ケーキに使うとよい
ピタンガ ・赤色と緑色の2種類がある ・ケーキを作る際は甘くなった赤い実を使う ・まだ酸っぱい緑の実はジャムかゼリーにのみ使う	ブリチ ・中はオレンジで，桃やマンゴーに近い ・非常に甘く，口の中で溶ける ・アイスクリーム，ケーキ，ジャムに最適

問1

クプアスとブリチは　　1　　を作るのに使うことができる。

① ケーキ　　　　　② チョコレート

③ アイスクリーム　④ ヨーグルト

問2

もしあなたが酸味のあるケーキを作りたい場合，最も適した果物は　　2　　である。

① ブリチ　　　　　　② クプアス

③ ジャボティカバ　　④ ピタンガ

　作成部会のメンバーの先生方は，どこからこのような果物を出すヒントを得たのであろうか？　その多様な視点にはいつも感服させられる。ただ，「酸っぱいケーキを作るのに適した果物はどれか」という問は，おそらく，あまり普段料理しない人が作られた問ではないだろうか。なぜなら果物が酸っぱいから，それを材料にしたケーキも酸っぱいとは限らないような気がする。まあしかし，そのような細かいことを言っていたのでは答えが出なくなるので，ここでは素直に「材料の果物が酸っぱい」＝「できたケーキも酸っぱい」と考えることにしよう。

解説　**問1**　①が正解。設問文の「クプアスとブリチは ＿1＿ を作るのに使うことができる」から，クプアスとブリチの説明文で確認する。クプアスの説明文から，この果物を使って作ることのできるものは「ケーキなどのデザート」「チョコレート味のジュース」だとわかる。また，ブリチの説明文から，この果物を使って作ることのできるものは「アイスクリーム，ケーキ，ジャム」だとわかる。**これらから，クプアスとブリチのどちらにも出てくるのは「ケーキ」だとわかる。**果物の名前がすべてポルトガル語で書かれているので違和感があるが，設問を解く際には問題ない。

問2　③が正解。設問の「もしあなたが酸味のあるケーキを作りたい場合，最も適した果物は ＿2＿ である」から，酸味がありケーキに適したものを選ぶことになる。料理本の中で「酸味がある」と述べられている果物はピタンガとジャボティカバであり，ケーキに適していると述べられている果物は，クプアスとジャボティカバとブリチである。**よって「酸味がありケーキに適したもの」はジャボティカバだとわかる。**果物に酸味があるからといって，それを材料にして作ったケーキに酸味があるかどうかは疑問だが，それは問わないことにしないと設問として成立しない。

竹岡の一言

「情報取得問題」は，図表やチラシ，e-mail，各種申込書などの，英語圏の日常生活におけるさまざまな情報の中から必要なものを選び出す訓練のための問題。さらには，「机の下にもぐった（**I got under the desk.**）」「電話が圏外だ（**I can't get a signal here.**）」などの，日常生活に必要な英語を訓練する目的も含まれている。実用英語練習の機会だと思って，楽しみながら勉強してほしい。

原則❶ テスト問題の中にある情報は，英文でも図でも何でもとにかくよく見ること

「この図はおまけかな？」なんて思っていてはいけない。いたるところに問題を解くカギが隠されている。それを必死に収集すること。

例題 1

次の文章を読み，問1・2の [   ] に入れるのに最も適当なものを，それぞれ下の ① 〜 ④ のうちから一つずつ選べ。

You found the following story in a blog written by a female exchange student in your school.

School Festival

Sunday, September 15

(1) I went with my friend Takuya to his high school festival. I hadn't been to a Japanese school festival before. We first tried the ghost house. It was well-made, using projectors and a good sound system to create a frightening atmosphere.

(2) Then we watched a dance show performed by students. They were cool and danced well. It's a pity that the weather was bad. If it had been sunny, they could have danced outside. At lunch time, we ate Hawaiian pancakes, Thai curry, and Mexican tacos at the food stalls. They were all good, but the Italian pizza had already sold out by the time we found the pizza stall.

(3) In the afternoon, we participated in a karaoke competition together as both of us love singing. Surprisingly, we almost won, which was amazing as there were 20 entries in the competition. We were

really happy that many people liked our performance. We also enjoyed the digital paintings and short movies students made.

(4) I can't believe that students organized and prepared this big event by themselves. The school festival was pretty impressive.

問1 At the school festival, [＿＿＿＿].

① most food at the stalls was sold out before lunch time

② the dance show was held inside due to poor weather

③ the ghost house was run without electronic devices

④ the karaoke competition was held in the morning

問2 You learned that the writer of this blog [＿＿＿＿].

① enjoyed the ghost tour, the dance show, and the teachers' art works

② sang in the karaoke competition and won third prize

③ tried different dishes and took second place in the karaoke contest

④ was pleased with her dancing and her short movie about the festival

［試行］

イラストは「おまけ」ではない！

解説 問1 「学園祭では [＿＿＿＿] 」

　選択肢を順に確認していく。① 「屋台のほとんどの食べ物は昼食時間の前に売り切れていた」は，本文第2パラグラフの第5〜6文に「お昼ご飯の時間には，私たちはハワイアンパンケーキ，タイカレー，そしてメキシカンタコスを屋台で食べた。それらはみんなおいしかったが，イタリアンピザは，私たちがピザの屋台を見つけたときにはすでに売り切れていた」とあり，合致しない。② 「ダンスショーは悪天候のため屋内で開催された」は，本文第2パラグラフ第4文「もし晴

れていたら，**彼らは外で踊ることができただろう**」とあり合致。③「お化け屋敷は電子機器を用いずに運営されていた」は，第1パラグラフ第4文に「それは恐ろしい雰囲気を作るためにプロジェクターと良い音響システムを用いた，よくできたものだった」とあり合致しない。④「カラオケ大会は午前中に行われた」は，第3パラグラフ第1文に「私たちは2人とも歌うのが大好きなので，午後には一緒にカラオケ大会に参加した」とあるので「カラオケ大会」は午後に行われたと考えられる。よって合致しない。以上から②が正解となる。

問2「このブログの筆者は [_____] とわかる」

　選択肢を順に確認していく。①「お化け屋敷とダンスショー，先生たちの芸術作品を楽しんだ」は，「先生たちの芸術作品」が本文にないので不可。②「カラオケ大会で歌い，3位になった」は，本文第3パラグラフの第2文に「私たちはもう少しで優勝するところだった」とあるだけで「3位」かどうかは確定できない。しかし，**イラストを見ると2位のみが2人なので，2位になったことがわかる。**よって②は合致しない。③「**さまざまな料理を試し，またカラオケ大会で2位になった**」の前半は，本文第2パラグラフ第5文「お昼ご飯の時間には，私たちはハワイアンパンケーキ，タイカレー，そしてメキシカンタコスを屋台で食べた」と一致しており，後半は②の解説で述べたとおり合致している。④「彼女のダンスと彼女の学園祭に関する短編映画に満足した」は，本文第2パラグラフ第1文「それから私たちは生徒によるダンスショーを見た」からだけでも合致していないことがわかる。

　以上より③が正解。イラストを見ていないと解けない問題である。

解答　問1　②　　問2　③

訳　　あなたは自分の学校の交換留学生である女生徒が書いたブログで以下の話を見つけた。

学園祭
9月15日　日曜日
　私は友人のタクヤと一緒に彼の高校の学園祭に行った。私はそれまで日本の学園祭には行ったことがなかった。私たちはまずお化け屋敷に挑戦してみた。それは恐ろしい雰囲気を作るためにプロジェクターと良い音響シ

ステムを用いた，よくできたものだった。

　それから私たちは生徒によるダンスショーを見た。彼らはかっこよくて，また踊りも上手だった。天気が悪かったのが残念だ。もし晴れていたら，彼らは外で踊ることができただろう。お昼ご飯の時間には，私たちはハワイアンパンケーキ，タイカレー，そしてメキシカンタコスを屋台で食べた。それらはみんなおいしかったが，イタリアンピザは，私たちがピザの屋台を見つけたときにはすでに売り切れていた。

　私たちは2人とも歌うのが大好きなので，午後には一緒にカラオケ大会に参加した。大会には20組もの参加者がいたが，驚いたことに，私たちはもう少しで優勝するところだった。私たちは多くの人々が私たちの歌を気に入ってくれてとても幸せだった。私たちはまた，生徒たちの作ったデジタル絵画と短編映画も楽しんだ。

　私はこのような大きい催しを生徒たち自身が組織し，準備したというのが信じられない。学園祭はかなり印象的なものだった。

語句

第1パラグラフ

| ▶ **fríghtening** | 形 | 「恐ろしい／怖い」 |
| ▶ **átmosphere** | 名 | 「雰囲気」 |

第2パラグラフ

▶ **perfórm** ～	他	「～を行う」
▶ **cool**	形	「かっこいい」
▶ **It is a píty that** S' V'	熟	「S' V' は残念だ」
▶ **Thai**	形	「タイの」　＊　Thailand「タイ」
▶ **stall**	名	「屋台」
▶ **sell out**	熟	「売り切れる」

第3パラグラフ

▶ **partícipate in** ～	熟	「～に参加する」
▶ **karaóke competítion**	名	「カラオケ大会」
▶ **surprísingly**	副	「驚いたことに」
▶ **amázing**	形	「驚きの／驚くべき」

第4パラグラフ

▶ **órganize** ～	他	「～を組織する」
▶ **by** *oneself*	熟	「自分（たち）だけで」
▶ **prétty**	副	「かなり」
▶ **impréssive**	形	「印象的な」

次の文章を読み，問1・2の　　　　　に入れるのに最も適当なものを，それぞれ下の ① ～ ④ のうちから一つずつ選べ。

You want to visit a country called Vegetonia and you found the following blog.

My Spring Holiday on Tomatly Island
Sunday, March 23

I went with my family to a country named Vegetonia to visit Tomatly Island, which is located to the southwest of the main island of Vegetonia. The fastest way to get to Tomatly is to take an airplane from Poteno, but we took a ferry because it was much cheaper. It started to rain when we got to the island, so we visited an art museum and a castle. Then, we enjoyed a hot spring bath. In the evening, our dinner was delicious. Everything was so fresh!

Luckily, the next morning was sunny. We rented bicycles and had fun cycling along the coast. After that, we went fishing on the beach but we didn't catch anything. Oh well, maybe next time! In the evening, we saw a beautiful sunset and later on, lots of stars.

On the last day, we took a private taxi tour and the driver took us to many interesting places around the island. She also told us a lot about the nature and culture of the island. We had a great holiday, and as a result, I've become more interested in the beauty and culture of small islands.

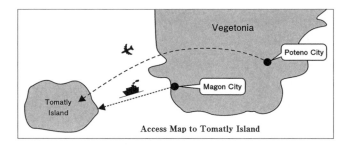

Access Map to Tomatly Island

問1　The family went to Tomatly Island from [　　　　　] .
① 　Magon by air
② 　Magon by sea
③ 　Poteno by air
④ 　Poteno by sea

問2　From this blog, you learned that [　　　　　] .
① 　the best month to visit Tomatly Island would be March because it is less crowded
② 　there are still some things you can enjoy on the island even if the weather is bad
③ 　you can enjoy various outdoor activities and local food at reasonable prices
④ 　you can join a bus tour around the island that explains the island's nature and culture

[試行]

解説　問1「一家は[　　　　]からトマトリー島に行った」

　　第1パラグラフの第2文に「トマトリー島に行く最短の方法はポテノから飛行機に乗ることだが，私たちはフェリーで行った。そのほうがずっと安かったからだ」とあり，**フェリーで行ったことがわかる**。よって①「飛行機でマゴン」，③「飛行機でポテノ」は消える。さらに地図を見ると，フェリーはマゴンから出ていることが確認できる。よって答えは④「船でポテノ」ではなく，②「船でマゴン」である。

　　問2「このブログから[　　　　]ということがわかる」

　　選択肢を順に確認していく。①「トマトリー島を訪ねるのに最も適した月は3月で，それはあまり混んでいないからである」は，ブログの日付から家族がトマトリー島に行ったのが3月であるとわかるが，それ以外のことは書かれていないので不可。②「天気が悪かったとしても島には楽しめるものがまだいくらかある」は，第1パラグラフ第3〜4文で「私たちが島に着いた頃に雨が降り出したので，私たちは美術館とお城に行った。それから私たちは温泉を楽しんだ」とあるの

で合致。③「さまざまな野外活動と地元の食べ物を良心的な価格で楽しむことができる」は，少なくとも「良心的な価格で」に対応する記述や図はない。④「島の自然と文化について説明してくれる島全体のバスツアーに参加できる」は，「バスツアー」が本文には書かれていない。以上から②が正解だとわかる。

解答 問1 ②　　問2 ②

訳　　あなたはベジトニアと呼ばれる国に行きたいと思っていて，次のブログを見つけた。

トマトリー島での私の春休み
3月23日　日曜日

　　私は家族と一緒にベジトニアという名前の国へ行き，トマトリー島を訪れた。その島は，ベジトニアの本島の南西に位置している。トマトリー島に行く最短の方法はポテノから飛行機に乗ることだが，私たちはフェリーで行った。そのほうがずっと安かったからだ。私たちが島に着いた頃に雨が降り出したので，私たちは美術館とお城に行った。それから私たちは温泉を楽しんだ。夕方，私たちの晩ご飯はとてもおいしかった。何もかもが新鮮だった！

　　幸運にも，次の日の朝は晴れだった。私たちは自転車を借りて，海沿いのサイクリングを楽しんだ。そのあと，私たちは浜辺に釣りをしに行ったが，まったく釣れなかった。まあいい。きっと次回は！　夕方には，私たちは美しい夕日を見て，そのあとにはたくさんの星を見た。

　　最終日にはタクシーに乗って家族だけでツアーをした。運転手さんに島中のたくさんの興味深い場所に連れて行ってもらった。彼女はまた島の自然や文化について多くのことを私たちに教えてくれた。私たちはすばらしい休日を過ごし，結果として，小さな島の美しさや文化について，私はより興味を持つようになった。

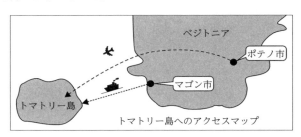

トマトリー島へのアクセスマップ

語句

第1パラグラフ

▶ *be* **lócated to** ～ 　熟「～の方角に位置している」
▶ **get to** ～ 　熟「～に到達する」
▶ **much** ＋比較級 　副「ずっと～」
▶ **castle** 　名「城」
▶ **a hot spring bath** 　名「温泉」
▶ **so** 　副「それほど～」
　　＊ 訳さないことも多い

第2パラグラフ

▶ **lúckily** 　副「幸運なことに」
▶ **rent** ～ 　他「（お金を出して）～を借りる」
▶ **have fun (V) ing** 　熟「(V) して楽しむ」
▶ **láter on** 　熟「（続けて）あとで」

第3パラグラフ

▶ **cúlture** 　名「文化」
▶ **as a resúlt** 　熟「結果（の1つ）として」

お 役 立 ち コ ラ ム
位置関係に関する表現

Ⓐ 　 Ⓑ
A is located (to the) west of *B*.
「A は B の西に（離れて）ある」

ⒶⒷ
A is located on the west of *B*.
「A は B の西に（接して）ある」

(Ⓐ 　 B)
A is located in the west of *B*.
「A は B の（中の）西にある」

実用的なチラシなどを見て答える問題は，特殊な表現を知らなくても解けるように作ってあるが，最低限知っておかねばならないことがある。たとえば，コンサートや映画のチラシの中にある advance ticket「前売り券」を知らないと苦労することになる。

「実用実務読解問題」特有の表現を確認せよ！

❶ 入会・会費・料金・返金

例1 **Subscribers** can participate in ABC seminars.
「加入者は ABC セミナーに参加できます」

例2 **Fill out an application form** and send it to us at aaabbb@ccc.ne.jp.
「申込書にご記入の上，aaabbb@ccc.ne.jp までお送りください」

例3 Children 6 years old and under can get in **free** when accompanied by a parent.
「6 歳以下のお子様は保護者同伴の場合には入場無料です」

例4 The price is 5,000 yen **postage included**.
「価格は送料込みで 5,000 円です」

例5 The annual **membership fee** is $5.00.
「年会費は 5 ドルです」

例6 We are offering 10% off regular **admission** in July.
「7 月は通常の入場料を 10 パーセント割引します」

例7 For this month only, we are waiving the **enrollment fee** for new members.
「今月入会の方に限り入会金を免除いたします」

例8 **Shipping and handling charges** may vary according to ～.
「送料と手数料は～によって異なることがあります」

例9 We accept credit cards, money orders, and **bank transfers**.
「クレジットカード，為替，銀行振込でのお取引が可能です」

例10 The **expiration date** of my card is January 2026.
「私のクレジットカードの有効期限は 2026 年の 1 月です」

例 11　If this should fail to give satisfaction, we guarantee to **refund your money**.
「万一ご満足いただけない場合は<u>返金</u>を保証いたします」

❷ **事務関係**

例 1　**For more information**, e-mail: aaabbb@intercomm.ne.jp.
「詳細につきましては，Ｅメール：aaabbb@intercomm.ne.jp まで」

例 2　Passengers traveling with pets must inform the airline **in advance**.
「機内にペットを持ち込むお客様は<u>あらかじめ</u>お知らせください」

例 3　**Round-trip tickets** are available at this desk.
「<u>往復切符</u>はこのデスクでお買い求めいただけます」

例 4　This pass **is valid** for a year from the date of purchase.
「このパスはご購入日から１年間<u>有効</u>です」

例 5　We gladly accept **orders** from all around the globe.
「ご<u>注文</u>は世界中から喜んで受け付けます」

❸ **授業・講習**

例 1　Students **are placed** in the level appropriate to their language ability.
「学生はその言語能力に適したレベルに<u>振り分けられます</u>」

例 2　The **nine-digit student number** is at the top of the student identification card.
「<u>9桁の学生番号</u>が学生証の上部に書かれています」

例 3　The basic **tuition fee** depends on how early you pay.
「基本<u>授業料</u>はお支払いいただく時期の早さで決まります」

例 4　This is a workshop to give children **hands-on experience** with computers.
「これは子どもたちにコンピュータを<u>実地体験</u>させる講習会です」

例 5　All classes require **advance registration**.
「どの授業も<u>事前登録</u>が必要です」

例 6　Seats are assigned **on a first-come, first-served basis**.
「座席は<u>先着順</u>で決まります」

You are looking at the website for the City Zoo in Toronto, Canada and you find an interesting contest announcement. You are thinking about entering the contest.

Contest!
Name a Baby Giraffe

Let's welcome our newest animal to the City Zoo!

A healthy baby giraffe was born on May 26 at the City Zoo.
He's already walking and running around!
He weighs 66 kg and is 180 cm tall.
Your mission is to help his parents, Billy and Noelle, pick a name for their baby.

How to Enter

◆ Click on the link here to submit your idea for his name and follow the directions. → **Enter Here**

◆ Names are accepted starting at 12:00 a.m. on June 1 until 11:59 p.m. on June 7.

◆ Watch the baby giraffe on the live web camera to help you get ideas.
→ **Live Web Camera**

◆ Each submission is $5. All money will go towards feeding the growing baby giraffe.

Contest Schedule

June 8	The zoo staff will choose five finalists from all the entries. These names will be posted on the zoo's website by 5:00 p.m.
June 9	How will the parents decide on the winning name? Click on the live stream link between 11:00 a.m. and 12:00 p.m. to find out! → **Live Stream** Check our website for the winning name after 12:00 p.m.

Prizes

All five contest finalists will receive free one-day zoo passes valid until the end of July.
The one who submitted the winning name will also get a special photo of the baby giraffe with his family, as well as a private Night Safari Tour!

問1　You can enter this contest between ⬚⬚⬚ .
① May 26 and May 31
② June 1 and June 7
③ June 8 and June 9
④ June 10 and July 31

問2　When submitting your idea for the baby giraffe's name, you must ⬚⬚⬚ .
① buy a day pass
② pay the submission fee
③ spend five dollars at the City Zoo
④ watch the giraffe through the website

問3　If the name you submitted is included among the five finalists, you will ⬚⬚⬚ .
① get free entry to the zoo for a day
② have free access to the live website
③ meet and feed the baby giraffe
④ take a picture with the giraffe's family　　　　［本試］

この英文の題材は，埼玉県の東松山市に実在する「こども動物自然公園」が実際に行ったキリンの赤ちゃんの名前投票だと思われる。そのときに決まった名前が「レン」だが，この年の共通テストの第4問に Len が登場してきている。問題作成部会の好きそうな「お遊び」である。

解説 問1　「あなたは ⬚⬚⬚ の間，このコンテストに参加することができる」

②「6月1日から6月7日」が正解。

設問文から「コンテストの応募期間」が尋ねられていることがわかる。**本文の「参加方法（How to Enter）」の2番目の項目に「名前の応募は6月1日午前12時から6月7日午後11時59分まで受け付けます」**とあるので②が正解となる。間違えた人の多くは③「6月8日から6月9日」を選んでいるが，これは「コンテストの開催日」である。

問題文を慎重に読むことが大切である。

問2 「キリンの赤ちゃんの名前に応募するときには，[____] が必須である」

②「参加費を払うこと」が正解。設問文から「キリンの赤ちゃんの名前に応募するときに必要なもの」を答えればよいことがわかる。本文の「参加方法（How to Enter）」の4番目の項目に「提出1点につき5ドルです」とある。よって②が正解だとわかる（なお，本文ではsubmissionだが，選択肢ではsubmission fee「提出料→参加費」と言い換えられている）。間違った人の多くが③「市営動物園で5ドル使うこと」を選んでいる。これは「実際に市営動物園を訪れ飲食や乗り物などで5ドル使う」の意味になってしまうが，「5ドル」だけを頼りに選んでしまった人が多かったようだ。共通テスト全体に使用される語彙の95%はCEFR-JでB1レベルまでの語であるが，本文および解答に使われているsubmissionはCEFR-JではB2の難語である。これはsubmissionが文脈から十分推測可能だと問題作成部会が考えたからであると思われる。なお残りの選択肢の意味は①「1日券を買うこと」，④「ウェブサイトでそのキリンを見ること」である。

問3 「もしあなたの応募した名前が5つの最終候補の1つに入った場合，あなたは [____]」

①「動物園への1日入場券がもらえる」が正解である。設問文から「応募した名前が5つの最終候補の1つに入った場合どうなるか」を答えればよいことがわかる。本文の「賞品（Prizes）」の欄には「最終候補に選ばれた5名の方には，7月末まで利用できる1日無料券を差し上げます。見事名前が選ばれた方は，キリンの赤ちゃんとその家族とを一緒に撮った記念写真をもらうことができます。また，プライベートの夜間サファリツアーもゲットできます！」とある。これに合致するのは①だけである。間違えた人の多くは④「キリンの家族と写真を撮ることができる」を選んだが，これは，本文の「キリンの赤ちゃんとその家族とを一緒に撮った記念写真をもらうことができます」を誤読したことが理由であろう。残りの選択肢を確認しておく。②「ライブ映像を流しているサイトに無料でアクセスできる」は，「参加方法（How to Enter）」の3番目の項目に「ウェブカメラの放送でキリンの赤ちゃんを見て，アイデアを得るのに役立ててください」とある

が，これは全員に権利があることなので不可である。また③「キリンの赤ちゃんに会ってエサをやることができる」は，本文のどこにも記述がないので不可である。

解答 問1 ② 問2 ② 問3 ①

訳 あなたはカナダのトロントにある市営動物園のウェブサイトを見ており，面白そうなコンテストのお知らせを見つける。あなたはこのコンテストに参加しようかと考えている。

コンテストのお知らせ！ キリンの赤ちゃんに名前をつけよう 市営動物園の新入りの動物を歓迎しよう！
元気なキリンの赤ちゃんが市営動物園で 5 月 26 日に生まれました。 もうすでに歩いたり，あたりを走り回ったりしています！ 体重が 66kg で，身長は 180cm です。 あなたへのお願いは，親のビリーとノエルが赤ちゃんに 名前をつけるのを手伝うことです。

参加方法
◆ リンクをクリックして，名前の案を入力したのち，手順に従ってください。　　　　　　　　　　　　　　　**→ここをクリック**
◆ 名前の応募は 6 月 1 日午前 12 時から 6 月 7 日午後 11 時 59 分まで受け付けます。
◆ ウェブカメラの放送でキリンの赤ちゃんを見て，アイデアを得るのに役立ててください。　　　　　　　**→ウェブカメラの放送**
◆ 提出 1 点につき 5 ドルです。いただいた参加費はすべてキリンの赤ちゃんの食費に当てられます。

コンテストのスケジュール	
6 月 8 日	動物園の飼育員がすべての応募の中から最終候補を 5 つ選びます。 これらの選ばれた名前は午後 5 時までに動物園のウェブサイトに掲載されます。
6 月 9 日	お父さんとお母さんはどのように名前を決めるのでしょうか？ 午前 11 時から午後 12 時まで放映されるライブ放送のリンクをクリックして確認してください。　　　　　　**→ライブ放送** 午後 12 時以降にウェブサイトへアクセスすると決定した名前がわかります。

賞品
最終候補に選ばれた 5 名の方には，7 月末まで利用できる 1 日無料券を差し上げます。

見事名前が選ばれた方は，キリンの赤ちゃんとその家族とを一緒に撮った記念写真をもらうことができます。また，プライベートの夜間サファリツアーもゲットできます！

(語句)

▶ giráffe　　　　　　　　名「キリン」
　　＊　明治時代に上野動物園の園長がキリン購入資金の予算を取るため「中国の神話に登場する麒麟（きりん）が手に入った」という報告を政府にしたことから，この名前が定着した

▶ run aróund　　　　　　熟「走り回る」
　　＊　around は「あちこち」の意味

▶ míssion　　　　　　　　名「使命」

▶ submít ～　　　　　　他「～を提出する」

▶ diréction　　　　　　名「指示（通例 -s）」

▶ accépt ～　　　　　　他「～を受け入れる」

▶ feed ～　　　　　　　他「～にエサを与える」

▶ fínalist　　　　　　　名「最終選考に残った者」

▶ post ～　　　　　　　他「～を投稿する」

▶ decíde on ～　　　　熟「～に決める」

▶ free　　　　　　　　　形「ただの」

▶ válid　　　　　　　　形「（切符などが）有効な」

┌─ 以下の動物の名前を言えるかな？ ─
│
│　1　ánteater　　2　racóon dog　　3　fox
│　4　hippopótamus (hippo)　　　5　óstrich　　6　seal
│　7　péacock　　8　whale　　　　9　moose　　10　réindeer
│　11　álligator　　12　rhinóceros (rhino)
│ ┈┈┈┈┈┈┈┈┈┈┈┈┈┈┈┈┈┈┈┈┈┈┈┈┈┈┈┈
│ 解答　　1　アリクイ　　　2　タヌキ　　　　3　キツネ　　　4　カバ
│　　　　5　ダチョウ　　　6　アザラシ　　　7　クジャク　　8　クジラ
│　　　　9　ヘラジカ　　　10　トナカイ　　11　ワニ　　　　12　サイ
└─

意外な意味をもつ単語

「この単語は簡単だ！」なんて思っているとワナにかかるよ！

- □ free 　　　　　　　　形「ただの」
- □ post 〜 　　　　　　他「〜を投稿する」
- □ walk 〜 　　　　　　他「〜を散歩させる」
- □ bike 　　　　　　　　自「自転車で走る」
- □ book 〜 　　　　　　他「〜を予約する」
- □ move 〜 　　　　　　他「〜を感動させる」
- □ fire 〜 　　　　　　　他「〜をクビにする」
- □ run 〜 　　　　　　　他「〜を経営する」
- □ hold 〜 　　　　　　他「（パーティーなど）を開催する」
- □ ship 〜 　　　　　　他「（列車・トラックなどで商品）を発送する」
- □ mínor 　　　　　　　名「未成年者」
- □ race 　　　　　　　　名「種族」
- □ fat 　　　　　　　　　名「脂肪」
- □ last 　　　　　　　　自「続く」
- □ cannot stand 〜 　熟「〜に耐えられない」
- □ face 〜 　　　　　　他「〜に直面する」
- □ chállenge 　　　　　名「難問」
- □ párty 　　　　　　　名「（保守党などの）党」
- □ room 　　　　　　　名「（不可算名詞）余地」
- □ the very 〜 　　　形「まさに〜」
- □ in 〜 órder 　　　熟「〜の順序で」
- □ in 〜 respéct 　　熟「〜の点で」
- □ even + 比較級 　　副「さらに〜」
- □ way + 比較級 　　副「ずっと〜」
- □ things 　　　　　　名「状況」
- □ means 　　　　　　名「手段」
- □ méasures 　　　　名「手段」
- □ form 　　　　　　　名「書式」
- □ head 　　　　　　　自「向かう」

例題 4

標準 5分

次の文章を読み，問１～３の _____ に入れるのに最も適当なもの
を，それぞれ下の ① ～ ④ のうちから一つずつ選べ。

Your favorite musician will have a concert tour in Japan, and you are
thinking of joining the fan club. You visit the official fan club website.

TYLER QUICK FAN CLUB

Being a member of the **TYLER QUICK** (**TQ**) fan club is so much fun!
You can keep up with the latest news, and take part in many exciting fan club
member events. All new members will receive our New Member's Pack. It
contains a membership card, a free signed poster, and a copy of **TQ**'s third
album *Speeding Up*. The New Member's Pack will be delivered to your
home, and will arrive a week or so after you join the fan club.

TQ is loved all around the world. You can join from any country, and you
can use the membership card for one year. The **TQ** fan club has three types
of membership: Pacer, Speeder, and Zoomer.

Please choose from the membership options below.

What you get (♬)	Membership Options		
	Pacer ($20)	Speeder ($40)	Zoomer ($60)
Regular emails and online magazine password	♬	♬	♬
Early information on concert tour dates	♬	♬	♬
TQ's weekly video messages	♬	♬	♬
Monthly picture postcards		♬	♬
TQ fan club calendar		♬	♬
Invitations to special signing events			♬
20% off concert tickets			♬

◇Join before May 10 and receive a $10 discount on your membership fee!

◇There is a $4 delivery fee for every New Member's Pack.

◇At the end of your 1st year, you can either renew or upgrade at a 50% discount.

Whether you are a Pacer, a Speeder, or a Zoomer, you will love being a member of the **TQ** fan club. For more information, or to join, click *here*.

問 1　A New Member's Pack [＿＿＿].

① includes TQ's first album

② is delivered on May 10

③ requires a $10 delivery fee

④ takes about seven days to arrive

問 2　What will you get if you become a new Pacer member? [＿＿＿]

① Discount concert tickets and a calendar

② Regular emails and signing event invitations

③ Tour information and postcards every month

④ Video messages and access to online magazines

問 3　After being a fan club member for one year, you can [＿＿＿].

① become a Zoomer for a $50 fee

② get a New Member's Pack for $4

③ renew your membership at half price

④ upgrade your membership for free

[本試]

Tyler と言えばウェールズの女性歌手 Bonnie Tyler が有名だが，この問題作成者も彼女を意識したのだろうか。

解説　問 1　「ニューメンバーズパックは [＿＿＿]」

④「到着までに約 7 日かかる」が正解。①「TQ のファーストアルバムが入っている」は，第 1 パラグラフ第 4 文に「(ニューメンバー

ズパックの）中には会員証，無料のサイン入りポスター，TQ のサードドアルバム『Speeding Up』が 1 枚入っています」とあり，「ファースト」が間違いだとわかる。②「5 月 10 日に届く」は，第 1 パラグラフ第 5 文に「ニューメンバーズパックはご自宅に配達され，**ファンクラブ入会後 1 週間ほどでお手元に届きます**」とあり，「5 月 10 日に」が誤りだとわかる。また，本文のこの箇所から ④ は正解であるとわかる。a week or so が about seven days と言い換えられていることに注意したい。③「10 ドルの配送料が必要である」は，表の注に「ニューメンバーズパック 1 回につき 4 ドルの配送料がかかります」とあるので，「10 ドル」が誤りだとわかる。

問2 「Pacer の新規会員になると，何がもらえるか」
④「ビデオメッセージとオンラインマガジンの購読」が正解。新規会員の特典については表に記載されている。会員のランクには下から順に，Pacer「ゆっくり歩く人」，Speeder「高速で走る人」，Zoomer「音をたてて超高速で移動する人」と 3 つあることに注意したい。①「コンサートチケットの割引とカレンダー」の前半の「割引チケット」は表の 7 番目にあるが，Zoomer だけの特典である。さらに後半の「カレンダー」は，表の 5 番目に記載されているが，Speeder と Zoomer だけの特典である。よってどちらも Pacer はもらえない特典であり，① は不可だとわかる。②「定期的なメールとサイン会の案内」の前半の「定期的なメール」は表の 1 番目にあり，Pacer にも与えられる特典であるが，後半の「サイン会の案内」は，表の 6 番目の「特別サイン会への招待」に対応し，Zoomer だけの特典となっている。よって ② も不可である。③「ライブツアーの案内と毎月のポストカード」の前半「ツアーの案内」は表の 2 番目にあり，Pacer にも与えられる特典である。後半の「毎月のポストカード」は，表の 4 番目に記載されているが，Speeder と Zoomer だけの特典である。以上から消去法で ④ が正解である。念のため確認すると，**ビデオメッセージ**は表の 3 番目，**オンラインマガジンの購読**は表の 1 番目に記載されており，いずれも Pacer ももらえる特典である。

問3 「1 年間ファンクラブの会員になると，[＿＿＿＿]ができる」
③「半額で会員登録を更新すること」が正解。選択肢を順に検討する。①「50 ドルで Zoomer になること」は，表の注の 3 番目に「1 年

目が終了したときには，更新かアップグレードのどちらかを50％割引できます」とある。表からZoomerの会費は60ドルだとわかる。よって，Zoomerにアップグレードするためには，60ドル×50％＝30ドルとなり，①の「50ドル」が間違いだとわかる。②「ニューメンバーズパックを4ドルで手に入れること」も間違い。表から，ニューメンバーズパックをもらうには，Pacerなら20ドル，Speederなら40ドル，Zoomerなら60ドル必要であることがわかる。なお，表の注の2番目に「ニューメンバーズパック1回につき4ドルの配送料がかかります」とあり，4ドルというのは配送料にすぎないことがわかる。③は，表の注の3番目の「**1年目が終了したときには，更新かアップグレードのどちらかを50％割引できます**」と合致しているので正解。④「無料でメンバーシップをアップグレードすること」は，③と同じ箇所が解答根拠で，「無料で」が間違いだとわかる。

解答　問1　④　　問2　④　　問3　③

訳　あなたの好きなミュージシャンが日本でコンサートツアーを開催することになり，ファンクラブに入ろうかと考えている。あなたはファンクラブの公式サイトを見ている。

タイラークイック・ファンクラブ

タイラークイック（TQ）のファンクラブの会員になると楽しいことだらけです！　最新ニュースをチェックしたり，ファンクラブ会員限定のさまざまな面白いイベントに参加したりできます。新規会員の方は全員「ニューメンバーズパック」がもらえます。中には会員証，無料のサイン入りポスター，TQのサードアルバム「Speeding Up」が1枚入っています。ニューメンバーズパックはご自宅に配達され，ファンクラブ入会後1週間ほどでお手元に届きます。

TQは世界中で愛されています。入会はどの国からでも可能で，会員証は1年間有効です。TQのファンクラブには，3種類の会員資格があります。Pacer，Speeder，Zoomerです。

下記の会員資格からお選びください。

特典（♬）	会員資格		
	Pacer ($20)	Speeder ($40)	Zoomer ($60)
定期的なメールでのお知らせとオンラインマガジン購読のためのパスワード	♬	♬	♬
コンサートツアーの日程についての先行情報	♬	♬	♬
TQ から毎週届くビデオメッセージ	♬	♬	♬
毎月届く写真付きポストカード		♬	♬
TQ ファンクラブのカレンダー		♬	♬
特別サイン会への招待			♬
コンサートのチケット 20％引き			♬

☆5月10日までにご入会いただくと，会費が10ドル割引になります！

☆ニューメンバーズパック1回につき4ドルの配送料がかかります。

☆1年目が終了したときには，更新かアップグレードのどちらかを50％割引できます。

　Pacer でも Speeder でも Zoomer でも，TQ ファンクラブのメンバーになれば，きっと気に入ることでしょう。詳細を知りたい人はこちらをクリックしてください。

語句
▶ keep up with ～　　　　熟「～に遅れずついていく」
▶ the látest ～　　　　　形「最新の」
▶ take part in ～　　　　熟「～に参加する」
▶ contáin ～　　　　　　他「～を含んでいる」
▶ free　　　　　　　　　形「無料の」
▶ a cópy of ～　　　　　熟「～の1枚」
▶ delíver A to B　　　　熟「A を B に配達する」
▶ a week or so áfter ～　熟「～のあと1週間かそこらで」

お役立ちコラム

読解力をつけるために必要な力，
言葉のイメージを大切にする語彙学習

　語学の学習は「語彙に始まり語彙に終わる」と言われています。ただ，語彙の形成は簡単なものではありません。英単語を日本語に1対1で対応させて覚えても，英語と日本語との間に微妙なずれがあるので，英語の本質的なイメージにたどり着くのは困難です。

　たとえば a colorful life とはどのようなイメージでしょうか？　日本語の「カラフル」は，「色鮮やかな」というイメージですね。英語の colorful もそれと似た意味で使うことはあります。ただ，colorful「さまざまな色からなる」というのが原義ですから，必ずしも明るい色を指すとは限りません。よって a colorful life とは「明るい色や暗い色などさまざまな色で，彩られた人生」＝「波瀾万丈の人生」の意味になります。

　同様に guarantee を「保証」と覚えても，「誰が，何を，何の目的で行う保証」なのかわかりません。よって，それでは単語を覚えたことにはならないのです。英単語1語に対して日本語1語が書かれている1対1対応の単語集で覚えていると，脳が疲労してくることがありますが，その原因は，言葉のイメージがつかめないもどかしさだと思われます。guarantee は「何かをやること，あるいは何かが起きることを約束する」の意味で，promise と同系語です。さらに以下のような適切な例文，All our products carry a 3-year guarantee.「私どもの製品はすべて3年間保証が付いてきます」，There is no guarantee that you can get a promotion.「あなたが出世できる保証はない」などで確認するといいですね。

次の文章を読み，問1～3の　　　　　　　に入れるのに最も適当なもの
を，それぞれ下の ① ～ ④ のうちから一つずつ選べ。

You visited your town's English website and found an interesting notice.

Call for Participants: Sister-City Youth Meeting
"Learning to Live Together"

Our town's three sister cities in Germany, Senegal, and Mexico will each send ten young people between the ages of 15 and 18 to our town next March. There will be an eight-day youth meeting called "Learning to Live Together." It will be our guests' first visit to Japan.

We are looking for people to participate: we need a host team of 30 students from our town's high schools, 30 home-stay families for the visiting young people, and 20 staff members to manage the event.

Program Schedule

March 20	Orientation, Welcome party
March 21	Sightseeing in small four-country mixed groups
March 22	Two presentations on traditional dance: (1) Senegalese students, (2) Japanese students
March 23	Two presentations on traditional food: (1) Mexican students, (2) Japanese students
March 24	Two presentations on traditional clothing: (1) German students, (2) Japanese students
March 25	Sightseeing in small four-country mixed groups
March 26	Free time with host families
March 27	Farewell party

- Parties and presentations will be held at the Community Center.
- The meeting language will be English. Our visitors are non-native speakers of English, but they have basic English-language skills.

To register, click **here** before 5 p.m. December 20
▶▶ International Affairs Division of the Town Hall

問1　The purpose of this notice is to find people from the host town to 　　　　.

① decide the schedule of activities

② take part in the event

③ visit all of the sister cities

④ write a report about the meeting

問2　During the meeting the students are going to 　　　　.

① have discussions about global issues

② make presentations on their own cultures

③ spend most of their time sightseeing

④ visit local high schools to teach languages

問3　The meeting will be a good communication opportunity because all of the students will 　　　　.

① be divided into different age groups

② have Japanese and English lessons

③ speak with one another in English

④ stay with families from the three sister cities

［試行］

問3は，センター試験時代を踏襲する見事な言い換えだ。

解説　問1　「このお知らせの目的は主催の町から 　　　　 ための人を見つけることだ」

　チラシの表題には「参加の呼びかけ：姉妹都市の若者の集い『共生のための学び』」とあり，さらに本文を確認すると，第2パラグラフに「私たちは参加者を探しています。すなわち，主催チームとして私たちの町の高校の生徒30人，訪れる若者のためのホームステイ受け入れ家族30世帯と催しを切り盛りするためのスタッフが20人必要です」とあり，「催しの参加者」を募っていることがわかる。よって，① 「活動の日程を決める」は不適切。② 「催しに参加する」が正解。③ 「すべての姉妹都市を訪れる」，④ 「会議についての報告書を書く」

は，本文にそのような記述がない。

本文の正解のカギとなる participate は CEFR-J では B1 とやや難しい単語だが，この単語を含む文のあとの文で，平易な単語を用いて説明されているため，**たとえ participate を知らなくても解ける**。なお選択肢の take part in 〜は participate in 〜を簡単に言い換えた熟語。

問2 「集会の間，生徒は □□□□ 予定だ」

プログラムの予定を見ると，3 月 20 日と 27 日は歓送迎会，3 月 21 日と 25 日が観光，22 日から 24 日の 3 日間が，日本人に加えてそれぞれセネガル人，メキシコ人，ドイツ人による，伝統文化についての発表となっていることがわかる。① 「地球規模の問題について討論する」は，本文にそのような記述がないので不適切。② 「自分たち自身の文化について発表をする」はいったん保留。③ 「ほとんどの時間を観光をして過ごす」は「ほとんどの」が不適切で誤り。④ 「地元の高校に言語を教えに訪れる」は，本文にそのような記述がない。以上から ② が正解だとわかる。

本文では traditional dance「伝統的な踊り」，traditional food「伝統料理」，traditional clothing「伝統衣装」とあり，これらが their own cultures「彼ら自身の文化」と言い換えられていることに注意したい。問 1 は participate を take part で置き換えた，いわば「単純な言い換え」だが，問 2 は具体例を総称した言い換えになっている。このような言い換え問題に対しては，**「正解を探す」よりも「不正解の選択肢を消していく」という消去法が有効である**ことも覚えておきたい。

問3 「すべての生徒が □□□□ ので，集会は良い意思疎通の機会になるだろう」

① 「年齢ごとのグループに分けられる」，② 「日本語と英語の授業を受ける」は本文には記述がない。③ 「お互いに英語で話す」はいったん保留。④ 「3 つの姉妹都市からの家族の家に滞在する」は「3 つの姉妹都市からの」が不可。本文第 2 パラグラフには「訪れる若者のためのホームステイ受け入れ家族 30 世帯」とあるが，その若者の家族が来るとは書かれていない。以上から ③ が正解だと推測できる。念のため確認する。本文に書かれたスケジュールの欄外の 2 つ目の注意事項を見ると，「集会での使用言語は英語です」とある。ただ

し，本文には「だから，集会は良い意思疎通の機会になる」とは書かれていないし，「外国語としての英語での意思疎通」は実際にはなかなか困難と思われるが，選択肢にあるように「意思疎通の機会」にはなると推察できる。以上から③が正解。見事な言い換えだ。

　なお選択肢にある one another は，「お互い」という意味の熟語。another one「他の1つ」の語順が入れ替わってできた熟語で，本来は「（3者以上の母集団に対して）お互い」の意味で使ったが，現在では「（2者あるいはそれ以上の母集団に対して）お互い」の意味で使用し，each other と交換可能。

解答　問1　②　　問2　②　　問3　③

訳　あなたは自分の町の英語のウェブサイトを訪れ，面白い告知を見つけました。

参加の呼びかけ：姉妹都市の若者の集い「共生のための学び」

　ドイツ，セネガル，メキシコにある私たちの町の3つの姉妹都市から，来年3月，私たちの町に15歳から18歳までの若者が10人ずつ送られてきます。「共生のための学び」と題された8日間の若者による集会が行われる予定です。それは私たちのゲストにとって初めての訪日になるでしょう。

　私たちは参加者を探しています。すなわち，主催チームとして私たちの町の高校の生徒30人，訪れる若者のためのホームステイ受け入れ家族30世帯と催しを切り盛りするためのスタッフが20人必要です。

プログラムの予定

3月20日　　研修会，歓迎会
3月21日　　4か国合同の小グループでの観光
3月22日　　伝統的な踊りについての2つの発表
　　　　　　⑴セネガル人の生徒　　　⑵日本人の生徒
3月23日　　伝統料理についての2つの発表
　　　　　　⑴メキシコ人の生徒　　　⑵日本人の生徒
3月24日　　伝統衣装についての2つの発表
　　　　　　⑴ドイツ人の生徒　　　⑵日本人の生徒
3月25日　　4か国合同の小グループでの観光
3月26日　　ホストファミリーとの自由時間
3月27日　　お別れ会

・会と発表は公民館で行われる予定です。
・集会での使用言語は英語です。私たちのお客さんは英語が母語ではありませんが，基本的な英語力はあります。

登録するには，12月20日の午後5時までに<u>ここ</u>をクリックしてください。

▶▶<u>町役場国際課</u>

例　題　6

易　5分

次ページのオンライン・ショッピングのサイトを読み，問 1 ～ 3 の
　　　　　　に入れるのに最も適当なものを，それぞれ下の ① ～ ④ のうちか
ら一つずつ選べ。

問 1　According to the website, the online bookstore 　　　　　 .

① 　deals with a wide range of items

② 　does not provide online instructions

③ 　has stores throughout the world

④ 　surveys about 90% of its customers

問 2　Customers have to pay extra for shipping when they order
　　　　　 .

① 　a paperback novel which is paid for by bank transfer

② 　five CDs and five DVDs together with standard domestic
delivery

③ 　from countries which are mentioned in More Shipping Info

④ 　products whose total weight exceeds the 10 kg limit

問 3　At *San Fran Bookstore*, 　　　　　 .

① 　customers contact the store when receiving a product

② 　international customers can buy goods with cash

③ 　new customers do not have to pay shipping costs

④ 　products can be exchanged up to two months after purchase

「チラシ」の問題は面倒だ。とにかく隅から隅まで読まないと
いけない。しかし，スーパーの特売のチラシだと思えば，し
っかり読むほうがお得かも。

http://www.sanfranbook.com/order/instructions.html

San Fran Bookstore
Online Shopping Instructions

As one of the most popular US-based online bookstores, San Fran Bookstore offers a variety of products. In addition to books, we sell CDs, DVDs, software, video games, and office furniture —— all at reasonable prices. We gladly accept orders from all around the globe. More than 90 percent of San Fran Bookstore customers come back and make another purchase because they are satisfied with our service.

Shipping & Handling
Shipping and handling charges may vary according to the delivery address for your order. Below are the general policies about shipping and handling charges:

Destination	Standard Shipping		Rapid Shipping		Quantity /Weight
	Cost	Estimated Time	Cost	Estimated Time	
Domestic	$ 4.00	5 days	$ 7.00	2 days	Up to 10 items (10kg max) per shipment
International	$10.00	16 days	$15.00	8 days	

＊ Additional shipping and handling charges will apply to items of unusual size or weight.

＊ Refer to More Shipping Info for the countries to which we cannot ship due to international restrictions.

Notes
1. Payment methods: We accept credit cards, money orders, and bank transfers. For international orders, only credit cards are accepted.
2. For new customers: We offer a 5% "First-time Buyer Discount" on your first order.
3. Return policy: Merchandise may be returned for an exchange within two months of purchase.
4. Immediate response: If you do not hear from us within 24 hours of submitting an order or inquiry, please email us at inquiry@sanfranbook.com or telephone (xxx)-xxx-xxxx.

We hope you enjoy a pleasant online shopping experience with us.

[追試]

問2が少し難しかったようだ。数字関連の問題は慎重に取りかかること。

解説 問1 「**ホームページによると，このネット書店は** [____]」

①「**幅広い商品を扱っている**」。本文に「**サン・フラン書店はさまざまな商品を提供いたします**。書籍はもちろんのこと，CD，DVD，ソフトウェア，テレビゲーム，それに事務用家具など」とあるので合致。

②「**ネットでの説明はしていない**」は明らかな間違い。表はまさに「ネットでの説明」。

③「**世界中に店舗を構えている**」も間違い。海外への発送の場合には値段が高くなることを考えれば，海外に店舗があるとは思えない。

④「**顧客のおよそ90%を調査している**」。本文に記述はない。

以上から①が正解。

問2 「[____]（を）**注文するときには追加送料が必要となる**」

本文には「大きさか重量が上記を超える商品につきましては追加で送料と手数料をいただきます」とある。

①「**銀行振込で支払うペーパーバックの小説**」は追加料金と無関係で不可。

②「**普通国内便でのCD 5枚とDVD 5枚**」。表の右の欄に「1回の送付につき最大10品目（最大10キロ）まで」とあり，数量は問題ない。CDやDVDが1枚1キログラムもあるとは思えないので，重量の超過手数料は必要ない。

③「**発送詳細情報**に挙げられている国から」。本文には「国際規約により商品をお送りできない地域がございます。**発送詳細情報**をご覧ください」とあるだけで超過手数料が必要とは書かれていないので不可。

④「**総重量が10キログラムの制限を超える商品**」が正解。

問3 「**サン・フラン書店では** [____]」

①「**商品を受け取ったとき，客は店に連絡をとる**」。本文に記述なし。

②「**海外からの客は現金で商品が買える**」。本文には「海外からのご注文につきましては，クレジットカードのみのご利用とさせていただいています」とあるので不可。

第1章 情報取得問題（図表チラシ）

③「新規の客は送料を払う必要はない」。本文には「初めてご利用のお客様：初回ご注文時に『新規ご利用特典割引』として5％の割引をさせていただきます」とあるだけなので不可。

④「商品は購入後最大で2か月までなら交換可能である」。本文には「**商品の返品規約：ご購入後2か月以内でしたら，商品の交換をさせていただきます**」とあり合致。これが正解。

解答 問1　①　　問2　④　　問3　④

訳

サン・フラン書店　インターネットによる注文の手引き
http://www.sanfranbook.com/order/instructions.html

サン・フラン書店
インターネットによる注文の手引き

　アメリカを本拠地とする最も人気のあるネット書店の1つとして，サン・フラン書店はさまざまな商品を提供いたします。書籍はもちろんのこと，CD, DVD, ソフトウェア，テレビゲーム，それに事務用家具など，すべてお手頃価格で販売しております。ご注文は世界中から喜んでお受けいたします。サン・フラン書店ご利用のお客様は，私どものサービスにご満足くださり，リピーター率は90％を超えております。

送料と手数料
　送料と手数料はご注文をいただいたお客様の配送先によって異なります。送料と手数料に関する全体的な約款は以下のとおりです。

送付先	普　通　便		お急ぎ便		数量／重量
	金額	商品到着までの見込み時間	金額	商品到着までの見込み時間	
国内	4ドル	5日間	7ドル	2日間	1回の送付につき最大10品目（最大10キロ）まで
海外	10ドル	16日間	15ドル	8日間	

＊　大きさか重量が上記を超える商品につきましては追加で送料と手数料をいただきます。

＊　国際規約により商品をお送りできない地域がございます。<u>発送詳細情報</u>をご覧ください。

注

1. お支払い方法：クレジットカード，為替，銀行振込でのお取引が可能です。海外からのご注文につきましては，クレジットカードのみのご利用とさせていただいています。

2. 初めてご利用のお客様：初回ご注文時に「新規ご利用特典割引」として 5% の割引をさせていただきます。

3. 商品の返品規約：ご購入後 2 か月以内でしたら，商品の交換をさせていただきます。

4. 迅速な対応：ご注文，お問合せのあと 24 時間以内にご連絡を差し上げなかった場合には，inquiry@sanfranbook.com までメールをいただくか，あるいは (xxx)-xxx-xxxx までお電話ください。

   私どものお店でネットショッピングを楽しんでください。

（語句）

▶ wébsite	名	「ホームページ」
▶ a wide range of ～	熟	「幅広い範囲の～」
▶ survéy ～	他	「～を調査する」
	＊	名詞は súrvey
▶ cústomer	名	「客」
	＊	店に来る客のこと
▶ pay éxtra	熟	「超過料金を払う」
▶ shípping	名	「運送（料金）」
▶ bank tránsfer	名	「銀行振込」
▶ doméstic	形	「国内の」
▶ goods	名	「商品」
▶ exchánge ～	他	「～を交換する」
▶ up to ～	熟	「～まで」
▶ púrchase	名	「購入」
▶ réasonable price	名	「お手頃価格」
▶ the globe	名	「世界」
▶ hándling	名	「取り扱い（料金）」
▶ destinátion	名	「目的地」
▶ éstimated	形	「推定の」
▶ restríction	名	「制限」

次のマラソン大会の申込みに関するウェブサイトを読み，問1～3の
　　　　　　に入れるのに最も適当なものを，それぞれ下の ① ～ ④ のうちか
ら一つずつ選べ。

The 28th LAKEVILLE MARATHON
February 26, 2015

APPLICATION

▷ Period: August 1 – August 31, 2014 (NO late applications will be accepted.)

▷ Anyone 16 or older on the day of the race may apply for entry.

▷ Online applications only.

▷ One application per person. Multiple applications will be automatically rejected.

▷ Reporting any false personal information will result in elimination.

SELECTION

▷ Unfortunately, due to the size of Lakeville Sports Field, not all applications can be accepted. The 15,000 runners will be determined by lottery.

▷ Applicants will receive their acceptance or rejection letter in mid-October.

PAYMENT

▷ Online credit card payments only.

▷ The application fee cannot be returned. NO exceptions.

▷ The entry fee will be charged only to those selected by lottery.

Category	Application fee*	Entry fee**
Minor (16 or 17)	$15	$25
Adult (18 to 64)	$15	$50
Senior (65 or over)	$15	$15

　*No application fee if you live in Lakeville!

**$5 discount if you entered either of the last two Lakeville Marathons!

RACE DAY

▷ Check-in: Opens at 7:00. All participants must present a photo ID (for example, driver's license or passport) and their acceptance letter on the day of the race.

▷ Race schedule: Starts at 8:00/Finishes at 16:00 (Runners who fail to finish by the designated time must stop running.)

For inquiries, contact: marathondesk@lkve.com

CLICK HERE TO APPLY

問1 Which of the following statements is NOT true about applying?

　　　　□

① You must apply during the month of August.

② You must be at least 16 years old when you apply.

③ You must enter your application via the Internet.

④ You must submit no more than one application.

問2 A 70-year-old woman living in Lakeville who competed in the 26th marathon will have to pay □ to participate.

① $10 　② $15 　③ $25 　④ $30

問3 According to the website, which of the following is true? □

① You can pay the application and entry fees in cash.

② You have to make all inquiries by phone.

③ You must check online to see if you are accepted.

④ You will have eight hours to finish the race. ［本試］

解説　問1 「次の中で，申込みに関して正しくないことを述べているのはどれか」

①「8月中に申し込まなければならない」は，本文の「申込み」の欄の1番目の項目に「期間：2014年8月1日から8月31日（期間後の申込みは一切受け付けません）」とあるので正しい。②「（インターネットで）申し込む時点で少なくとも16歳でなければならない」は，2番目の項目「レース当日に16歳以上の方は，どなたでも参加申込みができます」に反するので，本文と合致しない。「（レース当日の）エントリー登録」と「（インターネットによる）申込み」との区別ができないと難しい。③「申込みはインターネットを通じて行わなければならない」は，3番目の項目「申込みはオンラインのみ」に合致。④「申込書は1通しか提出してはならない」は，4番目の項目「申込みは1名につき1回限り。複数回申し込んだ場合は，自動的に無効となります」と合致。

①・③・④がはっきりしているので，消去法を用いれば速く解ける。下位層の正答率は30％ぐらいで，上位層の正答率も70％未満。

問2　「第26回のマラソンで走ったレークビル在住の70歳の女性
　　　　は，参加するのに　□□□□□　を払わなければならないだろう」

　まず「（70歳の）申込み料金」は，15ドル。ただし，「レークビル
にお住まいの方は申込み料金が不要です」とあるので0ドルとなる。
「**（70歳の）参加料金**」は**15ドル**だが，「**直近2回のレークビル・マ
ラソンのいずれかに出場された方は5ドル割引になります**」とあるの
で，15 － 5 ＝ 10より ① 「**10ドル**」が正解とわかる。

　さまざまなポイントを確認しなければならず，非常に面倒な問題。

問3　「このウェブサイトによると，次の中で正しいのはどれか」

　①「申込み料金と参加料金は現金で支払うことができる」は不可。
「支払い」の欄に「オンラインでのクレジットカード払いのみ」とあ
る。②「すべての問合せは電話で行わなければならない」も不可。本
文の最下欄に「お問合せは，marathondesk@lkve.com までご連絡を」
とある。③「当選したかどうかは，オンラインで確認しなければならな
い」も不可。本文の「選抜」の欄の2番目の項目に「当落の通知書は，
10月半ばに申込み者にお届けします」とある。以上から ④ 「**8時間
でレースを完走すればよい**」が正解とわかる。本文の「レース当日」
の欄の2番目の項目に「**レースのスケジュール：8時開始，16時終了（指
定時間までにゴールできないランナーは，マラソンを中止していただ
くことになります）**」とある。

　問3は，問1，問2で扱えなかった本文の残りを「総ざらい」する
ための問題。邪魔くさくても1つ1つ確認するしかない。

解答　問1　②　　問2　①　　問3　④

訳

第28回レークビル・マラソン
2015年2月26日

申込み

・期間：2014年8月1日から8月31日
　　　　（期間後の申込みは一切受け付けません）

・レース当日に16歳以上の方は，どなたでも参加申込みができます。

・申込みはオンラインのみ。

・申込みは1名につき1回限り。複数回申し込んだ場合は，自動的に無

効となります。
・虚偽の個人情報を申告した場合，資格を取り消します。

選抜
・レークビル運動場には大きさの制限があるため，残念ながら，すべての申込みに応じることができません。抽選により 15,000 人のランナーを決定します。
・当落の通知書は，10 月半ばに申込み者にお届けします。

支払い
・オンラインでのクレジットカード払いのみ。
・申込み料金は返却できません。例外はありません。
・参加料金は抽選で選ばれた方にのみ請求いたします。

カテゴリー	申込み料金*	参加料金**
未成年（16 または 17 歳）	15 ドル	25 ドル
成年（18 から 64 歳）	15 ドル	50 ドル
シニア（65 歳以上）	15 ドル	15 ドル

*レークビルにお住まいの方は申込み料金が不要です！
**直近 2 回のレークビル・マラソンのいずれかに出場された方は 5 ドル割引になります！

レース当日
・受付：7 時開始。参加者には全員，レース当日に顔写真付きの身分証明書（運転免許証やパスポートなど）と当選通知書を提示していただきます。
・レースのスケジュール：8 時開始，16 時終了（指定時間までにゴールできないランナーは，マラソンを中止していただくことになります）
お問合せは，marathondesk@lkve.com までご連絡を。

クリックして応募

(語句)
▶ **false** 　形「虚偽の」
▶ **resúlt in ～** 　熟「結果として～になる」
▶ **eliminátion** 　名「除外／予選落ち」
▶ **lóttery** 　名「抽選」
▶ **fee** 　名「料金」
▶ **charge ～** 　他「（料金）を請求する」
▶ **désignate ～** 　他「～を指定する」

例題 8

 標準 6分

次ページのコンサートに関する広告を読み，問1～3の ［　　］ に入れるのに最も適当なものを，それぞれ下の ① ～ ④ のうちから一つずつ選べ。

問1 Which of the following statements is true? ［　　］
① Acton City Stadium will host *Seven Funky Rangers*' spring concert.
② *Seven Funky Rangers* are famous for their two top-selling songs.
③ *Seven Funky Rangers* will perform several times this year.
④ The legendary *Hip Hop Heroes* are the main attraction.

問2 Which of the following costs $80 if bought on August 18th? ［　　］
① One class A standard seat.
② One class B standard seat.
③ One class B VIP seat.
④ One stage front ticket.

問3 A family consisting of a father aged 41, a mother aged 40, two boys aged 14, and a girl aged 13, providing proof of age for the children, would ［　　］ .
① all be allowed to enter the stage front section
② exceed the maximum number of tickets that can be bought at one time
③ receive a 50% discount on three tickets when purchasing in advance
④ receive a 10% discount when purchasing five tickets at one time

Acton City Stadium   http://www.actoncitystadium.us

Acton City Stadium proudly presents the legendary Seven Funky Rangers

Aug. 18th

The world-famous pop group *Seven Funky Rangers* will play at the Acton City Stadium, **Saturday, August 18th**. Famous for their number one hits *Don't Cry No More* and *Too Busy Living Life To The Full*, *Seven Funky Rangers* will only perform once this year, so don't miss this chance. Also appearing, *Hip Hop Heroes*. Doors open at 6:00 pm.

Ticketing

Advanced purchase strongly recommended.
Non-reserved tickets available on the day at the door.

Ticket type	Price (advanced sales only)	Status
VIP seating	A : $ 300 B : $ 200	Sold out Available
Standard seating	A : $ 80 B : $ 60	Available Available
Stage front (standing only)	$ 50	Sold out

*Add $20 to the advertised prices above for on-the-day ticket sales.
*Young people (ages 10-18, proof of age required) receive 50% off the above prices (advanced purchases only).
*No one under 16 allowed in the stage front section.
*No children under 10 allowed.
*A maximum of five tickets can be purchased at one time.
*Senior citizens (ages 65 and over) receive 10% off advanced sales prices.
*VIP seating includes food and drinks and a back stage tour.

Click to Buy

We accept all major credit cards.

[本試]

問1 「次の記述のうちのどれが正しいか」

①「アクトン・シティ・スタジアムはセブン・ファンキー・レインジャーズの**春の**コンサートを開催する」は不可。チラシには「8月（＝夏）」にコンサートが開かれるとある。

②「セブン・ファンキー・レインジャーズはその大ヒットした2曲で有名である」は本文第2文と合致で正解。

③「セブン・ファンキー・レインジャーズのコンサートは今年は**数回開かれる**」は不可。本文には「**今年の公演は一度限り**」とある。

④「伝説的なヒップ・ホップ・ヒーローズが主役である」は不可。legendary という形容詞がついているのは Seven Funky Rangers だけである。以上から，②が正解となる。

なお，月の名前の省略形は次のとおりである。確認しておきたい。
Jan. / Feb. / Mar. / Apr. / May（これのみ省略形がない）/ Jun. / Jul. /
Aug. / Sep. / Oct. / Nov. / Dec.

問2「もし8月18日に買った場合，80ドルの費用がかかるのはどれか」

問題文には「8月18日」とあるが，コンサートも同じ日にある。だから当日券を買うことになる。表の「価格」の欄を見ると「前売りのみ」と書いてあることから，表の価格は前売り特価だとわかる。さらに表のすぐ下に「当日券は上記の価格に20ドル追加してください」とある。よって，当日券の場合には「表の価格＋20ドル」となる。つまり80－20＝60ドルのチケットを探せばよいことがわかる。それは②「**Bの普通席1枚**」となる。

問3「41歳の父親と40歳の母親と14歳の少年2人と13歳の少女からなる家族は，子どもの年齢確認が可能ならば _____ 」

①「みんな舞台正面の場所へ入れる」は不可。「16歳未満は舞台正面には入れません」とある。

②「一度に購入可能なチケットの数を超えている」は不可。「一度に購入できるチケットは最大で5枚です」とある。

③「事前に購入すれば3枚のチケットが半額になる」が正解。「**（年齢確認ができる10歳から18歳の）若者は（事前購入に限り）上記価格より50％値引きになります**」とあるので正解。

④「一度に5枚購入すれば10％安くなる」は不可。10％の割引になるのは「65歳以上の人」だけである。

解答 問1 ② 問2 ② 問3 ③

訳

アクトン・シティ・スタジアム　http://www.actoncitystadium.us

アクトン・シティ・スタジアムが自信を持って提供する
伝説のセブン・ファンキー・レインジャーズ
8月18日

　世界的に有名なポップグループである**セブン・ファンキー・レインジャーズ**が**8月18日(土)**にアクトン・シティ・スタジアムに登場します。**セブン・ファンキー・レインジャーズ**は，大ヒット曲「これ以上泣かないで（Don't Cry No More）」と「充実した生活を送るのに忙しすぎて（Too Busy Living Life To The Full）」で有名ですが，今年の公演は一度限りです。だからこの機会をお見逃しなく。**ヒップ・ホップ・ヒーローズ**も出演します。開場は午後6時です。

チケット販売

前売り券のご購入を強くお勧めいたします。
自由席は当日入り口で販売します。

チケットの種類	価格（前売りのみの値段）	状況
VIP席	A：300ドル	売り切れ
	B：200ドル	残席有り
普通席	A：80ドル	残席有り
	B：60ドル	残席有り
舞台正面（立ち見のみ）	50ドル	売り切れ

・当日券は上記の価格に20ドル追加してください。
・（年齢確認ができる10歳から18歳の）若者は（事前購入に限り）上記価格より50%値引きになります。
・16歳未満は舞台正面には入れません。
・10歳未満の子どもは入れません。
・一度に購入できるチケットは最大で5枚です。
・65歳以上の方は前売りの価格よりさらに10%割引です。
・VIP席の値段には飲食物と楽屋裏ツアーが含まれます。

ご購入はここをクリックしてください

大手のクレジットカードはすべて使えます。

次ページはインターネットで紹介されているお菓子の作り方である。問1〜3の　　　　に入れるのに最も適当なものを，それぞれ下の①〜④のうちから一つずつ選べ。

問1　When you follow Kim's recipe, one of the things you should put into the mixing bowl first is 　　　　 .

① bananas

② eggs

③ flour

④ sugar

問2　According to Kim's recipe, you 　　　　 .

① can take the muffins out of the pan as soon as they are cooked

② should be warming up the oven while you are mixing the ingredients

③ should mix the flour, baking powder, soda and salt until it is creamy

④ will need two mixing bowls and more than three teaspoons

問3　What Janet likes about the changes she has made to the recipe is that her muffins 　　　　 Kim's.

① are easier to make than

② are less fattening than

③ have more calories than

④ have the same ingredients as

MyFavoriteRecipes.com

Search MyFavoriteRecipes.com [   ] [Search]

Recipes | Cooking Tips | Measurements | Comments | Shop

Banana muffins

POSTED BY: Kim

SERVINGS: 12 muffins

INGREDIENTS:
3 bananas, mashed
1/2 cup chopped walnuts
2 cups all-purpose flour
1/2 cup butter, softened
1/4 cup milk
2 large eggs

1/2 cup brown sugar
1/4 teaspoon salt
1 teaspoon vanilla
1 teaspoon baking powder
1 teaspoon baking soda

DIRECTIONS:
1. Preheat oven to 375 degrees F (190 degrees C).
2. In your mixing bowl, mix together butter and brown sugar until the mixture is creamy. Add bananas, milk, eggs and vanilla, mixing well. Gently stir in flour, baking powder, soda and salt, until moistened. Add the walnuts. Pour the mixture into a muffin pan.
3. Bake at 375 degrees F for around 20 minutes, until a toothpick inserted into a muffin is dry when it comes out. Allow to cool in the pan for 5 minutes. Then place the muffins on a wire rack to finish cooling.

COMMENT ON/RATE THIS RECIPE

COMMENTS:
★★★★☆

I wanted lower calorie banana muffins so I combined this recipe with my favorite low-fat muffin recipe. I used 1/4 cup of unsweetened applesauce instead of the butter, used only 1 egg, and only half the sugar (1/4 cup). The applesauce adds plenty of sweetness with fewer calories.

Janet in Oklahoma

MORE COMMENTS...

[追試]

料理にまったく興味のない人には難しかったのではないだろうか。問2の正答率が相当低いようである。

解説 問1 「キムのレシピに従うと，最初にミキシングボウルに入れるべきものの1つは ☐☐☐☐ である」

作り方（**directions**）に「ミキシングボウルにバターと**赤砂糖**を入れて，混ぜ合わせてクリーム状にする」とある。よって，① 「バナナ」，② 「卵」，③ 「小麦粉」，④ 「砂糖」の中から ④ を選ぶ。この問題の正答率は 90％前後。間違えた人はほとんどが① 「バナナ」を選んでしまった。作り方には Add bananas 「バナナを**加える**」とあるから，**問題文の「最初に入れる」と矛盾する**。

問2 「キムのレシピによると ☐☐☐☐ 」

① 「マフィンは焼けたらすぐにマフィン焼き型から取り出してよい」は，作り方の最後のほうにある Allow to cool in the pan for 5 minutes. 「マフィン焼き型の中で5分間冷ます」と矛盾するので不可。

② 「材料を混ぜている間にオーブンを温めておくべきである」。これに完全に対応する直接の記述はないので保留とする。

③ 「中力粉，膨らし粉，重曹，塩をクリーム状になるまで混ぜ合わせるべきだ」。本文には「クリーム状になるまで混ぜる」とあるが，これは「バターと赤砂糖」のこと。よって不可。この選択肢を選んでしまった人が 30％以上になる。

④ 「ミキシングボウルが2つと小さじが4本以上いる」。本文には，必要となるミキシングボウルの数と小さじの数には言及がない。また，常識的に考えてもおかしい。

以上から，② が正解となる。指示にある作り方の流れから「材料を混ぜている間にオーブンを温める」ことになるはずだ。**非常に巧妙な問題。消去法しかない**。

問3 「ジャネットがこのレシピに加えた変更点に関して気に入っているのは，彼女のマフィンはキムのマフィン ☐☐☐☐ ということである」

① 「より作りやすい」。このような記述はない。

② 「より太りにくい」。本文には**「カロリーを低く」**とあるから合致。

③ 「よりカロリーのある」は真逆。

④「と同じ材料である」。卵の数や砂糖の量が異なるので不可。
以上から②が正解だとわかる。

解答 問1 ④　　問2 ②　　問3 ②

訳

大好きなレシピ・ドットコム

　大好きなレシピ・ドットコムを検索
　レシピ｜料理のヒント｜計量｜コメント｜店舗

バナナ・マフィン
投稿者：キム

量　　　：マフィン12個分

材　料：

すりつぶしたバナナ	3本	赤砂糖	カップ1/2
刻んだクルミ	カップ1/2	塩	小さじ1/4
中力粉	カップ2	バニラ	小さじ1
柔らかくしたバター	カップ1/2	膨らし粉	小さじ1
牛乳	カップ1/4	重曹	小さじ1
大きめの卵	2個		

作り方
1. あらかじめオーブンを華氏375度（摂氏190度）に温めておく。
2. ミキシングボウルにバターと赤砂糖を入れて，混ぜ合わせてクリーム状にする。バナナ，牛乳，卵，バニラを加えてよく混ぜる。中力粉，膨らし粉，重曹，塩を少しずつ加えて混ぜ合わせ，しっとりするまでなじませる。そこにクルミを加える。混ぜ合わせたものをマフィン焼き型に流し込む。
3. 華氏375度で20分ほど焼く。できあがりの目安はマフィンに爪楊枝を刺して，それを抜いたときにベチャッとならないこと。マフィン焼き型の中で5分間冷ます。それからマフィンを金網台に載せて冷ませばできあがり。

このレシピについてのコメント・評価

コメント：
★★★★☆

　もっとカロリーの低いバナナ・マフィンにしたかったので，このレシピに私のお気に入りの低脂肪マフィンのレシピを組み合わせました。バターの代わりに，甘みを加えていないアップルソースを 1/4 カップ使い，卵は 1 個だけ，砂糖も半分の量（1/4 カップ）に抑えました。アップルソースを使えば，甘みが増し，カロリーは低くなります。

オクラホマ在住のジャネット

さらにコメントを読む…

（語句）

▶ **récipe**　　　　　　　名「作り方」
▶ **flour**　　　　　　　名「小麦粉」
　　＊　flower と同じ発音
▶ **ingrédient**　　　　　名「材料」
▶ **fáttening**　　　　　形「太る」
▶ **post 〜**　　　　　　他「〜を投稿する」
▶ **sérving**　　　　　　名「（飲食物の）1 人前」
▶ **mash 〜**　　　　　　他「〜をすりつぶす」
▶ **wálnut**　　　　　　名「クルミ」
▶ **all-púrpose flour**　名「中力粉」
▶ **sóften 〜**　　　　　他「〜を柔らかくする」
　　＊　-en は動詞を作る接尾辞
▶ **báking pówder**　　名「膨らし粉」
▶ **〜 degrée F**　　　　名「華氏〜度」
▶ **〜 degrée C**　　　　名「摂氏〜度」
　　＊　$C = (F - 32) \times \frac{5}{9}$
▶ **stir 〜 in ／ in 〜**　熟「〜を入れて混ぜる」
▶ **móisten 〜**　　　　他「〜を湿らせる」
　　＊　-en は動詞を作る接尾辞
▶ **tóothpick**　　　　　名「爪楊枝」

例 題 10

標準 5分

次ページの広告を読み，問1～3の □□□ に入れるのに最も適当な
ものを，それぞれ下の①～④のうちから一つずつ選べ。

問1　One thing you should do to have your puppies trained at Kyoto
DOS is to □□□ .

① email them to make a reservation for a vaccination

② fill out the application form found on their website

③ go to the monthly orientation with your dog

④ make an appointment to choose a trainer for your dog

問2　If your two-year-old dog tends to bite people, it should be enrolled
in □□□ .

① Course A

② Course B

③ Course C

④ Special Courses

問3　At Kyoto DOS, □□□ .

① puppies need at least seven lessons to show change

② Sunday courses are offered upon request

③ the fee depends on the dog's weight

④ they don't require you to accompany your dog

Kyoto DOS

Why not send your dog to Kyoto Dog Obedience School
for quality training at a reasonable fee?

School Hours	Mon.-Fri. 10:00 - 19:00 Sat. 10:00 - 12:00
Lessons	45-minute lessons, based on an individualized curriculum
Fees	Enrollment fee ¥10,000 ¥3,000 per lesson (all types, all sizes)
Owner Participation	Recommended but optional

Call **Kyoto DOS** now at 0120-xxx-xxx and register for one of our monthly orientation sessions. Download the application form at http://kyoto.dos.co.jp and bring the completed form to the orientation. Please also bring your dog's vaccination records, but do not bring your dog. A date and time will be set for a trainer to meet your dog and create a training curriculum.

Lessons for dogs 3 months - 1 year old

Course A	House training (e.g. toilet training)
Course B	Outside on-leash / off-leash training (e.g. sit, stay)

Lessons for dogs more than 1 year old

Course C	Behavior modification training (e.g. ending bad habits)
Special Courses	Special training for social services (e.g. assisting people with special needs)

What satisfied owners say:

"How can my puppies change after only 3 lessons? They have never chewed my shoes since."

"Pochi has matured after 7 lessons. A quality life together is now assured. Thank you!"

［追試］

Kyoto DOS って，ひょっとすると「京都どす＝京都です〈京都弁〉」にひっかけたダジャレ？　問題作成部会はたまに「笑えないギャグ」を仕組むからね。問3で差がついた問題。

解説　問1　「愛犬を Kyoto DOS で訓練してもらうためにすべき1つのことは □□□□ だ」

　①「予防接種の予約をするため，メールを送ること」は本文にないので不可。

　②「ホームページにある申込書に記入すること」。

　③「犬を連れて毎月行われる説明会に行くこと」。少なくとも「犬を連れて」が不可。

　④「犬のための訓練士を選ぶため約束を取りつけること」。少なくとも「訓練士を選ぶことは可能」という記述はない。

　以上から正解は②。

問2　「生後2年の犬が人を噛（か）む傾向にある場合，□□□□ に登録すべきだ」

　悪い癖を直すコースはコース C のみ。よって③が正解。

問3　「Kyoto DOS では，□□□□」

　①「子犬が変化を示すには少なくとも授業を7回受けなければいけない」。**飼い主の声には「7回の授業」とあるが，この記述とは無関係なので不可。**

　②「日曜の授業は要望があれば開かれる」。本文にまったく記述がないので不可。

　③「授業料は犬の体重によって決まる」。表の授業料を見ると「種類や大きさにかかわらず」とあり，不可。

　④「犬に同伴する必要はない」。表の Owner Participation「飼い主の参加」のところに「**推奨だが任意**」とあるので，**正しいとわかる。**

　①～③までに正解がないので消去法を使えば確実に正解するはず。①を選んだ人が多かった問題。

解答　問1　②　　問2　③　　問3　④

Kyoto DOS
あなたの愛犬を京都犬訓練学校に入れて
お手頃な授業料で質の高い訓練を受けさせませんか。

開講時間	月曜日から金曜日まで　10：00 ～ 19：00 土曜日　10：00 ～ 12：00
授業	個別カリキュラムに基づき1レッスン45分
授業料	登録料 10,000 円 愛犬の種類や大きさにかかわらず1レッスンにつき 3,000 円
飼い主の参加	推奨だが任意

Kyoto DOS（0120-xxx-xxx）まで今すぐお電話いただき，毎月行われている入所説明会に登録してください。申込書は http://kyoto.dos.co.jp からダウンロードして，その用紙にご記入いただき，入所説明会にご持参ください。また愛犬の予防接種の記録もご持参ください。ただし皆様の愛犬は連れてこないでください。訓練士が皆様の愛犬に会い，訓練のカリキュラムを作成する日時が設定されます。

生後3か月から1年までの愛犬のための授業

コース A	家の中の訓練（例：トイレの訓練など）
コース B	家の外の訓練　リードあり／リードなし（例：お座り，待てなど）

生後1年を超えた愛犬のための授業

コース C	行動を正すための訓練（例：悪い癖をやめさせるなど）
特別コース	社会奉仕のための特別訓練（例：特別な介護が必要な人の援助など）

満足いただけた飼い主の方々の声
　「どうすればたった3回の授業でうちのワンちゃんの態度がこんなに変わるのだろうか。この訓練以来一度も靴を噛んでいません」
　「ポチは7回授業を受けてすっかり大人になりました。ポチとの良好な生活が約束されました。ありがとうございました！」

語句
- ▶ vaccinátion　　名「予防接種」
- ▶ applicátion form　　名「申込書」
- ▶ fee　　名「料金」
  - ＊　a doctor's fee「診察料」, a tuition fee「授業料」, a membership fee「会費」など，無形のものに対して支払う料金のこと
- ▶ réasonable　　形「妥当な」
  - ＊「高すぎる」ことも「安すぎる」こともなく，納得できるというニュアンス
- ▶ enróllment　　名「登録」
- ▶ participátion　　名「参加」
- ▶ óptional　　形「任意の」
- ▶ régister　　自「登録する」
- ▶ leash　　名「（犬などをつなぐ）ヒモ／リード」
- ▶ modificátion　　名「修正」
  - ＊　genetic modification は「遺伝子組み換え」のこと
- ▶ assúre 〜　　他「〜を保証する」

お役立ちコラム

ラテン語からの略語

　本文に出てくる e.g.「たとえば」は，ラテン語の exempli gratiā（＝ for example）の略。英語の略で ex. と書くと exercises の意味にもなり得るので，「例」を挙げる場合は e.g. のほうが一般的。

　なお，etc.「など」もラテン語 et cetera（＝ and the rest）の略。

例 The shop sells bread, cakes, fruit, vegetables, etc.
　「その店はパンやケーキや果物や野菜などを売っている」

　さらに，i.e.「すなわち」もラテン語の略で，id est（＝ that is）のこと。

例 I cannot eat any dairy products, i.e., anything made of milk or cheese.
　「私は乳製品つまり牛乳やチーズを使ったものはまったく食べられません」

作題の基本は，正解の選択肢がすべて本文の見事な言い換えになっていることである。

つまり，「当て勘（かん）」で解こうとする受験生を「ワナ」に引っかけるように作られている。この「情報取得問題」にも巧妙な言い換えが現れるから十分に注意したい。毎年，最低1問は，このような言い換えがしてあると考えよう。

例題 11　　　　　　　　　　　　　　　　　　　　　　標準 2分

次の文章を読み，問の ＿＿＿＿ に入れるのに最も適当なものを，下の①〜③のうちから一つ選べ。

People across the country were randomly selected with the use of telephone books.　They were called and invited to join the study if they were in their (1) late teens, (2) late thirties, or (3) late fifties. After 600 people agreed to participate, the researchers interviewed them at home.

問　People were first chosen for the survey in the following way: ＿＿＿＿ .

① The first 600 people in the telephone book were invited

② The researchers called the people in three groups

③ The researchers selected them depending on chance

［本試・改題］

この年で最も正答率が低かったと予想される問題。

解説 「**調査のために，最初 ☐☐☐☐☐ のようにして人が選ばれた**」

① 「その電話帳の最初の 600 人が招待された」。「電話帳の最初の 600 人」というのは A から始まる人を指すのであろうか。本文に記述がないので，偽であると判定できる。注意深く読んでいる人なら，**本文では telephone books と複数形になっているが，この選択肢では the telephone book のように the がつき，おまけに単数形になっている**ことに気がつくはず。

② 「その調査の担当者は 3 つのグループの人々に電話した」。本文には「彼ら（無作為に選ばれた人）に電話をかけ，もしその人たちが ⑴，⑵，⑶ のどれかなら調査への参加を促した」とある。あらかじめ 3 つのグループに分かれていたわけではなく，電話をして，3 つのグループのうちのどれかなら調査を依頼したのであるから，この選択肢は偽である。**and の並列構造**を見誤ると選んでしまいそうな選択肢である。

They were {
  called
  and
  invited to join the study if ~ .
}

この問題に限らず，読解において **and / but / or** の並列構造は，慎重に判断しなければ致命傷になることが多い。要注意だ。

③ 「その調査の担当者は人々を任意に（偶然に任せて）選んだ」。本文には「複数の電話帳を用いて，全国から**無作為に**（= randomly）人が選ばれた」とあるから ③ が正しい。**randomly を depending on chance で言い換えている**ことがわかるかどうかがカギ。

この選択肢を積極的に選ぶことは難しいが，**消去法**を用いて「言い換え」を確認すれば，比較的容易に選べるはずである。

解答 ③

訳 　複数の電話帳を用いて全国から無作為に人が選ばれた。その人たちに電話をかけ，もしその人たちが，⑴ 10 代後半，⑵ 30 代後半，⑶ 50 代後半なら，調査への参加を促した。600 人が参加に同意してから，調査を担当した人がその人たちの家に出向いて話を聞いた。

例 題 12 標準 6分

次の文章と図を読み，問1～2の □ に入れるのに最も適当なものを，下の ① ～ ④ のうちから一つずつ選べ。

You are planning to stay at a hotel in the UK. You found useful information in the Q&A section of a travel advice website.

I'm considering staying at the Hollytree Hotel in Castleton in March 2021. Would you recommend this hotel, and is it easy to get there from Buxton Airport? (Liz)

Answer

Yes, I strongly recommend the Hollytree. I've stayed there twice. It's inexpensive, and the service is brilliant! There's also a wonderful free breakfast. (Click *here* for access information.)

Let me tell you my own experience of getting there.

On my first visit, I used the underground, which is cheap and convenient. Trains run every five minutes. From the airport, I took the Red Line to Mossfield. Transferring to the Orange Line for Victoria should normally take about seven minutes, but the directions weren't clear and I needed an extra five minutes. From Victoria, it was a ten-minute bus ride to the hotel.

The second time, I took the express bus to Victoria, so I didn't have to worry about transferring. At Victoria, I found a notice saying there would be roadworks until summer 2021. Now it takes three times as long as usual to get to the hotel by city bus, although buses run every ten minutes. It's possible to walk, but I took the bus as the weather was bad.

Enjoy your stay! (Alex)

Access to the Hollytree Hotel

Buxton Airport

Red Line 🚇
(25 min)

Express Bus 🚌
(40 min)

Mossfield Station

Schedule
Every 30 minutes
First bus 10.00 am
Last bus　6.30 pm

Orange Line 🚇
(10 min)

Victoria Station

City Bus 🚌
(10 min)

On foot 🚶
(20 min)

Hollytree Hotel

問 1　From Alex's answer, you learn that Alex 　　　　　.

① appreciates the convenient location of the hotel

② got lost in Victoria Station on his first visit to Castleton

③ thinks that the hotel is good value for money

④ used the same route from the airport both times

問 2　You are departing on public transport from the airport at 2.00 pm on 15 March 2021. What is the fastest way to get to the hotel? 　　　　　

① By express bus and city bus

② By express bus and on foot

③ By underground and city bus

④ By underground and on foot

[本試]

問2の正答率は上位層でも低かった。図表をしっかり見て，本文もしっかり読んで「真面目に」対処しよう。

解説　問1　「アレックスの回答から，アレックスは 　　　　　 とわかる」

③「ホテルは値段に見合うと考えている」が正解。選択肢を順に検

討する。①「ホテルの立地の便利さを高く評価している」は，そもそも「ホテルの立地の便利さ」が間違っている。アレックスの回答と付属の図表から，ホテルまでは約60分かかることがわかる。これでは「立地の便利さ」とは言えない。さらに，アレックス自身もそうしたことを述べてはいないので不可。②「キャッスルトンに初めて行ったとき，ビクトリア駅で迷った」は，アレックスの回答の第3パラグラフ第4文「オレンジ線のビクトリア行きには通常7分ほどで乗り換えることができるはずなのですが，道順がよくわからず，5分ほど余計に時間がかかってしまいました」と図より，アレックスが道に迷ったのはモスフィールド駅だとわかる。よって，②は不可。③は，アレックスの回答の第1パラグラフ第1～4文「**はい，ホリーツリーはかなりお勧めです。私はそこに2回泊まりました。安いし，サービスもすばらしいですよ！　無料のすばらしい朝食もあります**」から正解だとわかる。選択肢にある good value for money は「値段に見合う，コスパが良い」の意味の熟語である。④「2回とも空港から同じ道筋でホテルに行った」は明らかに不可。アレックスの回答と図から，1回目は地下鉄と市バスを乗り継いで行き，2回目は急行バスと市バスを乗り継いで行ったことがわかる。1回目と2回目では道筋が異なることがわかる。

問2　「あなたは2021年3月15日の午後2時に空港から公共交通機関で出発する予定である。ホテルに着くための最短経路はどれか」

　②「**急行バスと徒歩**」が正解。アレックスの回答の第3パラグラフ第4文前半「オレンジ線のビクトリア行きには通常7分ほどで乗り換えることができるはずなのですが」から，**乗り換えには7分かかることがわかる**。さらに図から，空港からビクトリア駅まで地下鉄を使った場合には25分（空港からモスフィールド駅）＋10分（モスフィールド駅からビクトリア駅）＝35分かかることがわかる。**これらを合計した42分が，地下鉄を使った場合の所要時間である。また急行バスを使った場合には図から40分かかるとわかる。**

　さらにアレックスの回答の第4パラグラフ第2～3文「ビクトリアでは，2021年夏まで道路工事が行われると書いてありました。今は10分間隔でバスが出ていますが，市バスでホテルまで行くには通常の3倍の時間がかかります」と図から，2021年3月15日は，市

バスを使った場合は 10 分× 3 ＝ 30 分かかってしまうことになる。よって最速の経路だと，20 分かかる徒歩を選択することになる。したがって，急行バス＋徒歩（40 分＋ 20 分＝ 60 分）が最速の手段だとわかり，② を選ぶ。図だけで判断し，乗り換えの時間を計算に入れなかった人が多くいたようで，正答率はかなり悪い。なお選択肢それぞれの所要時間は ①「急行バスと市バス」は 40 分＋ 10 分× 3 ＝ 70 分，③「地下鉄と市バス」は 25 分＋ 7 分（乗り換え）＋ 10 分＋ 10 分× 3 ＝ 72 分，④「地下鉄と徒歩」は 25 分＋ 7 分（乗り換え）＋ 10 分＋ 20 分＝ 62 分となる。

　余談だが，**問 2** の問題文には「午後 2 時に空港を出発する」とあるので問題ないのだが，もしこれが「午後 2 時 5 分」だとすると，待ち時間が 25 分生じてしまい，バスのほうが遅くなってしまう。

解答　問 1　③　　問 2　②

訳　あなたはイギリスのとあるホテルに宿泊を予定している。旅行情報サイトの Q&A コーナーに有益な情報が掲載されていた。

2021 年 3 月にキャッスルトンのホリーツリーホテルに宿泊を考えています。このホテルはお勧めですか。また，バクストン空港からは行きやすいでしょうか。（リズ）

回答

はい，ホリーツリーはかなりお勧めです。私はそこに 2 回泊まりました。安いし，サービスもすばらしいですよ！　無料のすばらしい朝食もあります。（アクセスについては<u>こちら</u>）

私自身が行ったときの体験談をお話しします。

最初に訪れたときには，安くて便利な地下鉄を利用しました。電車は 5 分間隔で走っています。空港からはレッド線でモスフィールド行きに乗りました。オレンジ線のビクトリア行きには通常 7 分ほどで乗り換えることができるはずなのですが，道順がよくわからず，5 分ほど余計に時間がかかってしまいました。ビクトリアからホテルまではバスで 10 分です。

2 回目はビクトリア行きの急行バスに乗ったので，乗り換えの心配はありませんでした。ビクトリアでは，2021 年夏まで道路工事が行われると書いてありました。今は 10 分間隔でバスが出ていますが，市バスでホテ

ルまで行くには通常の 3 倍の時間がかかります。歩くことも可能ですが，天気が悪かったのでバスを利用しました。

良い旅を！（アレックス）

ホリーツリーホテルへのアクセス

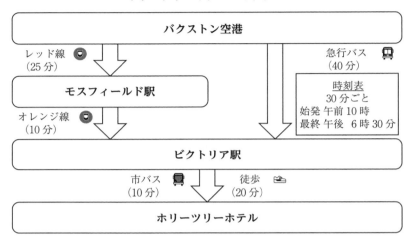

語句

▶ **consíder** (V) **ing**　　熟「(V) を考える」
▶ **recomménd** 〜　　他「〜を推薦する」
▶ **brílliant**　　形「すばらしい」
▶ **únderground**　　名「〈英〉地下鉄」
　　＊　参照：〈米〉では subway
▶ **évery five mínutes**　　熟「5 分ごとに」
　　＊　every は通例〈every + 単数形の名詞〉で用いる。この表現は
　　　例外的だが five minutes を 1 つのカタマリと考えていると思え
　　　ば納得できる
▶ **transfér to** 〜　　熟「〜へ乗り換える」
▶ **diréction**　　名「指示／道順」
▶ **éxtra**　　形「余分の」
▶ **expréss bus**　　名「急行バス」
▶ **nótice**　　名「掲示」
▶ **róadwork**　　名「〈英〉道路工事」
▶ **three times as long as úsual**　　熟「いつもの 3 倍の時間」

例題 13

難 8分

You are a new student at Robinson University in the US. You are reading the blogs of two students, Len and Cindy, to find out where you can buy things for your apartment.

New to Robinson University?

Posted by Len at 4:51 p.m. on August 4, 2021

Getting ready for college? Do you need some home appliances or electronics, but don't want to spend too much money? There's a great store close to the university called Second Hand. It sells used goods such as televisions, vacuum cleaners, and microwaves. A lot of students like to buy and sell their things at the store. Here are some items that are on sale now. Most of them are priced very reasonably, but stock is limited, so hurry!

Second Hand *Sale for New Students!*

Television
2016 model
50 in.
$250

Vacuum Cleaner
2017 model
W 9 in. × L 14 in. × H 12 in.
$30

Rice Cooker
2018 model
W 11 in. × D 14 in. × H 8 in.
$40

Microwave
2019 model
1.1 cu. ft. 900 watts
$85

Kettle
2018 model
1ℓ
$5

---

https://secondhand.web

Purchasing used goods is eco-friendly. Plus, by buying from Second Hand you'll be supporting a local business. The owner is actually a graduate of Robinson University!

Welcome to Robinson University!

Posted by Cindy at 11:21 a.m. on August 5, 2021

Are you starting at Robinson University soon? You may be preparing to buy some household appliances or electronics for your new life.

You're going to be here for four years, so buy your goods new! In my first year, I bought all of my appliances at a shop selling used goods near the university because they were cheaper than brand-new ones. However, some of them stopped working after just one month, and they did not have warranties. I had to replace them quickly and could not shop around, so I just bought everything from one big chain store. I wish I had been able to compare the prices at two or more shops beforehand.

The website called save4unistu.com is very useful for comparing the prices of items from different stores before you go shopping. The following table compares current prices for the most popular new items from three big stores.

Item	Cut Price	Great Buy	Value Saver
Rice Cooker (W 11 in. x D 14 in. x H 8 in.)	$115	$120	$125
Television (50 in.)	$300	$295	$305
Kettle (1 ℓ)	$15	$18	$20
Microwave (1.1 cu. ft. 900 watts).	$88	$90	$95
Vacuum Cleaner (W 9 in. x L 14 in. x H 12 in.)	$33	$35	$38

https://save4unistu.com

Note that warranties are available for all items. So, if anything stops working, replacing it will be straightforward. Value Saver provides one-year warranties on all household goods for free. If the item is over $300, the warranty is extended by four years. Great Buy provides one-year warranties on all household goods, and students with proof of enrollment at a school get 10% off the prices listed on the table above. Warranties at Cut Price are not provided for free. You have to pay $10 per item for a five-year warranty.

Things go fast! Don't wait or you'll miss out!

問1　Len recommends buying used goods because ⬚ .
① it will help the university
② most of the items are good for the environment
③ they are affordable for students
④ you can find what you need in a hurry

問2　Cindy suggests buying ⬚ .
① from a single big chain store because it saves time
② from the website because it offers the best prices
③ new items that have warranties for replacement
④ used items because they are much cheaper than new items

問3　Both Len and Cindy recommend that you ⬚ .
① buy from the store near your university
② buy your appliances as soon as you can
③ choose a shop offering a student discount
④ choose the items with warranties

問4　If you want to buy new appliances at the best possible prices, you should ⬚ .
① access the URL in Cindy's post
② access the URL in Len's post
③ contact one big chain store
④ contact shops close to the campus

問5　You have decided to buy a microwave from ⬚A⬚ because it is the cheapest. You have also decided to buy a television from ⬚B⬚ because it is the cheapest with a five-year warranty. (Choose one for each box from options ①～④.)
① Cut Price
② Great Buy
③ Second Hand
④ Value Saver

［本試］

落ち着いて考えれば何でもないが，計算を必要とするので上位層と下位層で相当差がついた問題。いろいろなパターンで訓練しておかないと足もとをすくわれるということだ。

第1パラグラフ：セカンド・ハンドで中古品を買うのがよい。値段が手頃。

第2パラグラフ：中古品を買うのは環境に優しい。地元の商店への貢献にもなる。

シンディの投稿

第1パラグラフ：家電購入の準備をしているね？

第2パラグラフ：保証があるので新品を買うのがよい。価格を比べて買うのが良い。

第3パラグラフ：次の表は店ごとの価格比較。

第4パラグラフ：各店の保証の状況。

第5パラグラフ：早く買わないとなくなるよ！

解説 問1 「レンが中古品の購入を勧めているのは □□□□□ だからだ」

③「学生にとってお手頃だから」が正解。設問文から「レンが中古品を買うことを勧めている理由」を答えればよいことがわかる。レンのブログの第1パラグラフの最終文に「その大半にすごくお手頃な値段がつけられている」とあるので，③ が正しいとわかる。①「大学のためになるから」は，レンのブログの第2パラグラフ第2〜3文に「さらに，セカンド・ハンドで買い物をすれば地元の商店を応援することにもなる。店長は実際，ロビンソン大学の卒業生なんだ！」とあるだけで，「大学を支援する」とは書かれていないので不可である。②「商品の大半が環境に優しいから」は，**商品の大半が**環境に優しい」が不可である。レンのブログの第2パラグラフ第1文には「**中古品を購入するのは**環境に優しい」とあるだけである。この選択肢を選んだ人が非常に多い。「**中古品を購入すること**」→「**ゴミを減らすこと**」**だから環境に優しいのであって，中古品そのものが環境に優しいわけではない**。④「短時間で必要なものが見つかるから」は本文に記述がないので不可である。なお「急ぐ」に関してはレンのブログの第1パラグラフ最終文に「在庫は限られているから急いでね」と書かれているだけである。正答率は 60.5％。

問2「シンディは ◻︎◻︎◻︎◻︎◻︎ 買うことを勧めている」

③「交換保証がついている新しい商品を」が正解。設問文から「シンディは〜買うことを勧めている」の〜に当てはまるものを選べばよいことがわかる。選択肢を順に検討する。①「時間を節約してくれるので，1つの大きな量販店で」は不可である。シンディはブログの第2パラグラフ最終文で「前もって複数の店で価格を比較できたらよかったなと思う」と言っている。〈**I wish I had ＋過去分詞**〉は，**過去の実現しなかったことを「〜であったらよかったのに」と述べる仮定法の表現**であることに注意したい。②「最安値のものを提供してくれるので，ウェブサイトで」は不可である。シンディがウェブサイトを紹介したのは「複数の大型店の価格比較」のためであり，「そのサイトからの買い物を推奨している」のではない。この選択肢を選んだ人は多い。③は正解。シンディのブログの第2パラグラフ第2〜5文の「新品より安いからという理由で，家電のすべてを大学の近くにあるリサイクルショップで揃えたんだ。けど，中にはたった1か月で壊れたものもあったし，保証もついてなかったんだ。すぐに買い換える必要があったから，あちこち買い物をして回ることもできなくて，ある1つの大手の家電量販店ですべて買い揃えたんだ。前もって複数の店で価格を比較できたらよかったなと思う」から，「保証のついた新品」を買えばよかったと思っていることがわかる。④「新品よりかなり安いので，中古品を」は不可である。「中古品を買うこと」を推奨しているのはシンディではなくレンである。正答率は76.7%。

問3「レンもシンディも ◻︎◻︎◻︎◻︎◻︎ を勧めている」

②「なるべく早く器具を揃えること」が正解。設問文から「レンとシンディが共に推奨していること」を選べばよいことがわかる。選択肢を順に検討する。①「大学近くの店で買い物をすること」は不可である。レンのブログの第1パラグラフの第1〜3文に「入学の準備はできた？　家庭用品や電子機器が必要になるけど，あまりお金を使いたくない？　それなら，大学の近くにセカンド・ハンドという名前のいい店があるよ」とあり，①はレンのブログの内容に合致する。しかし，シンディのブログの第2パラグラフ第2〜3文に「私は1年目のとき，新品より安いからという理由で，家電のすべてを大学の近くにあるリサイクルショップで揃えたんだ。けど，中にはたった1か

月で壊れたものもあったし，保証もついてなかったんだ」とあり，シンディは大学近くのリサイクルショップを勧めてはいないことがわかる。②は，**レンのブログの第1パラグラフの最終文に「在庫は限られているから急いでね！」とあり合致する。さらにシンディのブログの最終パラグラフに「品物はすぐになくなるよ！　もたもたしてたら売り切れるよ！」とありこれも合致する。よって②は正解である。**シンディのブログの最後にある Things go fast! は「品物などがすぐに売れてしまう」という意味の慣用句であるが，たとえこの意味を知らなくても，直後の Don't wait or you'll miss out! から言いたいことは理解できたはずである。

③「学生割引が適用される店を選ぶこと」は不可である。シンディのブログの第4パラグラフ第5文に「グレートバイだと，すべての家電商品に1年間の保証がついていて，学校に在籍していることを証明できるものを持っている学生は，上に書いてある値段から10%割引してもらえるんだ」とあり合致するが，レンのブログにはそうした記述はないので不可である。「保証」についてもレンのブログには明記されていないので不適切である。正答率は 84.9%。

問4「もし最安値で新品の製品を買いたいなら，□□□□□□ すべきである」

①「シンディの投稿にあった URL にアクセスする」が正解。設問文から「新品の製品を最安値の値段で買うためにやること」を探せばよいことがわかる。**シンディのブログの第3パラグラフ第1文「save4unistu.com っていうウェブサイトは，買い物に行く前に商品の価格を店ごとに比べられるからとても便利だよ」**から，①が正解だとわかる。②「レンの投稿にあった URL にアクセスする」は不可である。レンのブログにあった URL は，中古品購入のためのサイトなので不可である。③「1つの大きな量販店に問い合わせる」も不可である。シンディのブログの第2パラグラフ第4〜5文に「すぐに買い換える必要があったから，あちこち買い物をして回ることもできなくて，ある1つの大手の家電量販店ですべて買い揃えたんだ。前もって複数の店で価格を比較できたらよかったなと思う」とあるが，これは時間がないからしかたなく1つの店で買っただけであって，「1つの大手の家電量販店での購入」を勧めているわけではない。④「キャンパス近くの店に問い合わせる」も不可である。「大学近くの店」と

は中古品販売のセカンド・ハンドのことであり，新品の購入とは無関係である。正答率は 75.6%。

問5「あなたは最も安かったからという理由で，電子レンジを　A　で買うことにした。また，テレビを，5 年間の保証がついていて最も安かったため，　B　で買うことにした」

　A　は，②「グレートバイ」が正解。設問文から「電子レンジの価格が一番安い店」を選べばよいことがわかる。レンのブログの表から中古品は $85 だとわかる。カットプライスでは $88 である。グレートバイでは $90 だが，シンディのブログの第 4 パラグラフ第 5 文「グレートバイだと，すべての家電商品に 1 年間の保証がついていて，学校に在籍していることを証明できるものを持っている学生は，上に書いてある値段から 10%割引してもらえるんだ」から，学生ならカタログ値より 10%割引されることがわかる。問題文に登場する "you" は学生であることが，本文の導入部の記述「あなたはアメリカにあるロビンソン大学の新入生である」からわかる。**グレートバイで購入する場合は $90 × 0.9 = $81 となる。**バリューセイバーでは $95 である。以上から最安値を提供する店は ② だとわかる。正答率が 25.6% しかなかった問題である。半数以上の人が③「セカンド・ハンド」を選んでいるが，これはおそらく，グレートバイの割引の記述を読み飛ばしたからであろう。

　B　は，④「バリューセイバー」が正解。設問文から「5 年保証のついた最安値のテレビを提供する店」を選べばよいことがわかる。「5 年保証」が条件なので中古品は含まれない。よって，新品の価格比較の表だけを見ればよいことがわかる。カットプライスでは $300 であるが，シンディのブログの第 4 パラグラフ第 6 〜 7 文「カットプライスの保証は無料では提供されず，5 年間の保証に対して商品ごとに 10 ドル払う必要があるよ」から，$300 + $10 = $310 となる。グレートバイでは $295 だが，　A　と同様に，カタログ値より 10%割引されるため $295 × 0.9 = $265.5 となるが，シンディのブログの第 4 パラグラフ第 5 文「グレートバイだと，すべての家電商品に 1 年間の保証がついて」から 5 年保証ではないことがわかるので，正解の候補から除外できる。**バリューセイバーでは $305 であるが，シンディのブログの第 4 パラグラフ第 3 〜 4 文には「バリューセイバーではすべての家電商品に 1 年間の保証が無料でついてくる**

よ。商品が 300 ドルを超えれば，保証は 4 年延長される」とあり，
5 年保証でも値段が変わらない。以上から ④ が正解だとわかる。正答
率は 58.1%。

　間違えた人の多くは "is extended by four years" を「4 年後まで延長
される」と誤読したようである。

解答　問1　③　　問2　③　　問3　②　　問4　①　　問5　Ａ　②　　Ｂ　④

訳　　あなたはアメリカにあるロビンソン大学の新入生である。2 人の学生，
レンとシンディのブログを読んで，アパートで使うものをどこで買えるか
調べている。

ロビンソン大学の新入生へ
レンによる投稿　日時 2021 年 8 月 4 日 16：51

　入学の準備はできた？　家庭用品や電子機器が必要になるけど，あま
りお金を使いたくない？　それなら，大学の近くにセカンド・ハンドと
いう名前のいい店があるよ。テレビや掃除機，電子レンジなどの中古品
が売られているんだ。多くの学生がこの店で買い物をしたり，自分の持
ち物を売ったりしているんだ。ここに示しているのが，今セール中の商
品だよ。その大半にすごくお手頃な値段がつけられているんだけど，在
庫は限られているから急いでね！

| セカンド・ハンド　　　　　　　　新入生に向けてのセール！ |

テレビ　　**$250**	電気掃除機　　**$30**	炊飯器　　**$40**
2016 年型	2017 年型	2018 年型
50 インチ	幅 9 インチ×	幅 11 インチ×
	長さ 14 インチ×	深さ 14 インチ×
	高さ 12 インチ	高さ 8 インチ
電子レンジ　**$85**	電気ケトル　**$5**	
2019 年型	2018 年型	
1.1 立方フィート	1 リットル	
900 ワット		

https://secondhand.web

　中古品を購入するのは環境に優しいよ。さらに，セカンド・ハンドで
買い物をすれば地元の商店を応援することにもなる。店長は実際，ロビ

ロビンソン大学へようこそ！
シンディによる投稿　日時 2021 年 8 月 5 日 11：21

　ロビンソンでの生活がもうすぐ始まるよね。新生活に向けて家庭用品
や電子機器を買う準備をしている最中かな。

　4 年間をここで過ごすのだから，新品を買ったほうがいいよ！　私は 1
年目のとき，新品より安いからという理由で，家電のすべてを大学の近
くにあるリサイクルショップで揃えたんだ。けど，中にはたった 1 か月
で壊れたものもあったし，保証もついてなかったんだ。すぐに買い換え
る必要があったから，あちこち買い物をして回ることもできなくて，あ
る 1 つの大手の家電量販店ですべて買い揃えたんだ。前もって複数の店
で価格を比較できたらよかったなと思う。

　save4unistu.com っていうウェブサイトは，買い物に行く前に商品の価
格を店ごとに比べられるからとても便利だよ。次の表は，3 つの大型店
で売られている一番人気の商品の，現在価格を比べたものだよ。

品目	カットプライス	グレートバイ	バリューセイバー
炊飯器 （幅 11 インチ×深さ 14 インチ×高さ 8 インチ）	$115	$120	$125
テレビ （50 インチ）	$300	$295	$305
電気ケトル （1 リットル）	$15	$18	$20
電子レンジ （1.1 立方フィート　900 ワット）	$88	$90	$95
電気掃除機 （幅 9 インチ×長さ 14 インチ×高さ 12 インチ）	$33	$35	$38

https://save4unistu.com

　すべての商品に保証がついていることを覚えておいてね。だから，どこ
か不具合が生じても，交換するのは簡単だよ。バリューセイバーではす
べての家電商品に 1 年間の保証が無料でついてくるよ。商品が 300 ドル
を超えれば，保証は 4 年延長される。グレートバイだと，すべての家電

商品に 1 年間の保証がついていて，学校に在籍していることを証明できるものを持っている学生は，上に書いてある値段から 10%割引してもらえるんだ。カットプライスの保証は無料では提供されず，5 年間の保証に対して商品ごとに 10 ドル払う必要があるよ。

品物はすぐになくなるよ！　もたもたしてたら売り切れるよ！

(語句)
▶ home appliance 　　名「家庭用器具」
▶ vácuum cléaner 　　名「電気掃除機」
▶ mícrowave 　　名「電子レンジ」
▶ réasonably 　　副「手頃に」
▶ stock 　　名「在庫」
▶ cu. ft. 　　名「1 立方フィート（= cubic foot）」
▶ púrchase 〜 　　他「〜を購入する」＊　buy の堅い言い方
▶ éco-friéndly 　　形「環境に優しい」
▶ suppórt 〜 　　他「〜を支える」
▶ gráduate 　　名「卒業生」
▶ brand-new 　　形「新品の」＊「製品などが新しい」の意味
▶ wárranty 　　名「保証」
▶ repláce 〜 　　他「〜を交換する」
▶ I wish I had ＋過去分詞 　　熟「(昔)〜だったらな」
　　＊　実現しなかったことを述べる
▶ compáre 〜 　　他「〜を比較する」
▶ befórehand 　　副「あらかじめ」
▶ cúrrent 　　形「現在の」＊「(刻々と変化する状況で)今の」
▶ note that S' V' 　　熟「S'V' を覚えておく」
▶ straightfórward 　　形「簡単な」
▶ exténd 〜 by ... 　　熟「〜を…だけ延長する」
▶ províde 〜 　　他「〜を提供する」
▶ enróllment 　　名「登録／入学手続き」
▶ for free 　　熟「ただで」
▶ Things go fast! 　　熟「(商品などが)すぐに売り切れるよ」
▶ affórdable 　　形「(値段が) 手頃な」

例 題 14

やや難 3分

次の文章と表を読み，問の ☐ に入れるのに最も適当なものを，下の ① ～ ④ のうちから一つ選べ。

Satellites are very closely tied to our daily lives. The best example of this is weather observation satellites. During a weather forecast on television, you can see images of cloud patterns over Japan from the Himawari satellite.

In fact, the table below shows the satellite in use in mid-2007 was the sixth in the Himawari series, which stretches back to 1977. The six Himawari satellites have each had different characteristics.

Name	Launch date	Launch site	Rocket	Weight (kg)	Period of service
Himawari 1	July 14, 1977	Florida, USA	Delta	325	April 1978- June 1984
Himawari 2	August 11, 1981	Tanegashima, Japan	N- II	296	April 1982- September 1984
Himawari 3	August 3, 1984	Tanegashima, Japan	N- II	303	September 1984- December 1989
Himawari 4	September 6, 1989	Tanegashima, Japan	H- I	325	December 1989- June 1995
Himawari 5	March 18, 1995	Tanegashima, Japan	H- II	344	June 1995- May 2003
Himawari 6	February 26, 2005	Tanegashima, Japan	H- II A	1,250	June 2005-

(Data correct as of June, 2007)

Most of the satellites in the Himawari series have had ☐ of around six years.

問　From the information in the passage and table, which of the following is the most appropriate for the blank? ☐

① a launch date
② an operating lifetime
③ an out-of-service period
④ a repair time

［本試・改題］

解説　「本文と表の情報から，以下のうちどれが空所に最も適切か」

　　空所の直後の「およそ6年間の」がポイント。**表の中で「6年間」に当たるものを探してみると，Period of service「稼働期間」しかないことがわかる。**

　　選択肢を見ると，①「打ち上げた日」，②「稼働期間」，③「非稼働期間」，④「修理期間」とあり，正解が②であることは明らかである。

　　よく表を見ていない受験生は①か③を選んだ。特に，③は serviceや period という語が含まれているために飛びついてしまった受験生が多かったようである。

　　本文の表の中にある **Period of service** が **an operating lifetime** と同じ意味だとわかるには，「**共通テストではとにかく言い換えが多い**」という普段からの認識が大切である。消去法を用いて正解を導く訓練もあわせて徹底したい。

　　なお，電車やバスの表示で「**回送**」は，英語では **out of service** ということも覚えておきたい。

解答　②

訳　　人工衛星は私たちの日常生活にきわめて密接に関係している。このことを示す最も良い例は，気象観測衛星である。テレビの天気予報のとき，気象衛星ひまわりからの日本上空の雲のようすの映像を見ることができる。

　　実際，以下の表によると，2007年中ごろに使用されていた人工衛星は，「ひまわりシリーズ」の6番目のものであり，その「ひまわりシリーズ」の最初のものは1977年にまでさかのぼる。6基の気象衛星ひまわりはそれぞれ異なった特徴を持つようになってきた。

名前	打ち上げた日	打ち上げた場所	ロケット	重さ(kg)	稼働期間
ひまわり1号	1977年 7月14日	フロリダ アメリカ	デルタ	325	1978年4月〜 1984年6月
ひまわり2号	1981年 8月11日	種子島 日本	N-Ⅱ	296	1982年4月〜 1984年9月
ひまわり3号	1984年 8月3日	種子島 日本	N-Ⅱ	303	1984年9月〜 1989年12月
ひまわり4号	1989年 9月6日	種子島 日本	H-Ⅰ	325	1989年12月〜 1995年6月
ひまわり5号	1995年 3月18日	種子島 日本	H-Ⅱ	344	1995年6月〜 2003年5月
ひまわり6号	2005年 2月26日	種子島 日本	H-ⅡA	1,250	2005年6月〜

（データは2007年6月現在のもの）

「ひまわりシリーズ」の人工衛星の大半は，およそ6年間の②稼働期間を
持つようになった。

語句
- ▶ sátellite　　　　　　　　 名「（人工）衛星」
- ▶ *be* tied to 〜　　　　　　 熟「〜と結びついている」
- ▶ stretch back to 〜　　　　 熟「〜にまでさかのぼる」
- ▶ périod of sérvice　　　　 熟「稼働期間」

さあ，この調子で
ドンドン進もう！

次の文章を読み，下の文章が上の文章の内容と一致するかどうかを判定せよ。

The alarm clock problem: "At 8 p.m., John set his old-style alarm clock to wake him up at 9 o'clock the next morning. Then he slept until the alarm rang. How many hours did John sleep?" (People usually answer "Thirteen hours," because they do not realize that the alarm will ring at 9 p.m. The answer, of course, is "One hour.")

In the alarm clock problem, John was awakened when the alarm rang before 9 a.m. [本試・改題]

正答率が 50％未満と思われる問題。ただし，慎重に読めばなんのことはない。
本文の his old-style alarm clock がアナログ時計であることがわかるかどうかがポイント。アナログ時計には，デジタル時計と違い，「午前／午後」の表示がない。

解説 　朝の 9 時に起きようとして，夜の 8 時に目覚まし時計をセットしたら，夜の 9 時に目覚まし時計が鳴ってしまい，結局 1 時間しか寝られなかったという話。a.m. と p.m. を読み間違えてはならない。
　下の文章の意味は，「**目覚まし時計の問題では，ジョンは，午前 9 時より前に目覚まし時計が鳴ったときに目が覚めた**」。
　目覚まし時計は**その日の午後 9 時**に鳴ったのだから，「午前 9 時より前」で正しい。

解答 　一致する

訳 　目覚まし時計の問題：「午後 8 時に，ジョンは翌朝 9 時に起きるために，古いタイプの目覚まし時計をセットした。そして，目覚まし時計が鳴るまで寝た。ジョンは何時間寝ただろうか？」（普通，人は「13 時間」と答える。目覚まし時計が午後 9 時に鳴ることがわかっていないからである。もちろん，答えは「1 時間」である）

原則❹ 主観的表現と客観的表現とを識別せよ

情報を取得する際に注意すべきなのは，「何が事実で，何が事実ではないか」ということである。

データに基づく記述は客観的な描写であり，事実に対して自分が感じたことは主観的な描写であると言える。「この本は 600 円だ」は客観的描写だが，「この本のおかげで点が伸びた」は主観的描写となる。「本当に伸びたんですよ！！！」と叫んでも，主観的描写であることには変わりない。

❶ **主観的表現の例**

(1) a **beautiful** woman「美しい女性」

(2) a **high** mountain「高い山」

(3) a **difficult** book「難しい本」

(4) **good** for your health「健康に良い」

(5) I **recommend** this.「これはお勧めです」

(6) a **delicious** meal「とてもおいしい食事」

❷ **客観的表現の例**

(1) the **second highest** mountain in Japan「日本で 2 番目に高い山」

(2) The shop **closes at six**.「その店は 6 時に閉まる」

(3) The novel has **sold a total of one million copies**.
「その小説は累計 100 万部売れている」

(4) This actor is **placed first in the ranking of the last person girls want to sleep with**.
「この俳優は女子が抱かれたくない男ランキングの 1 位だ」

(5) It **takes about two hours** to get there by train.
「そこまで電車でおよそ 2 時間かかる」

(6) **The sum of the three angles at a triangle is 180°**.
「三角形の 3 つの角の総和は 180°である」

(7) This mountain is **higher** than that one.
「この山はあの山より高い」

You are on a *Future Leader* summer programme, which is taking place on a university campus in the UK. You are reading the information about the library so that you can do your coursework.

Abermouth University Library
Open from 8 am to 9 pm
2022 Handout

Library Card: Your student ID card is also your library card and photocopy card. It is in your welcome pack.

Borrowing Books

You can borrow a maximum of eight books at one time for seven days. To check books out, go to the Information Desk, which is on the first floor. If books are not returned by the due date, you will not be allowed to borrow library books again for three days from the day the books are returned.

Using Computers

Computers with Internet connections are in the Computer Workstations by the main entrance on the first floor. Students may bring their own laptop computers and tablets into the library, but may use them only in the Study Area on the second floor. Students are asked to work quietly, and also not to reserve seats for friends.

Library Orientations

On Tuesdays at 10 am, 20-minute library orientations are held in the Reading Room on the third floor. Talk to the Information Desk staff for details.

Comments from Past Students

- The library orientation was really good. The materials were great, too!
- The Study Area can get really crowded. Get there as early as possible to get a seat!
- The Wi-Fi inside the library is quite slow, but the one at the coffee shop next door is good. By the way, you cannot bring any drinks into the library.
- The staff at the Information Desk answered all my questions. Go there if you need any help!
- On the ground floor there are some TVs for watching the library's videos. When watching videos, you need to use your own earphones or headphones. Next to the TVs there are photocopiers.

問1　　　　　　are two things you can do at the library.

A：bring in coffee from the coffee shop

B：save seats for others in the Study Area

C：use the photocopiers on the second floor

D：use your ID to make photocopies

E：use your laptop in the Study Area

① A and B

② A and C

③ B and E

④ C and D

⑤ D and E

問2　You are at the main entrance of the library and want to go to the orientation. You need to 　　　　　.

① go down one floor

② go up one floor

③ go up two floors

④ stay on the same floor

問3　　　　　　near the main entrance to the library.

① The Computer Workstations are

② The Reading Room is

③ The Study Area is

④ The TVs are

問4　If you borrowed three books on 2 August and returned them on 10 August, you could 　　　　　.

① borrow eight more books on 10 August

② borrow seven more books on 10 August

③ not borrow any more books before 13 August

④ not borrow any more books before 17 August

問 5 One **fact** stated by a previous student is that [_____].

① headphones or earphones are necessary when watching videos

② the library is open until 9 pm

③ the library orientation handouts are wonderful

④ the Study Area is often empty

[本試]

この英文はイギリス英語で書かれている。イギリス英語では the first floor は「2 階」のことだが，たとえそのことを知らなくても解けるように配慮されている。

解説 問 1 「図書館であなたができる 2 つのことは [_____]」

⑤「D『自分の ID カードを使ってコピーする』と E『自習スペースで自分のノートパソコンを使う』」が正解。設問文から図書館で許可されていることを選べばよいとわかる。

示されている A 〜 E の各項目を順に検討する。A「カフェからコーヒーを持ち込む」は不可である。「卒業生からのコメント」の 3 つ目の最終文に「ちなみに，図書館は飲み物の持ち込みが禁止されてるよ」とある。B「自習スペースで他人の席を確保する」は不可である。「コンピュータの利用」の項目の最終文の後半に「また友人の席を確保することは控えてください」とある。C「3 階にあるコピー機を使う」も不可である。「卒業生からのコメント」の 5 つ目に「1 階には図書館にあるビデオを見るためのテレビが何台かあって（中略）テレビの横にはコピー機があるよ」とあり，コピー機は 1 階にあることがわかる。D は正しい。「**図書館カード**」に「**あなたの学生 ID カードは図書館利用カードおよびコピーカードでもあります**」とある。E も正しい。「**コンピュータの利用**」の項目の第 2 文に「**学生は自分自身のノートパソコンやタブレットを図書館に持ち込んでもかまいませんが，3 階にある自習スペースでしか使うことができません**」とある。以上から ⑤ が正解となる。正答率は 90％を超えていた。

問 2 「あなたは図書館の正面玄関にいて，オリエンテーションに行きたいと思っている。[_____] ことが必要である」

③「**2 階分上がる**」が正解。「コンピュータの利用」の項目の第 1

文に「インターネット接続のあるコンピュータは**2階の正面玄関**のそばにあるコンピュータ室にあります」とあり，設問文にある「図書館の正面玄関」は2階にあることがわかる。さらに，「図書館オリエンテーション」の項目の第1文に「毎週火曜日の午前10時から，**4階の読書室**で20分間の**図書館オリエンテーション**が開催されます」とあり，設問文にある「オリエンテーション」は4階で行われることがわかる。以上のことから，現在2階の「図書館の正面玄関」にいて，4階の「オリエンテーションが開催される読書室」に行くためには，③が正解とわかる。他の選択肢は①「1階分下がる」②「1階分上がる」④「同じ階にいる」の意味。本文に登場する **the ground floor はイギリス英語やオーストラリア英語では「1階」**で，**the first floor や the second floor は，それぞれ「2階」「3階」**を指すことが多い。この設問は，この事実を知らなくても解けるように作られている。正答率は90%ぐらいであった。

問3「　　　　　は図書館の正面玄関の近くにある」

　①「コンピュータ室」が正解。設問文の「図書館の正面玄関」は，「コンピュータの利用」の項目の第1文の「インターネット接続のあるコンピュータは2階の正面玄関のそばにあるコンピュータ室にあります」から2階にあるとわかる。よって，選択肢の中から2階あるいは，その前後の階にあるものを選ぶことになる。

　選択肢を順に検討する。①は，**「コンピュータの利用」の第1文**に**「インターネット接続のあるコンピュータは2階の正面玄関のそばにあるコンピュータ室にあります」とあり，2階にあることがわかり，これが正解とわかる。**他の選択肢も確認しておく。②「読書室」は，「図書館オリエンテーション」の項目の第1文後半に「4階の読書室」とあり4階にあることがわかる。③「自習スペース」は，「コンピュータの利用」の項目の第2文後半に「3階にある自習スペース」とあり3階にあることがわかる。さらに④「テレビ」は，「卒業生からのコメント」の5番目の「1階には図書館にあるビデオを見るためのテレビが何台かあって」より1階にあることがわかる。よっていずれも不可である。英文をしっかり読んでいない人は④にしたようである。

問4「もし8月2日に本を3冊借りて8月10日に返したら，　　　　　　」

③「**8月13日より前にこれ以上本を借りられない**」が正解。「本の貸出」の項目の第1文と第3文に「一度に最大8冊まで，7日間借りることができます。（中略）もし期限までに本が返却されなかった場合，返却日から3日間は再び本を借りることは許可されません」とある。よって設問文にある「もし8月2日に本を3冊借りて8月10日に返したら」の場合は，「7日間」という貸し出し期間を超えており，3日間は本を借りられない。よって8月10日から3日間，つまり8月13日までは借りられないことになるので①と②は不可。設問文の条件を満たす選択肢は③だけである。8月14日以降は本を借りることができるので，④「8月17日より前にこれ以上本を借りられない」は不可。

なお，①と②の〈**数字＋比較級**〉は，数字がプラスαを表している。

例 I am eight years older than you.
「私は君より**8歳**年上だ（→**君の歳＋8歳**）」

問5 「卒業生が述べている事実の1つは □□□□ である」

①「**ビデオを見る際はイヤフォンかヘッドフォンが必要ということ**」が正解。設問文から「卒業生が述べている事実の1つ」を選択すればよいとわかる。

選択肢を順に検討する。①は，「卒業生からのコメント」の5番目の第2文「ビデオを見るときは，自分自身のイヤフォンかヘッドフォンをつける必要があるよ」に合致している。さらに，**これはこの卒業生の主観的な判断ではなく，図書館がそのような決まりを設けていると考えるのが妥当なので「事実」と認定できる。**よってこれが正解だとわかる。②「図書館は午後9時まで開いているということ」は，「卒業生からのコメント」にはなく，図書館案内の2行目に「午前8時〜午後9時」とある。**これは「事実」には違いないが，「卒業生が述べている事実」という条件を満たしていないので不可である。**全体で30%以上の人がこの選択肢を選んでいる。③「図書館オリエンテーションの資料はすばらしいということ」は，「卒業生からのコメント」の1番目の「図書館オリエンテーションは本当によかった。資料もすばらしかった！」に合致するが，これは事実ではなく，この発言者の「意見」にすぎない。④「自習スペースはよく空席があるということ」は「卒業生からのコメント」の2番目の記述「自習スペースはかなり混むことがある。なるべく早く行って席を確保するといいよ」と合致し

ないので不可である。正答率は60％ぐらいしかなかった。

解答 問1 ⑤ 問2 ③ 問3 ① 問4 ③ 問5 ①

訳　あなたは夏休みにイギリスの大学で開催される「未来のリーダー」育成プログラムに参加する。あなたはプログラムの課題をするために，図書館に関する情報を読んでいる。

アバーマウス大学図書館
午前 8 時~午後 9 時開館
2022 年版資料

図書館カード：あなたの学生IDカードは図書館利用カードおよびコピーカードでもあります。それは歓迎パックの中に入っています。

本の貸出
一度に最大 8 冊まで，7 日間借りることができます。本を借りる際は，2 階にあるインフォメーションデスクに行ってください。もし期限までに本が返却されなかった場合，返却日から 3 日間は再び本を借りることは許可されません。

コンピュータの利用
インターネット接続のあるコンピュータは 2 階の正面玄関のそばのコンピュータ室にあります。学生は自分自身のノートパソコンやタブレットを図書館に持ち込んでもかまいませんが，3 階にある自習スペースでしか使うことができません。静かに自習することを心がけ，また友人の席を確保することは控えてください。

図書館オリエンテーション
毎週火曜日の午前 10 時から，4 階の読書室で 20 分間の図書館オ

卒業生からのコメント
・図書館オリエンテーションは本当によかった。資料もすばらしかった！
・自習スペースはかなり混むことがある。なるべく早く行って席を確保するといいよ。
・館内の Wi-Fi はかなり遅いけど，隣にあるカフェのは速い。ちなみに，図書館は飲み物の持ち込みが禁止されてるよ。
・インフォメーションデスクのスタッフは私の質問にすべて答えてくれたよ。もし困ったことがあったら行くといい。
・1 階には図書館にあるビデオを見るためのテレビが何台かあって，ビデオを見るときは，自分自身のイヤフォンかヘッドフォンをつける必要があるよ。テレビの横にはコピー機があるよ。

リエンテーションが開催されます。詳細は，インフォメーションデスクのスタッフにお尋ねください。

語句

▶ take place 　　　　　　　熟「行われる」
▶ so that S' can (V') 　　熟「S' が (V') できるように」

▶ a máximum of ～ 　　　熟「最大で～」
▶ check ～ out ／ out ～ 　熟「(図書館などで本) を借りる」
▶ the first floor 　　　　熟「〈英〉2 階」
　　＊　the ground floor が「1階」，the second floor は「3階」
▶ retúrn ～ 　　　　　　他「～を返却する」
▶ due date 　　　　　　　名「返却日」
▶ allów ～ to (V) 　　　熟「～が (V) するのを許す」

▶ may (V) 　　　　　　　助「(V) してもよい」
▶ resérve ～ for ... 　　熟「…のために～を取っておく」

▶ hold ～ 　　　　　　　他「～を開催する」
▶ détail 　　　　　　　　名「詳細」

▶ matérial 　　　　　　　名「(配布) 資料」
▶ phótocopier 　　　　　名「コピー機」

お役立ちコラム

覚えておきたいイギリス英語　※（　）内はアメリカ英語

1. 「アパート」　　　flat (apartment)
2. 「エレベータ」　　lift (elevator)
3. 「高速道路」　　　motorway (free way / expressway)
4. 「横断歩道」　　　pedestrian crossing (crosswalk)
5. 「地下鉄」　　　　underground / tube (subway)
6. 「駐車場」　　　　car park (parking lot)
7. 「(鉄道の) 駅」　railway station (railroad station / train station)
8. 「運転免許証」　　driving licence (driver's license)
9. 「休暇」　　　　　holiday (vacation)
10. 「校長」　　　　　headmaster (principal)
11. 「公立学校」　　　state school (public school)
12. 「私立学校」　　　public school (private school)
    ＊　（イギリスの）パブリック・スクールは，主に13歳から18歳の上流子
    弟の全寮制の私立中等学校のこと。王室に対して「大衆の」学校の意味
    だが，現在ではエリートが集まる学校である
13. 「掲示板」　　　　notice board (bulletin board)
14. 「紙幣」　　　　　note (bill)
15. 「映画」　　　　　film (movie)
16. 「サッカー」　　　football (soccer)
    ＊　「サッカー」は football と区別して association football「協会フット
    ボール」と呼ばれていたが，association の soc を取り，-cer を足して
    soccer と呼ばれるようになった
17. 「ゴミ」　　　　　rubbish (trash / garbage)
18. 「ゴミ箱」　　　　dustbin (garbage can)
19. 「紙タオル」　　　kitchen paper (paper towel)
20. 「缶詰」　　　　　tin (can)
    ＊　tin は元は「スズ」の意味から「スズ製の容器」へ発展した。今では
    イギリスでも can を使うことが多い
21. 「消しゴム」　　　rubber (eraser)
22. 「ズボン」　　　　trousers (pants)

次の文章と表を読み，問1～5の [＿＿＿＿] に入れるのに最も適当なものを，それぞれ下の ① ～ ④ （**問5は ① ～ ⑥**）のうちから一つずつ選べ。

As the student in charge of a UK school festival band competition, you are examining all of the scores and the comments from three judges to understand and explain the rankings.

Judges' final average scores				
Qualities Band names	Performance (5.0)	Singing (5.0)	Song originality (5.0)	Total (15.0)
Green Forest	3.9	4.6	5.0	13.5
Silent Hill	4.9	4.4	4.2	13.5
Mountain Pear	3.9	4.9	4.7	13.5
Thousand Ants	(did not perform)			

Judges' individual comments	
Mr Hobbs	Silent Hill are great performers and they really seemed connected with the audience. Mountain Pear's singing was great. I loved Green Forest's original song. It was amazing!
Ms Leigh	Silent Hill gave a great performance. It was incredible how the audience responded to their music. I really think that Silent Hill will become popular! Mountain Pear have great voices, but they were not exciting on stage. Green Forest performed a fantastic new song, but I think they need to practice more.
Ms Wells	Green Forest have a new song. I loved it! I think it could be a big hit!

Judges' shared evaluation (summarised by Mr Hobbs)

Each band's total score is the same, but each band is very different. Ms Leigh and I agreed that performance is the most important quality for a band. Ms Wells also agreed. Therefore, first place is easily determined.

To decide between second and third places, Ms Wells suggested that song originality should be more important than good singing. Ms Leigh and I agreed on this opinion.

問 1　Based on the judges' final average scores, which band sang the best? ☐

① Green Forest
② Mountain Pear
③ Silent Hill
④ Thousand Ants

問 2　Which judge gave both positive and critical comments? ☐

① Mr Hobbs
② Ms Leigh
③ Ms Wells
④ None of them

問 3　One **fact** from the judges' individual comments is that ☐ .

① all the judges praised Green Forest's song
② Green Forest need to practice more
③ Mountain Pear can sing very well
④ Silent Hill have a promising future

問 4　One **opinion** from the judges' comments and shared evaluation is that ☐ .

① each evaluated band received the same total score
② Ms Wells' suggestion about originality was agreed on
③ Silent Hill really connected with the audience
④ the judges' comments determined the rankings

問5　Which of the following is the final ranking based on the judges' shared evaluation? ☐

	1st	2nd	3rd
①	Green Forest	Mountain Pear	Silent Hill
②	Green Forest	Silent Hill	Mountain Pear
③	Mountain Pear	Green Forest	Silent Hill
④	Mountain Pear	Silent Hill	Green Forest
⑤	Silent Hill	Green Forest	Mountain Pear
⑥	Silent Hill	Mountain Pear	Green Forest

［本試］

 問4の答えは「本文の表現とほぼ同じ」という非常に珍しい現象であった。これは他の選択肢にも言い換えがないために可能になったと考えられる。「本文の目立った表現が解答にそのまま使われた」新傾向である。

解説　問1　「審査員による最終的な平均点に基づくと，どのバンドが最も歌が上手だったか」

　②「**Mountain Pear**」が正解。問題文に「審査員による最終的な平均点に基づく」「最も歌が上手」とあるので，**最初の資料である「審査員の最終的な平均点」を用いて，「歌唱力」の点数が最も高いグループを選べばよいことがわかる。歌唱力は Singing で示されているので，その最も高い 4.9 点を取っている Mountain Pear が正解**となり，②を選ぶ。間違って①「Green Forest」を選んだ人は，おそらく「審査員による最終的な平均点に基づく」を見落としている。また③「Silent Hill」を選んだ人は，「最も歌が上手い」を見落として Performance の最高得点者を選んでしまったようだ。④「Thousand Ants」は，そもそも演奏していない。正答率は 58.7％。③にした人が，26.6％もいる。

問2　「肯定的なコメントと批判的なコメントの両方をした審査員は誰か」

　②「リーさん」が正解。問題文中にある critical comments は「批判的なコメント」の意味である。critical は crisis「危機」の形容詞の場

合には「きわめて重要な」で，criticism の形容詞の場合は「批判的な」の意味で用いられる。本文では後者の意味で用いられている。

①「ホッブズさん」，③「ウェルズさん」は，共にプラス面だけのコメントをしている。各審査員のコメントの中で，肯定的なコメントと批判的なコメントをどちらも述べているのは，②「リーさん」のみ。その発言の後半「**Mountain Pear は声はいいのですが，ステージ上ではあまり盛り上がらなかったですね。Green Forest はすばらしい新曲を披露してくれましたが，もっと練習が必要だと思います**」にプラスとマイナスの両方のコメントが見られる。よって答えは ② である。正答率は 86.0％。

問3 「審査員の個別評価からわかる 1 つの事実は ◻◻◻◻ である」

正解は ①「審査員全員が Green Forest の歌を絶賛している」である。「審査員の個別評価」を見ると，ホッブスさんは第 3 〜 4 文で「私は Green Forest のオリジナル曲が大好きですね。すばらしかったです！」と述べている。リーさんは第 5 文前半で「Green Forest はすばらしい新曲を披露してくれました」と述べている。ウェルズさんは「Green Forest は新曲を披露しました。とてもよかった！　大ヒットすると思います」と述べている。以上から，審査員全員が Green Forest の曲を評価したというのは事実なので，① が正解である。②「Green Forest はもっと練習が必要である」は，リーさんの発言の第 5 文「Green Forest はすばらしい新曲を披露してくれましたが，もっと練習が必要だと思います」と合致するが，これはリーさんの意見にすぎない。③「Mountain Pear はとても歌がうまい」はホッブズさんの発言の第 2 文「Mountain Pear の歌唱力はすごかった」と合致するが，これもホッブズさんの意見にすぎない。また，④「Silent Hill は将来性がある」は，リーさんの発言の第 3 文「Silent Hill は本当に人気が出ると思います」と合致するが，これもリーさんの意見にすぎない。

問4 「審査員のコメントや共同評価からの 1 つの意見は ◻◻◻◻ である」

③「Silent Hill の演奏は本当に聴衆の心に響いた」が正解。問題文より「審査員のコメントや共同評価」から判断することがわかる。①「評価された各バンドの合計点は同じであった」は最初の資料の

Total の項目（全員が 13.5 の得点）と合致する。しかし「審査員のコメントや共同評価」から判断されたものでない点と，事実である点で不適切である。②「オリジナリティについてのウェルズさんの提案は同意を得た」は 3 つ目の資料の第 2 パラグラフ「2 位と 3 位を決めるにあたって，ウェルズさんから歌のうまさよりも曲のオリジナリティを重視すべきだという提案がありました。リーさんと私はこの意見に同意しました」と合致する。しかしこれも事実である点で不適切である。「審査員のコメント」では，**ホッブズさんがその発言の第 1 文で「Silent Hill は演奏がすばらしく，本当に観客と一体となっているように見えました」**と意見を述べている。選択肢の内容とも合致するため，③ が答えであると確定する。④「審査員のコメントによってランキングが決まった」は本文にはそのような記述はないので不可。

問 5　「審査員の共同評価による最終的な順位はどれか」

　　⑤ が正解。3 番目の資料の「審査員の共同評価」の第 1 パラグラフ第 2 〜 4 文に「リーさんと私は，演奏がバンドにとって最も重要な要素であることで意見が一致しました。ウェルズさんも同意してくれました。したがって，1 位は簡単に決まりますね」とあるので，**1 位は「演奏」の得点がトップのグループだとわかる。よって，最初の資料である「審査員の最終的な平均点」の Performance「演奏」で最高得点（4.9）を獲得している Silent Hill が 1 位である。**さらに，「審査員の共同評価」の第 2 パラグラフ第 1 〜 2 文「2 位と 3 位を決めるにあたって，ウェルズさんから歌のうまさよりも曲のオリジナリティを重視すべきだという提案がありました。リーさんと私はこの意見に同意しました」から，**2 位はオリジナリティの得点がトップのグループだとわかる。よって，「審査員の最終的な平均点」の Song originality「歌のオリジナリティ」で最高得点（5.0）を獲得している Green Forest が 2 位だとわかる。**以上から正解として ⑤ を選ぶ。

解答　問 1　②　　問 2　②　　問 3　①　　問 4　③　　問 5　⑤

訳　あなたはイギリスの学園祭でのバンドコンクールを担当する生徒として，すべてのスコアと 3 人の審査員のコメントを調べて，順位を把握し，ランキングについて説明している。

審査員の最終的な平均点				
評価項目 バンド名	演奏 (5.0)	歌唱力 (5.0)	歌のオリジナリティ (5.0)	計 (15.0)
Green Forest	3.9	4.6	5.0	13.5
Silent Hill	4.9	4.4	4.2	13.5
Mountain Pear	3.9	4.9	4.7	13.5
Thousand Ants	演奏せず			

審査員の個別評価

> ホッブズさん
> Silent Hill は演奏がすばらしく，本当に観客と一体となっているように見えました。Mountain Pear の歌唱力はすごかった。私は Green Forest のオリジナル曲が大好きですね。すばらしかったです！

> リーさん
> Silent Hill はすばらしい演奏を見せてくれました。彼らの演奏に対する観客の反応がすごかったですね。Silent Hill は本当に人気が出ると思います！　Mountain Pear は声はいいのですが，ステージ上ではあまり盛り上がらなかったですね。Green Forest はすばらしい新曲を披露してくれましたが，もっと練習が必要だと思います。

> ウェルズさん
> Green Forest は新曲を披露しました。とてもよかった！　大ヒットすると思います！

審査員の共同評価（ホッブズ氏まとめ）

> 　各バンドの総得点は同じですが，それぞれまったく異なります。リーさんと私は，演奏がバンドにとって最も重要な要素であることで意見が一致しました。ウェルズさんも同意してくれました。したがって，1 位は簡単に決まりますね。
> 　2 位と 3 位を決めるにあたって，ウェルズさんから歌のうまさよりも曲のオリジナリティを重視すべきだという提案がありました。リーさんと私はこの意見に同意しました。

語句

- ▶ **in charge of** 〜 　　熟「〜を担当している」
- ▶ **exámine** 〜 　　他「〜を吟味する」
- ▶ **judge** 　　名「審査員」
- ▶ **expláin** 〜 　　他「〜を説明する」
- ▶ **perfórmance** 　　名「演技／演奏」
- ▶ **originálity** 　　名「独創性」
- ▶ **indivídual** 　　形「個別の」
- ▶ *be* **connécted with** 〜 　　熟「〜と一体となっている」

▶ **áudience** 名「観客／聴衆」
  ＊「観客全体」の意味なので,「個の観客」は an audience member とする

▶ **amázing** 形「驚きで」

▶ **incrédible** 形「信じられない」

▶ **respónd to 〜** 熟「〜に反応する」

▶ **fantástic** 形「すばらしい」

▶ **evaluátion** 名「評価」
  ＊「良いものは良い」「悪いものは悪い」と公平に評価すること。「ほめること」の意味ではない

▶ **súmmarise 〜** 他「〜をまとめる」

▶ **detérmine 〜** 他「〜を決定する」

▶ **suggést that S' should V'** 熟「S' V' と提案する」

▶ **agrée on 〜** 熟「〜に関して同意する」

▶ **crítical** 形「批判的な」
  ＊ critical は crisis「危機」の形容詞形として「(危機的なほど)重大な／決定的な」という意味と, criticism「批判」の形容詞形としての「批判的な」の意味がある。多くの場合, 前者の意味だが, 本文のような一部のコロケーションでは後者の意味で使う

お役立ちコラム
アクセントの原則を覚えよう

❶ -ate, -ous, -ize, -ise で終わる単語は, 2 つ前の母音字にアクセント！

  1. récognize 2. óbvious
  3. originate 4. eláborate
  5. partícipate 6. démonstrate

  ＊ 例外は enórmous などの〈子音＋子音＋ ous〉の語

❷ -ic, -ics, -ical, -ity で終わる単語は, 直前の母音字にアクセント！

  1. commúnity 2. crítical
  3. éthnic 4. opportúnity
  5. artístic 6. idéntity

  ＊ 例外は pólitics

例題 18

標準 7分

次の文章を読み，問1 ～ 5の [＿＿＿] に入れるのに最も適当なものを，それぞれ下の① ～ ④のうちから一つずつ選べ。

You've heard about a change in school policy at the school in the UK where you are now studying as an exchange student. You are reading the discussions about the policy in an online forum.

New School Policy < Posted on 21 September 2020 >
To: P. E. Berger
From: K. Roberts

Dear Dr Berger,

On behalf of all students, welcome to St Mark's School. We heard that you are the first Head Teacher with a business background, so we hope your experience will help our school.

I would like to express one concern about the change you are proposing to the after-school activity schedule. I realise that saving energy is important and from now it will be getting darker earlier. Is this why you have made the schedule an hour and a half shorter? Students at St Mark's School take both their studies and their after-school activities very seriously. A number of students have told me that they want to stay at school until 6.00 pm as they have always done. Therefore, I would like to ask you to think again about this sudden change in policy.

Regards,
Ken Roberts
Head Student

Re: New School Policy < Posted on 22 September 2020 >
To: K. Roberts
From: P. E. Berger

Dear Ken,

Many thanks for your kind post. You've expressed some important concerns, especially about the energy costs and student opinions on school activities.

The new policy has nothing to do with saving energy. The decision was made based on a 2019 police report. The report showed that our city has become less safe due to a 5% increase in serious crimes. I would like to protect our students, so I would like them to return home before it gets dark.

Yours,
Dr P. E. Berger
Head Teacher

問 1　Ken thinks the new policy [　　　　] .

① 　can make students study more
② 　may improve school safety
③ 　should be introduced immediately
④ 　will reduce after-school activity time

問 2　One **fact** stated in Ken's forum post is that [　　　　] .

① 　more discussion is needed about the policy
② 　the Head Teacher's experience is improving the school
③ 　the school should think about students' activities
④ 　there are students who do not welcome the new policy

問3　Who thinks the aim of the policy is to save energy? ⬚

①　Dr Berger

②　Ken

③　The city

④　The police

問4　Dr Berger is basing his new policy on the **fact** that ⬚ .

①　going home early is important

②　safety in the city has decreased

③　the school has to save electricity

④　the students need protection

問5　What would you research to help Ken oppose the new policy? ⬚

①　The crime rate and its relation to the local area

②　The energy budget and electricity costs of the school

③　The length of school activity time versus the budget

④　The study hours for students who do after-school activities

［本試］

解説　問1　「ケンは新しい学校方針について ⬚ と考えている」

④「放課後の活動時間を短くすることになる」が正解。新しい学校方針に対するケンの考えは，ケンの投稿の第2パラグラフ第2〜3文に「省エネが大切だということや，これからは日没が早くなることは理解しています。そのために**放課後の活動時間を1時間半短くなさったのでしょうか**」とある。これと合致するのは④である。①「生徒の勉強意欲を高めることができる」，②「学校の安全性を高めることができるかもしれない」，③「迅速に導入されるべきである」はすべてケンの投稿の中には書かれていないので不可である。

問2　「フォーラムでのケンの投稿で述べられていた**事実**は ⬚ ということである」

④「**新しい方策を快く思っていない生徒がいる**」が正解。選択肢を順に検討する。①「その方策についてさらに議論することが必要であ

る」は，ケンの投稿に書かれていないので不可。②「校長の経験は学校をより良くしている」は，ケンの投稿の第1パラグラフ第2文「先生はビジネスの経験を持つ初の校長だとお聞きしていますので，その経験が本校に役立つことを祈念しております」と合致するが，**これはケンの意見にすぎないので不可**。③「学校は生徒の活動について考慮するべきだ」は，ケンの投稿の第2パラグラフ第4〜6文「セント・マルク校の生徒たちは，勉強も放課後の活動もとても真剣に取り組んでいます。今までどおり夕方6時まで学校にいたいという生徒が何人もいます。ですから，この突然の方針変更について，もう一度考え直していただけないかと思っています」と合致するが，**これもケンの意見にすぎないので不可**。④は，③と同じ箇所の第5文「**今までどおり夕方6時まで学校にいたいという生徒が何人もいます**」と合致し，**しかもそのような生徒がいるのは事実である**。よって④が正解となる。なお英文中にある a number of 〜は，「いくつもの〜／何人もの〜」の意味の熟語である（「多くの」という意味でないことに注意したい）。

　これに対応するのが選択肢④の there are students ... である。選択肢も there are many students とはなっていないことに注意すること。

問3　「その方針の目的が省エネであると考えているのは誰か」

　②「ケン」が正解。ケンの投稿の第2パラグラフ第2〜3文に「省エネが大切だということや，これからは日没が早くなることは理解しています。そのために放課後の活動時間を1時間半短くなさったのでしょうか」とある。よって，「**学校が打ち出した放課後の活動時間短縮の目的は，省エネである**」というのはケンの意見である。一方，①「ベルガー先生」の投稿の第2パラグラフ第1文には「新しい方針は省エネとはまったく関係がありません」とある。よって，**先ほどのケンの意見は，ケンの勝手な思い込みに基づいた意見にすぎず，学校側が考えている目的ではないことがわかる**。以上から，②が正解となる。③「市」，④「警察」はまったくの無関係である。

　余談だが，なぜケンはそのような思い込みを持つに至ったのであろうか。ケンは投稿の第1パラグラフ第2文で「先生はビジネスの経験を持つ初の校長だとお聞きしていますので，その経験が本校に役立つことを祈念しております」と述べている。おそらくケンの思い込みは，この文が示唆しているように思われる。つまり，「ビジネスの経験のある校長先生」＝「金銭的にうるさく，経費が無駄だと思えば，

生徒にとって大事なことでも削減する人」という構図をケンが考えたのであろう。

問4　「ベルガー先生は　[　　　]　という<u>事実</u>を新しい方針の根拠としている」

　②「街の安全性が低下している」が正解。ベルガー先生の投稿の第2パラグラフ第3〜4文に「**報告書によると，深刻な犯罪が5%増加したため，私たちの街の安全性が低下しているとのことです。生徒を保護したいと考え，暗くなる前に彼らに帰宅してほしいと思っています**」とあるので，②が正解だとわかる。①「早く帰宅することは大事である」は，②の根拠と同じ箇所に似た記述があるが，「暗くなる前に生徒に帰宅してほしい」と「早く帰宅するのは重要だ」では意味が異なるし，そもそも「重要だ」は意見にすぎないので不可。③「学校は省エネしなければならない」はケンの意見にすぎないので不可。④「生徒を守ることは必要だ」は，ベルガー先生の投稿の最終文「生徒を保護したいと考え，暗くなる前に彼らに帰宅してほしいと思っています」と似た記述だが，「生徒を保護したい」と「生徒は保護を必要としている」では意味が異なるし，そもそもこの文での「必要だ」は意見にすぎないので不可。なお「必要だ」は文脈によっては事実となることがあるので注意したい。 例 「人間には酸素が必要だ」。

問5　「ケンが新しい方針に反対するのに役立つことをするために，あなたはどのようなことを調査するか」

　①「犯罪率と地域との関係」が正解。問3で明らかになったように「放課後の時間短縮の目的が省エネである」というのはケンの思い込みにすぎない。よって，この意見に関連する選択肢②「学校のエネルギー予算と電気代について」は不可だとわかる。ベルガー先生の活動時間短縮の根拠は，第2パラグラフ第3〜4文にある「報告書によると，深刻な犯罪が5%増加したため，私たちの街の安全性が低下しているとのことです。生徒を保護したいと考え，暗くなる前に彼らに帰宅してほしいと思っています」である。よって，**ケンが新たな学校方針に反対するためには，ベルガー先生が挙げている根拠「深刻な犯罪が5%増加したため，私たちの街の安全性が低下している」を覆すエビデンスが必要となる**。これに合致するのは①しかない。なお③「学校での活動時間と予算の兼ね合い」，④「放課後に活動をして

いる生徒の学習時間」は正解とは無関係の選択肢。

解答 問1 ④ 問2 ④ 問3 ② 問4 ② 問5 ①

訳 あなたが現在，交換留学生として勉強しているイギリスの学校で，学校の方針が変更されたという話を聞いた。あなたは，オンライン・フォーラムでその方針に関する議論を読んでいる。

新しい学校の方針について＜2020年9月21日投稿＞
宛先：P. E. ベルガー先生
差出人：K. ロバーツ

ベルガー先生へ
　全生徒を代表して，セント・マルク校へようこそ。先生はビジネスの経験を持つ初の校長だとお聞きしていますので，その経験が本校に役立つことを祈念しております。
　先生がお考えになっている，放課後の活動時間の変更について，1つ懸念していることをお伝えしたいと思います。省エネが大切だということや，これからは日没が早くなることは理解しています。そのために放課後の活動時間を1時間半短くなさったのでしょうか。セント・マルク校の生徒たちは，勉強も放課後の活動もとても真剣に取り組んでいます。今までどおり夕方6時まで学校にいたいという生徒が何人もいます。ですから，この突然の方針変更について，もう一度考え直していただけないかと思っています。

よろしくお願いします。
ケン・ロバーツ
生徒会長

Re: 新しい学校の方針について＜2020年9月22日投稿＞
宛先：K. ロバーツ
差出人：P. E. ベルガー

ケン君へ
　ご親切な投稿ありがとうございます。特にエネルギー面でのコストや学校活動に関する生徒の意見など，重要な懸念事項を述べられていますね。

　新しい方針は省エネとはまったく関係がありません。決定は 2019 年の警察の報告書に基づいて行われました。報告書によると，深刻な犯罪が 5％増加したため，私たちの街の安全性が低下しているとのことです。生徒を保護したいと考え，暗くなる前に彼らに帰宅してほしいと思っています。

敬具
P. E. ベルガー
校長

（語句）
▶ **exchánge stúdent**　　名「交換留学生」
▶ **on behálf of ～**　　熟「～を代表して」
▶ **with a búsiness báckground**　　熟「ビジネスの経験を持つ」
▶ **expréss ～**　　他「～を表明する」
▶ **concérn abóut ～**　　熟「～に関する懸念」
▶ **propóse ～**　　他「～を提案する」
▶ **save énergy**　　熟「エネルギーを節約する」
▶ **take ～ sériously**　　熟「～を真剣にとらえている」
▶ **a númber of ～**　　熟「いくつもの～／何人もの～」
　　＊「（絶対数が）多い」という意味ではないが「意外と多い」ということを示唆する表現。a large number of ～ は「多くの～」の意味
▶ **have nóthing to do with ～**　　熟「～と無関係である」
▶ **make a decísion**　　熟「決定する」
▶ **based on ～**　　熟「～に基づいて」
▶ **due to ～**　　熟「～が原因で」
　　＊　to は前置詞なので後ろに名詞か動名詞が置かれる
▶ **crime**　　名「犯罪」
▶ **protéct ～**　　他「～を守る」
▶ **would like ～ to (V)**　　熟「～に (V) してほしい」
▶ **befóre it gets dark**　　熟「暗くなる前に」
　　＊　日本語では否定文で「暗くならないうちに」とも訳すことができる

チャレンジ問題 1　　標準　5分

次の広告を読み，問1・2の 　　　　　 に入れるのに最も適当なものを，それぞれ下の ① ～ ④ のうちから一つずつ選べ。

Book Online & Get 10% OFF the Tour!

Yakushima Eco - Tour

Yakushima Eco - Tour is a guided hiking tour to enjoy the natural beauty of Yakushima Island. You can see a variety of animals and plants including the famous Yaku Cedars.

Participation fee :　¥35,000 (air and bus fares, lunch, and admission fee included)
Minimum group size :　2 people
Tour route :

Kagoshima Airport —plane→ Yakushima Airport —bus→ Downtown Ambo (1-hour
8:30 departure

free time; lunch) —bus→ Yakusugi Land (2-hour guided hiking) —bus→

Yakushima Airport —plane→ Kagoshima Airport
16 : 50 arrival

Your guide will be waiting for you at the information counter of Yakushima Airport, holding a sign marked "Yakushima Eco-Tour."

English-speaking guide : available for an additional fee

About Yakushima

Yakushima is an almost circular island having a circumference of 135 km located about 60 km south-southwest of the Osumi Peninsula in Kagoshima Prefecture. In 1994, the huge Yaku Cedar forests were designated as a World Heritage site.

Prior to your departure

Make sure you have warm clothes. The climate along the coastal area of the island is subtropical, but the mountain area can be quite cool. The rainfall can be extreme around the northeastern part of the island, so pack an umbrella. Wear comfortable shoes for hiking.

KGMS **ECO-TOUR**
SWEAT SHIRTS
available for ¥ 3,000

KGMS Travel :
Book online & save 10% of your tour price!
URL : www.kgms-t.co.jp
TEL : (09974) 2 - XXXX
KG MS

問1　If you make an online reservation, you can receive ⬚⬚⬚⬚ .

① a sticker marked "Yakushima Eco-Tour"

② a free copy of "The World Heritage Site Guidebook"

③ 10% off the sweat shirt price

④ a discount of 3,500 yen per person

問2　According to the advertisement, which statement is true? ⬚⬚⬚⬚

① After hiking, there is time to shop in Ambo.

② Two or more participants are required for the tour to be conducted.

③ You need to take your bus fare with you on the tour.

④ You need only light clothes for the tour.　　　　　　［本試］

解説　問1　「オンラインで予約すれば，⬚⬚⬚⬚を受けることができる」

　　①「『屋久島（やくしま）エコツアー』のステッカー」，②「『世界遺産地域ガイドブック』の無料冊子」は，本文に記述がない。

　　③「トレーナーの 10 ％割引」については，チラシの下のほうに，「頒布（はんぷ）価格 3,000 円」とあるだけである。よって，消去法から④「1人につき 3,500 円の割引」となる。

　　ただ，チラシの上方，あるいは下方に「オンラインでの予約ならば 10 ％割引がある」と書いてあり，チラシ上方に「参加費用35,000 円」とあるから，④を選ぶことは，**消去法**を用いるまでもないかもしれない。実生活において「3,500 円の割引」は大きいので，気がつかないということは普通はないはずだが。

　問2　「この広告によれば，次の文のどれが正しいか」

　　旅程を見れば，①「ハイキングのあとで，安房（あんぼう）で買い物をする時間がある」は不可であるとわかる。また，バス代は費用に含まれているとあるので，③「このツアーでは，バス代は自分で払わなければならない」も不可。さらに，「ご出発の前に」というところに「暖かい衣類を必ず携帯してください」とあるから，④「このツアーは軽装で参加してもよい」も不可。結局，②「このツアーが行われるためには，最低 2 人の参加者が必要となる」が正解。最少催行（さいこう）人数に「2 人」とあることからわかる。

訳

ネット予約で，ツアー料金 10%引き！ 屋久島エコツアー

屋久島エコツアーは，屋久島の美しい自然を楽しむための，ガイド付きハイキングツアーです。有名な屋久杉を含むさまざまな動植物をご覧いただけます。

参加費用：35,000 円（飛行機代，バス代，昼食代，入場料を含む）
最少催行人数：2 名

旅　　程

屋久島空港のインフォメーション・カウンターで，「屋久島エコツアー」と書いた案内板を持って，ガイドがお待ちしております。

英語が話せるガイド：追加料金でご用意

屋久島について

屋久島は，鹿児島県の大隅半島の南南西約 60 キロにある，周囲が 135 キロのほぼ円形の島です。1994 年に，屋久杉の広大な森林が世界遺産地域に指定されました。

ご出発の前に

暖かい衣類を必ず携帯してください。島の海沿いの地域は亜熱帯性気候ですが，山間部は相当涼しくなることがあります。島の北東部では，雨が激しく降ることがありますから，傘をお持ちください。ハイキングに適した快適な靴でお越しください。

KGMS エコツアートレーナー：頒布価格 3,000 円
KGMS トラベル

インターネットから予約していただければ，ツアー料金が 10%お得！
URL：www.kgms-t.co.jp
TEL：(09974) 2-XXXX

語句　▶ admíssion fee　　　名 「入場料」
　　　　▶ circúmference　　　名 「周囲（の長さ）」

チャレンジ問題 2

標準　5分

　下の広告と電子メールを読み，問1～3の答えとして最も適当なものを，それぞれ下の①～④のうちから一つずつ選べ。

Origi-bot:
Design It Yourself!

　Making robots is a popular hobby. Origi-bot Co. brings you the excitement of assembling a robot to your own design. YOU CAN DESIGN IT YOURSELF! This walking robot, Origi-bot, is for intermediate to advanced level modelers. The completed model, standing about 30 cm tall and weighing 1.9 kg, can walk, run, dance and climb stairs smoothly. If it falls over, it will pull itself back to a standing position. The body parts of Origi-bot（Head, Chest, Lower Body, Arms, Legs）are available as a variety of independent option packages, so that you can order each part according to your choice and make an original robot. THIS IS THE PERFECT ROBOT FOR YOU!

How to Order Your Origi-bot Online

Origi-bot
$249

　Each of the robot's five body parts comes in three options（Types A, B, C）. You choose the options you like, you fill out the online order form, and we send you what you have ordered, together with motors, batteries, printed circuit boards, a step-by-step instruction manual and easily installable software. You will need some basic assembly tools, glue, and paint.

　Online order form available at: http://www.origibotshop.com

Dear Customer Service Manager,

Recently I bought an Origi-bot set online at a cost of 249 dollars. When I opened the package, I discovered that you had sent the wrong lower body part（Type A instead of Type B）.

I am sending the wrong part back, so please send the right one. I look forward to hearing from you within a week.

Takashi Akiyama

問 1　According to the advertisement, which is the main sales point of the robot?

① If you are a beginner, it is the right choice.

② If you want, you can get an order form online.

③ You can assemble it without any tools.

④ You can choose the body-part options you like.

問 2　Why did Takashi write the email?

① He found something wrong with the Origi-bot set sent to him.

② He needed technical advice from the maker.

③ He wanted a new Origi-bot set to be sent within a week.

④ He would like to order an Origi-bot set online.

問 3　According to the advertisement or the email, which statement is true?

① Five types of options are available for each body part of the robot.

② If the robot falls down, you must help it stand up.

③ Takashi will send back a Type B lower body.

④ Smoothness in climbing stairs is one of the robot's features.

［追試］

題名の「自分で設計しよう！」だけでも内容はつかめるはず。あとは早合点しないように慎重に解くこと。

解説 **問 1**　「広告によると，ロボットの主なセールスポイントは何か」

④「好きな身体の部品を選ぶことができる」が正解。

①「初心者なら適切な選択だ」は不可。本文には「中級レベルから上級レベルまでの模型マニアの方にぴったりです」とある。

②「望むなら，注文書をオンラインから手に入れることができる」は，記述としては正しいが，主なセールスポイントとは言えない。

③「道具を使用せずに組み立てることができる」は不可。本文には，道具が必要だと書かれてある。

以上から ④ が正解となる。

問2 「なぜタカシはメールを書いたのか」

①「送られてきたオリジ・ボットにおかしなところを見つけた」が正解。本文に「**送られてきた下半身の部品が注文したものと違うものだった**」とあるので，これが正解だとわかる。

②「製造業者からの技術上のアドバイスを必要とした」は不可。どこにもそのような記述はない。

③「新しいオリジ・ボットを1週間以内に送ってほしかった」も不可。部品の交換を要求しているだけ。

④「オリジ・ボットをオンラインで注文したいと思っている」も不可。

問3 「広告やメールにおいて，どれが正しい記述か」

④「階段を上る際のなめらかさがロボットの特徴の1つである」が正解。

①「ロボットのそれぞれの身体の部品に対して，5つの種類の選択肢がある」。これは「ワナ」。身体の部品は5種類あるが，それぞれの選択肢はA，B，Cの3種類しかない。

②「ロボットが倒れると立ち上がるのに手助けしてやらねばならない」は不可。「転倒すると，自力で立ち上がります」と書いてある。

③「タカシはタイプBの下半身を返送する」は「ワナ」。本文には「BではなくてAが入っていました」と書いてあるので，返送するのはA。

以上から ④ が正解とわかる。

解答 問1 ④　　問3 ①　　問3 ④

訳

オリジ・ボット

自分で設計しよう！

　ロボットを作るのは人気のある趣味です。オリジ・ボット社が，自分自身の設計に基づいてロボットを組み立てるという**興奮**をお届けします。**自分で設計できます！**　歩くロボットであるオリジ・ボットは，中級レベルから上級レベルまでの模型マニアの方にぴったりです。完成品は高さが約30センチで，重さが1.9キロ。歩くことも，走ることも，踊ることも，階段を上ることもなめらかな動きでこなします。転倒すると，自力で立ち上がります。オリジ・ボットの身体のパーツ（頭部，胸部，下半身，腕，脚）は，別々に選べるように各種取り揃えているので，それぞれの部品を好みに応じて注文し，自分だけのロボットを作ることができます。**これはあ**

なただけの完璧なロボットです。

オリジ・ボット
249 ドル

オリジ・ボットをオンラインで注文する方法

　ロボットの 5 つの部品はそれぞれ A，B，C の 3 種類あります。好みの選択をして，オンラインの注文書に記入してください，そうすれば，注文されたものをお送りします。その際に，モーター，電池，プリント回路基盤，組み立て説明書，簡単にインストールできるソフトなども同封します。組み立てに必要な基本的な道具，接着剤，塗料などは別途必要です。

　オンライン注文は次のアドレスまで

　　　　　　　　　　　　　　http://www.origibotshop.com

お客様室室長様

　私は 249 ドル払い，オリジ・ボットをオンラインで最近購入しました。包みを開けると，送られてきた下半身の部品が注文したものと違うものでした（B ではなくて A が入っていました）。

　間違って送られた部品を返送しますから，正しい部品をお送りください。1 週間以内にお返事をいただければ幸いです。

アキヤマ　タカシ

語句　▶ **assémble ～**　　　　　他「～を組み立てる」
　　　▶ **fall óver**　　　　　　　熟「転倒する」
　　　▶ **part**　　　　　　　　　名「部品」

114

チャレンジ問題 3

標準 6分

　次の書類は，アメリカで体調を崩した日本人旅行者が現地の医療機関で診察を受ける前に記入したものである。問1～3の _____ に入れるのに最も適当なものを，それぞれ下の①～④のうちから一つずつ選べ。

RKS Medical Center
Patient Pre-Registration Form

	Today's Date　July 26, 2008

Personal Information

Patient Name:　　Shinji Ube

Sex:　　M　　　　Date of Birth:　　August 10, 1978

Marital Status:　☑Single　☐Married　☐Widowed　☐Divorced

Home Address:　2-9-18, Kokusai-dori, Yamada-cho, Shibuya-Ku

　　　City:　Tokyo　　　State:　　　　　Country:　Japan

　　　Zip Code:　153-0044

Home Phone: +81-3-3434-1358　　Work Phone: +81-3-5257-8235

Employment Status:　☑Employed　☐Student　☐Other

　　　Employer:　ABC House　　Occupation:　architect

　　　Employer Address:　2-3-6, Marunouchi, Chiyoda-ku, Tokyo

Medical Information

1）What are your symptoms?（Please circle all that apply.）

　① (fever)（38.5˚F /(C)）

　② (headache), chest pain, stomachache, other:

　③ (coughing), difficulty in breathing

　④　nausea

　⑤　constipation, diarrhea

　⑥　fainting, dizziness

　⑦　others（　　　　　　　　　　　　　　　）

2）When did the symptoms start?

　　　Date:　July 20　　　　Time:　11:00 p.m.

3）Previous serious illnesses:　　　none

4）Illnesses currently under treatment:　　　none

5）Are you allergic to any medication or food?　（Yes　(No)）

　　　If Yes, please provide details:

Payment Information

☑ Insurance (MUST provide card) ☐ Self Pay (MUST pay in full EACH visit)

Have you been admitted to a hospital overnight in the last 60 days?

Yes ☐ No ☑

If Yes, please provide name of facility and date: _____

問1 According to the form, the man [＿＿＿].

① designs buildings for a living

② stayed overnight at the medical center in July

③ will pay all medical fees by himself

④ works for a trading company in Japan

問2 The information on the form tells us that the man [＿＿＿].

① became ill just after lunch

② came here with his sick wife

③ has been sick for six days

④ was seriously ill two years ago

問3 A symptom of the man's illness is [＿＿＿].

① a backache

② a digestion problem

③ a high temperature

④ a toothache

[本試]

見慣れない出題傾向だけど，決して難しくはないからね！

116

解説 問1「**書類によれば，男性は** ☐ 」

　職種（occupation）に architect「建築家」とある。①「建物の設計を生業にしている」が正解。

　②「7月に医療センターで1泊入院した」は不可。問診票の最後に「最近60日以内に1泊以上の入院をされたことはありますか？」という質問があるが，「いいえ」と答えている。

　③「自分で医療費を全額支払う」も不可。「保険」に印がしてある。

　④「日本で貿易会社に勤めている」も不可。彼は「建築家」。

問2「書類の情報から，男性は ☐ **だとわかる」**

　①「昼食直後に具合が悪くなった」は不可。症状が出たのは「7月20日午後11時」となっている。

　②「病気の妻と来院した」も不可。婚姻区分では「独身」となっている。

　③「**6日間具合が悪い**」が正解。本日の日付は「7月26日」とあり，症状が出たのが「7月20日」であることより明らか。

　④「2年前に重い病気をしていた」も不可。重篤な既往症は「なし」となっている。

問3「男性の病気の症状は ☐ **である」**

　①「背中の痛み」は記述なし。

　②「消化不良」も記述なし。

　③「**高熱**」が正解。「熱が38.5℃」とある。

　④「歯痛」は記述なし。

解答 問1　①　　問2　③　　問3　③

訳 RKS医療センター

患者事前記入用紙

		本日の日付　2008年7月26日
個人情報		

患者　名：ウベ　シンジ

　性　　別：男　　生年月日：1978年8月10日

　婚姻区分：☑独身　☐既婚　☐寡夫（婦）　☐離婚

　自宅住所：渋谷区山田町国際通り2－9－18

　　　市：東京　　州：　　　国：日本

　　郵便番号：153-0044

　自宅電話：＋81-3-3434-1358　　職場電話：＋81-3-5257-8235

雇用区分：☑ 被雇用者　□ 学生　□ その他
雇用主：ABC House　　職種：建築家
雇用主住所：東京都千代田区丸の内2-3-6

医療情報

1）症状はどのようなものですか？（該当するものすべてを丸で囲んでください）

①（熱）(38.5 °F/ⓒ)
②（頭痛），胸痛，腹痛，その他：
③（咳），呼吸困難
④　吐き気
⑤　便秘，下痢
⑥　気絶，めまい
⑦　その他（　　　　　）

2）症状が出たのはいつですか？
　　日付：7月20日　　時：午後11時

3）重篤な既往症：なし

4）現在治療中の病気：なし

5）薬や食物に対するアレルギーはありますか？　　（はい（いいえ））
　　もしあれば，詳細にお書きください：

お支払い情報

☑ 保険（保険証の提示が必要）　□ 自己負担（通院ごとに全額支払いが必要）

最近60日以内に1泊以上の入院をされたことはありますか？
　　　　　　　　　　　　　　　　　　　はい □　　いいえ ☑

もしあれば，医療機関の名称と日付をご記入ください：＿＿＿＿＿＿

（語句）
▶ **zip code**　　　　　名「郵便番号」
▶ **occupátion**　　　　名「職業」
▶ **árchitect**　　　　　名「建築家」
▶ **sýmptom**　　　　　名「症状」
▶ **cóughing**　　　　　名「咳」
▶ **náusea**　　　　　　名「吐き気」
　＊ 元は「船酔い」の意味。navy「海軍」が同語源
▶ **constipátion**　　　名「便秘」
▶ **diarrhéa**　　　　　名「下痢」
▶ **medicátion**　　　　名「薬物」
▶ **insúrance**　　　　　名「保険」
▶ **facílity**　　　　　　名「機関／施設」

118

チャレンジ問題 4

次の広告を読み，問1〜3の ☐ に入れるのに最も適当なものを，それぞれ下の ① 〜 ④ のうちから一つずつ選べ。

English Summer Camps

San Diego Seaside College is proud once again to sponsor one- and two-week English Summer Camps for high school students from all over the world who are interested in brushing up their English skills. Classes are offered at five levels, from basic to advanced. Students are tested on arrival and placed in the level appropriate to their language ability. Each class has a maximum of 14 students. In the classroom, lessons focus on student interaction while teachers provide feedback and support.

Tuition Fees

The basic tuition fee depends on how early you pay.

One-week Course（Monday, July 28-Friday, August 1）:
- $310 if we receive the full amount by May 15
- $360 otherwise

Two-week Course（Monday, July 28-Friday, August 8）:
- $620 if we receive the full amount by May 15
- $670 otherwise

The full payment must be received before the beginning of the courses.

Accommodations

We can provide housing in our student residence, Peter Olsen House. Breakfast & dinner, 7 days a week

Single room: $250 per week

Twin room: $160 per person, per week

You should reserve your accommodations before May 15 and all accommodation fees must be paid in full before June 15.

Cancellation

If you have to withdraw from the camp after you have been accepted, but no later than June 30, then all the fees you have paid will be returned. If you have to withdraw after June 30, we regret that we cannot return any fees.

How to Apply

Fill out an application form and send it to us at <esc@sdsc.edu>.

Visit the Golden State this summer and make yourself shine at English!

問1　According to the advertisement, students are required to [　　　　] at the start of their course.

① have reserved a hotel room
② bring money for their tuition fees
③ take an English placement test
④ visit the office with their sponsors

問2　A student who pays the tuition for the two-week course and the accommodation fee for a single room at the beginning of June should send a total amount of [　　　] dollars.

① 870
② 920
③ 1,120
④ 1,170

問3　Students who decide not to join the Summer Camp must tell the office by [　　　] , or they cannot have a refund.

① May 15
② June 15
③ June 30
④ July 28

［本試］

120

差がついたのは問2。「あっ，しまった！」と言わなくても済むように，情報を慎重に読み込んでいこう。

解説 問1「広告によると，生徒は，コースが始まるときに ☐☐☐☐ ことを要求されている」

第1パラグラフ第3文に，Students are tested on arrival and placed in the level appropriate to their language ability. 「受講生は，到着するとすぐに試験を受け，自分の言語能力にふさわしいレベルに振り分けられます」とある。①「ホテルの部屋を予約してある」，②「授業料を持ってくる」，④「保証人と事務所を訪れる」は不可。③「英語のクラス分けテストを受ける」が正解。

an English placement test「英語のクラス分けテスト」自体は難しいが，消去法を使えば簡単に正解が選べるはず。

問2「2週間のコースの授業料とシングルルームの宿泊費用を6月の初めに支払う生徒は，全部で ☐☐☐☐ ドルを支払わなければならない」

まず「6月の初め」に「2週間のコース」を支払うことを確認する。受講料（Tuition Fees）の項目に，2週間コースの支払いが5月16日以降の場合，670ドルとある。さらに，宿泊設備（Accommodations）に，シングルルームの場合，1週間につき（per week）250ドルとある。よって，合計金額は 670 ＋ 250 × 2 ＝ 1,170 となり，④が正解。

間違えた受験生は，「1週間につき250ドル」を読み飛ばして，670 ＋ 250 ＝ 920 としてしまったようである。日常生活でも，このような計算は非常に重要。「間違えた！」では済まされない。慎重に計算する姿勢が大切。

問3「夏合宿に参加しないことを決めた生徒は ☐☐☐☐ までに事務局に連絡しなければならない。そうでなければ，払戻金を受け取ることができない」

refund「払戻金」という単語になじみのない受験生も多いと思われるが，文脈から推測は可能だったはず。キャンセル（Cancellation）の項目で，「申し込んだあと，合宿参加を取りやめなければならない場合，それが6月30日までならば，お支払いいただいた全授業料はお返しします」とあるので，③「6月30日」が正解。問2に「ひねり」

があったため，この問題の単純さに逆に戸惑った受験生も多かったようだ。

　　no later than June 30 は「6月30日を越えてはならない」という意味。**比較級の前の no は「差がゼロ」であることを意味する。**よって，no later than June 30 は，「6月30日よりゼロ日遅い」＝「6月30日」であることを示す。類似の有名表現に S V **no sooner than** S'V'.「S V と S'V' の時間差がゼロ」＝「S V **すると同時に** S'V'」がある。

解答　問1　③　　問2　④　　問3　③

訳

夏の英語合宿

　　サンディエゴ・シーサイド大学は，英語の能力を高めることに興味がある世界中の高校生のために，1週間と2週間の夏の英語合宿を今年も開催いたします。クラスは基礎から上級まで5つのレベルを用意しています。受講生は，到着するとすぐに試験を受け，自分の言語能力にふさわしいレベルに振り分けられます。それぞれのクラスは，最大14名です。教室では，授業は生徒同士の交流に重点が置かれ，教師は意見を述べてサポートします。

受講料
　　基本受講料は，支払いの時期によって決まります。
　　　1週間コース：7月28日（月）〜8月1日（金）
　　　　● 5月15日までに全額お支払いなら，310ドル
　　　　● それ以外の場合は，　　　　　　　360ドル
　　　2週間コース：7月28日（月）〜8月8日（金）
　　　　● 5月15日までに全額お支払いなら，620ドル
　　　　● それ以外の場合は，　　　　　　　670ドル
　　開講前に，全額お支払いいただかなくてはなりません。

宿泊設備
　　本学の学生寮，ピーター・オルセン・ハウスに宿泊することができます。
　　週7日，朝食と夕食が出ます。
　　　シングルルーム：週250ドル
　　　ツインルーム　　：1人につき週160ドル

　5月15日までに宿泊の予約をしてください。そして，宿泊料金全額を6月15日までに払い込んでください。

キャンセル

　申し込んだあと，合宿参加を取りやめなければならない場合，それが6月30日までならば，お支払いいただいた全授業料はお返しします。もしも，7月1日以降に合宿参加を取りやめなければならない場合には，残念ながら，授業料の返還はできません。

申込み方法

　申込み用紙に必要事項を記入して，〈esc@sdsc.edu〉までお送りください。

　今年の夏は，ゴールデンステート（カリフォルニア）を訪れて，英語に磨きをかけましょう！

（語句）
- ▶ **spónsor ~**　　　　他「～を主催する」
- ▶ **brush ~ up ／ up ~**　　熟「～を磨く」
- ▶ **apprópriate**　　　形「適切な」
- ▶ **fócus on ~**　　　熟「～に重点を置く」
- ▶ **interáction**　　　名「交流」
- ▶ **tuítion fees**　　　名「授業料」
- ▶ **accommodátion**　　名「宿泊施設」
- ▶ **hóusing**　　　　　名「学生寮／住居」
- ▶ **withdráw from ~**　熟「～を取り消す」
- ▶ **fill ~ out ／ out ~**　熟「～に記入する」
- ▶ **applicátion form**　名「申込み用紙」

広告文の問題は苦手という人が多いから，得意にしておけば断然有利だよね！

チャレンジ問題 5

易 **3**分

次の文章に合う絵として最も適当なものを，下の①〜④のうちから一つ選べ。

There are two rows of circles at the bottom of this abstract painting. In the upper section, there is a large square, and to the right of it a vertical dotted line. A solid line goes from the upper left-hand corner to the lower right-hand corner. It is crossed by a horizontal line in the lower half of the painting. There is a moon shape to the left of the square and an arrow below the horizontal line, pointing toward the dotted line.

①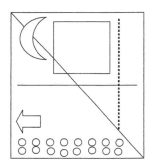

②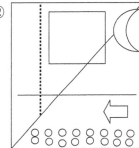

③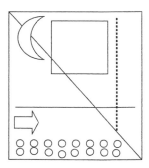

④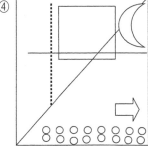

[本試]

a solid line「実線」などの日本人学習者には難しい表現をまったく知らなくても，十分に解ける。とにかく消去法を徹底したい。

解説　第1文はすべての選択肢に当てはまるので問題には無関係。第2文は「正方形の右の」から②・④が消える。この文は，**a dotted line「点線」**などわからなくても図には「点線」しかないから**容易**。第3文からも②・④が消える。また，第4文からは，①が消える。よって，答えは③。

解答　③

訳　この抽象画の一番下には，2列の円がある。上の部分には，大きな正方形があり，また，その右に，垂直の点線がある。上の左の角から，下の右の角まで実線が引かれている。その実線は，絵の下半分のところで，水平の線と交差する。正方形の左に，月の形をしたものがあり，水平の線の下に，点線の方向に向いた矢印がある。

語句
- ▶ **row**　　名「（横の）列」
  - ＊「（通例縦の）列」は line
- ▶ **ábstract**　　形「抽象的な」
- ▶ **úpper**　　形「上の」
- ▶ **squáre**　　名「正方形／四角形」
- ▶ **vértical**　　形「垂直の」
- ▶ **dótted line**　　名「点線」
- ▶ **sólid line**　　名「実線」
- ▶ **lówer**　　形「下の」
- ▶ **horizóntal**　　形「水平の」
  - ＊ the horizontal axis「（グラフなどの）横軸」
    - ⇔ the vertical axis「（グラフなどの）縦軸」
- ▶ **árrow**　　名「矢／矢印」

次の漫画の内容に最も近いものを，次ページの ① ～ ④ のうちから一つ選べ。

① Everyone in the Johnson family was working hard moving to their new house. Some people were carrying boxes. One of the helpers was struggling with a large box but was able to put it down. As he slid it under a table, a box on top of the table hit a vase, which fell and broke into many little pieces. Naturally, Mrs. Johnson became very upset, as the vase was one of her favorites.

② Everyone was rushing because the Johnsons were moving. The boxes were being packed and the helpers were taking them to the truck. One of the men was about to drop a heavy box, so he rushed to set it on a nearby table. As he did, a vase fell onto the floor, cracking. Mrs. Johnson was obviously furious, even though the vase did not break into pieces.

③ The Johnsons were busy moving. One of the helpers was carrying a box and put it on a table with another large box. However, he did not notice that there was a vase sitting behind that box. When he pushed the box further onto the table, the vase fell and broke on the floor. Understandably, Mrs. Johnson was very angry that her favorite vase had been broken.

④ The Johnsons were moving and Mrs. Johnson was telling the helpers where to put boxes. One of the helpers put a box on a table. Little did he know that there was a vase on the table, behind another box. When he pushed the box, the vase broke and fell off the table. Not surprisingly, Mrs. Johnson was broken-hearted, as it was one that she liked very much.

[本試]

間違いの選択肢には「間違いの箇所」が，少なくとも1か所はある。なお，感情表現として①に「うろたえた」，②に「激怒していた」，③に「とても怒っていた」，④に「がっかりした」があるが，このようなはっきりと断定するような**主観的な情報を判断基準にはできない**。

解説　①は「その箱をテーブルの下に滑り込ませると」が不可。

②は「花びんは粉々には壊れなかったが」が不可。

④は「その花びんは割れてテーブルから落ちた」が不可。**花びんは，テーブルから落ちたあとに割れたのである。**

以上から，③ が正解。

解答　③

訳
①　ジョンソン家の人は皆，新しい家への引っ越しで一生懸命だった。箱を運んでいる人もいた。手伝っている人の1人は大きな箱を運ぶのに苦労したが，やっと下に降ろすことができた。その箱をテーブルの下に滑り込ませると，テーブルの上の箱が花びんに当たり，落ちて粉々になった。その花びんはジョンソン夫人のお気に入りのうちの1つだったので，当然ながら，ジョンソン夫人はとてもうろたえた。

②　ジョンソン家は引っ越しのため，皆急いでいた。箱に荷物が詰められ，手伝いの人たちがそれをトラックまで運んでいた。男たちの1人が重い箱を落としかけたので，あわてて近くのテーブルの上に置いた。そのとき，花びんが床に落ちてヒビが入った。花びんは粉々には壊れなかったが，ジョンソン夫人は明らかに激怒していた。

③　ジョンソン家は引っ越しに忙しかった。手伝いの1人が箱を運んでいて，それを別の大きな箱が載っているテーブルの上に置いた。しかし，その手伝いの人はその箱の後ろに花びんがあることに気がつかなかった。箱をテーブルの向こう側に押すと，花びんが床に落ちて割れた。当然のことながら，ジョンソン夫人は自分のお気に入りの花びんが割れてしまったのでとても怒った。

④　ジョンソン家は引っ越しの最中で，ジョンソン夫人は手伝いの人に箱をどこに置けばよいかを指示していた。手伝いの1人が箱をテーブルの上に置いた。テーブルの上に，別の箱の後ろに花びんが置いてあることにはまったく気がつかなかった。その手伝いの人が箱を押すと，その花びんは割れてテーブルから落ちた。当然ながら，ジョンソン夫人はがっかりした。というのも，それはジョンソン夫人が大変気に入っていたものだったからである。

語句
▶ **strúggle with ～**　熟「～と格闘する」
▶ **break ínto píeces**　熟「粉々に割れる」
▶ **upsét**　形「狼狽した」
▶ **rush**　自「急ぐ」
▶ *be* abóut to (V)　熟「まさに(V)しようとする」
▶ **fúrious**　形「激怒した」
　　＊　名詞形の fury「怒り」は fire「火」と関連づけて覚えよう
▶ **understándably**　副「もっともなことだが」

チャレンジ問題 7 標準 6分

　次の漫画の内容に最も近いものを，次ページの①～④のうちから一つ選べ。

① A boy gets upset during intensive study, but then he is suddenly surprised to see all his textbooks trying to escape by flying from the room together. In the end he is relieved to be free of the books, and the burden of doing his homework, and he resumes other pastimes.

② A boy is studying excessively hard, using many books at his desk. Suddenly, he becomes very frustrated, throwing the books away one by one until they are almost all gone. Finally, however, he stops this ridiculous behavior and cleans up his room in order to begin studying again.

③ A boy sitting at his desk, surrounded by books, suddenly gets irritated with studying, and so he picks up one of his many books and throws it. Unexpectedly, the book begins to fly away, and soon many of his other books also begin to fly off the desk. He is naturally very surprised by this.

④ A boy who is hardly studying for an examination becomes very bored and depressed. Amazingly, while he is daydreaming, all his books suddenly begin to fly away like birds, though of course that could never happen in reality. Nevertheless, it pleases him a great deal.

[追試]

 主観的な「感情描写」は無視して，客観的な「事実の描写」を探すことに重点を置くこと。

解説　**不確実な情報は切り捨てる。**漫画がどれほどうまく描かれていようが，感情表現が特定できるわけではない。イラストだけから人物の感情を決定することはできない。解答根拠は「**誰の目にも明らかな客観的な描写部分**」だけで十分。

①・②・④の選択肢の次の下線を施した部分が，漫画に一致しない，もしくは言い過ぎ。

①「すべてのテキストが部屋から飛んで逃げていこうとする」

②「本を1冊ずつ捨て去り，ついにはほとんどすべての本がなくなってしまう」

④「すべての本が突然鳥のように飛び立つ」

以上，**消去法**から③が正解。

解答 ③

訳

①　少年が，集中的に勉強している最中に狼狽している。しかし次の瞬間，突然すべてのテキストが部屋から飛んで逃げていこうとするのを見て驚く。結局，少年はテキストや宿題をやる負担から逃れられてほっとしていて，他の娯楽を再開する。

②　少年はかなり一生懸命に勉強し，机の上の多くの本を使っている。突然，少年は強いいら立ちをおぼえ，本を1冊ずつ捨て去り，ついにはほとんどすべての本がなくなってしまう。しかし，最終的には，こうしたばかげた行為をやめ，勉強を再開するために部屋を掃除する。

③　本に囲まれて机に向かって座っている少年は突然勉強にいら立ち，多くの本の中の1冊を拾い上げ，捨てる。意外なことに，その本は飛んでいき，まもなく他の多くの本も机から飛び立って行く。当然ながら少年はこの事態にとても驚いている。

④　試験の勉強をほとんどしていない少年は，とても退屈し落ち込んでいる。驚いたことに，彼が空想にふけっている間，すべての本が突然鳥のように飛び立つ。もちろん，そんなことは実際には絶対起きないが。しかし，彼はそれによってずいぶん満足している。

語句

▶ upsét　　形「狼狽した」
▶ inténsive　　形「集中的な」
　＊　ICU（= Intensive Care Unit）「集中治療室」
▶ be free of 〜　　熟「〜から自由になる」
▶ búrden　　名「重荷」
▶ resúme 〜　　他「〜を再開する」
　＊〈re-［再び］+ -sume［取る］〉
▶ pástime　　名「娯楽／気晴らし」
▶ excéssively　　副「過度に」
▶ frústrated　　形「いら立って」
▶ ridículous　　形「ばかな」
▶ írritated　　形「イライラしている」
▶ depréssed　　形「落ち込んでいる」
▶ amázingly　　副「驚いたことに」
▶ dáydream　　自「空想にふける」

次の記事を読み，問1〜5の　　　に入れるのに最も適当なものを，それぞれ下の ① 〜 ④ のうちから一つずつ選べ。

Your English teacher gave you an article to help you prepare for the debate in the next class. A part of this article with one of the comments is shown below.

No Mobile Phones in French Schools

By Tracey Wolfe, Paris

11 DECEMBER 2017・4:07PM

The French government will prohibit students from using mobile phones in schools from September, 2018. Students will be allowed to bring their phones to school, but not allowed to use them at any time in school without special permission. This rule will apply to all students in the country's primary and middle schools.

Jean-Michel Blanquer, the French education minister, stated, "These days the students don't play at break time anymore. They are just all in front of their smartphones and from an educational point of view, that's a problem." He also said, "Phones may be needed in cases of emergency, but their use has to be somehow controlled."

However, not all parents are happy with this rule. Several parents said, "One must live with the times. It doesn't make sense to force children to have the same childhood that we had." Moreover, other parents added, "Who will collect the phones, and where will they be stored? How will they be returned to the owners? If all schools had to provide lockers for children to store their phones, a huge amount of money and space would be needed."

21 Comments

Newest

Daniel McCarthy 19 December 2017 · 6:11PM

Well done, France! School isn't just trying to get students to learn how to calculate things. There are a lot of other things they should learn in school. Young people need to develop social skills such as how to get along with other people.

問1　According to the rule explained in the article, students in primary and middle schools in France won't be allowed to [＿＿＿＿].

① ask their parents to pay for their mobile phones

② bring their mobile phones to school

③ have their own mobile phones until after graduation

④ use their mobile phones at school except for special cases

問2　Your team will support the debate topic, "Mobile phone use in school should be limited." In the article, one **opinion** (not a fact) helpful for your team is that [＿＿＿＿].

① it is necessary for students to be focused on studying during class

② students should play with their friends between classes

③ the government will introduce a new rule about phone use at school

④ using mobile phones too long may damage students' eyes

問3　The other team will oppose the debate topic. In the article, one **opinion** (not a fact) helpful for that team is that [＿＿＿＿].

① it is better to teach students how to control their mobile phone use

② students should use their mobile phones for daily communication

③ the cost of storing students' mobile phones would be too high

④ the rule will be applied to all students at the country's primary and middle schools

問4　In the 3rd paragraph of the article, "One must live with the times" means that people should ⬚.

① change their lifestyles according to when they live
② live in their own ways regardless of popular trends
③ remember their childhood memories
④ try not to be late for school

問5　According to his comment, Daniel McCarthy ⬚ the rule stated in the article.

① has no particular opinion about
② partly agrees with
③ strongly agrees with
④ strongly disagrees with

[試行]

解説　パラグラフメモ：**正解の該当箇所に下線を引き，選択肢と結ぶ**

第1パラグラフ：学校内での携帯使用禁止
第2パラグラフ：教育相の意見。子どもは休み時間に子ども同士で遊ぶべきだ
第3パラグラフ：親からの反対意見。携帯を置くロッカー設置には費用とスペースが要る
コメント：フランス政府に賛成

問1　「記事中で説明されている規則によると，フランスの小学校と中等学校の生徒たちは ⬚ ことが許されない」

　本文第1パラグラフに「フランス政府は2018年9月から生徒が学校で携帯電話を使うのを禁止する。生徒たちは学校に携帯電話を持ってきてもかまわないが，**特別な許可が出たときを除いてはいかなるときも校内で使うことが許されない**。この規則は国の小学校と中等学校のすべての生徒に適用される」とある。選択肢の中でこの記述と合致するのは，④「特別なときを除いて学校で携帯電話を使う」だけなのでこれが正解。①「親に携帯料金を払ってくれるよう頼む」，②「学校に携帯電話を持ってくる」，③「卒業の後まで携帯電話を持つ」は本文に書かれていない。なお選択肢④の except for special cases は，

本文の without special permission の言い換えとなっていることに注意したい。なお第 1 パラグラフ第 1 文の prohibit は CEFR-J では B2 に分類される難語であるため，あとの文で A2 の分類である allow / permission / apply を用いて説明されていることが面白い。

問2　「あなたのチームはディベートで『学校での携帯電話の使用は制限されるべき』というトピックを支持する。記事の中で，あなたのチームに役立つ意見（事実ではなく）は ◻︎◻︎◻︎◻︎ ということである」

「学校での携帯電話使用制限」に賛成の立場の根拠となる意見を記事の中に探せばよい。本文の第 2 パラグラフ第 1 〜 2 文に大臣の意見として「**近年生徒たちはもはや休み時間に遊ばなくなった。彼らは皆スマートフォンの前にいるだけで，これは教育的見地から言って問題がある**」とある。この内容に合致する選択肢は ②「生徒たちは授業と授業の間の時間に友達と遊ぶべきだ」だけである。間違えた人の多くは ①「生徒が授業中は勉強に集中することが必要だ」を選んでいる。この選択肢は一般には正しいと思われるが，本文のどこにもその記述がないので不可。必ず本文の中に根拠を見つけて解答するようにしたい。第 2 パラグラフ第 2 文の They are just all in .... では，They と all が同格の関係になっていることに注意したい。一般に be 動詞を含んだ文で，主語と all が同格の関係になる場合，all は be 動詞のあとに置かれることに注意。③「政府は学校での電話の使用についての新しい規則を導入する」は，第 1 パラグラフに記述はあるものの，「意見」ではなく「事実」であるために不正解となる。④「携帯電話をあまりに長時間使用することは生徒の目を傷つけるかもしれない」は本文には記述がない。

問3　「他のチームはディベートのトピックに反対する。記事の中で，そのチームに役立つ意見（事実ではなく）は ◻︎◻︎◻︎◻︎ ということである」

今度は「学校での携帯電話使用制限」に反対の立場の根拠となる意見を探すことになる。本文第 3 パラグラフの最終文に「**もしすべての学校が子どもたちが自分の携帯電話を保管するためのロッカーを提供しなければならないとしたら，それには莫大なお金とスペースが必要となるだろう**」とある。この文には仮定法過去が使われていることに注

意したい。一般に仮定法過去は「話者が可能性が低いと考える場合に使われる時制」である。この文の話者である親は「学校での携帯電話使用制限」に反対の立場である。ゆえに「ロッカー設置の可能性は少ない」という立場で書いているため仮定法を用いていると考えられる。この内容に合致する選択肢は ③「生徒の携帯電話を保管しておくのにかかる費用は高すぎる」である。間違えた人の多くは ②「生徒は日常の意思伝達に携帯電話を使うべきだ」にしたが，これは本文にそのような記述がまったくないので不可。①「生徒に携帯電話の使用をコントロールする方法を教えるほうがよい」は，本文に記述がないので不可。④「規則は国中の小学校と中等学校の生徒すべてに適用される」は第1パラグラフの最終文に該当箇所があるが，「意見」でなく「事実」なので不可。

問4 「記事の第3パラグラフの『人は時代と共に生きていかねばならない』というのは，人は ▢▢▢▢▢ べきだという意味である」

　まず，live with the times は「時代と共に生きる」という意味であることに注意したい。time は，the times の形で「時代」という意味になる。本文該当箇所の前には「しかし，すべての親たちがこの規則(学校での携帯電話使用制限) に喜んでいるわけではない」とあり，さらに該当箇所の直後には「子どもたちに私たちが過ごしたのと同じ子ども時代を強制するのは意味をなさない」とある。つまり「**私たちが過ごしたのと同じ子ども時代**」＝「**学校で携帯電話を使用しない子ども時代**」**を強いることに反対**とある。よって該当箇所の意味は「時代と共にルールを変更する必要がある」という意味だと推測できる。この内容に合致する選択肢は ①「生きている時々に応じて生活習慣を改める」しかない。それ以外の選択肢 ②「人気の流行にとらわれず，自分自身の生き方をする」，③「子どもの頃の思い出を覚えている」，④「学校に遅れないようにする」は該当箇所とはまったく無関係である。

問5 「ダニエル・マッカーシーのコメントによると，彼は記事で言及されている規則について ▢▢▢▢▢ である」

　ダニエル・マッカーシーの立場は，「よくやった，フランス！」から明らかで，「**学校での携帯電話使用制限**」**に賛成の立場**だとわかる。このことは，その後の彼の発言「学校はただ生徒にどうやって物事を

計算するかを学ばせようとするところではない。学校で学ぶべきことは他にもたくさんある。若者はどうやって他の人と仲良くするかなどの社会的な技術を伸ばす必要がある」という部分が，第2パラグラフの教育相の発言「近年生徒たちはもはや休み時間に遊ばなくなった。彼らは皆スマートフォンの前にいるだけで，これは教育的見地から言って問題がある」と合致することからもわかる。以上より，③「強く賛成」を選ぶ。①「特に意見はない」，②「部分的に賛成」，④「強く反対」は不可。

解答 問1 ④　　問2 ②　　問3 ③　　問4 ①　　問5 ③

訳 あなたたちの英語の先生があなたたちに，次の授業で行うディベートの準備をするのに役立てるよう，ある記事をくれた。いくつかあるコメントの1つと共に，この記事の一部が下に示されている。

フランスの学校で携帯電話禁止

トレイシー・ウルフの投稿，パリ
2017年12月11日午後4時7分

　フランス政府は2018年9月から生徒が学校で携帯電話を使うのを禁止する。生徒たちは学校に携帯電話を持ってきてもかまわないが，特別な許可が出たときを除いてはいかなるときも校内で使うことが許されない。この規則は国の小学校と中等学校のすべての生徒に適用される。

　フランスの教育相ジャン・ミッシェル・ブランケールは，「近年生徒たちはもはや休み時間に遊ばなくなった。彼らは皆スマートフォンの前にいるだけで，これは教育的見地から言って問題がある」と述べた。彼はまた，「緊急時には電話は必要だろうが，その使用は何らかの形で管理されなければならない」とも発言した。

　しかし，すべての親たちがこの規則に喜んでいるわけではない。何人かの親たちは，「人は時代と共に生きていかなければならない。子どもたちに私たちが過ごしたのと同じ子ども時代を強制するのは意味をなさない」と言った。さらに他の親たちは付け加えて，「誰が携帯電話を集めて，どこに保管するのか？　どうやって持ち主に返すのか？　もしすべての学校が子どもたちが自分の携帯電話を保管するためのロッカーを提供しなければならないとしたら，それには莫大なお金とスペースが必要となるだろう」とも言った。

ダニエル・マッカーシー　2017 年 12 月 19 日午後 6 時 11 分

　「よくやった，フランス！　学校はただ生徒にどうやって物事を計算するかを学ばせようとするところではない。学校で学ぶべきことは他にもたくさんある。若者はどうやって他の人と仲良くするかなどの社会的な技術を伸ばす必要がある」

（語句）　▶ árticle　　　　　　　　名「記事」

第 1 パラグラフ

▶ prohíbit ～　　　　　　他「～を禁止する」
▶ allów O to (V)　　　　熟「O が (V) するのを許可する」
▶ permíssion　　　　　　名「許可」
▶ applý to ～　　　　　　熟「～に当てはまる」
▶ prímary school　　　　名「〈英〉小学校」
　　＊〈米〉elementary school
▶ míddle school　　　　名「ミドルスクール／中等学校」

第 2 パラグラフ

▶ break time　　　　　　名「休み時間」
▶ not ～ anymóre　　　　熟「もはや～ない」
▶ from a ～ point of view　熟「～の見地からすれば」
▶ in case(s) of emérgency　熟「緊急の場合に」
▶ sómehow　　　　　　　副「なんとかして」

第 3 パラグラフ

▶ the times　　　　　　　名「時代」
▶ make sense　　　　　　熟「意味をなす」
▶ force O to (V)　　　　　熟「O に (V) することを強制する」
▶ moreóver　　　　　　　副「おまけに」
▶ store ～　　　　　　　他「～を保管する」
▶ retúrn ～　　　　　　　他「～を返却する」
▶ províde ～　　　　　　他「～を提供する」
▶ a huge amóunt of ～　　熟「莫大な量の～」

コメント

▶ **get O to** (V)　　　　　熟「Oに(V)してもらう」

▶ **cálculate** ～　　　　　他「～を計算する」

▶ **sócial skills**　　　　　名「社会的な技術」

　＊「人とうまくつきあっていくための技術」のこと

▶ **get alóng with** ～　　　熟「～とうまくやっていく」

　＊「相性が良くない人などと波風を立てることなくうまくつきあっていく」という文脈で使うことが多い

選択肢

▶ **excépt for** ～　　　　　熟「～を除いて」

▶ *be* **fócused on** ～　　　熟「～に集中する」

竹岡の一言

「記事とそれに対する投稿コメント」というパターンは共通テストに定着するであろうか。そもそも「ネット上のコメント」などには，無責任なものや感情的なものが多いのは常識ではないだろうか。そうした「投稿コメント」の中に fact があると言えるのだろうか。新しい試みは評価されなければならないだろうが，「改悪」だけは避けてもらいたいものだ。

② 図表読解

1st step 傾向チェック編

■1 図や表に重点を置いた読解のねらい

図や表などを含む英文を読ませて，「必要な情報を素早く取得する」訓練をさせるものである。比較的長い会話にイラストが入った英文からその情報を得る問題もここに入る。結局，必要なのは，次の2点である。

> ❶ 数字，比較表現に注意し英文を読む。
> ➡「増加，減少」などに注目
> ❷ 図や表などを隅々まで見て，情報の見落としをしない。
> ➡ 時間との闘い

■2 本書の方針

いたずらに「新傾向」の出題に振り回されることなく，さまざまなタイプの出題に慣れておくことが大切である。

当然のことながら，図や表の種類は多岐にわたる。不慣れな図には戸惑うだろう。よって本書では，過去に出題されたさまざまな傾向の問題を提示することによって読者の学力向上に寄与したい，と考えている。したがって，本書は，たとえ現行の共通テストの読解問題とは出題傾向が異なる問題であっても，「**良問**」であれば**積極的に取り上げている**。

図や表を含む問題はリスニングにも登場する。以下のものは会話を聞き，その会話の内容に適したものを1つ選ぶ問題である。

W : Our survey shows the number of foreigners visiting our museum has been decreasing.

M : Especially from Europe.

W : But the number from Asia is on the rise.

M : At least that's good news.

問　Which graph describes what they are talking about?

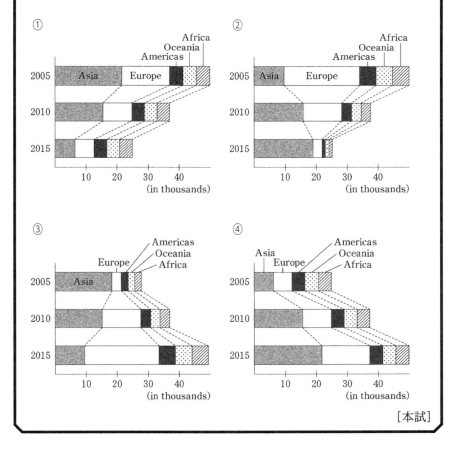

[本試]

　「訪れる外国人の数は減少している」から③と④は消える。さらに「アジアからの来館者数は増えている」から①が消え，②が正解だとわかる。特に難問というわけではないが，こういうグラフの問題に慣れていないと混乱するかもしれない。とにかく慣れることが大切。

訳 女性：私たちの調査によると，私たちの美術館を訪れる外国人の数が減少
しているわ。

男性：特にヨーロッパからね。

女性：でもアジアからの来館者数は増加しているわ。

男性：ともかく，それはいいニュースだね。

問 彼らが話している内容に合うグラフはどれか。

①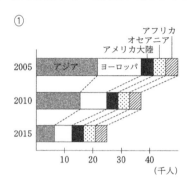

②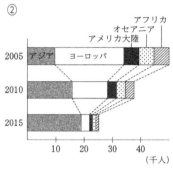

③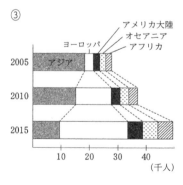

④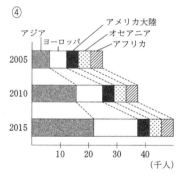

2ndstep 原則マスター編

原則❶ 図表は，表題・単位などに注目して「しっかり読む」訓練をせよ

図表をまともに読まずに，解答の根拠を本文にのみ求めてしまうと，かえって混乱することが多い。このタイプの問題は「言語活動を通して情報を処理する技能を養う（問題作成部会）」ことに主眼がある。とりあえず，図表の読み取りの徹底した訓練をせよ。

そのためには，❶表題，❷単位などをしっかり読んで，「何の図かな」と考える癖をつけることだ。

例題 1

標準 3分

次の文章と図を読み，問の □ に入れるのに最も適当なものを，下の①〜④のうちから一つ選べ。

Rainforests are destroyed to make money from selling not only trees but also cattle and crops that are raised on the cleared land. However, experts say that rainforests will have more economic value if we leave them as they are and harvest their medicinal plants, oil-producing plants and fruits. This knowledge, plus the fact that native life is becoming extinct, led Brazil to introduce stronger rainforest protection laws at the beginning of this century. These laws aim to protect native tribes, prevent illegal cutting of trees and expand the protected rainforest area. All countries that are contributing to the destruction of rainforests should begin their own efforts to protect them. Rainforests are essential to human survival. Therefore, we are all responsible for protecting this biological treasure.

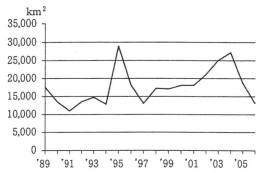

Annual Loss of the Brazilian Rainforest 1989-2006

問　The information in the text and the graph suggests that 　　　　　.

① in the early 1990s people became more aware of the value of rainforests

② stronger environmental laws in Brazil reduced deforestation after 2004

③ there is no hope that the rate of rainforest loss will go down in the future

④ there were almost no trees left in the Brazilian rainforest after 1995

[本試・改題]

図表からだけでも十分正解を導くことが可能。図表から読み取れる情報は，必ず設問にからんでくるから，図表をしっかり読むことが肝要。

解説 問 「本文と図の情報は ☐☐☐☐ を示唆している」

　この図は，1989 ～ 2006 年の，ブラジルの熱帯雨林の年間消失面積を示したものである。図より，1990 年から 1995 年にかけて，熱帯雨林には増減が見られることがわかる。よって，①「人々は，1990 年代初期に熱帯雨林の価値をより意識するようになった」とは言い切れない。また，本文でもそのような事実は確認できない。よって，①は不可。

　図より，2004 年あたりからブラジルの熱帯雨林の消失が減少に転じていることがわかる。よって，③「熱帯雨林の消滅速度が将来低下する希望はない」も不可。

　④「1995 年以降，ブラジルの熱帯雨林には木がほとんど残っていなかった」はギャグ。

　以上より，②「ブラジルのより強力な環境法が，2004 年以降，森林破壊を減少させた」が正解。本文ではなく，図からだけでも十分に正解を得られる問題である。

解答 ②

訳

　熱帯雨林は破壊され，その木材だけでなく，伐採（ばっさい）による開拓地で育てられた家畜や穀物を売ることでお金もうけの材料にされている。しかし，専門家たちの意見では，もし熱帯雨林をそのままにし，薬草や油がとれる植物や果実を収穫すれば，熱帯雨林にはより経済的価値があるということだ。土着生物が絶滅しつつある事実のみならず，こうしたことがわかったことから，ブラジルでは今世紀初頭に，より強力な熱帯雨林保護法を導入することになった。これらの法律は，現地住民を守り，木々の不法な伐採を防ぎ，熱帯雨林の保護地域を拡張する目的で制定されている。森林破壊に関わっているすべての国はみずから，森林を守るよう尽力し始めるべきである。熱帯雨林は，人類の生存にとって不可欠である。したがって，私たちは皆，この生物学的な財産を守る責任を負っているのである。

お役立ちコラム

語源で覚えよう

　epidemic（形 伝染性の／流行の）は，epi-［上］＋ -dem-［民衆］からできた単語。「民衆の上に降ってくるもの」が原義となっている。epicenter は「震源地（←中心の上）」，episode は「挿話（そうわ）（←上にふれること）」のこと。-dem- は democracy「民主主義」で見られる。

次の表を見て，問の [＿＿＿＿＿] に入れるのに最も適当なものを，下の①〜④のうちから一つ選べ（本文は省略）。

Table 1
Health Care Indicators by Country

Country	Doctors per 10,000 people*	Nurses per 10,000 people*	Health care spending (2003)	
			% of GDP	Actual amount spent per person (US$)
Senegal	0.6	3.2	5.1	29
(A)	1.5	9.2	4.5	16
Afghanistan	1.9	2.2	6.5	11
Japan	19.8	77.9	7.9	2662
(B)	25.6	93.7	15.2	5711
Sweden	32.8	102.4	9.4	3149
France	33.7	72.4	10.1	2981
(C)	42.5	80.5	5.6	167
Cuba	59.1	74.4	7.3	211

*Data collected at different times between 2000-2005.
(WHO (2006) *The World Health Report 2006* を参考に作成)

問　According to the report, which two aspects influence a country's health care situation most? [＿＿＿＿]

① Sustainable training systems and health care spending.
② Sustainable training systems and money donated.
③ The numbers of health care workers and health care spending.
④ The numbers of health care workers and money donated.

[本試・改題]

解説 問　「報告によると，どの2つの側面が国の医療の状況に最も影響するか」

　表からわかるのは，セネガルやアフガニスタンなどでは，保健医療従事者の数が少なく，また保健医療費も少ないということ。そして日本やスウェーデンなどでは，それぞれが多いということ。キューバは保健医療従事者の数は多いが，保健医療費は少ない。これは「地理」

に詳しい人には常識だろう。

　表から「保健医療従事者の数と，保健医療費」だと推測できる。選択肢は ① 「持続可能な訓練システムと保健医療費」，② 「持続可能な訓練システムと寄付金」，③ 「保健医療従事者の数と保健医療費」，④ 「保健医療従事者の数と寄付金」で，答えは ③ だと推測できる。もし，これが正解でないとすれば，この表を用意した意図が不明になる。

解答 ③

訳

表1　国別健康管理指標

国	人口1万人当たりの医師数*	人口1万人当たりの看護師数*	医療費（2003年）	
			GDPに対する割合(%)	1人当たりの実際の支出額（USドル）
セネガル	0.6	3.2	5.1	29
(A)	1.5	9.2	4.5	16
アフガニスタン	1.9	2.2	6.5	11
日本	19.8	77.9	7.9	2662
(B)	25.6	93.7	15.2	5711
スウェーデン	32.8	102.4	9.4	3149
フランス	33.7	72.4	10.1	2981
(C)	42.5	80.5	5.6	167
キューバ	59.1	74.4	7.3	211

*2000年～2005年の異なる時期に集められたデータ

(WHO (2006) *The World Health Report 2006* を参考に作成)

語句

▶ **áspect**　　　　　　名「面」

▶ **ínfluence** ～　　　他「～に影響を及ぼす」

▶ **sustáinable**　　　形「持続可能な」

▶ **dónate** ～　　　　他「～を寄付する」

　　＊　donor「（臓器などの）提供者」と同語源。do- が［与える］の意味

▶ **spénding**　　　　　名「支出」

例 題 3

難 5分

次の図を見て，問1・2の □ に入れるのに最も適当なものを，それぞれ下の ① ～ ④ のうちから一つずつ選べ（本文は省略）。

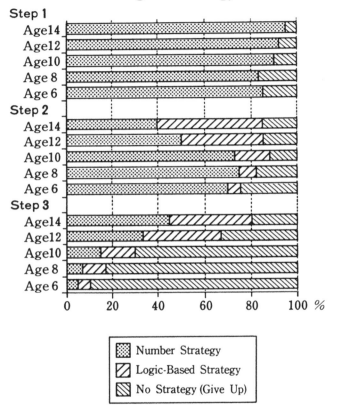

Percentages of Strategy Choice

問1　The main finding of the research was that □ .

① few younger children can apply the number strategy

② older children learn to use more than one strategy

③ two strategies are replaced by one as children grow older

④ younger children seldom use the same strategy

問2　The graph indicates that the twelve-year-old children ☐.

① gave up as frequently as they used either strategy in step three

② got the lowest percentage correct using the number strategy

③ were the least likely to give up in the three steps

④ were the most successful when attempting the first step

［本試・改題］

この問題は正答率が非常に低かったのであるが，特殊な問題というわけではない。あくまでも「図表の読み取り」を意識して作られていることに注意せよ。そして，「図表の読み取り」とは，単に数字を目で追うことを指すのではなく，図表から得られる結論を予測することだ。

この問題は，図より「子どもは，年齢が上がるにつれて論理思考を用いるようになる」ということがわかればすべて解決するように作られている。

解説　この図は，ある問題を解決する場合に子どもが選択する戦略と年齢の関係を示したものである。

問1 「この研究の主な発見は ☐ ことであった」

①「number strategy（数戦略，以下，N.S. と略）を適用できる6〜8歳の子どもはほとんどいない」

Step 1 で N.S. を使った6〜8歳の子どもは80%以上であることから，この選択肢は不可だとわかる。

②「12〜14歳の子どもは複数の戦略を使用するようになる」

図に出てくる戦略は，N.S. と logic-based strategy（論理に基づく戦略，以下，L.S. と略）の2つしかない。また，Step 1 を見れば，どの年齢の子どもも N.S. を高い割合で使用していることがわかる。

図全体を見れば，12〜14歳の子どものほうが，6〜8歳の子どもよりも L.S. を使った割合が高いことがわかる。よって，正解としたいところだが，この図からだけでは，1人の子どもが複数の戦略を使ったかどうかは不明。よって，正誤の判断は保留とする。

③「子どもが年をとるにつれて，2つの戦略が1つの戦略に取って代わられる」

要するに，「**年齢と共に，使う戦略が2つから1つに絞られる**」と

いうことであるが，図の Age 14 と Age 6 を比べる限り，むしろ「年齢と共に，使う戦略が 1 つから 2 つに増える傾向」を示している。よって，不可。

　④「6 〜 8 歳の子どもが同じ戦略を使うことはまれである」

　Step 1 ではすべての年齢の子どもが N.S. を用いている。Step 2 でも，L.S. よりも N.S. のほうがより多く用いられている。このことから，「まれ」とは言えない。よって，不可。

　以上より，消去法で ② を正解とする。

問 2 「この図は，12 歳の子どもが ⬚⬚⬚⬚ ことを示している」

　①「**Step 3 では，どちらかの戦略を使う頻度と同じぐらいの頻度であきらめている**」が正解。

　Step 3 における 12 歳の子どもを見ると，N.S./ L.S. / "Give Up（降参)" がほぼ同じ割合であることがわかる。よって，正しい。

　この選択肢の意味を理解するのは難しいから，これがすぐに正解だとわからないかもしれない。

　しかし，あとの選択肢にはすべて最上級が用いてあり，不正解であることは明らか（図より，12 歳の子どもは最上級とは関係がないとわかる)。**消去法**を用いよう。

　②「N.S. を用いて正解に至るパーセンテージが**最も低い**」

　このグラフからは，**正解に至った子どもが選んだ戦略がそれぞれ何であるかは読み取れない**。よって，不可。

　③「3 つの Step で**一番あきらめる可能性が低い**」

　最上級に注目する。一番あきらめる可能性が低いのは 14 歳の子どもであることは明らか。よって，この選択肢も不可。

　④「Step 1 を試みた際に**最も成功している**」

　②の選択肢の解説と同じ理由で不可。

解答　問 1　②　　問 2　①

選択する戦略の割合

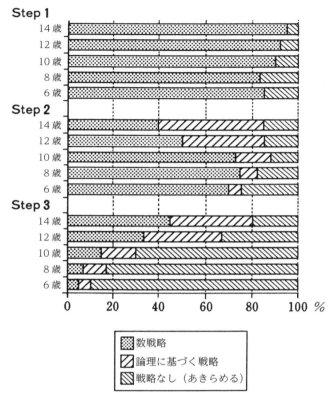

語句
- ▶ **strátegy** 名「戦略」
- ▶ **fínding** 名「発見」
- ▶ **applý** ～ 他「～を（応用して）利用する」
- ▶ **learn to** (V) 熟「(V)するようになる」
- ▶ **repláce** ～ 他「～に取って代わる」
- ▶ **séldom** 副「めったに～ない」

次の文章と図を読み，問に対する答えとして最も適当なものを，下の ① ～ ④ のうちから一つ選べ。

The top place was taken by Japanese cuisine, mentioned by 71% of the respondents, with traditional architecture and gardens in second and third places. Modern architecture was also mentioned (by 28% of the tourists asked). Hot spring resorts and *ryokan* inns, long enjoyed by Japanese people, have now caught the attention of foreign tourists, too, and both of these are among the five most popular types of attractions. *Sumo* and other traditional sports also feature prominently on the list. Tokyo's Tsukiji fish market has been a draw for visitors to Japan for a number of years, but now it is joined by places like Akihabara, which sell goods related to *anime* characters.

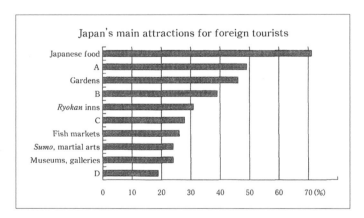

(Data: Japan National Tourism Organization, 2007)

問 In the graph, which letter represents "*anime* characters"?
① A ② B ③ C ④ D

［本試・改題］

図の完成問題は，当然ながら本文を読むことによって行う。ただし，素直な問題でないことも多い。この問題のポイントは「消去法」だ！

解説 問 「**図の中で，アニメのキャラクターを表しているものはどれか**」

　本文には「伝統建築と庭園が 2 位と 3 位に位置する」とあるから，A は「伝統建築」とわかる。また，本文に「日本人が昔から楽しんできた温泉と旅館は今や外国人旅行客の注目も集めており，これらは両方とも最も人気のある 5 つの項目の中に入っている」とあるから，B は「温泉」だとわかる。さらに本文には「現代建築という回答もあった（回答者の 28％）」とあるから C は「現代建築」だとわかる。結局「アニメのキャラクター」がどれなのかという言及がないことに気がつく。しかし，消去法を用いれば残りの D が「アニメのキャラクター」だとわかる。「消去法」による問題。

　「焦らず騒がずゆっくりと！」がポイント。

解答 ④

訳　伝統建築と庭園が 2 位と 3 位に位置する中，第 1 位は回答者の 71％が答えた日本料理だった。現代建築という回答もあった（回答者の 28％）。日本人が昔から楽しんできた温泉と旅館は今や外国人旅行客の注目も集めており，これらは両方とも最も人気のある 5 つの項目の中に入っている。相撲やその他の伝統的なスポーツも目立ってリストに挙がっている。東京の築地市場も何年か前から日本への観光客を惹きつけているが，現在ではアニメキャラクターに関連するグッズを販売する秋葉原のような場所もそれに加わっている。

外国人旅行客にとっての日本の主な魅力

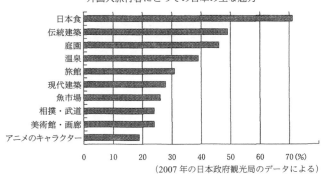

（2007 年の日本政府観光局のデータによる）

▶ **cuisíne**   名「料理」
    ＊ 特にホテルやレストランで出される高級料理であることが多い
      例 authentic French cuisine「本格的フランス料理」

▶ **respóndent**   名「回答者」

▶ **árchitecture**   名「建築(様式)」
    ＊ この単語は不可算名詞。可算名詞の building「建築物」とは
    区別すること

▶ **hot spring resórt**   名「温泉街」

▶ **próminently**   副「目立って」
    ＊ -min- は［突起］。mountain「山」, mouth「口」と同語源

▶ **a númber of ～**   熟「いくつもの～」
    ＊ 意外と多いことを暗示するものの，a large number of ～「多
    くの」とは区別すること

▶ **reláted to ～**   熟「～と関連のある」

一般に，名詞は前にアクセントがあることが多い（-ate などの特殊語尾の名詞は除く）。よって，cuisíne「料理」は特殊なアクセントを持つ語。ついでに，machíne / routíne / maríne を一緒に覚えておこう。

例 題 5　　　　　　　　　　　　易　3分

次の図を見て，問1・2に答えよ。

Preferred Hairstyles

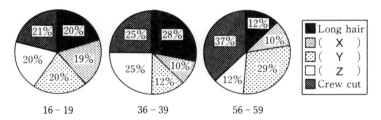

16 – 19　　　　36 – 39　　　　56 – 59

■ Long hair
▨ (　X　)
▨ (　Y　)
□ (　Z　)
▨ Crew cut

Ages

問1　次の文の ☐ に入れるのに最も適当なものを，下の①〜④のうちから一つ選べ。

The percentage of people in the oldest age group choosing the crew cut is about ☐ times as large as that in the youngest age group.

①　1.2　　②　1.4　　③　1.5　　④　1.8

問2　図の内容と合っているものを，下の①〜④のうちから一つ選べ。

①　Hairstyle preferences remain the same in different generations.
②　People in the oldest age group have the strongest preferences.
③　People in their late teens show a clear preference for a particular hairstyle.
④　People in their thirties and those in their fifties show similar preferences.

[本試・改題]

調査対象から「20代および40代の人々」が抜けているのは，各グラフの差異を明確にするためだと思われる。図から，年齢が上がるにつれ，好みが似てくることがわかればよい。
なお，「クルーカット（crew cut）」は，「短い角刈り」の意味で，ハーバード，エール大学のボートのクルーがした髪型に由来している。

問1 「年長のグループでクルーカットを選んだ人の割合は年少のグ
ループのその割合の約 ⬚ 倍である」

the oldest age group は 56 〜 59 歳のグループを，the youngest age
group は 16 〜 19 歳のグループを指す。クルーカットを選んだ割合は，
図よりそれぞれ 37%と 21%だから，37 ÷ 21 ≒ 1.76 より，④の「**1.8**」
が正解。小数点第 2 位を四捨五入して初めて正解が得られるところに
「出題者のこだわり」を感じる。

好きなヘアスタイル

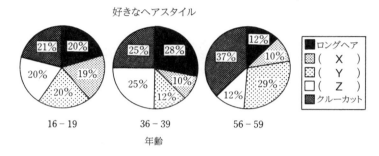

16 − 19   36 − 39   56 − 59

年齢

問2 ① 「ヘアスタイルの好みは世代が変わっても同じである」は
明らかに不可。

② 「年長のグループには，最もはっきりした好みの傾向がある」

the strongest preferences の意味がわかりにくい。しかし，基本単語
である **prefer *A* to *B*** 「**B より *A* を好む**」と **the strongest** 「**最も強い**」
から「**最も傾向が顕著である⇒傾向が似ている**」くらいは類推でき
るはずだ。グラフの 56 〜 59 歳のところを見ると，37%や 29%という，
他の年代に比べて高い割合を占めるヘアスタイルがあることから，こ
の選択肢は正しいと言えるかもしれない。

③ 「10 代後半の人々は，ある特定のヘアスタイルに対して明確な
こだわりがある」

show a clear preference for a particular hairstyle は，実質的には②
の have the strongest preferences と同じである。16 〜 19 歳では，ど
のヘアスタイルもほぼ 20%前後であるから，これは不可。

④ 「30 代の人々と 50 代の人々は同じような嗜好を示している」
明らかに不可。

以上より，**消去法**で②を選ぶことになる。

問1 ④　　**問2** ②

原則❷ 「図表読解問題」特有の表現を確認せよ

　「図表読解問題」は，その性質上，使われる単語や表現に特徴がある。そのような頻出表現を「読解」できるかどうかが最低ライン。

　まずは以下に挙げる表現がわかるかどうか，ていねいに確認してほしい。なお，センター試験や共通テストで出題されたものはそのままの形で掲載する。

❶　実験・調査の［目的］を示す表現

例1　(In order) to V, **an experiment**[**a research**] **was carried out** by a group of researchers.
　　　「V するために，<u>ある実験［研究］がある研究者集団によって行われた</u>」

例2　(In order) to V, **a survey was conducted**[**carried out** / **done**] in ～ .
　　　「V するために，<u>ある調査が～で行われた</u>」

例3　(In order) to V, S **analyzed**[**asked** / **surveyed**] ～ .
　　　「V するために，<u>S は～を分析した［～に尋ねた／～を調査した］</u>」

例4　**Their aim**[**task** / **purpose**] was to V.
　　　「<u>彼らのねらい［仕事／目的］は V すること</u>であった」

❷　実験・調査の［手順］を読み解くための表現

例1　They were **each** given an instruction to V.
　　　「彼らには<u>それぞれ</u> V するという指示が与えられた」
　　　　　＊　they と each が同格の関係にある

例2　S was selected **randomly**.
　　　「S が<u>無作為に選ばれた</u>」

例3　S was chosen **at random**.
　　　「S が<u>無作為に選ばれた</u>」

例4　**divide** the children **into** five groups
　　　「その子どもたちを<u>5 つのグループに分ける</u>」

例5　married women in the **age group** of 20-39
　　　「20 歳から 39 歳までの<u>年齢層の</u>既婚女性」

例6　**One of the four** young people was under 12 years old.
　　　「若者の<u>4 人のうち 1 人</u>が 12 歳未満であった」

例 7 **participate in** the experiment
「その実験に参加する」

例 8 **regardless of** age
「年齢に無関係に」
  ＊ 〈regard（見る）＋ less（否定）〉＋ of（目的語を示す）

例 9 **depending on chance**
「任意に」 ＊ 「偶然に任せて」が直訳

例 10 **on condition that** S V
「S が V するという条件で」

---

❸ 実験・調査の［結果］を読み解くための表現

❶ 「増加／減少」
「～**にまで**増加［減少］した（to ～）」という**結果**と,「～**だけ**増加［減少］した（by ～）」という**差**に注意！

例 1 The average quantity of paper collected by Group B **increased by** 0.75.
「B グループによって回収された紙の量は平均して 0.75 ポイント増加した」
  ＊ 「増加」を示す語：increase / rise / grow
  ＊ 「減少」を示す語：decrease / fall / decline

例 2 The population is expected to **grow by** 20% in the next ten years.
「人口は次の 10 年で 20%だけ増加すると予測されている」

例 3 "Radio" **dropped to two-thirds** its 1950 level.
「『ラジオ』は 1950 年の水準の 3 分の 2 にまで落ち込んだ」
  ＊ two(-)thirds ➡ one third「3 分の 1」が 2 つ ➡ 複数形
  ＊〈倍数＋名詞〉で「～の x 倍」という意味に用いられることがある（倍数は,1 倍を超える場合, ～ **times** となる）
    例 A is **twenty times** the earth's diameter.
    「A は地球の直径の 20 倍だ」

例 4 Unemployment **increased from** 1.6 million in 1990 **to** 3.2 million in 1999.
「失業者の数は,1990 年には 160 万人だったが,1999 年には 320 万人にまで増加した」

例 5 More and more videos were being rented in Britain, yet the number of movie tickets sold **increased by** 81 percent **from** 53 **to** 96 million.
「イギリスではレンタルビデオの貸出数が伸びていたが,販売される映画

のチケットの数も 5300 万枚から 9600 万枚という 81%の伸びを示していた」

例 6　The divorce rate **has risen steadily** since the 1950s and it shows no sign of **falling** again.
「離婚率は 1950 年代から着実に増加し，再び減少する兆^{きざ}しはない」

例 7　The item showed **a steady fall from** 1986 **to** 1998.
「その品目は 1986 年から 1998 年まで着実な減少を示した」
＊　steady「継続的な」

例 8　The consumption of melons **constantly increased** until 1994, after which it showed **a steady change in the opposite direction**.
「メロンの消費量は 1994 年までずっと増加し，その後着実に減少した」
＊　a steady change in the opposite direction は，「逆方向の着実な変化」が直訳

例 9　The consumption of oranges **rose and fell slightly** between 1986 and 1998.
「オレンジの消費量は 1986 年から 1998 年までの間，若干^{じゃっかん}の増減を示した」

例 10　Only **a gradual change** was found in the use of JR in the years covered by the survey.
「調査期間に JR の使用についてはゆっくりとした変化しか見られなかった」

❷　「割合／倍数」

「**A** は **B** の *x* 倍」なのか，「**B** は **A** の *x* 倍」なのかが問題

例 1　Girls in the class outnumber the boys **by a proportion of three to one**.
「クラスの女子の数は，3 対 1 の割合で男子より多い」
＊　a proportion of *A* in comparison with *B* となりうる

例 2　**The proportion** of incorrect answers to *A* **in comparison with** incorrect answers to *B* **was** 5 : 4.
「A の不正解と B の不正解の比率は 5 対 4 であった」
＊　in comparison with ～「～と比較して」

例 3　The graph shows **the proportion of** working women **to** the total labor force.
「そのグラフは，労働力全体に対する働く女性の割合を示している」

例 4　The percentage of people in the oldest age group choosing *A* **is about** 1.6 **times as large as** that in the youngest age group.

「年長のグループの中で A を選んだパーセンテージは年少のグループのおよそ 1.6 倍である」

例 5　**About a third as many** photographs were taken of *A* **as** of *B*.

「A の写真の枚数は B の約 3 分の 1 である」

　　＊　分子が 2 以上なら分母に s をつける。たとえば「3 分の 2」は two thirds となる

例 6　The actual number of women managers in major banks **doubled from** 104 **to** 208.

「主要銀行の女性支店長の実数は 104 人から 208 人に倍増した」

❸　その他

例 1　Group C showed **the most remarkable improvement between** stage Ⅰ **and** Ⅱ.

「C グループには，第 1 段階と第 2 段階の間に最も著しい進歩が見られた」

例 2　The survey was carried out **every** five days.

「調査は 5 日に 1 度行われた」

　　＊　〈every ＋ 数字 ＋ 名詞の複数形〉「～ごとに」

例 3　"Ground" was felt to be **the least beautiful** of the five groups of objects.

「『地面』は 5 つのもののグループの中で最も美しくないと感じられた」

　　＊　the most ～「最も～だ」の逆が the least ～「最も～でない」

例 4　The type of object most often photographed was *Ground*, **followed by** *Plants*.

「最も頻繁に写真に収められたものが『地面』で，その次は『植物』であった」

　　＊　*A* follow *B*. ＝ *B* is followed by *A*.「A が B に続く」

例 5　Older children learn to use **more than one** strategy.

「年長の子どもは複数の戦略を身につける」

　　＊　more than one は「2 以上」，つまり「複数」のこと。「1」は含まないことに注意

例 6　Asians **account for** the largest share.

「アジア人が最も大きな割合を占める」

　　＊　account for ～「（～の割合）を占める」

　　＊　make up ～ も同義

❹ 実験・調査の［結論］を読み解くための表現

例 1 the **figures** indicate ～　「その数値は～を示している」

例 2 the **table** below　「下の表」
　　＊　below は副詞だが，table を修飾している

例 3 the **chart** below　「下の図」
　　＊　chart は，「棒グラフ（bar chart）」，「円グラフ（pie chart）」，「折れ線グラフ（line chart）」など幅広く使える語

例 4 another **finding**　「その他にわかったこと」
　　＊　finding「（研究・調査などの結果）わかったこと」

例 5 show **the percentage** of *A*　「A のパーセンテージを示す」

例 6 **conclude** that S V　「S が V するという結論を出す」

例 7 **as expected**　「予測どおり」

例 8 **as the survey indicates**　「その調査が示しているように」

例 9 **contrary to** popular belief　「一般に考えられていることとは逆に」
　　＊　contrary to ～「～とは逆に」

例 10 **in contrast**　「（それとは）対照的に」

例 11 **prior to** 1983　「1983 年より前に」

例 12 See Table 3 **above**.　「上の表 3 を参考にせよ」

例 13 **scale**　「目盛り／縮尺」

例 14 **regarding** the result of the survey　「その調査結果に関して」
　　＊　regarding は前置詞として「～に関して」の意味で使われる

よく出る表現を覚えてしまえば楽になるんだよ！

次の図と文章を読み，問1～5の _____ に入れるのに最も適当なものを，それぞれ下の①～④のうちから一つずつ選べ。

In class, everyone wrote a report based on the two graphs below. You will now read the reports written by Ami and Greg.

A survey was given to people between the ages of 13 and 29. To answer the question in Graph 2, the participants were able to choose more than one reason.

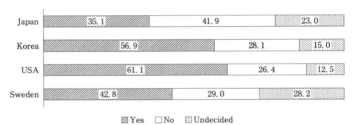

Graph 1: Are You Interested in Volunteer Work? (%)

Japan 35.1 / 41.9 / 23.0
Korea 56.9 / 28.1 / 15.0
USA 61.1 / 26.4 / 12.5
Sweden 42.8 / 29.0 / 28.2

▨ Yes　□ No　▨ Undecided

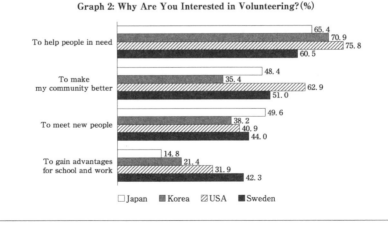

Graph 2: Why Are You Interested in Volunteering? (%)

To help people in need
65.4
70.9
75.8
60.5

To make my community better
48.4
35.4
62.9
51.0

To meet new people
49.6
38.2
40.9
44.0

To gain advantages for school and work
14.8
21.4
31.9
42.3

□ Japan　■ Korea　▨ USA　■ Sweden

Ami Kitamura

(1) I was surprised when I saw Graph 1 because the percentage of Japanese participants who are interested in volunteering was higher than I had expected. As far as I know, none of my friends are doing any volunteer activities. So, I think we should motivate students in Japan to do more volunteering.

(2) In order to do that, it's important to consider the merits of doing volunteer work. According to Graph 2, 65.4% of Japanese participants said they are interested in volunteering because they want to help people in need. Also, the percentage of Japanese participants who chose "To meet new people" was the highest among the four countries.

(3) I think more Japanese students should learn about the benefits of volunteering. Thus, for the school festival I plan to make a poster that says, "You can help people in need and make new friends at the same time!" I hope many students will see it and become more interested in volunteer work.

Greg Taylor

(4) In the USA, volunteering is common, so I was not surprised that it has the highest percentage of people who are interested in volunteer work. Graph 2 shows that a lot of American participants answered they are interested in volunteer work because they want to help people in need. I think this reason is important because students would feel a sense of achievement by helping people.

(5) However, I was shocked to see that only 35.1% of Japanese participants are interested in volunteer work. I thought it would be more common in Japan. According to the information in Graph 2, only a few participants in Japan recognize the advantages for school and work. I recently heard Japanese universities and companies now put more value on volunteer experience than before. If more students understand these advantages, I think their interest in volunteering will increase.

(6) Students should do volunteer work for the following two reasons. First, helping people in need will give students a feeling of accomplishment. Second, volunteering will also provide them with advantages for their future career. Therefore, I will compose a newsletter about these two benefits of doing volunteer work, and distribute it to students at school.

問1 　　　　　　 felt that the percentage of Japanese participants who were interested in volunteer work was lower than expected.

① Ami
② Both Ami and Greg
③ Greg
④ Neither Ami nor Greg

問2 Both Ami and Greg say that Japanese students should 　　　　　 .

① discuss the benefits of volunteer work with students from other countries
② focus on studying and then consider doing volunteer work after graduating
③ know that doing volunteer work has good effects on those who do it
④ realize that volunteer work is becoming popular in other countries

問3 Neither Ami nor Greg mentioned " 　　　　　 " in their reports.

① To gain advantages for school and work
② To help people in need
③ To make my community better
④ To meet new people

問4 In their reports, Ami says she will 　a　 and Greg says he will 　b　 .

① a. give a survey 　　　b. make a speech
② a. give a survey 　　　b. write a newsletter
③ a. make a poster 　　　b. make a speech
④ a. make a poster 　　　b. write a newsletter

問5 You found four articles on the Internet. Based on the titles below, the most useful article for both Ami's and Greg's plans would be " 　　　　 ".

① Differences between Volunteer Work and Community Service
② How to Make Friends while Volunteering Abroad
③ Supporting People in Need through Volunteer Work
④ Volunteer Experiences and Your Future Career

[試行]

解説 問1 「 [____] はボランティア活動に興味のある日本人参加者の割合が予想よりも低いと感じた」

③「グレッグ」が正解。

アミ，グレッグそれぞれの発言を読んでから答える必要がある。アミの発言の第1パラグラフ第1文に「私は図1を見たとき，予想していたよりもボランティア活動に興味のある日本人参加者の割合が高かったので驚いた」とあり，問題文にある「予想より低い」とは真逆だとわかる。よって①「アミ」，②「アミとグレッグの両方」は消える。また，**グレッグは第5パラグラフ第1〜2文で「しかし，私は日本人参加者のうちわずか35.1％しかボランティアに興味がないとわかり衝撃を受けた」「日本ではボランティアがもっと普通に行われていると思っていた」**と述べているので，ボランティアに興味のある日本人の数がグレッグの予想より低かったことがわかる。よって④「アミとグレッグのどちらでもない」は消える。④の neither *A* nor *B* は「AもBも〜ない」という意味の熟語的な表現。以上より③が正解。

問2 「アミとグレッグの両方が日本の生徒は [____] べきだと言っている」

③「ボランティア活動をすることはその人に良い影響を与えると知る」が正解。

アミの発言の第3パラグラフ第1文に「私は，もっと多くの日本の学生が**ボランティア活動による恩恵について学ぶべきだと思う**」とある。さらに**グレッグの発言**の第6パラグラフ第1〜3文に「次の2つの理由から，学生はボランティア活動をするべきだと思う。**まず，困っている人を手伝うことは学生たちに達成感を与えるだろう。次に，ボランティア活動はまた彼らの将来の仕事に有利な点を与えるだろう**」とあり，両者とも「ボランティアには恩恵があり学生はもっとすべきだ」という意見だとわかる。①「他の国々の学生とボランティア活動の恩恵について話し合う」は「他の国々の学生と」が余分。②「学業に集中し，そして卒業後にボランティア活動を行うことを考える」は両者の意見と完全に食い違うので不可。③は両者の意見に一致する。④「他の国々ではボランティア活動は人気になりつつあると気づく」は本文に記述がない。以上から③が正解だとわかる。

問3 「アミとグレッグのどちらもレポートの中で，『 [____] 』につ

第**2**章

図表読解

いては言及していない」

③「私の生活共同体をよりよくすること」が正解。

　選択肢を順に検討する。①「学校や仕事で有利な点を得ること」は
グレッグが第6パラグラフ第3文で「次に，ボランティア活動はま
た彼らの将来の仕事に有利な点を与えるだろう」と述べており，それ
だけでも不可だとわかる。②「困っている人を助けること」は，まず
アミの発言の第2パラグラフ第2文に「図2によると，65.4％の日本
人参加者が，困っている人の手助けがしたいのでボランティア活動に
関心があると回答している」とある。さらにグレッグの発言の第6パ
ラグラフ第2文に「まず，困っている人を手伝うことは学生たちに達
成感を与えるだろう」とあり，不可だとわかる。③は，図2の中にこ
の記述があるが，アミとグレッグは触れていないので，これが正解。
④「新しい人々に会えること」は，アミの発言の第2パラグラフ第3
文「また，『新しい人々に会える』を選んだ日本人参加者の割合は4
か国で最も高かった」からだけでも不可だとわかる。

**問4　「彼らのレポートの中で，アミは　 a 　と言い，グレッグ
　　　は　 b 　と言っている」**

　④「a. ポスターを作る　b. 会報を書く」が正解。

　アミの発言の第3パラグラフ第2文に「それで，私は学園祭のため
に……ポスターを作ることを計画している」とあり，グレッグの
発言の第6パラグラフ第4文に「私は……についての会報を作成し
……」とある。よって，④が正解。それ以外の選択肢の意味は，①「a.
調査を行う　b. スピーチをする」，②「a. 調査を行う　b. 会報を書
く」，③「a. ポスターを作る　b. スピーチをする」。

**問5　「あなたはインターネットで4つの記事を見つけた。下の題名
　　　に基づくと，アミの計画とグレッグの計画の両方に最も役立つで
　　　あろう記事は『　　　　　　』である」**

　③「ボランティア活動を通じて困っている人を手伝うこと」が正解。

　①「ボランティア活動と地域サービスとの違い」は「地域サービス」
に関する記述が本文にない。②「海外でのボランティアでどのように
友人を作るか」は本文にまったく記述がない。③「ボランティア活動
を通じて困っている人を手伝うこと」は問3で述べたとおり両者とも
言及しているので適切。④「ボランティア活動の経験とあなたの将来

の仕事」はグレッグが第6パラグラフ第3文で「次に，ボランティア活動はまた彼らの将来の仕事に有利な点を与えるだろう」と書いているが，アミは言及していない。以上から③が正解。④を選んだ人が40%を超える。

解答 問1 ③ 問2 ③ 問3 ③ 問4 ④ 問5 ③

訳 授業で全員が下の2つの図に基づいてレポートを書いた。あなたは今アミとグレッグの書いたレポートを読もうとしている。

調査は13歳から29歳の人々に対して行われた。図2の質問に答えるために，参加者は2つ以上の理由を選択することができた。

図1：あなたはボランティア活動に興味があるか？（％）

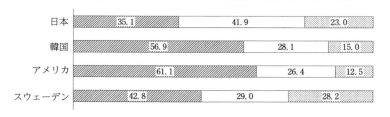

図2：どうしてボランティア活動をすることに興味があるのか？（％）

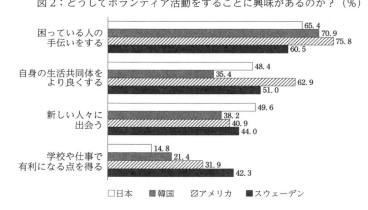

キタムラ・アミ

(1) 私は図1を見たとき，予想していたよりもボランティア活動に興味のある日本人参加者の割合が高かったので驚いた。私の知っている限り，私の友人は1人もボランティア活動に何も参加していない。だから，私たちは日本の学生をもっとボランティア活動をする気にさせるべきだと考える。

(2) そうするために，ボランティア活動をすることの利点に関してよく考えることは重要だ。図2によると，65.4%の日本人参加者が，困っている人の手助けがしたいのでボランティア活動に関心があると回答している。また，「新しい人々に会える」を選んだ日本人参加者の割合は4か国で最も高かった。

(3) 私は，もっと多くの日本の学生がボランティア活動による恩恵について学ぶべきだと思う。それで，私は学園祭のために，「困っている人を助け，同時に新しい友達が作れる！」というポスターを作ることを計画している。私はたくさんの学生がそれを見て，ボランティア活動にもっと興味を抱いてくれたらと思う。

グレッグ・テイラー

(4) アメリカ合衆国では，ボランティア活動は普通のことなので，ボランティア活動に興味を持っている人の割合が最も高いことには驚かなかった。図2は多くのアメリカ人参加者が困っている人の手助けをしたいからボランティア活動に興味があると答えたことを示している。私はこの理由は学生が人助けによって達成感を感じるので重要だと思う。

(5) しかし，私は日本人参加者のうちわずか35.1%しかボランティアに興味がないとわかり衝撃を受けた。日本ではボランティアがもっと普通に行われていると思っていたのだ。図2の情報によると，学校や仕事での利点についてわかっている日本の参加者は少ししかいない。私は最近，日本の大学や企業が今，以前よりもボランティア経験に重きを置いていると聞いた。もしもっと多くの学生がこれらの利点を理解すれば，ボランティア活動への彼らの関心はより高まるだろうと思う。

(6) 次の2つの理由から，学生はボランティア活動をするべきだと思う。まず，困っている人を手伝うことは学生たちに達成感を与えるだろう。次に，ボランティア活動はまた彼らの将来の仕事に有利な点を与えるだろう。したがって，私はボランティア活動をすることのこれら2つの恩恵についての会報を作成し，学校の生徒たちに配布するつもりだ。

語句 第1パラグラフ

▶ participant 名「参加者」

- ▶ as far as I know 　　熟「私の知り得る限り」
- ▶ mótivate ～ 　　他「～をやる気にさせる」

第2パラグラフ
- ▶ in órder to (V) 　　熟「(V) するために」
- ▶ consíder ～ 　　他「～を考慮する」
- ▶ in need 　　熟「困っている」

第3パラグラフ
- ▶ bénefit 　　名「恩恵」
- ▶ thus 　　副「それゆえ」

第4パラグラフ
- ▶ cómmon 　　形「ありふれた」
- ▶ réason 　　名「理由」
- ▶ a sense of achíevement 　　熟「達成感」

第5パラグラフ
- ▶ accórding to ～ 　　熟「～によれば」
- ▶ récognize ～ 　　他「～を認識する」
- ▶ put more válue on ～ 　　熟「～により価値を置く」
- ▶ expérience 　　名「経験」
- ▶ incréase 　　自「増加する」

第6パラグラフ
- ▶ fóllowing 　　形「次の」
- ▶ accómplishment 　　名「達成」
- ▶ províde A with B 　　熟「A に B を提供する」
- ▶ compóse ～ 　　他「～を作る」
- ▶ distríbute ～ 　　他「～を配布する」

こうして数多くの英文を読んでいく中で，知らない，もしくは自信のない語を見たら，必ず手持ちの単語帳（もしくは辞書）でチェックすること。大切な単語は何度も何度も出てくるから，この方法を使えばみるみるうちに語彙力がつくこと間違いなし！

例題 7

次の文章はある報告書の一部である。この文章と図を読み，問 1 ～ 4 の □ に入れるのに最も適当なものを，それぞれ下の ① ～ ④ のうちから一つずつ選べ。

Magnet and Sticky: A Study on State-to-State Migration in the US

(1)　Some people live their whole lives near their places of birth, while others move elsewhere. A study conducted by the Pew Research Center looked into the state-to-state moving patterns of Americans. The study examined each state to determine how many of their adult citizens have moved there from other states. States with high percentages of these residents are called "magnet" states in the report. The study also investigated what percent of adults born in each state are still living there. States high in these numbers are called "sticky" states. The study found that some states were both magnet and sticky, while others were neither. There were also states that were only magnet or only sticky.

(2)　Figures 1 and 2 show how selected states rank on magnet and sticky scales, respectively. Florida is a good example of a state that ranks high on both. Seventy percent of its current adult population was born in another state; at the same time, 66% of adults born in Florida are still living there. On the other hand, West Virginia is neither magnet (only 27%) nor particularly sticky (49%). In other words, it has few newcomers, and relatively few West Virginians stay there. Michigan is a typical example of a state which is highly sticky, but very low magnet. In contrast, Alaska, which ranks near the top of the magnet scale, is the least sticky of all states.

(3)　Three other extreme examples also appear in Figures 1 and 2. The first is Nevada, where the high proportion of adult residents born out of state makes this state America's top magnet. New York is at the opposite end of the magnet scale, even though it is attractive to immigrants from other nations. The third extreme example is Texas, at the opposite end of the sticky scale from Alaska. Although it is a fairly weak magnet, Texas is the nation's stickiest state.

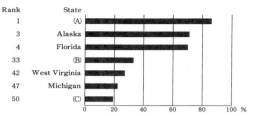

Figure 1. Magnet scale (selected states).

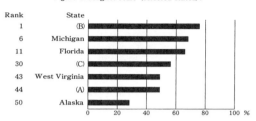

Figure 2. Sticky scale (selected states).

(4)　The study went on to explore the reasons why "movers" leave their home states and "stayers" remain. As for movers, there is no single factor that influences their decisions to move to other states. The most common reason they gave for moving is to seek job or business opportunities. Others report moving for personal reasons: family ties, the desire to live in a good community for their children, or retirement.

(Pew Research Center (2008) *American Mobility* を参考に作成)

問1　If a state is magnet, 　　　　　.
① few adults born there have stayed
② few adults living there were born elsewhere
③ many adults born there have stayed
④ many adults living there were born elsewhere

問2　Which three states are represented in Figures 1 and 2 as (A), (B), and (C)?　　　　　
① (A) Nevada　　(B) New York　　(C) Texas
② (A) Nevada　　(B) Texas　　(C) New York
③ (A) New York　(B) Nevada　　(C) Texas
④ (A) New York　(B) Texas　　(C) Nevada

問3　The main purpose of this passage is to ☐ .

① describe various patterns in American migration

② explain why some states are less popular than others

③ list states with a high ratio of adults who were born there

④ report how the Pew Research Center collected data

問4　What topic might follow the last paragraph? ☐

① Reasons why some Americans stay in their home states.

② States that attract immigrants from other countries.

③ Types of occupations movers look for in other states.

④ Ways to raise children in a magnet state community.　［本試］

sticky は「粘着性のある／ネバネバした」の意味。これがわからないとイメージしにくかったかもしれない。問4の正答率は上位層でも30％ぐらいしかない。図のみならず，文全体の流れにも注目しなければならない問題。

解説　**問1　「もしある州がマグネットなら ☐ 」**

④「そこに住んでいる成人の多くは他の州で生まれた」が正解。

「マグネット」と「スティッキー」が何を意味するかは第2パラグラフの **In other words** 以下の記述から予想できる。それぞれ「他の州から人が来る州」，「その州から人が出て行かない州」ということ。選択肢①「そこで生まれた成人で留まる人がほとんどいない」は，「スティッキー」の逆。②「そこに住んでいる成人で他の州で生まれた人がほとんどいない」は「マグネット」の逆。③「そこで生まれた多くの成人がそこに留まる」は「スティッキー」のこと。④「そこに住んでいる成人の多くは他の州で生まれた」は「マグネット」のことでこれが正解。正答率は60％ぐらい。

問2　「図1と図2の中で，（A）（B）（C）として表されている3つの州はどれか」

②（A）ネバダ，（B）テキサス，（C）ニューヨークが正解。

第3パラグラフまで読まないと決定はできない。「ネバダはマグネットの度合いがアメリカで最も高くなっている」とあるから，（A）がネバダ。「ニューヨークは，他の国からの移民にとっては魅力的である

けれど，マグネットの度合いでは対極に位置する」から，ニューヨークが（C）だとわかる。「第三の極端な例はテキサスで，スティッキーの度合いではアラスカの対極に位置する」とあるので，これだけでも答えは ② だとわかる。さらに「テキサスはマグネットの度合いがかなり弱いが，この国で最もスティッキーな州である」からテキサスが（B）だとわかる。正答率は下位層でも 80％を超えている。

問3　「この文の主な目的は 　　　　 ことである」

　① 「アメリカのさまざまな移住パターンを説明する」が正解。

　とにかく選択肢を吟味する。① は不可ではない気がするのでいったん保留。② 「他の州よりも人気が劣る州がある理由を説明する」は不可。英文のどこにも書かれていないし，図にも記されていない。③ 「州内で生まれた成人の比率が高い州を列挙する」は，「スティッキー」のみの話になり不可。④ 「ピュー・リサーチ・センターがデータをどのように集めたかを報告する」はまったく無関係。以上から，① が正解。**消去法を使えば簡単だが，① が正解であるという確証を探すのは困難**。正答率は 60％ぐらい。

問4　「最終パラグラフのあとにはどのようなトピックが続くと考えられるか」

　① 「故郷の州に留まるアメリカ人がいる理由」が正解。

　最終パラグラフは「マグネット」の理由について述べられている。よって，次のパラグラフには「スティッキー」の理由について述べられていることが予想できる。これに該当するのは ① しかない。他の選択肢 ② 「他国から移民を引きつける州」は，根拠がない。この調査はアメリカの中の州の話である。③ 「移住者が他の州で探す職業の種類」。最終パラグラフに「彼らが挙げた移住の理由として最も一般的なものは，雇用やビジネスの機会を探すことである」とあるが，「家族関係，子どものために良い地域社会で生活したいという気持ち，余生を過ごすためといった個人的なことを移住の理由に挙げる人もいる」とあるため，「探す職業の種類」に特化するのはおかしい。④ 「マグネットな州の地域社会で子どもを育てる方法」も根拠がない。

　半数以上の受験生が ③ にしている。文全体を見渡すことを忘れてはならない。

問1 ④ 問2 ② 問3 ① 問4 ①

訳　**マグネットとスティッキー：アメリカにおける州から州への移住についての研究**

(1)　生まれた場所の近くで一生涯暮らす人もいれば，他の地に移住する人もいる。ピュー・リサーチ・センターが行った研究は，アメリカ人の州から州への移住パターンを調査した。この研究では，成人市民のうち，他の州からそこへ移住して来た人がどのくらいいるかを判断するために各州を調査した。このような住民の比率が高い州は，この報告書の中では「マグネット」な州と呼ばれている。この研究はまた，各州で生まれた成人の何％が今でもそこに住んでいるかを調べた。これらの数字が高い州は，「スティッキー」な州と呼ばれている。マグネットかつスティッキーである州もあれば，どちらでもない州もあることがこの研究によりわかった。マグネットのみ，あるいはスティッキーのみの州もあった。

(2)　図1と2は，選ばれた州がマグネットとスティッキーという尺度のそれぞれにおいて，どのような位置づけになるかを示している。フロリダは，両方において順位が高い州の好例である。現時点での成人人口の70％は別の州で生まれているが，同時にフロリダで生まれた成人の66％は，現在でもそこに住んでいる。他方，ウェスト・バージニアはマグネットではないし（わずか27％），特にスティッキーというわけでもない（49％）。言い換えれば，ウェスト・バージニアには新しく来る人が少なく，またその州に留まる人も比較的少ないということだ。ミシガンは，スティッキーの度合いは非常に高いが，マグネットの度合いは非常に低い州の典型的な例である。これに対してアラスカは，マグネットの度合いでは最上位付近に位置づけられるが，スティッキーの度合いは全州の中で最も低い。

(3)　図1と2には，他の極端な例も3つ見られる。第一はネバダで，生まれた場所が州外である成人居住者の比率が高いため，この州はマグネットの度合いがアメリカで最も高くなっている。ニューヨークは，他の国からの移民にとっては魅力的であるけれど，マグネットの度合いではその（＝ネバダの）対極に位置する。第三の極端な例はテキサスで，スティッキー

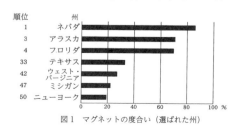

図1　マグネットの度合い（選ばれた州）

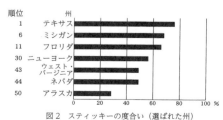

図2　スティッキーの度合い（選ばれた州）

の度合いではアラスカの対極に位置する。テキサスはマグネットの度合いがかなり弱いが，この国で最もスティッキーな州である。

(4)　この研究はさらに続けて，「移住者」が故郷の州を離れる理由と，「居留者」が留まる理由を探った。「移住者」については，彼らが他の州に移住する決断に影響を与える単独の要因は存在しない。彼らが挙げた移住の理由として最も一般的なものは，雇用やビジネスの機会を探すことである。家族関係，子どものためによい地域社会で生活したいという気持ち，余生を過ごすためといった個人的なことを移住の理由に挙げる人もいる。

語句　タイトル
▶ **stícky**　　　　　　形「粘着性の／ネバネバした」

第1パラグラフ
▶ **condúct a stúdy**　　熟「研究を行う」
▶ **look ínto ～**　　　熟「～を調査する」
▶ **exámine ～**　　　他「～を調べる」
▶ **detérmine ～**　　他「～を決定する／判断する」
▶ **cítizen**　　　　　名「市民」
▶ **résident**　　　　名「住人」
▶ **invéstigate ～**　　他「～を調査する」

第2パラグラフ
▶ **on ～ scale**　　　熟「～の尺度で」
▶ **respéctively**　　　副「各々」
▶ **cúrrent**　　　　　形「現在の／現時点での」
▶ **in óther words**　　熟「言い換えれば」
▶ **rélatively**　　　　副「比較的」
▶ **týpical**　　　　　形「典型的な」
▶ **in cóntrast**　　　熟「対照的に」

第3パラグラフ
▶ **extréme**　　　　　形「極端な」
▶ **propórtion**　　　名「比率／割合」
▶ **attráctive**　　　形「魅力的な」
▶ **ímmigrant**　　　名「移民」

第4パラグラフ
▶ **go on to** (V)　　熟「さらに続けて (V) する」

▶ explóre ～	他 「～を調査する」
▶ fáctor	名 「要因」
▶ ínfluence ～	他 「～に影響する」
▶ move to ～	熟 「～に引っ越す」
▶ seek ～	他 「～を探し求める」
▶ tie	名 「つながり」
▶ retírement	名 「引退」

竹岡の一言

　「学力」とは，人生の今までで身につけてきた教養，論理力，注意力，応用力などの総体を意味する。

　「教養」とは，それまで読んできた活字，行ってきた知的な会話などによって身につくものである。読書量と知的な仲間で決まると言っても過言ではないだろう。言葉の多義性に対する鋭敏さも学力を表すことになる。たとえば，「しょうかき」と聞いて，まず思い浮かぶのは「消火器」だが，もし病院の中で聞いたなら「消化器」だとわかるし，自衛隊の中なら「小火器」の可能性もある。英単語を覚えるときに「単語 1 つに意味 1 つ」とか「単語 1 つに 1 つのコロケーション」というのは，言葉の多義性を冒瀆(ぼうとく)するものとなろう。「論理力」とは，数学や理科などを通して身につく論理思考のことだ。「注意力」とは，さまざまなことに注意を払うことのできる神経の鋭敏さだが，これも「ぼーっと生きてきた」のでは身につかない。以上のような力を武器に「応用力」は獲得される。「未知なものに対してどのように対処するか」を決めるのも「学力」であろう。未曾有(みぞう)の危機に対してどのように対処できるかも政治家，経営者の学力によるものである。当然ながら，「英語力」と「学力」はまったく異なるものであり，TOEIC や英検の点数などは「学力」を反映しているものではない。

　この問題の問 4 は，この当時は「新傾向」であって「学力」を反映するものであった。英語の筆記テストで 9 割とった集団でも正答率が30％ぐらいしかなかったのである。問題作成部会の人たちが「受験生にとって未知な問題」を出題することで受験生の「学力」を測ろうとしていることを，忘れてはならない。常に「新傾向」に柔軟に対応しよう。

次の文章はある説明文の一部である。この文章と表を読み，問1〜4の
□□□□ に入れるのに最も適当なものを，それぞれ下の①〜④のうちか
ら一つずつ選べ。

(1)　Whether as a dream or reality, the idea of climbing to the top of the highest mountains of the world has a special appeal to mountain climbers. Two sets of mountains have become targets for the most serious climbers. The first set, called the Eight-thousanders (8000ers), consists of the 14 mountain peaks higher than 8,000 meters above sea level, which are all in Asia. The other set, the Seven Summits, refers to the highest mountain on each of the seven continents of the world.

(2)　First, let us consider the 8000ers. Endeavors to climb such high mountains understandably involve situations that are life-threatening and even fatal to the members of the climbing parties. Such difficulties were overcome by a party led by Maurice Herzog and Louis Lachenal of France, and these men became the first to successfully climb an 8000er, Annapurna in Nepal, in 1950. In the two decades that followed, the summits of all the other 8000ers were reached by at least one climber.

(3)　There are even individuals who have succeeded in climbing all 14 of the 8000ers; the first ten are listed in Table 1. Because of the lack of oxygen at such extreme heights, it is not uncommon for climbers to rely on bottled oxygen in their attempts to reach these highest peaks. In Table 1, the numbers from (1) to (4) to the right of the four climbers' names indicate the order of completions without bottled oxygen. The very first person to reach all 14 summits, Reinhold Messner of Italy, accomplished this without oxygen support. The second person in Table 1, Jerzy Kukuczka of Poland, succeeded in climbing all 8000ers in less than half the number of years it took Messner, but this was with the aid of bottled oxygen.

(4)　The 8000ers also attract female climbers. In 1974, three — Japanese Mieko Mori, Naoko Nakaseko, and Masako Uchida — became the first women to succeed in climbing one when they reached the peak of Manaslu in Nepal. Since then, many others have followed. There are at least two women who have made successful climbs of all 14 peaks: Edurne Pasaban of Spain by 2010 and Gerlinde Kaltenbrunner of Austria by 2011, the latter without oxygen support. As we have seen so far, climbing all the 8000ers has long been a target for both male and female enthusiasts from all over the world.

Table 1

The First Ten Climbers Who Reached the Peaks of All the 8000ers (All Male)

Order	Name	Nationality	Year Completed	Time Taken to Complete (years/months)
1	R. Messner (1)	Italy	1986	16 / 3
2	J. Kukuczka	Poland	1987	7 / 11
3	E. Loretan (2)	Switzerland	1995	13 / 3
4	C. Carsolio	Mexico	1996	10 / 9
5	K. Wielicki	Poland	1996	16 / 6
6	J. Oiarzabal (3)	Spain	1999	13 / 11
7	S. Martini	Italy	2000	15 / 9
8	Y. S. Park	South Korea	2001	8 / 2
9	H. G. Um	South Korea	2001	12 / 11
10	A. Iñurrategi (4)	Spain	2002	10 / 7

（Richard Sale 他（2012）*On Top of the World* を参考に作成）

問1　The 8000ers are defined as 　　　　　.

① Asian mountains within 8,000 meters of the coast

② the 8,000 highest summits in the world

③ the mountains higher than 8,000 meters

④ the world's 8,000 most popular mountains

問2　According to the passage and Table 1, which of the following is true about J. Oiarzabal? 　　　　　

① He became the first Spaniard to climb all the 8000ers with bottled oxygen.

② He came third in completing the climbs of all the 8000ers without bottled oxygen.

③ He climbed three of the 8000ers with bottled oxygen and the others without.

④　He was the third person to receive oxygen support in climbing the 8000ers.

問3　The main purpose of the above passage is to ⬚⬚⬚ .
①　describe the history of mountain climbing on each continent
②　detail the 14 highest mountains in Asian countries
③　explain the 8000ers and some of their successful climbers
④　list the first ten who reached the peaks of all the 8000ers

問4　What topic might follow the last paragraph? ⬚⬚⬚
①　Achievements by Japanese climbers
②　Male climbers of the 8000ers
③　The locations of the 8000ers
④　The Seven Summits and their climbers　　　　　　　　［追試］

モニターは筆記試験の全体正答率が 75％の母集団なのに，問4 の正答率は 22.9％しかない。全体を俯瞰（ふかん）する癖をつけよう。

解説　問1　「"the 8000ers" は ⬚⬚⬚ と定義されている」
　　③「8000 メートルを超える山」が正解。
　　「8000 メートル峰」とは地球上にある標高 8000 メートルを超える 14 の山の総称。
　　つまり「標高が 8000 メートル級」であって，「8000 もの数の山」という意味ではない。選択肢を見ると，①「海岸から 8000 メートル以内のアジアの山」は不可。②「世界の 8000 もの数の一番高い山」，④「最も人気のある世界の 8000 もの数の山」は 8000 の意味が違う。以上より答えは③「8000 メートルを超える山」。

　　問2　「本文と表1によると，フアニート・オヤルサバルに関して正しいのは次のうちどれか」
　　②「彼は，酸素ボンベを使わずにすべての 8000 メートル級の山を 3 番目に征服した」が正解。
　　表の名前の横にある数字は「酸素ボンベを用いないで登頂に成功し

た人の中での順位」。よって，表を見るとフアニート・オヤルサバル
は，酸素ボンベを用いないで登頂に成功した3番目の人だとわかる。
「酸素ボンベを使用していない」という点に着目すると，①「彼は，
酸素ボンベを使ってすべての8000メートル級の山を登った最初のス
ペイン人である」，③「彼は酸素ボンベを使って8000メートル級の山
のうちの3つに登り，残りの山は酸素ボンベを使わずに登った」，④
「彼は8000メートル級の山を登る際に酸素の助けを借りた3番目の
人だ」はすべて間違いだとわかる。以上から②が正解。

問3 「上の文の主な目的は 　　　　ことである」
　③「8000メートル級の山々とその登頂に成功した人々の一部を説
明する」が正解。
　見当がつかないので，とりあえず選択肢を見てみる。①「それぞれ
の大陸においての山登りの歴史について描写する」。少なくとも「そ
れぞれの大陸」が間違い。②「アジアの国々の最も高い14の山々を
詳しく述べる」は登頂者に触れていないので不可。③は，特に間違い
は見つからない。④「すべての8000メートル級の山に到頂した最初
の10人をリストアップする」。表だけ見れば，この選択肢は正解に
見えるが，本文ではそれ以外の内容も書かれているので不十分な選択
肢である。以上から③が正解。

問4 「最後のパラグラフの次に来る可能性がある話題はどれか」
　④「7つの山とその登山者」が正解。
　これも見当がつかないので選択肢を見る。①「日本人の登山者によ
る業績」。これはすでに述べられている。②「8000メートル級の男性
登山者」。これも本文に述べられていた。③「8000メートル級の山々
の位置」。これは，本文には書かれていないが，これが次に続く根拠
がない。④は，第1パラグラフで，「最も真剣に山登りに取り組んで
いる者にとっての目標となっている山には2つのグループがあり，そ
れは『8000メートル峰』と『7大陸最高峰』である」と書かれている。
**本文全体では「8000メートル峰」のことしか書かれていないから，
このあとに「7大陸最高峰」についての記述があると考えるのは妥当。**
以上から④が正解。①を選んだ人が半数以上になる。パラグラフメ
モ（➡ p.359）をして全体像を把握する訓練をしたい。

解答 問1 ③ 問2 ② 問3 ③ 問4 ④

訳 （**1**）　夢としてであろうが現実としてであろうが，世界の最も高い山々に登るという考えは，山登りをする者たちにとって特別に訴えかけるものがある。最も真剣に山登りに取り組んでいる者にとっての目標となっている山には2つのグループがある。「8000メートル峰」と呼ばれている最初のグループは，すべてアジアにある標高8000メートルより高い14の山々からなる。「7大陸最高峰」と呼ばれているもう1つのグループは，世界の7つの各大陸で最も高い山を指す。

（**2**）　まず，「8000メートル峰」を考えてみよう。そのような高い山に登ろうと努力すると，当然ながら，命を脅かしたり，登山隊の仲間が死に至ったりさえする状況を伴う。そのような困難は，フランスのモーリス・エルゾーグとルイ・ラシュナルが率いた一行によって克服され，1950年，彼らはネパールのアンナプルナという8000メートル峰の山の登頂に成功した最初の人になった。その後20年の間で，その他のすべての8000メートル級の登頂は，少なくとも1人の登山家によって達成された。

（**3**）　8000メートル峰の中の14の山すべてを征服した人さえいる。そうした最初の10人の一覧が表1である。そのように極端に高い場所では酸素が不足するため，登山者がこうした山頂にたどり着くために酸素ボンベに頼ることは珍しくない。表1では，4人の登山者の名前の右側の(1)から(4)の数字が，酸素ボンベを使うことなく登頂に成功した順序を示している。14の山すべての登頂に最初に成功した，イタリアのラインホルト・メスナーは酸素ボンベを使用することなく，これを達成した。表1の2人目の人，ポーランドのイェジ・ククチカは，メスナーが達成するのにかかった時間の半分以下ですべての8000メートル峰の山に登ることに成功した。しかし，これは酸素ボンベの助けを借りた登頂であった。

（**4**）　8000メートル峰の山々はまた女性登山者をも惹きつけている。1974年，森美枝子，中世古直子，内田昌子の3人の日本人がネパールのマナスルに登頂したとき，そうした山の登山に成功した最初の女性となった。それ以来，他の多くの女性たちが彼女らに続いた。14すべての登頂に成功した女性は少なくとも2名いる。スペインのエドゥルネ・パサバンは2010年までに，オーストリアのゲルリンデ・カルテンブルンナーは2011年までに成功した。後者ゲルリンデは酸素ボンベを使わずに成功している。これまで見てきたとおり，8000メートル級のすべての山を登ることは，昔から世界中の男女を問わず登山愛好家にとっての目標となってきたのである。

表1　すべての 8000 メートル峰の登頂に成功した最初の 10 人（すべて男性）

順番	名前	国籍	成功年	成功までに要した時間(年/月)
1	R. メスナー（1）	イタリア	1986	16 / 3
2	J. ククチカ	ポーランド	1987	7 /11
3	E. ロレタン（2）	スイス	1995	13 / 3
4	C. カルソリオ	メキシコ	1996	10 / 9
5	K. ヴィエリツキ	ポーランド	1996	16 / 6
6	J. オヤルサバル（3）	スペイン	1999	13 /11
7	S. マルティーニ	イタリア	2000	15 / 9
8	Y. S. パク	韓国	2001	8 / 2
9	H. G. オム	韓国	2001	12 /11
10	A. イニュラテギ（4）	スペイン	2002	10 / 7

語句　第1パラグラフ

▶ consíst of 〜　　　　　熟「〜からなる」

▶ refér to 〜　　　　　　熟「〜を指す」

第2パラグラフ

▶ endéavor　　　　　　名「努力」

▶ understándably　　　　副「当然ながら」

▶ invólve 〜　　　　　　他「〜を伴う」

▶ life-thréatening　　　　形「命を脅かす」

▶ fátal　　　　　　　　形「致命的な」

第3パラグラフ

▶ extréme height　　　　名「極端に高い場所」

▶ relý on 〜　　　　　　熟「〜に依存する」

▶ in one's attémpt to (V)　熟「(V) するために」

▶ índicate 〜　　　　　　他「〜を示す」

▶ the órder of 〜　　　　熟「〜の順序」

第4パラグラフ

▶ the látter　　　　　　名「後者」

▶ so far　　　　　　　　熟「今までのところ」

　　　＊「先のことはわからないが」を示唆

▶ enthúsiast　　　　　　名「熱心な人」

原則❸ 図表やイラストを選択する問題では，「錯乱情報」を排除し，正解に至る情報だけを探し出すこと

常識の範囲では正確にわからない箇所は，いったん保留して消去法を用いる。

図表やイラストを選択する問題では，比較的広い範囲から必要な情報（「真情報」）を探し出すことが要求されている。意図的に含まれている「錯乱情報」（「偽情報」）に注意。

例題 9

次の文章と図を読み，問1・2の [＿＿＿＿] に入れるのに最も適当なものを，それぞれ下の ① ～ ④ のうちから一つずつ選べ。

You are studying about world ecological problems. You are going to read the following article to understand what has happened in Yellowstone National Park.

(1) Yellowstone National Park, located in the northern United States, became the world's first national park in 1872. One of the major attractions of this 2.2-million-acre park is the large variety of animals. Some people say that Yellowstone is the best place in the world to see wolves. As of December 2016, there were at least 108 wolves and 11 packs (social families) in the park. By the 1940s, however, wolves had almost disappeared from Yellowstone National Park. Today, these wolves are back and doing well. Why have they returned?

(2) The wolves' numbers had declined by the 1920s through hunting, which was not regulated by the government. Ranchers on large farms raising cattle, horses, and sheep did not like wolves because they killed their animals. When the wolves were on the point of being wiped out by hunting, another problem arose — the elk herds increased in number. Elk, a large species of deer, are the wolves' principal source of food in the winter. The elk populations grew so large that they upset the balance of

the local ecosystem by eating many plants. People may like to see elk, but scientists were worried about the damage caused by the overly large population.

(3)   To solve this problem, the U.S. government announced their intention to release young wolves brought from Canada. It was hoped that the wolves would hunt the elk and help bring down the population. However, because many ranchers were against bringing back wolves, it took about 20 years for the government and the ranchers to agree on a plan. In 1974, a team was appointed to oversee the reintroduction of wolves. The government published official recovery plans in 1982, 1985, and finally in 1987. After a long period of research, an official environmental impact statement was issued and 31 wolves were released into Yellowstone from 1995 to 1996.

(4)   This project to reduce the number of elk was a great success. By 2006, the estimated wolf population in Yellowstone National Park was more than 100. Furthermore, observers believe that the wolves have been responsible for a decline in the elk population from nearly 20,000 to less than 10,000 during the first 10 years following their introduction. As a result, a lot of plants have started to grow back. The hunting of wolves is even allowed again because of the risk from wolves to ranchers' animals. While hunting wolves because they are perceived as a threat may seem like an obvious solution, it may cause new problems. As a study published in 2014 suggested, hunting wolves might increase the frequency of wolves killing ranchers' animals. If the leader of a wolf pack is killed, the pack may break up. Smaller packs or individual wolves may then attack ranchers' animals. Therefore, there is now a restriction on how many wolves can be hunted. Such measures are important for long-term management of wolf populations.

問1 Out of the following four graphs, which illustrates the situation the best? ☐

①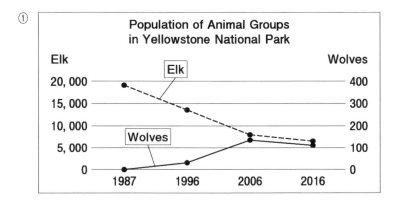

②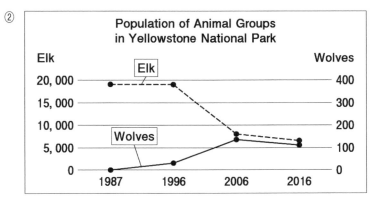

③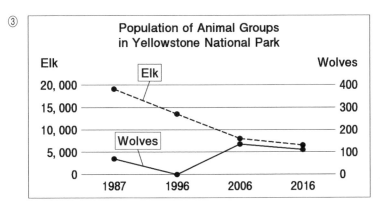

④

Population of Animal Groups in Yellowstone National Park

Elk   Wolves

Elk

20,000 —————————— 400
15,000 —————————— 300
10,000 —————————— 200

Wolves

5,000 —————————— 100
   0 —————————— 0
     1987   1996   2006   2016

問2　The best title for this article is ⬚ .

①   A Decrease in the Number of Ranchers' Animals
②   Addressing Problems With Nature's Balance
③   Nature Conservation Around the World
④   Releasing Elk in National Parks

［試行］

解説　パラグラフメモ

第1パラグラフ：イエローストーン国立公園　2016年現在は108頭と11の群れがいるが，1940年代までにオオカミがほぼ姿を消した

第2パラグラフ：家畜を食べるオオカミを駆除した結果，ヘラジカが増加し生態系を揺るがした

第3パラグラフ：1995～1996年に31頭のオオカミを入れる

第4パラグラフ：生態系は元に戻ったが，オオカミが再び家畜を襲うようになった

問1　「以下の4つのグラフのうち，状況を最もよく示しているものはどれか」

②が正しい。

　本文のオオカミの頭数についての記述をていねいに追うしかない。1987～1996年のオオカミの数についての記述は第3パラグラフ第5～6文に「1982年と1985年，そして最終的には1987年に政府は公

式の再野生化計画を出した。長い調査期間を経て，公式の環境影響評価書が発表され，1995 〜 1996 年にかけて 31 頭のオオカミがイエローストーンに放たれた」とある。よって，この期間にオオカミは増加していることがわかる。これより，**その期間にオオカミの数が減少していることを示している③と④は消える**。また，第 4 パラグラフ第 3 文に「さらに監視員たちは，オオカミを放ったあと，最初の 10 年間でヘラジカの個体数が約 2 万頭から 1 万頭未満にまで減ったのはオオカミたちのおかげだと確信している」とあり，**オオカミが導入された 1995 〜 1996 年以降の 10 年間でヘラジカの数が半減していることがわかる**。このことを的確に示しているのは②しかない。

問2 「この記事に最も適した題名は ☐☐☐☐☐ である」
　②「自然のバランスに関わる問題の対処」が正解。
　本文は「生態系のバランスを保つことがいかに難しいか」ということを，イエローストーン国立公園での出来事を例に述べたもの。①「牧場経営者の動物の減少」は，問 1 の図だけでも不可だとわかる。「牧場経営者の動物」に関することは，この記事の話題の中心ではない。これらから②は適切だとわかる。③「世界中の自然保護」は「世界中の」が不可。④「国立公園でのヘラジカの解放」は，「オオカミの解放」なら検討の余地がある。以上より②が正解だとわかる。

解答 問1　②　　問2　②

訳　あなたは世界の生態学的な問題について勉強している。イエローストーン国立公園で起こっていることを理解するために，以下の記事を読もうとしている。

（1）　イエローストーン国立公園はアメリカ合衆国北部に位置しており，1872 年に世界で最初の国立公園になった。この 220 万エーカーの公園の主たる魅力の 1 つは多様な動物たちだ。イエローストーンはオオカミを見るには世界で最も良い場所だと言う人もいる。2016 年 12 月現在，公園内には少なくとも 108 頭のオオカミと 11 の群れ（群居する家族）がいる。しかし 1940 年代までには，オオカミたちはイエローストーン国立公園からほとんど姿を消していた。今日これらのオオカミたちは戻ってきてうまく暮らしている。オオカミたちはなぜ帰ってきたのだろうか。
（2）　オオカミの数は，政府によって規制されていなかった狩猟を通じて

1920 年代までに減少していった。ウシやウマ，ヒツジを飼育している大きな牧場の経営者たちは，オオカミが自分たちの動物を殺してしまうので，オオカミのことをよく思っていなかった。オオカミが狩猟によって全滅しそうになったとき，別の問題が持ち上がった —— ヘラジカの群れの数が増えたのだ。シカの大型の種であるヘラジカは，冬場のオオカミの主な食料源である。ヘラジカの個体数があまりに大きく増加し，大量の植物を食べてしまうので，その地域の生態系のバランスが崩れてしまった。人々はヘラジカを見るのが好きかもしれないが，科学者たちはその数が増えすぎてしまったことで引き起こされる悪影響について心配した。

(3) この問題を解決するため，合衆国政府はカナダから連れてきた若いオオカミを放つという意向を発表した。オオカミがヘラジカを狩り，その数を減らすのに役立ってくれるという願いからであった。しかし，多くの牧場経営者がオオカミを連れ戻すことに反対したため，政府と牧場経営者が計画の合意に至るまでには約 20 年かかった。1974 年，あるチームがオオカミの再導入の監視役に任命され，1982 年と 1985 年，そして最終的には 1987 年に政府は公式の再野生化計画を出した。長い調査期間を経て，公式の環境影響評価書が発表され，1995 ～ 1996 年にかけて 31 頭のオオカミがイエローストーンに放たれた。

(4) ヘラジカの数を減らすこの事業は大きな成功を収めた。2006 年までにはイエローストーン国立公園のオオカミの推定個体数は 100 頭を超えた。さらに監視員たちは，オオカミを放ったあと，最初の 10 年間でヘラジカの個体数が約 2 万頭から 1 万頭未満にまで減ったのはオオカミたちのおかげだと確信している。結果として多くの植物がまた育ち始めている。オオカミは牧場の家畜にとって危険要因であるため，実際のところ，オオカミの狩猟は再び許可されている。オオカミは脅威だと考えられているために，オオカミを狩猟することはわかりやすい解決策のように思えるが，それは新たな問題を生むかもしれない。2014 年に出されたある研究が示すところによると，オオカミを狩猟することは牧場の家畜がオオカミに殺される頻度を高めるかもしれないのだ。もしオオカミの群れのリーダーが殺されると，その群れはバラバラになってしまう可能性がある。すると，より小さな群れや個々のオオカミが牧場の家畜を襲うようになるかもしれないのだ。そのため今では，何頭ならオオカミを狩猟してもいいかについて規制が設けられている。そのような対策は，長期的にオオカミの個体数を管理するには重要なものなのだ。

語句

第1パラグラフ

▶ lócated in 〜	熟	「〜に位置する」
▶ attráction	名	「惹きつけるもの/魅力」
▶ as of 〜	熟	「〜現在で」
▶ at least	熟	「少なくとも」
▶ pack	名	「(オオカミなどの) 群れ」

＊ 英語では動物の種類によって「群れ」を表す語が異なる。pack は「オオカミや猟犬の群れ」のこと

▶ disappéar	自	「消える」

第2パラグラフ

▶ declíne	自	「減少する」
▶ régulate 〜	他	「〜を規制する」
▶ ráncher	名	「牧場経営者」
▶ raise 〜	他	「〜を育てる」
▶ cáttle	名	「(集合的に) ウシ」
▶ sheep	名	「ヒツジ (単複同形)」
▶ on the point of (V)ing	熟	「(V) しそうになる」
▶ wipe 〜 out / out 〜	熟	「〜を一掃する」
▶ aríse	自	「(問題などが) 生じる」
▶ elk	名	「ヘラジカ」
▶ herd	名	「(ヒツジ・ブタなどの) 群れ」
▶ spécies	名	「種(しゅ) (単複同形)」
▶ deer	名	「シカ (通例, 単複同形)」
▶ príncipal	形	「主な」
▶ source	名	「源」
▶ upsét a bálance	熟	「バランスを崩す」
▶ lócal	形	「地元の」
▶ écosystem	名	「生態系」
▶ dámage	名	「損害」

第3パラグラフ

▶ annóunce 〜	他	「〜を発表する」
▶ inténtion	名	「意図」
▶ reléase 〜	他	「〜を解放する」
▶ bring 〜 down / down 〜	熟	「〜を減らす」

▶ *be* agáinst ～ 　　　　熟「～に反対である」

▶ appóint ～ 　　　　他「～を任命する」

▶ oversée ～ 　　　　他「～を監視する」

▶ ímpact státement 　　　名「影響評価書」

▶ íssue ～ 　　　　他「～を発行する」

第4パラグラフ

▶ redúce ～ 　　　　他「～を減らす」

▶ éstimate ～ 　　　　他「～を推定する」

▶ fúrthermore 　　　　副「さらに」

▶ *be* respónsible for ～ 　　熟「～の原因となっている」

▶ as a resúlt 　　　　熟「その結果」

▶ percéive *A* as *B* 　　　熟「A を B と認識する」

▶ threat 　　　　名「脅威」

▶ óbvious 　　　　形「明白な」

▶ suggést ～ 　　　　他「～を示唆する」

▶ fréquency 　　　　名「頻度」
　　＊　物理の「周波数」（＝波が出てくる頻度）もこの語

▶ restríction 　　　　名「制限」

▶ méasures 　　　　名「手段」
　　＊　take measures to (V) / against ～「(V)するための / ～に対
　　する手段を講じる」

▶ lóng-term 　　　　形「長期の」

お 役 立 ち コ ラ ム
単複同形について

　単数形と複数形が同じ形の名詞を「単複同形」と呼ぶ。
　主な例が sheep「ヒツジ」，deer「シカ」，carp「コイ」などで，「群
れをなして，個性が感じられないもの」が多い。American「アメリ
カ人」の複数形は Americans だが，Japanese「日本人」の複数形は
Japanese である。日本人は怒るべきではなかろうか。

例 題 10

標準 3分

次の文章に合う絵として最も適当なものを，下の①〜④のうちから一つ選べ。

Witness B:

I was walking on the side road toward Route 300 — coming to the intersection. I noticed that they had put up signals near the service station. This should help make the intersection safer. Suddenly, a van came up from behind me. It was strange — I could see inside the van and it was full of soccer balls! I had never seen anything like that before. Anyway, as the van was approaching the signal, the light turned from green to yellow. But the driver went faster when he should have slowed down — he drove into the intersection where he almost hit a sports car. It was so lucky — the man was able to turn to the right and miss the car. I think the sports car turned too. Fortunately, there was no accident, but there were soccer balls all over the place.

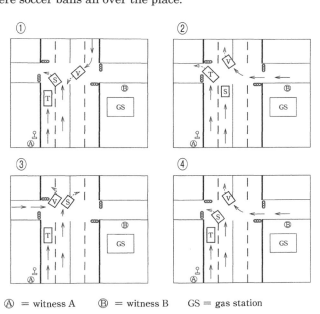

Ⓐ = witness A　　Ⓑ = witness B　　GS = gas station

T = small farm truck　　S = sports car　　V = van　　⚲ = bus stop

［本試・改題］

目撃者 A と目撃者 B の 2 人の発言からイラストを選ぶ問題。実際には目撃者 A の発言はイラストには無関係！ 今回は目撃者 B の発言のみを掲載。

解説 ④が正解。とにかく,「正解の選択肢を選ぼう！」と思うのではなく,**「不正解の選択肢を消そう！」と思うこと。**

証言の第 4 文に「突然,私の背後から 1 台のバンが近づいてきました」とあるので,①と③は消える。

第 8 文後半に「交差点に入ってそこであやうくスポーツカーとぶつかりそうになりました」とあるので,②は消える。

これで答えは④だとわかる。

なお,第 10 文に「スポーツカーも曲がったと思います」とあるが,「思います」では真情報とは言いがたいので,解答の根拠にするのは避ける。

解答 ④

訳

目撃者 B:
私は 300 号線へ出る脇道を交差点に向かって歩いていました。ガソリンスタンドの近くに信号ができていることに気づきました。これで交差点はもっと安全になるだろうと思いました。突然,私の背後から 1 台のバンが近づいてきました。妙なことですが,バンの中を見ると,サッカーボールでいっぱいだったのです！ あんなもの,これまでに見たことがありませんでした。とにかく,バンが信号に近づいていくと,信号は青から黄色に変わりました。しかし,運転手は減速すべきときに加速し,交差点に入ってそこであやうくスポーツカーとぶつかりそうになりました。運がよかったんですね。運転手は右に曲がってスポーツカーを回避することができました。スポーツカーも曲がったと思います。幸いなことに,事故にはなりませんでしたが,サッカーボールが辺り一面に転がっていました。

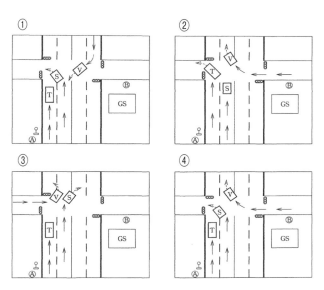

Ⓐ ＝ 目撃者 A　　　Ⓑ ＝ 目撃者 B　　　GS ＝ ガソリンスタンド

T ＝ 小型農業用トラック　　　S ＝スポーツカー　　　V ＝バン　　　⚲ ＝バス停留所

語句

▶ **interséction**　　　名「交差点」

▶ **put ～ up ／ up ～**　　　熟「～を掲げる／設置する」

▶ **from behínd ～**　　　熟「～の後ろから」

　＊ from の後ろには，このように前置詞や名詞が置かれることが
　ある

次の英語を日本語にしてみよう。

1	sídewalk	2	(tráffic) sígnal	3	crósswalk
4	(tráffic) lane	5	right turn	6	gas státion
7	bus stop	8	pass a car		

解答
1	歩道	2	信号（機）	3	横断歩道
4	車線	5	右折	6	ガソリンスタンド
7	バス停留所	8	車を追い越す		

次の文章に合う絵として最も適当なものを，下の ① ～ ④ のうちから一つ選べ。

This type of bridge is made up of multiple connected sections. These sections work together to help distribute the forces throughout the entire bridge, so that it can cross great distances and support a large amount of weight. The size of the components in each section is small, which makes this type of bridge ideal for places where long sections cannot be shipped or where large cranes and heavy equipment cannot be used during construction. However, a bridge of this type encloses the space above the roadway, possibly distracting drivers' attention.

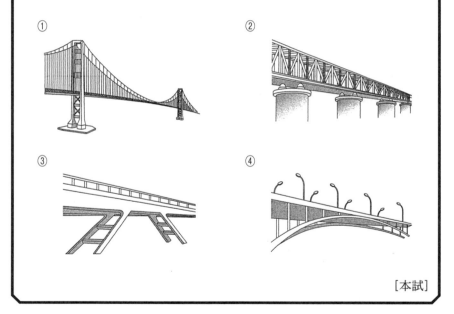

[本試]

section や component という単語は日本語にもなっているが，そのように生活に密着した単語は弱点になることが多い。普段からこまめに辞書で確認すること。
この問題の正答率は 60％前後。

解説 ② が正解。本文に登場する **section** という単語が難しい。新聞・雑誌なら「欄」の意味。例 entertainment section「娯楽欄」。書店なら「○×コーナー」の意味。例 picture book section「絵本のコーナー」。さらには，「（組み立てる際の）部品」という意味もある。例 The crane was shipped in sections.「そのクレーンはバラバラにされて運ばれた」。本文ではこの意味で使われている。

また，**multiple** は「**多くの構成要素からなる**」という意味。例 a multiple mission「（いくつかの仕事からなる）複合的な任務」。よって，本文の第1文は「多くの接合部でできている」の意味。これだけでも③・④は消える。

さらに，第3文に「各接合部の構成部品の大きさは小さく」とあり，これが決定的な根拠となり，② が正解とわかる。この文に登場する **component**「**構成要素／構成部品**」という単語のイメージがつかめたかどうかがポイント。

解答 ②

訳 このタイプの橋は多くの接合部でできている。これらの接合部が全体として機能し，力を橋全体に分散させるのに役立っている。その結果，橋の全長を延ばしたり，大きな負荷に耐えられるようにできる。各接合部の構成部品の大きさは小さく，そのため長い接合部を運送できないような場所や建設中に大きなクレーンや重機が使えないような場所には，このタイプの橋が適している。しかし，このタイプの橋は道路の上の空間をふさぎ，もしかするとドライバーの注意をそらす可能性がある。

語句

▶ *be* made up of ～	熟	「～からなっている」
▶ múltiple	形	「複合的な」
▶ séction	名	「（分割された）部分」
▶ distríbute ～	他	「～を分配する／分散させる」
▶ compónent	名	「構成要素」
▶ idéal for ～	熟	「～にとって理想的な」
▶ ship ～	他	「（荷物など）を輸送する」
▶ equípment	名	「設備」　＊　不可算名詞
▶ enclóse ～	他	「～をふさぐ」
▶ póssibly	副	「ひょっとすると」
▶ distráct ～	他	「～（の気）をそらす」

次の絵の説明として最も適当な記述を，下の ① ～ ④ のうちから一つ選べ。

①　This picture illustrates the idea of communicating in everyday life using tense facial expressions or gestures in order to express an emotional disagreement with someone.

②　This picture illustrates the idea of modeling or imitating an actual event, sometimes using equipment which creates a simpler version of a real situation for safer training.

③　This picture illustrates the idea of passing silent signals which often indicate that two people are basically in agreement.　When having a conversation, they adopt similar postures.

④　This picture illustrates the idea of selecting a particular social position and behaving as little as possible like a person who actually holds that position.　It is used to avoid problems in new circumstances.

[追試]

マネキンのような気味の悪いイラストである。選択肢をまともに読むと「わけがわからない状態」に陥る。これは，選択肢が「**偽情報**」だらけだからであるが，よく読むと「**真情報**」がある。

解説　③が正解。選択肢の記述のほとんどが「偽情報」である。イラストから確実にわかるのは，③の「会話をする際に似たような姿勢をとる」だけ。この1文で答えは決定する。**posture** という単語は，「(体の)**姿勢**／(モデルなどの)**ポーズ**」の意味。

解答　③

訳
① この絵が示しているのは，誰かとの感情的な不一致を表現するために，緊張した顔の表情や身振りを使って日常の意思疎通をするという考えである。

② この絵が示しているのは，より安全な訓練のために，時には現実の状況を単純化したものを生み出す装置を使用して，実際の出来事をモデル化したり模倣したりするという考えである。

③ この絵が示しているのは，2人の人間が基本的には同意していることをしばしば示す，言葉を使わない信号を送るという考えである。会話をする際に似たような姿勢をとる。

④ この絵が示しているのは，ある特定の社会的地位を選択し，実際にその地位に就いている人にはできるだけ見えないように振る舞うという考えである。新しい状況における問題を回避することに使われる。

語句
▶ tense	形	「緊張した」
▶ fácial	形	「顔の」
▶ expréssion	名	「表情」
▶ ímitate 〜	他	「〜をまねする」
▶ índicate 〜	他	「〜を示す」
▶ adópt 〜	他	「〜を採用する」
▶ pósture	名	「姿勢」
▶ avóid 〜	他	「〜を避ける」
▶ círcumstances	名	「(通例複数形で) 事情／状況」

次の文章に合う絵として最も適当なものを，下の ① ～ ④ のうちから一つ選べ。

The school festival area is surrounded by a fence, and the entrance is shown at the bottom of this map. In the middle of the schoolyard, there is a place for singers to perform. There are also two places for students to sell food. Next to one of these food areas, students can show the works they produced in art class. In addition, trash containers are provided at two locations beside the food stands. Finally, if students have things they don't need, they can try to sell them at a stand in the corner near the back fence.

 = trash cans

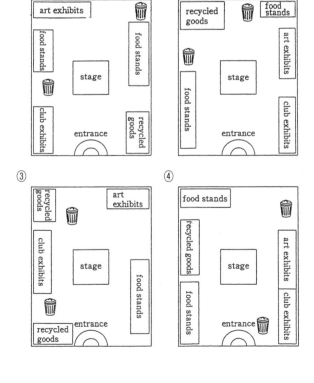

［追試］

解説 ② が正解。**消去法**を徹底しよう。素直に読んでいけば簡単。

第 3 文「学生が食べ物を売る場所（food stands）も 2 か所ある」から ③ が消える。

第 4 文「こうした売店の敷地の 1 つの隣で，学生は美術の時間に制作した作品を展示することができる（= art exhibits)」から ④ が消える。

第 6 文「もし学生が必要としないものがあれば，後ろのフェンスの近くの角にある売店でそれを売ることも可能である（= recycled goods)」では，back fence が難しい。イラストには直接記述はないが，第 1 文にある「入口はこの地図の下方」ということから，back fence は正面の入口とは逆の，つまり奥，「地図の上方」にあると考えるのが妥当。よって，① が消える。つまり，② が正解。

解答 ②

訳 学園祭が行われる場所は，周りにフェンスが施してあって，入口はこの地図の下方にある。校庭の真ん中には歌を歌うための場所がある。学生が食べ物を売る場所も 2 か所ある。こうした食べ物の売店の敷地の 1 つの隣で，学生は美術の時間に制作した作品を展示することができる。さらに，食べ物の売店の隣の 2 か所にゴミ箱が設置されている。最後に，もし学生が必要としないものがあれば，後ろのフェンスの近くの角にある売店でそれを売ることも可能である。

🗑️ =ゴミ箱

<dl>
<dt>語句</dt>
</dl>

▶ **surróund** ～　　　　　他「～を取り囲む」

▶ **bóttom**　　　　　　　名「下」
* the bottom shelf「下の棚」のように形容詞的に使うこともある

▶ **works**　　　　　　　　名「作品」
* 「仕事」の意味では不可算名詞

▶ **in addítion**　　　　　熟「おまけに」

▶ **trash contáiner**　　　名「ゴミ箱」

▶ **locátion**　　　　　　　名「場所」
* 「(ホテル・店などの) 所在地」や「(ものの) 位置」の意味

▶ **besíde** ～　　　　　　前「～のそばに」

イラストから得られる情報は，必ず設問にからんでいるよね！

下線部の these が表すものとして最も適当な図を，下の ① 〜 ⑥ のうちから一つ選べ。

Eri: Wait, Ann, look at <u>these</u>!　What are they?

Ann: Hmm ... I think they're from a type of rabbit.

Eri: Really?　They look like a duck's footprints to me.

Ann: Yeah, they do.　But duck's feet don't have rounded toes. They're webbed.

Eri: Webbed?

Ann: Oh, that means the toes are connected by skin — like a frog, for example.

Eri: I see ... but the entire shape is like a duck's print.

Ann: Actually, it's shaped like a snowshoe.　These prints are from a snowshoe hare.

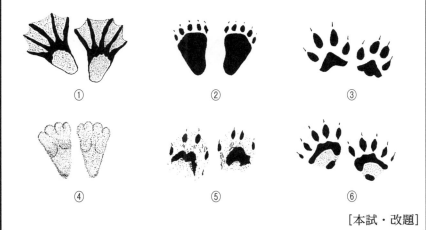

① ② ③
④ ⑤ ⑥

[本試・改題]

これも正答率が低い。ここで間違えた受験生のほとんどは，Ann の2番目の発言にある But で始まる部分を読み違えたようである。この部分から後ろは「アヒルの足跡」の説明にすぎず，設問とは無関係である。

④ が正解。

they're from a type of rabbit「ウサギのようなもの（の足跡）だ」

> ⇒ 小学生の頃に「ウサギの飼育係」をしていた人や，家でウサギを飼ったことがある人などを除けば，「ウサギの足跡」の正確な形など，**常識の範囲ではわからない。**よって，「**錯乱情報**」。

They look like a duck's footprints to me. / duck's feet don't have rounded toes
「アヒルの足跡に似ている／アヒルの足は指が丸くなっていない」

> ⇒ ここから，少なくとも「**指が丸くなっている**」ことがわかる。① は排除できる。

the entire shape is like a duck's print
「全体の形はアヒルの足跡に似ている」

> ⇒ 「アヒルの足跡」など，常識の範囲ではわからない。よって，「**錯乱情報**」。「ドナルドダックの足跡は ① だよな」などと考えた受験生は哀れである。

it's shaped like a snowshoe「雪靴（かんじき）に似た形だ」

> ⇒ snowshoe「雪靴」がわからなくても，少なくとも，**shoe** は「**靴**」に違いないのだから，② ・ ③ ・ ⑤ ・ ⑥ のような形ではないはず。

> 以上から，答えは ④ だとわかる。

解答 ④

訳 エリ：待って，アン。これ見てよ！　これ何？
アン：うーん。一種のウサギの足跡じゃないかな。
エリ：本当？　私にはアヒルの足跡に見えるけど。
アン：まあね。けど，アヒルの足は指が丸くないよ。webbed（水かき）になっているでしょ。
エリ：webbed（水かき）って？
アン：ええ，足の指が皮膚でつながっているっていうこと。たとえば，カエルみたいに。
エリ：なるほど。けど，全体の形はアヒルみたいだね。
アン：実際，雪靴の形にも見えるよね。この足跡は snowshoe hare（カンジキウサギ）のだよ。

お 役 立 ち コ ラ ム

「反復」することはなぜ重要か

　授業を聞くと，生徒たちは「わかった気になる」らしい。教える側としては，そう言ってもらえるのはうれしいが，じつはそこに落とし穴がある。

　語学の上達の基本は「反復練習」に尽きる。教えた生徒の中で，共通テストで高得点をたたき出している者は，例外なくこの「反復練習」を行っている。その努力は並たいていではない。彼らは，「答えが合っているかどうか」に一喜一憂するのではなく，「正解に至るまでの思考のプロセス」を完全に頭に入れている。このプロセスは，同じ問題を繰り返し解くことによって初めて獲得できる。

　よって，本書を読んで「わかった気になっている」だけではいけない。毎回「初めて見る問題」のように，同じ問題を繰り返し，客観的に解いていくことが必要だ。もちろん，本書の内容は，繰り返し使用するに値するものであると自負している。とにかく，友人とムダ話をしているヒマがあるくらいなら，1問でも多く「反復」せよ。

Practice makes perfect.
「習うより慣れよ」

スペイン人画家の Salvador には，日本生まれの Chitose という孫がいる。Chitose はかつて，Salvador に絵のレッスンを受けていた。次の文章は，Salvador の日記と，Chitose が彼に宛てた手紙である。文章を読み，問1～5の □□□□ に入れるのに最も適当なものを，それぞれ下の①～④のうちから一つずつ選べ。

Salvador's Diary
March 30, 2012

(1)　Our last lesson was a disaster. Chitose and I had a huge fight. She arrived at the studio smiling and said, "Look Grandpa, I painted this portrait of you." The man in the portrait had a lot of hair, stood straight, looked young, and smiled. She might be talented enough to attend an art college in France, but she has a big weakness as an artist. When she paints a person, too often she paints an idealized image rather than the real person. I had been explaining this point to her for several months, but she just wouldn't listen. I got a little angry and said to her, "This is not me, and you are not a real artist." She got angry too and said she didn't care because she didn't need me as a teacher anymore. I then showed her the portrait I had painted as her farewell gift and said, "This is the real you!" She took one look at it, said, "No, it isn't" and left.

(2)　I gave the portrait of Chitose to her parents thinking they would appreciate it. I had done the portrait a couple of months before Chitose started changing her style, and I think it shows the high school student I taught for two years. When I painted it, she still had her natural curly hair, not her straight perm. She was not wearing all the accessories she has now, including the ring-shaped earrings she loves. She also never wore makeup then. This was a Chitose with a fantastic future who knew she was still an amateur artist. I understand that she is getting older and wants to act and look more like an adult. However, she seems to think that being an adult means that you stop listening to others. She will never become a great artist if she stops learning.

A Letter to Salvador

March 25, 2013

Dear Grandpa Sal,

(3) I know this is late but I wanted to say that I am sorry for what happened the last time we met. In our last lesson, I didn't listen to you because I thought that you still saw me as a kid. I looked at how you painted me in the portrait and this confirmed my belief. I was so hurt that I just left without taking your gift.

(4) You don't know this, but Mom secretly put the portrait into one of my suitcases when I left home for France. When I found it, I was still upset so I hid it in my closet. I didn't think about the portrait for a while, but I rediscovered it by chance a couple of months ago. Looking at it, I saw a Chitose who was willing to listen in order to improve her art. I realized that the Chitose I'd become was different. She wanted to prove to everyone that she was an adult and had stopped listening to others. Until then, I'd been really struggling in my art classes, but after I realized my weakness, I started learning again and my art got much better. You will always be my teacher, Grandpa.

(5) I remember the portrait I showed you in our last lesson. You didn't like it and told me to paint you as I saw you. What you taught me that day makes sense to me now. I should paint things as they actually are and then their true beauty will shine.

(6) I've painted a portrait of us and am sending you a photo of it. It actually won first prize in my city's young artists competition. As you can see, I've painted myself like you did, as Chitose the high school student with a lot of potential. I've also painted you as I really see you. Your wrinkles are proof of your wisdom. The cane shows your will to overcome

your physical challenges. Your bent back shows that you have poured all your strength into what you love the most: your art and me. Thank you, Grandpa.

Love,
Chitose

問 1　Salvador wanted Chitose to ⬚ .
 ① appreciate things for how they are
 ② dress more like an artist
 ③ find another art teacher
 ④ paint young-looking people

問 2　In the last lesson, Chitose didn't accept the portrait because she believed her ⬚ .
 ① family would appreciate it more than she would
 ② family would not like her style
 ③ grandfather did not respect her as an adult
 ④ grandfather was not a very good artist

問 3　Which of the following is true? ⬚
 ① Chitose gave the portrait made by Salvador to her parents.
 ② Chitose painted the new portrait before writing the letter.
 ③ It took Salvador two years to make Chitose's portrait.
 ④ Salvador painted the portrait after Chitose changed her appearance.

問 4　What is the most likely reason for the improvement in Chitose's art? ⬚
 ① She learned a lot from entering the competition.
 ② She started to be open to other people's ideas again.
 ③ She stopped wearing makeup and earrings.
 ④ She tried to influence other adults' opinions.

問5　Which of the following pictures best matches the description of the portrait in the photo Chitose sent to her grandfather? ☐

①

②

③

④

[本試]

全体を最後まで読んで，「結局何が言いたかったのか」を確認すれば簡単。

解説　問1　「サルヴァドールはチトセに ☐ ことをしてもらいたかった」

①「事物をあるがままの状態で正しく理解する」が正解。

全体を読めば，サルヴァドールは「ありのままを描くことの大切さ」を伝えようとしたことがわかる。よって，①「事物をあるがままの状態で正しく理解する」が正解。②「もっと芸術家のような服装をする」，③「他の絵の先生を見つける」，④「見た目の若い人を描く」はどれも的外れである。

問1だから「第1パラグラフの〜文」を探して，というやり方はやめたほうが正答率は上がる。

**問2 「最後のレッスンで，チトセがその肖像画を受け入れなかった
　　のは，彼女が　　　　と思ったからである」**

　③「祖父が彼女を大人として尊重しなかった」が正解。

　チトセは，大人に見せたかったのに，祖父が絵の中で自分を子ども
扱いしたから怒ったのである。よって③「祖父が彼女を大人として尊
重しなかった」が正解。残りの選択肢①「家族のほうが当人よりその
絵の良さがわかるだろう」，②「家族は彼女のスタイルを気に入らな
いだろう」，④「祖父はあまりすぐれた画家ではない」はすべて不可。

問3 「以下のどれが正しいか」

　②「チトセは手紙を書く前に新たな肖像画を描いた」が正解。

　①「チトセはサルヴァドールの描いた肖像画を両親にあげた」は間
違い。祖父の描いてくれた肖像画をフランスに持って行ったために，
「素直な心」を思い出したのである。本文には「お母さんが私のスー
ツケースの1つにこっそりと入れてくれた」とあるが，そんな細かい
ことを覚えていなくても，チトセにとって大きな意味を持つ祖父の描
いた肖像画を，誰かに譲るというのは方向性がおかしいとわからなけ
ればならない。

　②「チトセは手紙を書く前に新たな肖像画を描いた」は正解。新た
な肖像画が賞を取った報告をしていることから明らか。

　③「チトセの肖像画を描くのにサルヴァドールは2年かけた」。こ
れを確認するのは非常に邪魔くさい。**危険だが，これを確認する時間
は他の問題に回したほうが得策**。②が明らかな正解だから大丈夫だろ
う。ちなみに本文には「私があの肖像画に取り組んでいたのは，チト
セが自分のスタイルを変え始める数か月前のことだった。あの絵は私
が2年間教えてきた高校生の頃のチトセを表すものだと思っている」
とあるので間違いとわかる。

　④「サルヴァドールはチトセが容姿を変えたあとで肖像画を描い
た」は，③のポイントと同じ箇所を参照すれば間違いだとわかる。

**問4 「チトセの絵が良くなった理由として最もありそうなものは何
　　か」**

　②「彼女は他人の考え方を再び受け入れ始めた」が正解。

　素直でなかったチトセが素直になり，対象をあるがままに描いたか
らである。

①「彼女はコンテストに参加することで多くを学んだ」，③「彼女は化粧をしたりイヤリングをつけたりするのをやめた」，④「彼女は他の大人たちの意見に影響を及ぼそうと努力した」はすべて不可。

問5 「チトセが祖父に送った写真に写っていた肖像画の説明と最もよく合っているのは以下のイラストの中のどれか」

① が正解。

祖父の忠告に耳を貸して，対象をあるがままに描いたものを選ぶ。まず，祖父に注目すると，ありのままのイラストは①・④。さらに，スタイルを変える前の素直なチトセを描いたものは①。以上から①が正解とわかる。チトセは天然パーマだから，パーマをあてたような巻き髪のほうが自然な姿であるというのがワナ。

解答 問1 ①　　問2 ③　　問3 ②　　問4 ②　　問5 ①

訳 ## サルヴァドールの日記

2012 年 3 月 30 日

（1）私たちの最後のレッスンは最悪だった。チトセと私は激しく言い争った。アトリエにやって来たときにはほほえみながら「おじいちゃん，見て，おじいちゃんの肖像画を描いたのよ」と言った。その肖像画の中の男は髪の毛がふさふさで，背筋がピンとしていて，見た目も若々しくほほえんでいた。チトセはフランスの美術学校に行けるだけの才能はあるかもしれないが，画家としては大きな欠点がある。あの子が人物画を描くと，ほとんどの場合，実際の人間ではなく，理想化された像を描くからだ。何か月もの間，チトセにはこの点を説明してきていたが，どうしても耳を貸そうとはしなかった。私は少し腹を立て，あの子に「これは私ではないし，おまえは本物の絵描きなんかではない」と言った。あの子も腹を立て，そんなことどうでもいいわ，もうおじいちゃんに先生をしてもらう必要なんかないから，と言った。それから私は餞別（せんべつ）として自分で描いた肖像画をあの子に見せ，「これが本物のおまえじゃよ！」と言った。あの子は一目見ると，「いいえ，違うわ」と言って出て行った。

（2）チトセの肖像画は，チトセの親ならわかってくれるだろうと思って渡しておいた。私があの肖像画に取り組んでいたのは，チトセが自分のスタイルを変え始める数か月前のことだった。あの絵は私が 2 年間教えてきた高校生の頃のチトセを表すものだと思っている。私があの絵を描いたとき，

チトセの髪の毛はストレートパーマではなく，まだ天然の巻き髪だった。あの子は，気に入っているリング状のイヤリングも含めて，今のようにあちこちアクセサリーをつけてはいなかった。また化粧など一切していなかった。これが，まだ素人画家であることを自覚している，将来有望なチトセであった。あの子は成長しており，もっと大人のように振る舞ったり，大人のような格好をしたりしたいのは理解している。しかし，大人であることとは，人の話に耳を傾けないことであるように思っているみたいだ。学ぶことをやめてしまったのでは，立派な画家にはなれない。

サルヴァドールへの手紙

2013 年 3 月 25 日

親愛なるサルおじいちゃんへ

（3） もう遅いことはわかっているのですが，最後に会ったときにあったことを謝りたいと思っています。最後のレッスンで，おじいちゃんの話を聴かなかったのは，おじいちゃんが私をまだ子ども扱いしていると思ったからです。おじいちゃんが私のことをあの肖像画にどのように描いたかを見て，私の思いが正しいことがわかりました。とても傷ついたので，プレゼントも受け取らずに出て行ってしまったのです。

（4） おじいちゃんは知らないでしょうけれど，私がフランスに旅立つとき，おじいちゃんが描いてくれた肖像画をお母さんが私のスーツケースの1つにこっそり入れてくれました。見つけたときは，まだ動揺していてクローゼットにしまい込んでしまいました。しばらくはその肖像画のことを考えることもありませんでした。ところが数か月前に偶然また見つけたのです。それを見たとき，そこに描かれていたのは，自分の絵を向上させるために人の話を嫌がらずに聴いていたチトセでした。その当時のチトセは変わってしまったのだとわかりました。その当時のチトセは大人であることを皆に証明したくて人の話を聴かなくなっていたのです。おじいちゃんの描いた肖像画を見つけるまでは，学校の絵の授業では本当に悪戦苦闘していました。けれど自分の弱点を理解したあとは，再び学ぶことを始め，私の絵はずいぶんとよくなったのです。おじいちゃんは，いつまでも私の先生です。

（5） 最後のレッスンで，私がおじいちゃんに見せた肖像画のことを覚えています。おじいちゃんは気に入ってくれなくて，自分が見たままに描けと言ってくれました。あの日におじいちゃんが教えてくれたことは，今の私

にはよく理解できます。ありのままに描くことは必要なことだし，そうすれば対象の持つ本当の美しさが輝くのですね。

(6)　私は，私とおじいちゃんの肖像画を描いたのでその写真を送ります。この絵で，じつは今住んでいる町の若手芸術家コンテストに優勝しました。見てわかるとおり，私は，自分をかつておじいちゃんがやったのと同じように，多くの可能性を秘めていた高校生のチトセとして描きました。私はまた，おじいちゃんを実際に見たままに描きました。おじいちゃんのしわは知恵の印。杖は，肉体的な障害を乗り越える意志。曲がった背中は，自分が一番愛するもの，つまり絵と私にすべての力を注ぎ込んだことを示します。ありがとう，おじいちゃん。

愛を込めて
チトセ

語句　サルヴァドールの日記

第1パラグラフ

▶ **disáster**	名	「悲惨なこと」
▶ **have a fight**	熟	「けんかする」
▶ **huge**	形	「大きな」
▶ **pórtrait**	名	「肖像画」
▶ **stand stráight**	熟	「背筋を伸ばして立つ」
▶ **tálented**	形	「才能がある」
▶ **atténd** ~	他	「~に通う」
▶ **idéalize** ~	他	「~を理想化する」
▶ *A* **ráther than** *B*	熟	「B ではなくて A」
▶ **expláin** ~ **to** *A*	熟	「A に~を説明する」
▶ **would not** ~	助	「~しようとしなかった」

＊　過去時制の文で，主語の強い意志を示すときに使われる

| ▶ **farewéll** | 名 | 「お別れ」 |

第2パラグラフ

| ▶ **appréciate** ~ | 他 | 「~の良さがわかる」 |

＊　「(文化・芸術に関わるもの) を理解する」の意味

▶ ~ **befóre** S' V'	接	「S' V' の~前に」
▶ **perm**	名	「パーマ」
▶ **inclúding** ~	前	「~を含めて」

▶ **wear mákeup** 熟 「化粧をしている」

サルヴァドールへの手紙

第3パラグラフ

▶ **confírm** ～ 他 「～を確かなものにする」

第4パラグラフ

▶ **upsét** 形 「動揺している」
▶ **clóset** 名 「クローゼット」
▶ **for a while** 熟 「しばらくの間」
▶ **by chance** 熟 「偶然」
▶ **a cóuple of** ～ 熟 「2，3の～」
▶ *be* **wílling to** (V) 熟 「嫌がらずに(V)する」
   ＊ 「喜んで～する」のではない。「まあ，いいけど」と言ってやる
   感じ
▶ **impróve** ～ 他 「～を向上させる」
▶ **prove** ～ 他 「～を証明する」
▶ **strúggle** 自 「もがく」

第5パラグラフ

▶ **make sense** 熟 「意味をなす」
▶ **shine** 自 「輝く」

第6パラグラフ

▶ **competítion** 名 「コンテスト／コンクール」
▶ **proof** 名 「証明」
   ＊ prove「～を証明する」の名詞形
▶ **wísdom** 名 「知恵」
   ＊ wise「（経験から得た知恵があるという意味で）賢い」の名詞
   形。wisdom tooth は「親知らず」の意味
▶ **overcóme** ～ 他 「～を克服する」
▶ **phýsical** 形 「肉体的な」
   ＊ 「形がある」が原義。たとえば physical money というのは
   digital money に対して手で触れることのできる札，硬貨のこと
   を指す
▶ **chállenge** 名 「難題」
▶ **bent** 形 「曲がった」
▶ **pour** ～ 他 「～を注ぐ」

例題 16

標準 15分

　次の文章は，留学プログラムの説明会の中で，バンクーバーの大学に3か月間留学した2人の学生が，それぞれの体験を語っているものである。問1～5の　　　　に入れるのに最も適当なものを，それぞれ下の①～④のうちから一つずつ選べ。

Koji's speech

(1)　My name is Takeda Koji, and today I will talk about my study-abroad experience in the English Language Program at North Pacific University in Vancouver last year. First of all, I really liked the intensive English classes every weekday. My English has improved a lot. All the teachers were friendly and enthusiastic, and they sometimes stayed late to help us with our projects. I'm truly grateful to Ms. Lee, my advisor, who always responded to my problems promptly.

(2)　Also, I enjoyed exploring the city. It has many good ethnic restaurants and a wonderful park near the ocean where interesting events were held every weekend. I took many weekend trips offered by the program including a visit to the Native Canadian Art Museum and boat trips to several beautiful islands.

(3)　On top of that, I totally enjoyed the student life at NPU and attended many student-organized events on campus. My most precious memory is of preparing a big exhibit to introduce Japanese culture for the International Fair. However, there was one problem, that is, computer access. The computer rooms in the Writing Center were always crowded, especially when students were writing midterm or final papers, and it was frustrating to wait so long.

(4)　I have one regret, and it's about my host family. Though my host parents and their 10-year-old son were nice people, they were so busy all the time. Both parents worked late, and the boy belonged to the local hockey team. So I often had to eat alone and didn't have much time to interact with them. I felt envious of Yuka, who will speak after me, when

I went to a barbecue at her host family's. Now I think I should have consulted the program coordinator about this problem at an early stage.

(5)   Finally, I'd like to say that this program is very good for improving your English and expanding your knowledge about different cultures.

Yuka's speech

(6)   My name is Imai Yuka. I was in the same program as Koji at North Pacific University, though my experience was slightly different from his. First, I wasn't so satisfied with the courses offered, though the teachers were all wonderful. There were too many language classes, but only two courses that covered the history and culture of Canada. I mean, I wish I had learned more about Canada as well as studied English. Then the benefits would have been double.

(7)   Also, I had mixed feelings about the campus life at NPU. I loved the spacious lawns and nice facilities, but the campus events didn't seem so interesting to me. I know Koji had a great time at the International Fair, but I wanted to go to a concert with my host family instead. However, I was impressed by the wonderful Writing Center with its academic support. Even though it was sometimes crowded, it was worth the wait. I went there almost every weekend and learned how to write a good paper.

(8)   And I almost forgot to say that it was such fun to go around the city, especially to street fairs and some really great ethnic restaurants. On the other hand, I didn't take so many trips because there were lots of things going on with my host family.

(9)   Actually, what made my stay most exciting and unforgettable was my host family. My host father is an agricultural engineer and he has worked on projects in several different countries. Just talking with him was stimulating, and he, as well as my host mother, always helped me whenever I had problems with homework, friends, and school activities. My host mother is a violinist with the local philharmonic, and so we were able to go to the concerts every month for free. She opened my eyes

to classical music, and I promised her that I would start piano lessons when I came back to Japan. They also have lots of friends. I met so many people at all the barbecues they had.

(10)　In my case, the rich cultural experience my host family provided and the host family themselves were the best part of my stay.

問1　Both Koji and Yuka enjoyed _____ .
　① city exploration
　② class projects
　③ English language courses
　④ the International Fair

問2　What did Koji complain about? _____
　① His advisor was often out of reach when he needed help.
　② His host family had little time to spend with him.
　③ The computer rooms didn't have helpful staff.
　④ The language classes were not so interesting.

問3　What was Yuka's criticism? _____
　① She couldn't attend the International Fair.
　② She couldn't take weekend trips to beautiful islands.
　③ The Writing Center was always crowded.
　④ There were not many classes about Canadian culture.

問4　Which of the following statements is true? _____
　① Koji has a good impression of the school facilities.
　② Koji thinks that his English should have improved more.
　③ Yuka has a negative impression of the amount of homework.
　④ Yuka has a positive feeling toward her host parents.

問5　Which of the following pairs of pictures best represents two experiences Yuka described in her speech? _____

[本試]

 上位層の正答率は非常に高い。中位層から下位層は問3の出来が悪かったようだ。満点をとることが上位層の条件。

解説 問1 「コウジとユカは □□□□□ を楽しんだ」

①「街の探索」が正解。

コウジが楽しんだことを整理すると，1．英語の授業　2．街の探索　3．学生生活（国際博）で，ユカが楽しんだことを整理すると，1．ライティングセンター　2．ホストファミリーとのコンサート　3．ホストファミリー　4．街の散策。よって①「街の探索」が正解。

②「学校のプロジェクト」，③「英語の授業」，④「国際博」はどちらか一方だけなので不可。

最後の最後まで読んでからでないと解けない問題。素早くメモをし

ながら問題文を読んでいるかどうかがポイントとなる。

問2 「コウジは何について不満だったか」

②「**彼のホストファミリーは彼と過ごす時間がほとんどなかった**」が正解。

コウジは留学に対しておおむね肯定的で，不満を訴えているのは，最後のほうに出てくる「**ホストファミリーとの交流の時間が十分ではなかった**」ということがその1つ。これが根拠である。

①「彼のアドバイザーは彼が助けを必要とするときにしばしば連絡が取れなかった」は不適切。彼はアドバイザーに対して，第1パラグラフで「私が抱えた問題に常に速やかに対応していただいた，私のアドバイザーのリー先生には本当に感謝しています」と述べている。

③「コンピュータルームには有用なスタッフがいなかった」は本文に記述がない。

④「言語の授業がそれほど面白くなかった」も不適切。第1パラグラフで「毎週月曜日から金曜日まで行われた英語の集中講義は本当によかったです」と書いている。

問3 「ユカの批判は何か」

④「**カナダの文化に関する授業が多くなかった**」が正解。

ユカの批判はいくつかある。まず第6パラグラフにある「**言語の授業ばかりで，カナダの歴史と文化に関する授業が2つしかなかった**」。2つ目が第7パラグラフにある「大学での催し物はあまり面白いものではなかった」ということ。これらから④が正解だとわかる。

①「彼女は国際博に参加できなかった」は不適切。

②「彼女は週末美しい島々に旅行に行けなかった」も不適切。「島々」に関することはコウジが発言しているだけで，ユカは触れていない。

③「ライティングセンターがいつも混雑していた」も不適切。第7パラグラフに「混雑していることもありましたが，待つだけの価値はありました」とあるが，これは批判とは言えない。

本文を見事に言い換えてあるから選べなかった人がいたようである。

問４ 「次のどの記述が正しいか」

④「ユカはホストファミリーに対していい感情を持っている」が正解。

①「コウジは学校の施設にいい印象を持っている」は不適切。コウジは「施設」に関してはまったく言及していない。

②「コウジは彼の英語力をもっと向上させるべきであったと思っている」も不適切。コウジは「おかげで私の英語力はずいぶんと向上しました」と述べている。

③「ユカは宿題の量に対していい印象を持っていない」は不可。宿題の量については言及していない。

問５ 「次の絵の組の中で，ユカが発表で述べた２つの経験を一番よく表しているのはどれか」

もう一度ユカの経験を整理すると，1. ライティングセンター 2. ホストファミリーとのコンサート　3. ホストファミリー　4. 街の散策。よって，①は「船旅の絵」が余分。③も「イヌイット展の絵」と「一人でくつろいでいる絵」が共に不可。④も「一人でくつろいでいる絵」が不可。以上から②が正解となる。やはり消去法が早い。

解答 問１ ①　　問２ ②　　問３ ④　　問４ ④　　問５ ②

訳 コウジの発表

(1)　私の名前はタケダ・コウジです。今日は，昨年バンクーバーの北太平洋大学で行われた英語プログラムにおける留学経験について話したいと思います。まず最初に，毎週月曜日から金曜日まで行われた英語の集中講義は本当によかったです。おかげで私の英語力はずいぶんと向上しました。先生はみんな気さくで熱心でした。また時には遅くまで私たち学生のプロジェクトにも手をさしのべてくださいました。私が抱えた問題に常に速やかに対応していただいた，私のアドバイザーのリー先生には本当に感謝しています。

(2)　また，街を探索するのも楽しかったですね。民族色豊かないいレストランが数多くあり，海の近くにはすばらしい公園があり，そこでは興味深い催し物が毎週土日に行われていました。留学プログラムの一環として週末は何度も旅行に出かけました。たとえば，ネイティブ・カナダ美術館を訪れたり，いくつかの美しい島々に船で行ったりしました。

(3)　さらに，NPU の学生生活もおおいに楽しみました。そして学生主催の大学で行われる多くの催し物にも参加しました。一番大切な思い出は，国際博のために日本文化を紹介する大きな展示品を準備したことです。だけど，1 つだけ問題がありました。それはコンピュータの利用の問題です。ライティングセンターのコンピュータルームはいつも混雑していました。特に学期末，学年末のレポートのシーズンはひどかったですね。長時間待つのにはイライラしました。

(4)　1 つだけ後悔していることがあります。それはホストファミリーに関することです。ホストファミリーには 10 歳の息子さんがいて，みんないい人だったのですが，皆さんは四六時中忙しくされていたのです。ホストファミリーのお父さんもお母さんも遅くまで仕事していて，息子さんは地元のホッケーチームに所属していました。だから，僕は一人で食事をせざるを得ないことも多く，ホストファミリーの人々と交流を持つ時間があまりとれませんでした。僕のあとで話をするユカのホストファミリー主催のバーベキューパーティーに行ったとき，ユカのことをうらやましく思いました。今から考えれば，もっと早い段階で，この問題をプログラムのコーディネーターの人に相談するべきだったと思います。

(5)　最後になりましたが，ぜひ言いたいことは，このプログラムは英語力の向上と異文化に関する知識の拡大にきわめて有効だということです。

ユカの発表
(6)　私の名前はイマイ・ユカです。北太平洋大学でコウジと同じプログラムに参加しました。ただ私の経験したことはコウジとは少し違います。まず最初に，提供された授業にそれほど満足していません。もちろん先生はすばらしかったのですが。言語の授業ばかりで，カナダの歴史と文化に関する授業が 2 つしかありませんでした。つまり，私は英語の勉強はもちろんのことカナダについてもっと知りたかったのです。もしそれなら得たものは 2 倍になっていたでしょう。

(7)　また NPU の大学生活には複雑な気持ちがあります。広々とした芝生とすばらしい施設はよかったのですが，大学での催し物はあまり面白いものではありませんでした。コウジは国際博でとても楽しい時間を過ごしたようですが，私はその代わりにホストファミリーと一緒にコンサートに行きたかったです。だけど，私はすばらしいライティングセンターのアカデ

ミックサポートには感銘を受けました。混雑していることもありましたが，待つだけの価値はありました。週末はほとんどそこへ行って，良いレポートの書き方を学びました。

(8)　そして忘れずに言っておかねばならないことは，街を散策するのが本当に面白かったということです。特に露天市や本当にすばらしい民族色豊かなレストランに行ったことです。一方，ホストファミリーと一緒にやることが多くあって，それほど旅行はしていません。

(9)　実際，留学が最も刺激的で忘れられないものになったのは，ホストファミリーのおかげです。ホストファミリーのお父さんは農業技師でさまざまな国でプロジェクトに取り組んでいました。お父さんとの話は刺激的で，ホストのお母さんもお父さんも，私が宿題や友達のことや学校の活動のことなどで困っていると必ず助けてくれました。ホストのお母さんは地元の交響楽団でバイオリンを演奏されていました。だから毎月無料でコンサートに行くことができました。お母さんのおかげでクラシックに開眼しました。私はお母さんに，帰国したらピアノのレッスンを始めると約束しました。2人とも友達が多くて，バーベキューパーティーではずいぶんと多くの人に出会うことができました。

(10)　私の場合には，ホストファミリーが提供してくれた豊かな文化的な経験と，ホストファミリー自体が留学の中で最高でした。

語句

第1パラグラフ

▶ inténsive　　　　　　形「集中的な」
　　＊ ICU（=Intensive Care Unit）「集中治療室」
▶ enthusiástic　　　　形「熱心な／情熱的な」
▶ gráteful　　　　　　形「感謝している」
▶ prómptly　　　　　　副「速やかに」
　　＊ quickly は行動の素早さのことだが，promptly は応答や反応の素早さのことをいう

第2パラグラフ

▶ explóre ～　　　　　他「～を探索する／探検する」
▶ éthnic　　　　　　　形「民族の」
▶ inclúding ～　　　　前「～を含む」

第3パラグラフ

▶ **on top of that** 　熟「おまけに」
▶ **atténd** ～ 　他「～に参加する」
▶ **stúdent-órganized** 　形「学生が主催する」
▶ **précious** 　形「貴重な」
▶ **exhíbit** 　名「展示品」
▶ **páper** 　名「(学生の) レポート」
▶ **frústrating** 　形「イライラさせる」

第4パラグラフ

▶ **regrét** 　名「後悔」
▶ **lócal** 　形「地元の」
▶ **interáct with** ～ 　熟「～と交流する」
▶ **feel énvious of** ～ 　熟「～をうらやましいと思う」
▶ **consúlt** ～ 　他「～と相談する」
　＊ 「～」には自分より立場の上の人や辞書が置かれる

第5パラグラフ

▶ **expánd** ～ 　他「～を拡張する」

第6パラグラフ

▶ **bénefit** 　名「恩恵／利益」

第7パラグラフ

▶ **spácious** 　形「広々とした」
▶ **lawn** 　名「芝生」
▶ **facílity** 　名「施設」
▶ **instéad** 　副「その代わり」
▶ *be* **impréssed by** ～ 　熟「～に感銘を受ける」
▶ **worth** ～ 　形「～に値する」

第9パラグラフ

▶ **agricúltural** 　形「農業の」
▶ **work on** ～ 　熟「～に取り組む」
▶ **stímulating** 　形「刺激的な」
▶ **philharmónic** 　名「交響楽団」
　＊ phil- は［好き］の意味。philosophy「哲学」は〈philo-［好き］
　　＋ -sophy［知恵］〉からできた語

例 題 17

You are working on an essay about whether high school students should be allowed to use their smartphones in class. You will follow the steps below.

Step 1: Read and understand various viewpoints about smartphone use.
Step 2: Take a position on high school students' use of their smartphones in class.
Step 3: Create an outline for an essay using additional sources.

[Step 1] Read various sources

Author A (Teacher)

My colleagues often question whether smartphones can help students develop life-long knowledge and skills. I believe that they can, as long as their use is carefully planned. Smartphones support various activities in class that can enhance learning. Some examples include making surveys for projects and sharing one's learning with others. Another advantage is that we do not have to provide students with devices; they can use their phones! Schools should take full advantage of students' powerful computing devices.

Author B (Psychologist)

It is a widespread opinion that smartphones can encourage student learning. Being believed by many, though, does not make an opinion correct. A recent study found that when high school students were allowed to use their smartphones in class, it was impossible for them to concentrate on learning. In fact, even if students were not using their own smartphones, seeing their classmates using smartphones was a distraction. It is clear that schools should make the classroom a place that is free from the interference of smartphones.

Author C (Parent)

I recently bought a smartphone for my son who is a high school student. This is because his school is located far from our town. He usually leaves home early and returns late. Now, he can contact me or access essential information if he has trouble. On the other hand, I sometimes see him walking while looking at his smartphone. If he is not careful, he could have an accident. Generally, I think that high school students are safer with smartphones, but parents still need to be aware of the risks. I also wonder how he is using it in class.

Author D (High school student)

At school, we are allowed to use our phones in class. It makes sense for our school to permit us to use them because most students have smartphones. During class, we make use of foreign language learning apps on our smartphones, which is really helpful to me. I am now more interested in learning than I used to be, and my test scores have improved. The other day, though, my teacher got mad at me when she caught me reading online comics in class. Occasionally these things happen, but overall, smartphones have improved my learning.

Author E (School principal)

Teachers at my school were initially skeptical of smartphones because they thought students would use them to socialize with friends during class. Thus, we banned them. As more educational apps became available, however, we started to think that smartphones could be utilized as learning aids in the classroom. Last year, we decided to allow smartphone use in class. Unfortunately, we did not have the results we wanted. We found that smartphones distracted students unless rules for their use were in place and students followed them. This was easier said than done, though.

第
2
章

図
表
読
解

問1　Both Authors A and D mention that ⬚1⬚ .

① apps for learning on smartphones can help students perform better on exams

② one reason to use smartphones as an educational tool is that most students possess one

③ smartphones can be used to support activities for learning both at school and at home

④ smartphones make it possible for students to share their ideas with classmates

問2　Author B implies that ⬚2⬚ .

① having time away from digital devices interferes with students' motivation to learn

② sometimes commonly held beliefs can be different from the facts that research reveals

③ students who do not have smartphones are likely to consider themselves better learners

④ the classroom should be a place where students can learn without the interference of teachers

[Step 2] Take a position

問3　Now that you understand the various viewpoints, you have taken a position on high school students' use of their smartphones in class, and have written it out as below. Choose the best options to complete ⬚3⬚ , ⬚4⬚ , and ⬚5⬚ .

Your position: High school students should not be allowed to use their smartphones in class.

● Authors ⬚3⬚ and ⬚4⬚ support your position.

● The main argument of the two authors: ⬚5⬚ .

Options for ⬚3⬚ and ⬚4⬚ (The order does not matter.)
① A　　② B　　③ C　　④ D　　⑤ E

Options for ☐ 5 ☐

① Making practical rules for smartphone use in class is difficult for school teachers

② Smartphones may distract learning because the educational apps are difficult to use

③ Smartphones were designed for communication and not for classroom learning

④ Students cannot focus on studying as long as they have access to smartphones in class

[Step 3] Create an outline using Sources A and B

Outline of your essay:

Using smartphones in class is not a good idea

Introduction

Smartphones have become essential for modern life, but students should be prohibited from using their phones during class.

Body

Reason 1: [From Step 2]

Reason 2: [Based on Source A] ⋯⋯ ☐ 6 ☐

Reason 3: [Based on Source B] ⋯⋯ ☐ 7 ☐

Conclusion

High schools should not allow students to use their smartphones in class.

Source A

Mobile devices offer advantages for learning. For example, one study showed that university students learned psychology better when using their interactive mobile apps compared with their digital textbooks. Although the information was the same, extra features in the apps, such as 3D images, enhanced students' learning. It is important to note, however, that digital devices are not all equally effective. Another study found that students understand content better using their laptop computers rather than their smartphones because of the larger screen size. Schools must select the type of digital device that will maximize students' learning, and there is a strong argument for schools to provide computers or tablets rather than to have students use their smartphones. If all students are provided with computers or tablets with the same apps installed, there will be fewer technical problems and it will be easier for teachers to conduct class. This also enables students without their own smartphones to participate in all class activities.

Source B

A study conducted in the U.S. found that numerous teenagers are addicted to their smartphones. The study surveyed about 1,000 students between the ages of 13 and 18. The graph below shows the percentages of students who agreed with the statements about their smartphone use.

Survey Results of Teenagers' Smartphone Use

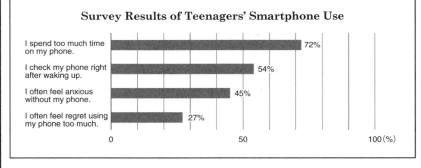

問4 Based on Source A, which of the following is the most appropriate for Reason 2? ☐ 6 ☐

   ① Apps that display 3D images are essential for learning, but not all students have these apps on their smartphones.

   ② Certain kinds of digital devices can enhance educational effectiveness, but smartphones are not the best.

③ Students should obtain digital skills not only on smartphones but also on other devices to prepare for university.

④ We should stick to textbooks because psychology studies have not shown the positive effects of digital devices on learning.

問5 For Reason 3, you have decided to write, "Young students are facing the danger of smartphone addiction." Based on Source B, which option best supports this statement? ☐ 7 ☐

① Although more than half of teenagers reported using their smartphones too much, less than a quarter actually feel regret about it. This may indicate unawareness of a dependency problem.

② Close to three in four teenagers spend too much time on their phones. In fact, over 50% check their phones immediately after waking. Many teenagers cannot resist using their phones.

③ Over 70% of teenagers think they spend too much time on their phones, and more than half feel anxious without them. This kind of dependence can negatively impact their daily lives.

④ Teenagers are always using smartphones. In fact, more than three-quarters admit to using their phones too much. Their lives are controlled by smartphones from morning to night.　　［試作］

解説 問1 「筆者Aも筆者Dも，☐ 1 ☐と述べている」

① 「スマートフォンの学習用アプリは，生徒の試験での成績向上に役立ち得る」

② 「スマートフォンを教育ツールとして活用する理由の１つは，ほとんどの生徒がスマートフォンを所持していることである」

③ 「スマートフォンは，学校でも家庭でも学習活動の支援に活用できる」

④ 「スマートフォンで，生徒がクラスメートと自分の考えを共有することができる」

② が正解。設問文から「筆者Aと筆者Dの共通点」を答えればよいことがわかる。

選択肢を順に吟味する。① は，筆者Dが第３～４文で「授業中，

私たちはスマートフォンの外国語学習アプリを活用していますが，それは私にはとても役立っています。以前より勉強に興味を持つようになり，テストの点数も上がりました」と述べているが，筆者Aのコメントにはないので不可である。②については，筆者Aは第5文で「もう1つの利点は，生徒にデバイスを提供する必要がなく，生徒が自分のスマホを使えることです！」と述べている。「大半の生徒がスマホを持っている」と明言しているわけではないが，それを示唆している。筆者Dは，第2文で「ほとんどの生徒がスマホを持っているので，学校が私たちにスマホ使用を許可するのは理にかなっています」と述べている。以上から②が正解だとわかる。③は，筆者Aも筆者Dも述べていないので不可である。④については，筆者Aが第4文後半で「自分の学びを他の生徒と共有することなどが挙げられます」と述べているが，筆者Dは述べていないので不可である。

問2　「筆者Bは，　2　と示唆している」

① 「デジタル機器から離れる時間があると，生徒の学習意欲を妨げる」
② 「一般的に信じられていることは，調査によって明らかになった事実と異なることがある」
③ 「スマートフォンを持っていない生徒は，自分自身をより良い学習者であると考える可能性が高い」
④ 「教室は，生徒が教師の干渉を受けずに学習できる場であるべきである」

②が正解。設問文から「筆者Bが示唆していること」を答えればよいことがわかる。

　選択肢を順に吟味する。①は，筆者Bは言及していない。第3文で「最近の研究では，高校生に授業中にスマートフォンを使わせると，生徒が学習に集中できなくなることがわかりました」と述べているだけで，「デジタル機器から離れる時間がある」とは述べていない。②は，第1～2文「スマートフォンが生徒の学習を促すという意見は広く浸透しています。しかし，多くの人に信じられているからといって，ある意見が正しいとは限りません」と合致する。③は，筆者Bは一切言及していないので不可。④は，筆者Bは最終文で「学校が，教室をスマートフォンに邪魔されない場所にすべきなのは明らかです」と述べているが，「教師の干渉」については述べていない。以上から

② が正解である。

問3　「今やあなたはさまざまな視点があることを理解したので，高
校生の授業中のスマートフォン利用について，立場を決めた。そ
して，以下のように書き出した。 3 4 5 を埋
めるのに最も適切な選択肢を選べ」

あなたの立場：高校生の授業中のスマートフォンの使用は許されるべ
きではない。

● 筆者 3 と 4 はあなたの立場を支持している。

● その2人の筆者の主な主張： 5

---

3 と 4 の選択肢（順序は問わない）

①　A　②　B　③　C　④　D　⑤　E

---

5 の選択肢

①「授業中のスマートフォン利用のための現実的な規則を作ること
は学校の教師には難しい」

②「スマートフォンの教育アプリが使いにくいため，スマートフォ
ンは学習の妨げになる可能性がある」

③「スマートフォンは通信用に設計されており，授業で使うための
ものではない」

④「授業中にスマートフォンを利用できると，生徒は勉強に集中で
きない」

---

3 4

②と⑤が正解である。設問文から「授業中のスマートフォン使用
に反対している筆者」を選べばよいことがわかる。筆者 A は，最終
文で「学校は，生徒の持つ強力なコンピューティング・デバイスを最
大限に活用すべきです」と述べており，授業中のスマートフォン使用
に対して賛成の立場である。筆者 B は，最終文で「学校が，教室を
スマートフォンに邪魔されない場所にすべきなのは明らかです」と述
べており，授業中のスマートフォン使用に対して反対の立場である。
筆者 C は，「歩きスマホ」の危険性については述べているが，授業中
のスマートフォン使用に対しては立場を明らかにしていない。筆者 D
は，第3文で「授業中，私たちはスマートフォンの外国語学習アプリ
を活用していますが，それは私にはとても役立っています」と述べて

おり，授業中のスマートフォン使用に対して賛成の立場だとわかる。
筆者Eは，第4〜6文で「昨年，私たちは授業でのスマートフォンの使用を許可することにしました。しかし残念ながら，私たちが望んでいたような結果は得られませんでした。スマートフォンの使用に関するルールが設けられ，生徒がそれに従う場合を除いては，スマートフォンは生徒の注意をそらすことがわかりました」とあり，授業中のスマートフォン使用に対して反対の立場である。以上から筆者Bと筆者Eが正解である。

5

④が正解である。設問文から「筆者Bと筆者Eに共通する主な主張」を選べばよいことがわかる。選択肢を順に吟味する。筆者Eは，第6文で「スマートフォンの使用に関するルールが設けられ，生徒がそれに従う場合を除いては，スマートフォンは生徒の注意をそらすことがわかりました」と述べているだけで①とは合致しない。よって①は不可である。②の「スマートフォンの教育アプリが使いにくいため」は筆者Bも筆者Eも述べていないので不可である。③は，筆者Bも筆者Eも一切述べていないので不可である。④は，筆者Bの第3文「最近の研究では，高校生に授業中にスマートフォンを使わせると，生徒が学習に集中できなくなることがわかりました」に合致する。さらに筆者Eの第6文「スマートフォンの使用に関するルールが設けられ，生徒がそれに従う場合を除いては，スマートフォンは生徒の注意をそらすことがわかりました」にも合致している。以上から④が正解だとわかる。

問4 「資料Aに基づき，理由2として最も適切なものは次のうちどれか」

① 「3D画像を表示するアプリは学習に欠かせないが，すべての生徒がスマートフォンにそのようなアプリを入れているわけではない」

② 「ある種のデジタル機器は教育効果を高めるが，スマートフォンが最適ということではない」

③ 「生徒は，大学進学に備えるために，スマートフォンだけでなく，他のデバイスでもデジタルスキルを身につけるべきだ」

④ 「心理学の研究では，デジタル機器が学習に良い影響を与えると

いう結果は出ていないので，紙の教科書の利用を続けるべきである」

② が正解。設問文とエッセイのアウトラインから，「資料 A の中にある，授業中のスマホ使用反対の根拠」を答えればよいことがわかる。選択肢を順に吟味する。①は，まず前半「3D 画像を表示するアプリは学習に欠かせない」が資料 A にはない。資料 A には「情報は同じだが，3D 画像などアプリの追加機能が学生の学習効果を高めたのだ」とあるだけである。さらに後半の「すべての生徒がスマートフォンにそのようなアプリを入れているわけではない」は述べられていないので不可である。② の前半「ある種のデジタル機器は教育効果を高める」は，資料 A の第 1 〜 3 文「モバイル機器は学習に有利である。たとえば，ある研究では，大学生が双方向のモバイルアプリを使用した場合，デジタル教科書と比較して，心理学をよりよく学んだことが示されている。情報は同じだが，3D 画像などアプリの追加機能が学生の学習効果を高めたのだ」と合致している。さらに，後半「スマートフォンが最適ということではない」は，資料 A の第 4 文「しかし，デジタル機器がすべて同じように効果的というわけではないことに注目しておくことは重要である」，第 6 〜 8 文「学校は，生徒の学習を最大化するデジタル機器の種類を選ぶ必要があり，生徒にスマートフォンを使わせるよりも，学校はパソコンやタブレット端末を支給するべきだという強い主張がある。すべての生徒に同じアプリがインストールされたパソコンやタブレット端末が支給されれば，技術的な問題も少なくなり，教師も授業を行いやすくなるだろう。また，自分自身のスマートフォンを持っていない生徒も，すべての授業の活動に参加することができる」と合致する。③ の「大学進学に備えるために」は，資料 A には書かれていない。資料 A の中で「大学」についての記述は第 1 〜 3 文の「大学生対象の双方向モバイルアプリの学習効果の調査」だけである。④は，資料 A の第 1 〜 3 文と矛盾するので不正解である。

　正解を得るためには，資料 A を読まなければならない。

問5　「理由3について，あなたは『若い学生はスマートフォン依存の危険に直面している』と書くことにした。資料 B に基づき，この記述を最もよく支持する選択肢はどれか」

　①「半数を超えるティーンエイジャーがスマートフォンを使い過ぎていると回答しているが，実際に使い過ぎを後悔しているのは 4

分の 1 未満である。これは，依存の問題に対する無自覚さを示しているのかもしれない」

② 「ティーンエイジャーの 4 人に 3 人近くがスマホに時間を使い過ぎている。実際，50％超が目が覚めてすぐにスマホをチェックしている。多くのティーンエイジャーは，スマホを使うことを我慢できない」

③ 「70％超のティーンエイジャーが『スマホを使う時間が長過ぎる』と考えており，半数超が『スマホがないと不安』と感じている。このような依存は日常生活に悪影響を及ぼしかねない」

④ 「ティーンエイジャーは常にスマートフォンを使っている。実際，4 分の 3 超がスマホの使い過ぎを認めている。彼らの生活は朝から晩までスマートフォンに支配されている」

② が正解。設問文とエッセイのアウトラインから，「資料 B の中から，若者のスマホ依存の危険性を述べたもの」を答えればよいことがわかる。選択肢を順に吟味する。① は，「実際に（スマートフォンの）使い過ぎを後悔しているのは 4 分の 1 未満である」が間違い。資料 B で「（スマートフォンの）使い過ぎを後悔している」と回答した人は 27％ で，4 分の 1 を超えている。② の前半部分の「ティーンエイジャーの 4 人に 3 人近くがスマホに時間を使い過ぎている」は，資料 B で「スマホの使い過ぎ」と回答した人が 72％ であることに合致している。さらに後半の「実際，50％超が目が覚めてすぐにスマホをチェックしている」は，資料 B で「目が覚めてすぐにスマホをチェックする」と回答した人が 54％ であることに合致している。以上から ② は正解である。③ は，「半数超が『スマホがないと不安』と感じている」が間違い。資料 B で，「スマホがないと不安」と回答した人は 45％ なので半数未満である。④ は，「4 分の 3 超がスマホの使い過ぎを認めている」が間違い。資料 B で，「スマホの使い過ぎ」と回答した人は 72％ なので 4 分の 3 未満である。

解答 問1 ②　　問2 ②　　問3 | 3 | 4 | ②，⑤
| 5 | ④　　問4 ②　　問5 ②

訳　　あなたは，高校生が授業中にスマートフォンを使用することを許可すべきかどうかについてのエッセイに取り組んでいます。以下の手順に従っていきます。

232

ステップ1：スマートフォンの使用に関するさまざまな見解を読み，理解する。

ステップ2：高校生が授業中にスマートフォンを使用することについての立場を決める。

ステップ3：追加の資料を使用して，エッセイのアウトラインを作成する。

［ステップ1］ さまざまな資料を読む

筆者 A（教師）

私の同僚たちは，スマートフォンが生徒の生涯にわたる知識や技能の育成に役立つかどうかに関してしばしば疑問を抱いています。私は，スマートフォンの使い方が注意深く計画されたものであるならば，役立つ可能性があると思っています。スマートフォンは，授業の中での学習効果を高めるさまざまな活動をサポートします。たとえば，プロジェクトのための概説を作成したり，自分の学びを他の生徒と共有したりすることなどが挙げられます。もう1つの利点は，生徒にデバイスを提供する必要がなく，生徒が自分のスマホを使えることです！　学校は，生徒の持つ強力なコンピューティング・デバイスを最大限に活用すべきです。

筆者 B（心理学者）

スマートフォンが生徒の学習を促すという意見は広く浸透しています。しかし，多くの人に信じられているからといって，ある意見が正しいとは限りません。最近の研究では，高校生に授業中にスマートフォンを使わせると，生徒が学習に集中できなくなることがわかりました。実際，生徒が自分自身のスマートフォンを使っていなくても，クラスメートがスマートフォンを使っているのを見ると気が散ってしまったのです。学校が，教室をスマートフォンに邪魔されない場所にすべきなのは明らかです。

筆者 C（保護者）

最近，高校生の息子にスマートフォンを買い与えました。というのも，息子の学校は私たちの町から離れたところにあるからです。息子は普段早く家を出て，遅く帰ってきます。今では，息子は困ったときに私に連絡したり，必要な情報にアクセスしたりできるようになりました。その一方で，息子がスマートフォンを見ながら歩いているのをときどき見かけます。気をつけないと事故になりかねません。一般的に，高校生にスマートフォンを持たせても安全だとは思いますが，それでも親がその危険性を認識しておく必要があります。また，息子は授業中スマホをどのように使っているのかなと思います。

筆者 D（高校生）

学校では，授業中にスマホを使うことが許されています。ほとんどの生徒がスマホを持っているので，学校が私たちにスマホ使用を許可するのは理にかなっています。授業中，私たちはスマートフォンの外国語学習アプリを活用していますが，それは私にはとても役立っています。以前より勉強に興味を持つようになり，テストの点数も上がりました。でもこの前，授業中にネットのマンガを読んでいるのを先生に見つかって怒られました。たまにこういうことはありますが，全体的にはスマートフォンのおかげで学習効果が上がっています。

筆者 E（校長）

私の学校の教師たちは，当初はスマートフォンに懐疑的でした。というのも，生徒が授業中に友人と交流するためにスマートフォンを使うと考えたためです。だから，スマートフォンを禁止していました。しかし，より多くの教育アプリが利用できるようになり，私たちはスマートフォンを教室での学習補助機器として活用できるのではと考えるようになりました。昨年，私たちは授業でのスマートフォンの使用を許可することにしました。しかし残念ながら，私たちが望んでいたような結果は得られませんでした。スマートフォンの使用に関するルールが設けられ，生徒がそれに従う場合を除いては，スマートフォンは生徒の注意をそらすことがわかりました。しかし，これは「言うは易く行うは難し」という結果になりました。

［ステップ 2］立場を決める
※解説内に訳文を記載したため省略

［ステップ 3］資料 A と資料 B を使ってアウトラインを作成する
エッセイのアウトライン

授業中のスマートフォン利用は良い考えとは言えない

導入

スマートフォンは現代の生活に欠かせないものとなっているが，生徒が授業中にスマートフォンを使用するのは禁止すべきである。

本論

理由 1：［ステップ 2 から］
理由 2：［資料 A を根拠にして］ …… ある種のデジタル機器は教育効果を高めるが，スマートフォンが最適ということではない。

理由3：[資料Bを根拠にして] …… ティーンエイジャーの4人に3
　　　　人近くがスマホに時間を使い過ぎている。実際，50%超が目が
　　　　覚めてすぐにスマホをチェックしている。多くのティーンエイ
　　　　ジャーは，スマホを使うことを我慢できない。

結論
　高校は生徒に授業中のスマートフォンの使用を許可すべきではない。

資料A

モバイル機器は学習に有利である。たとえば，ある研究では，大学生が双
方向のモバイルアプリを使用した場合，デジタル教科書と比較して，心理
学をよりよく学んだことが示されている。情報は同じだが，3D画像など
アプリの追加機能が学生の学習効果を高めたのだ。しかし，デジタル機器
がすべて同じように効果的というわけではないことに注目しておくことは
重要である。別の研究では,画面サイズがスマートフォンより大きいため，
生徒はスマートフォンよりもラップトップコンピュータを使ったほうが内
容を理解しやすいという結果が出ている。学校は，生徒の学習を最大化す
るデジタル機器の種類を選ぶ必要があり，生徒にスマートフォンを使わせ
るよりも，学校はパソコンやタブレット端末を支給するべきだという強い
主張がある。すべての生徒に同じアプリがインストールされたパソコンや
タブレット端末が支給されれば，技術的な問題も少なくなり，教師も授業
を行いやすくなるだろう。また，自分自身のスマートフォンを持っていな
い生徒も，すべての授業の活動に参加することができる。

資料B

アメリカで行われたある調査によると，多くのティーンエイジャーがス
マートフォンに依存していることがわかった。この調査は，13歳から18
歳までの生徒約1,000人を対象に行われた。下のグラフは，スマートフォ
ンの使用に関する記述に同意した生徒の割合を示している。

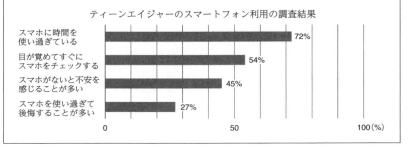

ティーンエイジャーのスマートフォン利用の調査結果

▶ víewpoint　名「視点」

筆者 A
▶ cólleague　名「同僚」
▶ as long as S' V'　熟「S' V' の限り」
▶ enhánce 〜　他「〜を高める」
▶ make a súrvey　熟「概説を作る」
▶ share A with B　熟「A を B と共有する」
▶ advántage　名「利点」
▶ províde A with B　熟「A に B を供給する」
▶ take full advántage of 〜　熟「〜を十分に利用する」

筆者 B
▶ wídespréad　形「普及した」
▶ cóncentrate on 〜　熟「〜に集中する」
▶ distráction　名「気を散らすもの」
▶ be free from 〜　熟「〜がない」
▶ interférence　名「邪魔」

筆者 C
▶ récently　副「近ごろ」
▶ be locáted 〜　熟「〜に位置する」
▶ cóntact 〜　他「〜に連絡する」
▶ áccess 〜　他「〜にアクセスする」
▶ on the óther hand　熟「一方」
▶ have an áccident　熟「事故にあう」
▶ génerally　副「一般的に」
▶ be awáre of 〜　熟「〜を意識している」

筆者 D
▶ make sense　熟「意味をなす」
▶ permít O to (V)　熟「O が (V) するのを許可する」
▶ make use of 〜　熟「〜を活用する」
▶ app　名「アプリ」
▶ the óther day　熟「先日」
▶ get mad at 〜　熟「〜に怒る」

▶ catch O (V) ing	熟	「O が (V) しているのを見つける」
▶ occásionally	副	「時折」
▶ óverall	副	「全体として」

筆者 E

▶ inítially	副	「最初は」
▶ *be* sképtical of ～	熟	「～に懐疑的である」
▶ sócialize with ～	熟	「～とつきあう」
▶ ban ～	他	「～を禁止する」
▶ aváilable	形	「利用できる」
▶ útilize ～	他	「～を利用する」
▶ unfórtunately	副	「(しかし) 残念ながら」
▶ distráct ～	他	「～の気を散らす」
▶ *be* éasier said than done	熟	「～は言うは易く行うは難し」

資料 A

▶ móbile devíce	名	「モバイル機器」
▶ psychólogy	名	「心理学」
▶ interáctive	形	「双方向の」
▶ compáred with ～	熟	「～と比較して」
▶ féature	名	「特徴」
▶ note that S' V'	熟	「S' V' に注目する」
▶ efféctive	形	「効果的な」
▶ cóntent	名	「内容」
▶ máximize ～	他	「～を最大化する」
▶ instáll ～	他	「～をインストールする」
▶ partícipate in ～	熟	「～に参加する」

資料 B

▶ condúct ～	他	「(調査・研究など) を行う」
▶ númerous	形	「多くの」
▶ *be* addícted to ～	熟	「～の依存症である」
▶ státement	名	「説明文／意見」

第2章 図表読解

チャレンジ問題 1　　　標準 13分

　次の文章と図を読み，問1〜4の ☐ に入れるのに最も適当なものを，それぞれ下の ① 〜 ④ のうちから一つずつ選べ。

(1)　"Heaven helps those who help themselves," said Benjamin Franklin. Although we are familiar with the message contained in this old saying, the fact remains that we have to help each other. And that is what hundreds of millions of people are doing ―― working as volunteers. In 2001, 28.9 percent of Japanese citizens volunteered their services. This number suggests that the idea of volunteering is becoming more attractive, because in 1983 a similar survey on that topic found that only 20 percent had some experience with volunteering. Even so, that percentage was lower than for the United States and the United Kingdom, where more than 50 percent of citizens had some experience of volunteering.

(2)　Differences can be found within a country as well. The graph below shows regional variations with respect to volunteer activities among four prefectures in Japan in 2001. As mentioned above, the overall rate of participation of Japanese in community service was 28.9 percent. In that year Hyogo appeared to be typical of the nation in regard to that rate. The leading prefecture was Kagoshima, where more than 40 percent of the people had some volunteer experience. Yamanashi's rate was similar to that of Kagoshima, but preferences differed when it came to types of volunteer work: A little over 10 percent of the volunteer work focused on community safety, compared with 7.4 percent in Kagoshima.

(3)　Those living in Tokyo seemed to be less involved in volunteer work than the nation as a whole. In fact, the overall percentage was the second lowest of all the prefectures in Japan. Furthermore, the nation's capital had the lowest percentage in community development. It might be that people living in big cities see themselves as individuals and not as members of a community. Or, perhaps they simply do not have time to think of their neighbors.

(4)　The Japanese government has been making efforts to establish a system to promote volunteer activities. Indeed, Japan was the driving force behind the United Nations making 2001 the "International Year of the Volunteers." Although variations among and within countries will likely continue for quite some time, it is hoped that government support for this important activity will encourage more people to help their neighbors and their communities.

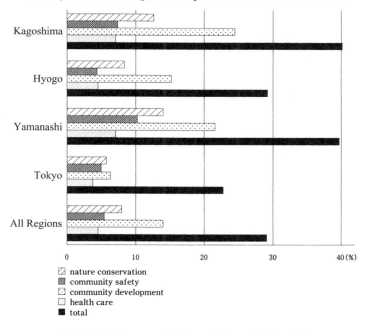

Participation Rates: Regional Comparison of Volunteer Activities

(Data：総務省, *Survey on Time Use and Leisure Activities*, 2001)

問1　In 1983, in Japan one person out of ☐ participated in a volunteer activity.

　① two　　　② three　　　③ four　　　④ five

問2 In 2001, people living in Yamanashi seemed to be more aware of
　　　　　　　than those living in Kagoshima were.
　① volunteering　　　② health care
　③ community safety　④ community development

問3 The author suspects that people living in Tokyo 　　　　　.
　① are very much concerned about health care
　② do not want to live in an environment with less green and more
　　 noise
　③ communicate with their neighbors on a regular basis
　④ are too independent to be concerned with community affairs

問4 According to the passage, 　　　　　.
　① the number of volunteers in Japan increased as a result of the
　　 activities of the United Nations
　② the Japanese government has shown little interest in volunteer
　　 work
　③ Japan contributed greatly toward establishing the "International
　　 Year of the Volunteers"
　④ Hyogo appeared to be the safest of the four regions covered in
　　 the survey　　　　　　　　　　　　　　　　　　[本試]

解説 問1 「1983年，日本では　　　　　人に1人がボランティア活動に
　　　 参加した」
　　④「5」が正解。

　　one person out of ～「～のうち1人」という表現は重要。図は
2001年の資料なので，この設問とは無関係。よって，本文から情報
を得ることになる。

　　「1983」という数字を頼りに本文の該当箇所を探すと，第1パラグ
ラフ第5文に「1983」を含んだ記述があることに気づく。ここには，
「なぜなら，このテーマに関する同様の1983年の調査では，ボランティ
アの経験が少しでもある人は，わずか20％しかいなかったからであ
る」とある。「20％＝5人に1人」だから，答えは④「5」だとわかる。

問2 「2001 年，山梨県在住者は鹿児島県在住者よりも，☐☐☐☐☐ に
　　関する意識が高いように思われた」
　③「地域の安全」が正解。

　図を見れば，本文を読むまでもなく解決する。山梨県が鹿児島県よ
り高い割合を示しているのは「自然保護（nature conservation）」と「地
域の安全（community safety）」。

　選択肢を見ると，①「ボランティア」，②「医療」，③「地域の安全」，
④「地域振興」とある。①は「ボランティア全体」という意味だから
不可。よって，③が正解となる。

　「自然保護」も正解のはずだが，**選択肢にない。**

問3 「筆者は，**東京在住者**は ☐☐☐☐☐ と思っている」
　④「あまりに独立心が旺盛（おうせい）なため，地域のことに興味を向けられな
い」が正解。

　まず，**suspect that** S' V' は，「S' が V' ではないかと疑う」，つまり，
「S が V だと思う」の意味。

　①「医療に高い関心を示している」は，図よりとてもそんなことは
言えないので不可。

　②「緑が少なく騒音の多い環境では住みたくない」は，図にも本文
にもそのような記述はないので不可。そもそも，これが正しければ，
東京に住めなくなるのではないだろうか。

　③「定期的に隣人とコミュニケーションをとる」。第 3 パラグラフ
に，「大都市の住民たちは，自分を地域社会の一員としてではなく，
個人と見ているのだろう。あるいはまったく，隣人のことを考える時
間がないのかもしれない」とあるから，この選択肢は誤り。この選択
肢に含まれている **on a ～ basis** は「～を基盤にして」が直訳だが，
訳出にあたっては「～」にあたる部分を副詞的に処理すればよい。

　　　例 **on an** everyday **basis**「毎日」

　以上より，④「あまりに独立心が旺盛なため，地域のことに興味を
向けられない」が正解となる。**affairs** は「（漠然（ばくぜん）とした）**事柄**（ことがら）」の意味。

問4 「**本文によると，**☐☐☐☐☐ 」
　③「日本は『ボランティア国際年』の樹立に向けおおいに貢献した」
が正解。

　①「国際連合の活動の結果，日本のボランティアの数は増加した」
　国際連合の話は最終パラグラフに登場する。ここには，「事実，国

連が 2001 年を『ボランティア国際年』に制定した際，日本はその陰の原動力であった」とある。①は，この内容と一致しないので誤りだとわかる。

②「日本政府はボランティアにほとんど関心を示していない」

最終パラグラフ第 1 文に，「日本政府は，ボランティア活動を促進するためのシステム作りに努力してきた」とあるので不可。そもそも，**この試験が日本の公(おおやけ)の試験であることを考えれば，「政府に批判的なこんな選択肢が正解になるわけない」と思ってほしい。**

③「日本は『ボランティア国際年』の樹立に向けおおいに貢献した」
これが正解。

④「兵庫県は調査で取り上げられた 4 つの地域の中で，最も安全であるように見える」

図を見ると，兵庫県は「地域の安全に関わるボランティア」に最も関心が低い県だとわかるが，だからといって「最も安全」とは言えないはず。本文にもそのような記述はない。よって，不可。

解答　問 1　④　　問 2　③　　問 3　④　　問 4　③

訳　(1)　「天はみずから助くる者を助く」とベンジャミン・フランクリンは言った。我々はこの古いことわざに含まれている教訓のことは知っているのだが，我々がお互いに助け合わなければならないという事実に変わりはない。そしてこれこそが何億人もの人々がしている —— ボランティアとして働く —— ということである。2001 年には日本国民の 28.9％がボランティアとして奉仕した。この数字は，ボランティア活動という考え方がより魅力を持ってきていることを示唆している。なぜなら，このテーマに関する同様の 1983 年の調査では，ボランティアの経験が少しでもある人は，わずか 20％しかいなかったからである。しかし，前出のパーセンテージでさえも，50％を超す国民が何らかのボランティア活動を経験しているアメリカやイギリスに比べれば低い。

(2)　国内でもいろいろな違いが見られる。下の図は，2001 年の日本の 4 都県におけるボランティア活動に関する地域的な違いを示したものである。上述したように，日本人のコミュニティーサービス(地域社会での活動)への総参加率は 28.9％であった。その年の (参加) 率に関しては，兵庫県が日本における典型的な例を示しているようだった。トップは鹿児島県で，人口の 40％より多くが何らかのボランティアの経験を持っていた。山梨県の率も鹿児島県と同じくらいだったが，ボランティア活動の種類となると，

好む活動が違っていた。鹿児島の 7.4％に比べ，10％強が地域の安全を主体としていたのだ。

(3)　東京都民は，ボランティア活動への参加が国民全体から見れば少ないようだ。実際，総合的な参加率は，日本の全都道府県中で下から 2 番目であった。さらに，この日本の首都では地域振興率が最も低かった。大都市の住民たちは，自分を地域社会の一員としてではなく，個人と見ているのだろう。あるいはまったく，隣人のことを考える時間がないのかもしれない。

(4)　日本政府は，ボランティア活動を促進するためのシステム作りに努力してきた。事実，国連が 2001 年を「ボランティア国際年」に制定した際，日本はその陰の原動力であった。国家間でもまた国内でも，今後もいろいろな格差は続くことであろうが，このような重要な活動への政府支援を通して，より多くの人々が，隣人や地域社会への援助に関わりを持つことが奨励されるように望まれているのである。

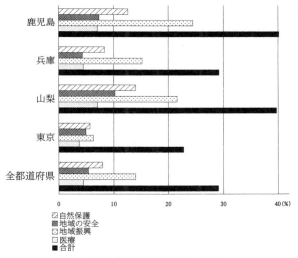

参加率：ボランティア活動の地域比較

凡例
☑ 自然保護
■ 地域の安全
□ 地域振興
□ 医療
■ 合計

（データ：総務省「社会生活基本調査報告，2001」）

語句　第 1 パラグラフ

▶ *be* **famíliar with** 〜　　熟「〜を知っている」

▶ **contáin** 〜　　他「〜を含む」

▶ **the fact remáins that** S' V'　熟「S' が V' するという事実に変わりない」

▶ **cítizen**　　名「国民／市民」

▶ S **suggést that** S' V'　　熟「S は S' V' を示唆している」

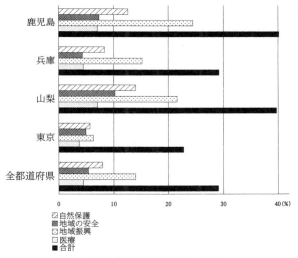

▶ **attráctive** 形 「魅力的な」
▶ **súrvey** 名 「調査」

第2パラグラフ

▶ **as well** 熟 「同様に」
▶ **régional variátions** 名 「地域によるばらつき」
▶ **with [in] respéct to ～** 熟 「～に関わる」
　　＊　直訳は「～の側面に／～のほうを見ると」
▶ **préfecture** 名 「（日本の1つの）都道府県」
▶ **as méntioned abóve** 熟 「上で述べたように」
▶ **the óverall rate of ～** 熟 「～の全体の割合」
▶ **participátion of ～ in ...** 熟 「～が…に参加すること」
▶ **appéar to** (V) 熟 「(V)するように思える」
▶ *be* **týpical of ～** 熟 「～に関して典型的である」
　　＊　typical の / i / の発音にも注意
▶ *be* **símilar to ～** 熟 「～に似ている」
▶ **when it comes to ～** 熟 「～ということになれば」
▶ **fócus on ～** 熟 「～に焦点を当てる／～を重要視する」
▶ **compáred with ～** 熟 「～と比べれば」

第3パラグラフ

▶ **those** (V) **ing** 熟 「(V)している人々」
▶ *be* **invólved in ～** 熟 「～に関与している」
　　＊　直訳は「～の中に巻き込まれている」
▶ 名詞＋ **as a whole** 熟 「～全体」
▶ **the sécond** ＋最上級 熟 「2番目に～」
▶ **fúrthermore** 副 「さらに」
▶ **see** O **as** C 熟 「O を C として見ている」
▶ **a mémber of a commúnity** 名 「ある1つの地域社会の一員」
▶ **símply not ～** 熟 「まったく～ない」

第4パラグラフ

▶ **estáblish ～** 他 「～を確立する」
▶ **promóte ～** 他 「～を促進する」
▶ **dríving force** 名 「原動力／推進力」
▶ **will likely** (V) 熟 「おそらく(V)する」
　　＊　この likely は副詞

チャレンジ問題2

標準 12分

次の文章は，同一の状況について2人の人物がそれぞれの観点から述べたものである。文章を読み，問1〜5の □□□□□ に入れるのに最も適当なものを，それぞれ下の ① 〜 ④ のうちから一つずつ選べ。

Flight Attendant: On every flight, there is always one passenger that stands out. It was an international flight, almost fully-booked, and there was a young girl I noticed immediately. She was the last to board, carrying a huge stuffed animal — it disturbed passengers on both sides of the aisle. She had a window seat near the front of her section. After the meal, she wanted to buy some perfume, and it took her ages to choose — other passengers were waiting. Then her entertainment system didn't work. I found her a new seat in the back of the section in front of her. Once she started to play the games, she was very noisy. Then she tried to use her cellular phone, and I had to warn her. I was getting tired of dealing with her. But she saved the day later. When everyone was trying to sleep, there was a baby crying at the front of her section. The parents tried everything, but nothing worked. Other passengers complained. Then the girl took her stuffed animal and played with the baby. He stopped crying and went to sleep. Everyone was relieved — some even thanked her. You never know which passenger is going to surprise you.

Passenger: My first international flight was really confusing. First we ate, then I bought perfume for my aunt. There were so many brands — it was difficult to decide which one was the best for her. The flight attendant wasn't very nice to me. He seemed to be in a hurry. The entertainment system at my seat didn't work, so I had to ask for help. He wasn't nice about that either. But, he moved me to another seat. Unfortunately, it was an aisle seat, but the games were fantastic. Later, I tried to email a friend, but the flight attendant stopped me. Then there was a baby crying and he wasn't nice with the parents either. I took the pink koala I thought for my nephew over to the baby and played with them. After a few minutes, he went to sleep. Before I knew it, the flight was over. It was strange — when I got off the plane, the flight attendant smiled at me warmly.

問1　When the girl was buying perfume, the flight attendant seemed worried about ⬚.
　　① not having enough perfume for everyone
　　② not knowing the age of the aunt
　　③ those passengers who wanted to buy something
　　④ whether the girl would choose a good perfume

問2　After the flight, the flight attendant concluded that ⬚.
　　① he can predict who will get tired on the flight
　　② he knows which passengers won't need help
　　③ people may do what you least expect them to do
　　④ people rarely appreciate favors done for them

問3　When the girl was buying perfume, she was worried about ⬚.
　　① another passenger who wanted to buy perfume too
　　② choosing a good perfume for her aunt
　　③ how much perfume to buy
　　④ the fact that her aunt was old

問4　The most enjoyable part of the flight for the girl was ⬚.
　　① being able to shop on the airplane
　　② having meals on the airplane
　　③ sending emails from the airplane
　　④ using the entertainment system on the airplane

問5 Which of the following illustrations most accurately shows the seating before and after the young girl was moved? ☐

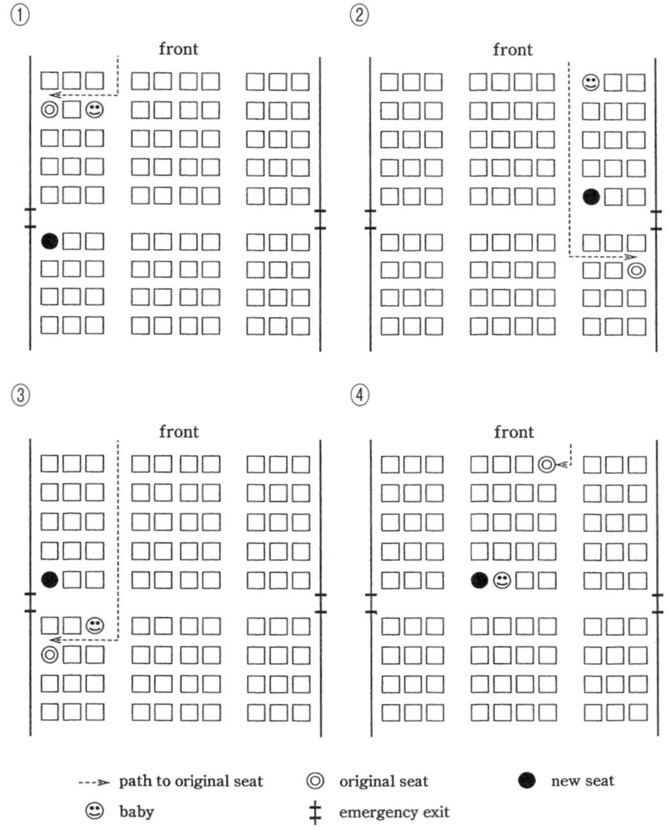

① ②

③ ④

---➤ path to original seat ◎ original seat ● new seat
☺ baby ‡ emergency exit

[追試]

解説 問1 「少女が香水を買っていたとき，その客室乗務員は ☐ について心配しているようだった」

③ 「何かを買いたがっている乗客たち」 が正解。

① 「全員に行き渡るのに十分な香水がないこと」

② 「叔母さんの年齢がわからないこと」

④ 「その子が良い香水を選ぶかどうか」

客室乗務員の証言には①・②・④の記述はない。

よって ③ を正解とする。

問2 「フライトのあと，その客室乗務員は ［＿＿＿＿］ と結論づけた」

③「人は最も予測していないことをするかもしれない」が正解。これは客室乗務員の証言の最後の文に合致。

①「フライトで誰が疲れるか予測できる」，②「どの乗客が助けを必要としないかわかっている」は明らかに本文にないので不可。

④「人はしてもらった行為に対して感謝することはまれである」。この内容をうかがわせる記述は客室乗務員の証言には存在する。しかし問題文は「〜と結論づけた」とあるから ④ では不適切となる。④ にした人が 15％に及ぶ。

差がついたのはこの問いで，正答率はおよそ 70％。

問3 「香水を買おうとしていたとき，その女の子は ［＿＿＿＿］ を心配していた」

②「叔母さんのために良い香水を選ぶこと」が正解。これは乗客の証言に合致。

①「自分と同様に香水を買いたいと思っている他の乗客」は乗客の証言にはないので不可。

③「どれくらい香水を買うべきかということ」。これも乗客の証言にはないので不可。

④「彼女の叔母さんが年老いているという事実」もまったく記述がないので不可。

問4 「女の子にとってフライトの中で一番楽しかったのは ［＿＿＿＿］ だった」

④「機内で娯楽用機器を使うこと」が正解。これは乗客の証言に合致。

① 「機内で買い物ができること」

② 「機内で食事をとること」

③ 「飛行機からメールを送ること」

これらはすべて乗客の証言にはないので不可。

問5 「次のイラストのうち，その女の子が席を移る前とあとの座席を最も正確に示しているのはどれか」

---▶ 元の席への進路	◎ 元の席	● 新しい席
☺ 赤ん坊	‡ 非常口	

客室乗務員の証言の「先ほどの女の子の座席ゾーンの前方で赤ん坊

が泣いていました」だけから，②が正解だとわかる。なお，これに気がつかない場合は，以下の手順を踏んで正解に至ることになる。客室乗務員の証言の第4文の「その子の席はその子が属する座席ゾーンの前方窓側でした」から，◎（元の席）が窓側に存在しない④は不可。客室乗務員の証言の第7文に「彼女の席の前のゾーンの後方に，新たな席を用意しました」とあるので，●（新しい席）が◎の前のゾーンにない①も消える。さらに乗客の証言の第9文に「残念なことにその席は通路側でしたが」とあるので，●が通路側ではない③が消える。よって②が正解となる。③にした人が約30％，①にした人が20％ぐらい。

解答 　問1　③　　　問2　③　　　問3　②　　　問4　④　　　問5　②

訳 　**客室乗務員：** フライトのたびに目立つお客様が必ず1人いらっしゃいます。それはほぼ満席の国際線のフライトでのことでした。すぐに私の目についた若い女の子がいました。その子は最後に搭乗してきて大きな動物のぬいぐるみを持っていました。そのため通路の両側のお客様たちに迷惑がかかりました。その子の席はその子が属する座席ゾーンの前方窓側でした。食事のあと，その子は香水を買いたがっていました。そしてなかなか決められませんでした——他のお客様がお待ちなのに。次に，その子の娯楽用機器が故障していました。彼女の席の前のゾーンの後方に，新たな席を用意しました。いったんゲームを始めると，とても賑やかにしていました。次には携帯電話を使おうとしたので警告しなければなりませんでした。その子の相手をすることに疲れてきました。でも，あとでその子が窮地を救うことになったのです。誰もが寝ようとしていたとき，先ほどの女の子の座席ゾーンの前方で赤ん坊が泣いていました。ご両親はあらゆることを試していましたが，何ひとつうまくいきませんでした。他のお客様から苦情が出ました。すると，その女の子はぬいぐるみを持っていって，その赤ん坊と遊びました。赤ん坊は泣きやみ，寝てくれました。誰もがほっとし，なかにはその女の子に感謝する人さえいました。どの乗客が驚かせてくれるかはわからないものです。

　　乗　　客：私の最初の国際線のフライトは本当に大変でした。最初にご飯を食べ，叔母のために香水を買いました。いろんなブランドがあったので，どれが叔母に最適か決めるのは大変でした。客室乗務員の人は私にあまりよくしてくれませんでした。その男の客室乗務員さんは急いでいるようでした。私の席の娯楽用機器は故障していました。だからどうにかして

くれるように頼まなければなりませんでした。そのことに関してもその乗務員さんはいい顔をしませんでした。でも，別の席に案内してくれました。残念なことにその席は通路側でしたが，ゲームはとても楽しかったです。あとで友達にeメールをしようとしましたが，先ほどの乗務員さんに止められました。その後，泣いている赤ん坊がいて，その乗務員さんはその赤ん坊の親に対してもいい顔をしませんでした。私は甥のためにと思っていたピンクのコアラを赤ん坊のところに持っていき，一緒に遊びました。数分でその赤ん坊は寝つきました。気がつけばフライトは終わっていました。奇妙だったのは飛行機を降りるとき，先ほどの乗務員さんが私にニッコリほほえんでくれたことでした。

（語句） 客室乗務員

▶ **pássenger** 名「乗客」
▶ **stand out** 熟「目立つ」
▶ **fúlly-bóoked** 形「予約でいっぱいの」
▶ **immédiately** 副「すぐに」
▶ **board** 自「搭乗する」
▶ **stúffed ánimal** 名「ぬいぐるみの動物」
▶ **distúrb ～** 他「～の邪魔をする」
▶ **aisle** 名「通路」 ＊ / áil / の発音
▶ **pérfume** 名「香水」
▶ **take O áges to (V)** 熟「O が (V) するのに時間がかかる」
▶ **work** 自「作動する」
▶ **once** S' V' 接「いったん S' V' すれば」
▶ **warn ～** 他「～に警告する」
▶ **deal with ～** 熟「～を扱う」
▶ **save the day** 熟「窮地を救う」
▶ **compláin** 自「不平を言う」

乗 客

▶ **confúsing** 形「混乱させる」
▶ **in a húrry** 熟「急いでいる」
▶ **not ～ éither** 熟「も～ない」
▶ **aisle seat** 名「通路側の席」
▶ **néphew** 名「甥」
▶ **befóre** S **know it** 熟「S の知らぬ間に」

チャレンジ問題 3

次の文章と図を読み，問1・2に答えよ。なお，(1)〜(4)はパラグラフの番号を表す。

(1) Tourism is an important part of international trade today, and business activities connected with transportation, hotels, services, and entertainment for tourists are essential sources of income for many countries. The figure below shows the amounts of money earned from and spent on international travel in 2000 by six countries: China, Germany, Japan, Mexico, Spain, and the United States of America (USA).

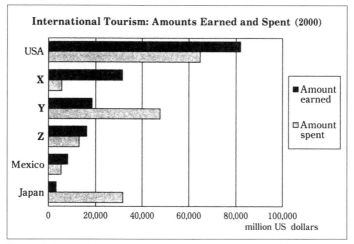

(Data：Ministry of Land, Infrastructure and Transport, *White Paper on Tourism*, 2003)

(2) While the figure shows that the USA led other countries in both earning and spending, we can also see that nations receiving large sums of money from tourism do not always spend equally great amounts overseas. For example, the amount of money spent by Spanish travelers abroad was less than 20 percent of that earned from foreign travelers to Spain. China also earned more from international tourism than it spent. The opposite pattern was shown by Germany and Japan, where the amounts spent abroad by their citizens, 47,785 million

dollars and 31,886 million dollars, respectively, were far greater than the amounts earned, 18,483 million dollars and 3,373 million dollars.

(3)　According to the World Tourism Organization, there is a growing tendency for tourists to seek out places where they have never been. Europe, which received almost 60 percent of all international tourists in 2000, is expected to see its share fall to 46 percent by 2020. On the other hand, by that time the East Asia and Pacific region will have replaced North and South America as the second most popular tourist destination. Of course, tourists choose a destination not only on the basis of how fresh it is or whether an international event such as the Olympics is being held there, but also by the level of safety and the ease of getting around.

(4)　Many foreigners have the idea that Japan is too far away and too expensive, and its language and culture too hard to understand. However, distance and language alone cannot explain Japan's lack of appeal to tourists from North America and Europe: in 2000, China received more visitors from these areas than Japan did. Despite its negative image among some tourists, many who do make the trip to Japan are pleasantly surprised by the friendliness of its people and the efficiency of its public transportation. Moreover, not every foreign visitor finds Japan so expensive these days. With its safe society and excellent travel facilities — not to mention its history, culture, and natural beauty — there is no reason why Japan should not become one of Asia's major tourist destinations. The amount spent by foreigners in Japan may one day be more than that spent by Japanese overseas.

問1　グラフの X, Y, Z に対応する国名の組み合わせが, その順に示されている。正しいものを, 次の ① ～ ⑥ のうちから一つ選べ。

① China ———— Germany ———— Spain
② China ———— Spain ———— Germany
③ Germany ———— China ———— Spain
④ Germany ———— Spain ———— China
⑤ Spain ———— China ———— Germany
⑥ Spain ———— Germany ———— China

問2　次の問い(1)〜(4)の　　　　　　に入れるのに最も適当なものを，それぞれ下の ① 〜 ④ のうちから一つずつ選べ。

(1)　Japanese travelers spent almost　　　　　times as much money abroad as Japan received from foreign travelers in 2000.

① four　　② seven　　③ ten　　④ thirteen

(2)　In this analysis of tourism, opposite earning and spending patterns were found between　　　　　.

① Germany and Japan　　　② the USA and China
③ China and Mexico　　　④ Spain and Japan

(3)　The author mentions that in recent years tourists have been likely to choose a destination if　　　　　.

① the language spoken there is fascinating
② the location is new to them
③ the people living there are rich
④ the culture is interesting

(4)　According to the passage,　　　　　.

① Japan earned far less from international tourism than the USA, but more than Mexico
② Europe will still attract more tourists than any other area in 2020
③ China became a new destination for Europeans mainly because of its international events
④ Spanish travelers abroad spend 20 percent less than tourists from other countries

[本試]

正答率が非常に悪いのは問2の(4)。また，問2の(2)，(3)も50%を下回っている。決して難問ではなく，冷静に考えればなんでもないが，焦ると間違えてしまう。

解説 **問1** まず図を見て，X と Z は「**収入＞支出**」となっていることを
つかむ。次に，第 2 パラグラフ第 2 文「スペイン人が海外旅行で使っ
た金額は，スペインに来た旅行者から得た金額の 20％にも満たなかっ
た」＝「**収入＞支出**」の関係をつかむ。よってスペインは X か Z だが，
支出が収入の 20％にも満たないとあるから，Z ではおかしい。よっ
て X だとわかる。

　次に，同じパラグラフの第 3 文に「中国もまた，海外からの旅行者
から得た収入は中国人が海外で使った金額を上回っていた」＝「**収入
＞支出**」とあるから，Z が中国。あとは消去法で，Y がドイツだとわ
かる。答えは⑥。

国際観光：総収入と総支出（2000 年）

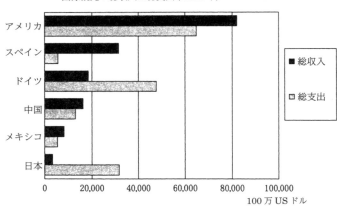

（データ：国土交通省「観光白書，2003」）

問2 （1）「**2000 年において，日本人の旅行者が海外で使ったお金
　　　は，日本が日本に来た外国人から得たお金のほぼ ▢ 倍で
　　　ある**」

　③「**10**」が正解。

　まず図だけでは正確なことを知るのは難しいので，本文に根拠を求
める。第 2 パラグラフの最終文に，ドイツと日本の記述がある。

　ポイントとなる単語は respectively「各々」である。「**ドイツと日本
の各々**」であるから，それぞれの **2 番目の数字**が**日本の数字**だとわか
る。すると，支出＝ 31,886 million dollars で，収入＝ 3,373 million
dollars である。

　よって 31,886 ÷ 3,373 ＝約 9.5 だから③「**10**」が正解となる。

(2) 「この観光業の分析によると，[_____] の間では収入と支出の関係が正反対になっていた」

④「スペインと日本」が正解。

設問文を読んでも「何が言いたいのか」よくわからない。だが，これはセンター試験の「情報取得問題」の特徴であり，焦ることはない。まず，それぞれの国の収支の関係を確認すると，

> **収入＞支出**　：アメリカ／スペイン／中国／メキシコ
> **収入＜支出**　：ドイツ／日本

第 2 章 図表読解

もし①「ドイツと日本」が正解なら同じ収支関係の国を選ぶことになるが，それなら②「アメリカと中国」，③「中国とメキシコ」も正解となり不可。これから設問文の意味は，「収支関係が正反対の国のペアを選べ」だとわかり，④「スペインと日本」が正解となる。

(3) 「**筆者によると，近年観光客が目的地を選ぶ際の条件は [_____] であるらしい**」

②「その場所が自分たちにとって目新しいこと」が正解となる。

第 3 パラグラフの第 1 文に「旅行者は行ったことのない所に行きたがる傾向が強くなってきている」とある。ただ，同じパラグラフの最終文に「その国の目新しさやオリンピックなどの国際的な行事が行われているかどうかが判断基準になる」「その国の安全性と交通の便が基準となっている」とあるからこれも正解になり得るが，これに**対応する選択肢**はない。

念のため残りの選択肢を吟味しておく。

①「そこで話されている言語が魅力的であること」。本文には記述がない。

③「そこに住んでいる人々が金持ちであること」。これも記述がない。

④「その文化が興味深いこと」。やはり記述がない。

(4) 「**この文によると，[_____]**」

②「ヨーロッパは 2020 年になっても他の地域より多くの観光客を集めるだろう」が正解。選択肢を順番に吟味していく。

①「日本が国際的観光業で得る収入はアメリカに比べはるかに少ないが，メキシコよりは多い」。図より「メキシコよりは多い」が間違い。

②「ヨーロッパは 2020 年になっても他の地域より多くの観光客を

集めるだろう」は第3パラグラフ第2文「ヨーロッパは……2020年までにはその割合は46％にまで落ち込むと予測されている」を読むと，この**選択肢は間違いに見える**。しかし，その後の記述に「2020年までに，東アジアと太平洋沿岸地域が，南北アメリカ大陸を上回り，**世界第2の海外旅行の目的地**となっていると予想されている」とあり，**世界第1の海外旅行の目的地はやはりヨーロッパである**と示唆されている。いったん**保留**しよう。

③「中国がヨーロッパ人にとっての新たな目的地になった主な原因は，その国際的な行事である」。第4パラグラフ第2文後半に「2000年，中国は，この同じ地域（北アメリカやヨーロッパ）からの観光客の数で日本を上回った」とあるが，**その理由については言及されていない**。これが「**ワナ**」。

④「スペインの海外旅行者が使うお金は，他の国からスペインに来た旅行者より20％少ない」。図より明らかに間違い。

以上より，②が正解となる。

解答 問1 ⑥ 問2 (1) ③ (2) ④ (3) ② (4) ②

訳 (1) 観光業は今日の国際貿易における重要な一分野になっていて，観光者のための交通，ホテル，各種サービスや娯楽などに関連する経済活動は，多くの国の大切な収入源となっている。下の図は，2000年に，中国，ドイツ，日本，メキシコ，スペイン，アメリカの6か国が，海外旅行によって得た金額と使った金額を示している。

(2) 図によるとアメリカが収入面でも支出面でも他の国々を上回っていることがわかるが，観光業で大きな収入を得ている国が必ずしも同じだけの金額を海外で使っていないこともわかる。たとえば，スペイン人が海外旅行で使った金額は，スペインに来た旅行者から得た収入の20％にも満たなかった。中国もまた，海外からの旅行者から得た収入は中国人が海外で使った金額を上回っていた。正反対だったのがドイツと日本であり，この2つの国では，国民が海外で使った金額はそれぞれ477億8500万ドルと318億8600万ドルであるが，これは，両国が得た184億8300万ドルと33億7300万ドルをはるかに上回っていた。

(3) 世界観光機関によると，旅行者は行ったことのない所に行きたがる傾向が強くなってきている，とのことだ。ヨーロッパは2000年にはすべての海外旅行者のおよそ60％を受け入れたが，2020年までにはその割合は46％にまで落ち込むと予測されている。それに対して，同じ2020年まで

に，東アジアと太平洋沿岸地域が，南北アメリカ大陸を上回り，世界第2の海外旅行の目的地になっていると予想されている。旅行者が目的地を選ぶときには，もちろん，その国の目新しさやオリンピックなどの国際的な行事が行われているかどうかが判断基準になるが，それと同時にその国の安全性と交通の便が基準となっている。

(4) 多くの外国人は，日本はあまりにも遠くてまた物価が高すぎ，さらにはその言語や文化が難しすぎて理解しがたいと感じている。しかし，日本が北アメリカやヨーロッパからの観光客に魅力を欠く理由は，距離や言語だけではない。2000年，中国は，この同じ地域からの観光客の数で日本を上回った。一部の旅行者は日本に対して良くないイメージを抱いてはいるが，実際日本に来た旅行者の多くは，日本人が友好的であることや公共交通機関がすぐれていることに驚き，好印象を持っている。さらに，近ごろは必ずしもすべての旅行者が日本の物価をそれほど高いとは感じていない。歴史，文化，自然美は言うまでもなく，治安の良い社会とすぐれた交通施設がある以上，日本がアジアを代表する旅行先にならない理由などない。日本で外国人が使う金額は，いつか，日本人が海外で使う金額を上回るかもしれない。

語句

第1パラグラフ
- ▶ **tóurism** 名「観光」
- ▶ **transportátion** 名「輸送」
- ▶ 名詞＋ **belów** 副「下に」
  - ＊ 本来は副詞だが，名詞の直後では形容詞の働きををする

第2パラグラフ
- ▶ **spénding** 名「出費」
- ▶ **that earned from 〜** ＝ the amount of money earned from 〜
  - ＊ この that は名詞の反復を避けるための代名詞
- ▶ **respéctively** 副「各々」

第3パラグラフ
- ▶ **tóurist destinátion** 名「観光地」
- ▶ **get aróund** 熟「(街など) うろうろする」

第4パラグラフ
- ▶ 名詞＋ **alóne** 形「〜だけ」
- ▶ **despíte 〜** 前「〜にもかかわらず」

次の文章と図を読み，問1〜3に答えよ。なお，(1)〜(4)はパラグラフの番号を示す。

(1)　In the 1970s, with ever-increasing international travel and tourism, the United States Department of Transportation decided to design a set of symbols for airports, stations, and public facilities.　The aim was to create symbols that would be clear to people in a hurry and to those who cannot read English.　Accordingly, the set of symbols shown below was created.　Then the designers planned an experiment with an international sample of 8-year-old children from Sweden, Japan, France, Canada, and Britain.　The purpose of the experiment was to determine how clear the symbols would be to the children, who were not experienced international travelers.

(2)　The children were shown the set of sample symbols, and were then asked to explain to the experimenters what the symbols meant.　The researchers thought that if the international sample of children could understand them, then adult travelers would probably also recognize their meanings.　The graph on the next page shows the percentages of correctly explained symbols.

(3)　The experimenters discovered that most of the children could easily understand the *telephone receiver* and *cigarette* symbols.　However, there were some interesting differences in their responses to the other four symbols.　The Japanese children most easily understood the symbol representing "coffee shop." The experimenters thought that this fact showed children in Japan are more familiar with such shops than children in Sweden and Canada.　The Japanese, French, and Canadian children all equally recognized the idea of "information" represented by the *question mark*.　Interestingly, the French and Canadian children understood the symbol referring to "campground" better than the other children. Again, the researchers thought that recognition of a symbol shows how common the activity is in a country.

(4)　One particularly difficult symbol was that of the *umbrella & glove* used for "lost and found," which was correctly explained by less than 50% of the children in four of the five countries.　On the basis of this finding, the experimenters decided to add a question mark to make this symbol easier to understand.

Percentages of Symbol Recognition

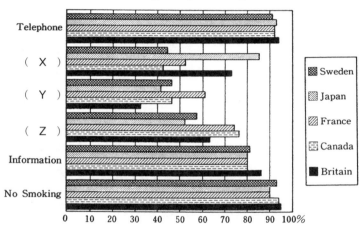

問1　図中の（　X　），（　Y　），（　Z　）に入れる三つの語または語句が，順不同で，次のA～Cに示されている。（　X　），（　Y　），（　Z　）の順に図を完成させるのに最も適当な配列を，下の①～④のうちから一つ選べ。

　A.　Campground　　B.　Coffee Shop　　C.　Lost and Found
　　①　A－B－C　　　　②　B－A－C
　　③　B－C－A　　　　④　C－B－A

問2　次の(1)～(3)の　　　　　に入れるのに最も適当なものを，それぞれ下の①～④のうちから一つずつ選べ。

(1)　The goal of the experiment was 　　　　　.
　　①　to examine the attractiveness of the symbols
　　②　to find the clearest symbols for travelers and tourists

③ to see how the children's cultures used the symbols

④ to test how international the children were

(2) If we compare the Japanese and French children's understanding of the *question mark* and *cigarette* symbols, then we can find a difference of ☐ between these symbols.

① 0%　　② 10%　　③ 80%　　④ 90%

(3) The ☐ symbol was the most difficult for the Japanese children to understand.

① *cup*　　　　　② *question mark*

③ *tent*　　　　　④ *umbrella & glove*

問3　本文または図の内容と合っているものを，次の①～④のうちから1つ選べ。

① The experimenters thought Japanese children drink coffee.

② The most difficult symbol was changed to make it clearer.

③ The *question mark* symbol is the least difficult in all five countries.

④ The researchers thought the children would know as much as adults.　　　　　　　　　　　　　　　　　　　　　　　　［本試］

図表読解問題特有の，第1パラグラフ：実験の［目的］，第2パラグラフ：実験の［方法］，第3・4パラグラフ：実験の［結果］という流れをつかめば簡単。差がついたのは問2の(2)。問題文をしっかり読もう。

解説　問1　実験の［結果］を述べているのは第3・4パラグラフである。そのパラグラフからわかることは，以下のこと。

③「B－C－A」が正解。

▶ *Campground* ：フランスやカナダの子どもの識別率が一番高かった。

▶ *Coffee Shop* ：日本の子どもの識別率が一番高かった。

▶ *Lost and Found* ：一番難しかった。

あとは，これらの内容に対応する図を見つけておしまい。

問2 (1) 「**実験の目的は** 　　　　 **であった**」

　②「旅人や観光客に最もわかりやすい標示を見つけること」が正解。

　調査の［**目的**］は，第 1 パラグラフ第 2 文 **The aim was** 〜 .「急いでいる人や英語が読めない人にもわかりやすい標示を作り出すことがその目的であった」，さらに同パラグラフ最終文 **The purpose of** 〜 .「実験の目的は，海外旅行の経験がない子どもたちにとって標示がどれほどわかりやすいかを確かめることであった」に述べられている。これらをもとに考えればよい。

　①「標示の魅力を調べること」。attractiveness の意味が不明瞭だから，保留。

　②は正解のような気がする。

　③「子どもの文化がいかに標示を用いているかを調べること」。論外。

　④「子どもがいかに国際的であるかを調べること」。本文全体の主旨から大きく外れているので不可。

　以上から，結局「傷のない」② を選ぶことになる。①の選択肢中にある **attractiveness は文字どおり「魅力」的**だが，安易に飛びついてはならない。

(2)　「**日本人の子どもとフランス人の子どもの** *question mark* **の標示の理解度と** *cigarette* **の標示の理解度を比較すると，両者の標示の間には** 　　　　 **の差が見られる**」

　②「10%」が正解。

　正答率が 50%を切った問題。問題文をしっかり読むこと。

　compare *A* **and** *B* は「A と B を比較する」であるが，**問題文には** *A* **and** *B* **が 2 組あるのでややこしい**。つまり，

　❶　「日本人」と「フランス人」の識別率を比較するのか

　❷　*question mark* と *cigarette* の識別率を比較するのか

がわかりにくい。

　ここで早合点して❶だと思った受験生は，①の「0%」を選んでしまう。問題文を最後まで読むと a difference of 　　　　 between **these symbols** とあるから，*question mark* と *cigarette* **の識別率の違いを，フランス人と日本人の識別率から見ればよい**ことがわかる。

　もちろん，「**日本人**」と「**フランス人**」の識別率が異なれば，**この問題は成立しない**。つまり，この問題の<ruby>狡猾<rt>こうかつ</rt></ruby>なところは，「日本人の子どもとフランス人の子どもで識別率が同じもののうちで」という一

節を抜かしている点である。

　結局，「日本人」と「フランス人」の識別率だけで判断すればよいことになる。すると，*question mark* = "Information" は80％で，*cigarette* = "No Smoking" は90％。以上より，90％－80％＝10％とわかる。よって正解は②。図表読解問題というより，**and の前後で何が比較されているか**を問う，英文解釈の問題。

(3)　「□□□□□□　という標示は，日本人の子どもにとって理解するのが最も困難であった」

　平均点を底上げするための問題。図を見れば，（　Y　）は *Lost and Found*，これは④ *umbrella & glove* の表示であるとわかる。

問3　②「最も難しい標示が，もっと明快になるように変更された」が正解。

　③「*question mark* の標示が5つの国すべてにおいて**最も簡単であった**」*question mark* は "Information" を指し，図より明らかに間違い。あとの文も，1文ずつ本文か図と突き合わせていけば解けるが，そんなことをするまでもなく，「**わかりやすい標示を作る**」という [**目的**] がわかっていれば，①「調査の担当者は，日本人の子どもはコーヒーを飲むと思った」だとか，④「担当者は，子どもは大人と同じぐらい知っていると思った」などは論外中の論外だとわかる。

　答えは②。この選択肢は，まさに**この調査の** [**目的**] **が達成された**ことを示している。もちろん，本文第4パラグラフの最終文の内容に一致するから正解としてもよい。

解答　問1　③　　問2　(1)　②　(2)　②　(3)　④　　問3　②

訳　(1)　1970年代，海外への旅行や観光が増加したことに伴い，合衆国運輸省では，空港，駅，および公共施設で使用する標示を作ることにした。急いでいる人や英語が読めない人にもわかりやすい標示を作り出すことがその目的であった。これに伴い，下に示されているような一連の標示が作られた。その後，図案の考案者たちは，スウェーデン，日本，フランス，カナダ，イギリスの8歳の子どもたちをモニターとする国際的な実験を準備した。実験の目的は，海外旅行の経験がない子どもたちにとって標示がどれほどわかりやすいかを確かめることであった。

(2)　子どもたちは，この一連の標示の見本を示され，それが何を表しているかを説明するように求められた。調査の担当者は，もし複数の国から集

められた子どもたちが理解できるのなら，おそらく大人の旅行者でも意味がわかるだろうと考えたのである。次ページの図は，どの標示がどれほど正しく説明されたかをパーセンテージで示している。

(3)　「受話器」と「たばこ」の標示の意味は，ほとんどの子どもがすぐに理解できることが確認された。しかし，他の4つについては，子どもたちの回答に興味深い違いがいくつか見られた。日本の子どもの正答率が最も高かったのは「喫茶店」を表す標示で，これは，日本の子どもがスウェーデンやカナダの子どもより，そのような店になじみがあることを示していると考えられた。日本，フランス，カナダの子どもで，「疑問符」が「案内所」を表すことを認識できた者は同数であった。興味深いことに，フランスやカナダの子どもは，他の国の子どもより「キャンプ場」を表す標示の識別率が高かった。ここでもまた，識別率によって，その標示に関わる活動がその国でどれほど一般的かがわかる，と考えられた。

(4)　特に識別率の悪かった標示は「遺失物取扱所」を表すのに使われた「傘と手袋」で，5か国中4か国で正答率が50％を下回った。その結果をもとに，この標示をもっとわかりやすいものにするため，「疑問符」が付け加えられることになった。

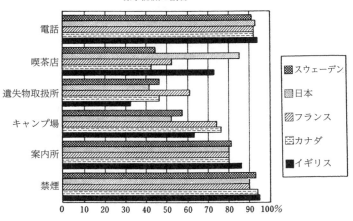

標示認識の割合

凡例：
- スウェーデン
- 日本
- フランス
- カナダ
- イギリス

語句		
▶ sýmbol	名	「標示」
▶ facílity	名	「施設」
▶ accórdingly	副	「これに伴い」
▶ detérmine ~	他	「~を決定する」
▶ récognize ~	他	「~を認識する」
▶ represént ~	他	「~を表す」
▶ refér to ~	熟	「~を示す」

次の文章と表を読み，問 1 ～ 3 に答えよ。なお，(1) ～ (4) はパラグラフの番号を示す。

(1) What do hikers look at while they are walking in the mountains? Research was done to find out which things most attract the attention of hikers in the mountains. Twenty hikers were each given a camera and a small cassette tape player, which was to be kept on during the hike. Whenever they heard a voice on the tape say "Take a picture now!", they had to take a picture of whatever they were looking at. Then, using the scale 1 (not at all) to 7 (very *or* very much), they had to respond to the following questions: (a) "How beautiful do you feel the view is?" and (b) "How satisfied are you with the view?" The instruction to take a picture was repeated several times during the hike.

(2) The researchers later divided the photographs into five groups according to the main object in the picture. They then judged the distance of that object from the hiker and divided the photos accordingly. The results, together with the averages of the hikers' responses to questions (a) and (b), are shown in the table below.

Type of Object Photographed	Number of Photos According to Distance			Average of Responses	
	Less than 15 m	15-1,000 m	More than 1,000 m	Question (a)	Question (b)
Water	9	12	3	5.5	6.4
(X)	45	5	0	3.2	6.2
(Y)	31	3	1	3.9	5.5
(Z)	0	9	32	5.0	6.6
Other Objects	25	4	1	3.4	5.8
Total	110	33	37	—	—

(3)　From this table it can be seen that, within the range 0-15 meters, the type of object most often photographed was *Ground*, followed by *Plants*.　But *Ground* was felt to be the least beautiful of the five groups of objects.　*Mountains and Valleys* gave the greatest satisfaction to the hikers.

(4)　Interestingly, it was also found that male hikers were more likely to be viewing objects classed as *Ground* or *Mountains and Valleys*. On the other hand, female hikers were more likely to be looking at *Other Objects*, such as signs, the sky, and people around them. Another finding was that there was a connection between hikers' previous visits to this area and the distance of the object viewed. Hikers visiting the area for the first time tended to be viewing objects which were far away from them, while those who had visited the area before tended to look at objects which were closer.

問1　表の中の空欄（　X　），（　Y　），（　Z　）に入れるべき三つの語または語句が，順不同で，次の A ～ C に示されている。（　X　），（　Y　），（　Z　）がそれぞれ何を表すか，下の ① ～ ④ の組み合わせのうちから一つ選べ。

　　A.　*Ground*
　　B.　*Mountains and Valleys*
　　C.　*Plants*
　　　① A - B - C　　　② A - C - B
　　　③ C - A - B　　　④ C - B - A

問2　次の (1) ～ (3) の 　　　　　 に入れるのに最も適当なものを，それぞれ下の ① ～ ④ のうちから一つずつ選べ。

　(1)　The hikers were told to take a picture of whatever 　　　　　 .
　　① they thought was most beautiful
　　② they thought was most satisfying
　　③ they were looking at
　　④ they were talking about

(2) About [　　　] as many photographs were taken of objects at a distance of 0-15 meters as of objects over 1,000 meters away.
① a third　　② half　　③ three times　　④ twice

(3) The object that gave the hikers the most satisfaction comes [　　　] on the beauty scale.
① first　　② last　　③ second　　④ third

問3　本文の内容と合っているものを，次の①〜④のうちから一つ選べ。
① Each of the hikers was allowed to take a picture of any object once during the hike.
② The distance to the object in the photograph was measured by the hikers themselves.
③ Male and female hikers tended to view objects which were about the same distance away.
④ Hikers viewed objects that were closer or more distant depending on their familiarity with the area.　　　　　　[本試]

問2の(3)で戸惑った受験生が多かったようであるが，よく見れば難しくない。

解説　問1　②「A − C − B」が正解。実験の［**結果**］を述べている箇所は第3パラグラフ。0 〜 15（表では，Less than 15 m「15メートル未満」）の近さの被写体のうち，

▶ *Ground*：最も多く写真に撮られた。また，美しさという点では最低であった。

▶ *Plants*：*Ground* の次に多く写真に撮られた。

　これらの記述と Question (a) の数値より，（ X ）には *Ground* が，（ Y ）には *Plants* が入ることがわかり，残る *Mountains and Valleys* が（ Z ）に入ることがわかる。よって②が正解となる。

問2　(1)「ハイカーたちは，[　　　]なものは何でも写真に撮るように言われた」

　③「they were looking at」が正解。実験の［**手順**］を答えさせる問題。第1パラグラフ第4文に they had to take a picture of whatever they were looking at「自分が見ているものが何であろうと，その写真

を撮らなければならなかった」とあるから，何も考えずに③を選べ
ばよい。**本文そのままの表現を正解にしている**ということは，平均点
を底上げするための問題であろうと思われる。

(2)　「0 ～ 15 メートルの距離にあるものは，1000 メートル以上の
　　距離にあるものより約 ［　　　］ 倍写真に撮られた」

　　「0 ～ 15 メートルの距離」は，表では「Less than 15 m」と表示さ
れていることに注意。問題文に特定の被写体の指定はないから，「Total
(合計)」の値で判断すればよい。要は，「110 は 37 の約何倍か」とい
う問いと同じ。110 ÷ 37 ≒ 2.97。

　　よって，③の「**three times**」が正解。比較表現がわかっていないと，
①「a third」（3 分の 1）にしてしまうおそれがある。

参考　選択肢の英文の構造について

　　as ～ as ... の比較表現であるこの文は，以下の 2 文を結びつ
けたものである。

　　❶　Many photographs were taken **of objects at ～** .
　　❷　Many photographs were taken **of objects over ...** .

　　この 2 つの文の太字部分を比較するために，2 文が接続詞の **as**
でつながれ，さらに，副詞の **as** が❶の Many photographs の前
につけられることによって

　　As many photographs were taken **of objects at ～ as**
~~many photographs were taken~~ **of objects over ...** .

となり，共通部分である波線部が消去された形がこの質問文であ
る。〈前置詞+名詞₁〉と〈前置詞+名詞₂〉が比較される形に慣れ
ていないと戸惑う（また，**take a photograph of ～** 「～を写真に
撮る」の受動態も気づきにくい）。

　　例　The country imports about three times **as** many cars
from Japan **as** *from the U.S.*
　　　「その国の日本からの車の輸入台数は，アメリカからの輸入台
　　　数の約 3 倍である」

---

(3)「ハイカーたちに最も満足を与えたものは，『美しさ』の目盛りで
　　は ［　　　］ 番目である」

　　③「**2 番目**」が正解。

　　第 3 パラグラフ最終文に *Mountains and Valleys* gave the greatest

satisfaction to the hikers. とあり，これが最高値だとわかる。問題文中の on the beauty scale は難解だが，この表からすると「美しく感じられたかどうか」を示す Question (a) のことを指しているとしか考えられない。ここで，*Mountains and Valleys* の Question (a) の値を見ると 5.0 となっており，これは，*Water* の 5.5 に次ぐ **2 番目**の値だとわかる。③ が正解。

問3 ④「ハイカーが近くのものを見るか遠くのものを見るかは，その地域をどれほど知っているかで決まる」が正解。

① 「ハイカーたちはそれぞれ，ハイキング中に 1 度だけどんな対象物でもよいから写真を 1 枚撮ってよいと言われた」。「1 度だけ」なら，この実験は成立しないので不可。

② 「写真の被写体までの距離はハイカー自身が測定した」。「いったいどうやって？」と思わず笑ってしまう。第 2 パラグラフ第 2 文に They then judged the distance of that object from the hiker 〜 .「それから彼ら（＝調査担当者）は，その被写体のハイカーからの距離を判断した」とあることから，**測定したのは調査の担当者**であるとわかる。

③ 「男性のハイカーと女性のハイカーでは，だいたい同じ距離にあるものを見る傾向にあった」。第 4 パラグラフに it was also found that 〜 . On the other hand, female hikers were more likely to 〜 .「男性は，『地面』あるいは『山と谷』を見る傾向があり，女性は標識や空などの『他のもの』を見る傾向にある」とあるので，不可。

④ 「ハイカーが近くのものを見るか遠くのものを見るかは，その地域をどれほど知っているかで決まる」。この選択肢を直訳すると，「ハイカーたちは，自分たちのその地域に対する親密度に応じて，より近いもの，あるいはより遠いものを見た」となる。第 4 パラグラフ最終文 Hikers visiting the area for the first time tended to be viewing 〜 , while those who had visited the area before tended to look at ... .「初めてその場所を訪れたハイカーには，自分たちから遠くにあるものを見る傾向があり，それに対して，以前にその場所を訪れたことのあるハイカーは，自分により近いものを見る傾向があった」の**見事な言い換え**。この美しさに感動しよう。

解答 問1 ② 問2 (1) ③ (2) ③ (3) ③ 問3 ④

訳 (1) ハイカーは山の中を歩いているときに何に目を向けるのであろうか。

ハイカーが山中で何に最も注意をひきつけられるかを調べるために研究が行われた。まず、20人のハイカー1人1人に、カメラと、ハイキングの間スイッチを入れたままにする小型のテーププレーヤーが手渡された。テープに録音された声が「今, 写真を撮りなさい」と言うのを聞くたびに、ハイカーは自分が見ているものが何であろうと、その写真を撮らなければならなかった。それから、1（まったくそうは思わない）から7（非常に、または本当にそう思う）までの段階を使って、(a)「その景色がどれくらいきれいだと思うか？」、(b)「その景色にどれくらい満足しているか？」という2つの質問に答えることになった。「写真を撮りなさい」という指示はハイキング中に数回繰り返された。

(2) 調査担当者はその後、ハイカーが撮った写真を、その主となる被写体によって5つのグループに分類した。それから彼らは、その被写体のハイカーからの距離を判断し、それに従ってさらに写真を分類した。下の表に示されているのは、その結果と、質問(a)、(b)に対するハイカーの回答の平均値である。

被写体のタイプ	被写体との距離別の写真枚数			回答の平均値	
	15 m 未満	15-1,000 m	1,000 m 以上	質問 (a)	質問 (b)
水	9	12	3	5.5	6.4
地面	45	5	0	3.2	6.2
植物	31	3	1	3.9	5.5
山と谷	0	9	32	5.0	6.6
その他	25	4	1	3.4	5.8
合計	110	33	37	—	—

(3) この表からわかることは、0〜15メートルの範囲内で、最も数多く被写体となったのは「地面」であり、その次が「植物」であるということだ。しかし、「地面」は5つの被写体のグループのうち、美しいと感じられた度合いは一番低かった。ハイカーを一番満足させたのは「山と谷」であった。

(4) 興味深いことに、男性のハイカーのほうが、「地面」や「山と谷」に分類されたものを見る傾向が強く、逆に、女性のハイカーのほうが標識や空、それに周囲の人など、「その他のもの」を見る傾向が強かった。もう1つわかったことは、ハイカーが以前にその場所に来ていたかどうかと、どれくらいの距離のものを見ているかとの間に一定の関係があるということである。初めてその場所を訪れたハイカーには、自分たちから遠くにあるものを見る傾向があり、それに対して、以前にその場所を訪れたことのあるハイカーは、自分により近いものを見る傾向があった。

第1パラグラフ

▶ **in the móuntains**　　　熟「山の中を」
 ＊　the は何かを指すわけではない

▶ **attráct the atténtion of ~**　　熟「~の注意を引く」

▶ **Twenty hikers were each ~.**
 ＊　Twenty hikers と each が同格の関係

▶ **~, which was to be kept on**　「スイッチが入ったままになる
　　　　　　　　　　　　　　　　　　ことになっていた」
 ＊　which は直前の a ~ player を指す関係代名詞。was to be
　kept on は，いわゆる〈be + to 不定詞〉。「公式の予定・行事・
　運命などにより~することになっている」 be kept on は「~を
　オンの状態に保つ」の keep ~ on の受動態

第2パラグラフ

▶ **divíde ~ accórding to ...**　　熟「…に応じて~を分ける」

▶ **óbject**　　　　　　　　　　名「物」

▶ **dístance**　　　　　　　　　名「距離」

▶ **togéther with ~**　　　　　熟「~と一緒に」

第3パラグラフ

▶ **phótograph ~**　　　　　　他「~を写真に撮る」

▶ **fóllowed by ~**　　　　　　熟「次に~」

▶ **least ~**　　　　　　　　　副「最も~ない」
 ＊　little – less – least

第4パラグラフ

▶ **classed as ~**　　　　　　　熟「~と分類された」

▶ **S V ~, while S' V' ... .**「S は V するが，一方，S' は V' する」
 ＊　while の原義は「同時」ということ。よって，矛盾した2つの
　事柄が「同時」に成立するとき，［対比・逆接］のように感じら
　れる。これは日本語についても言えること

次の会話について, 問 1 ～ 4 に答えよ。

Elementary school students are taking a Saturday morning tour of a TV station.

Mr. Wright： Welcome, boys and girls, to WXRP Channel 19. I'm Dan Wright. Today you'll tour the station to find out how we broadcast the programs you watch on TV.

Bobby： Mr. Wright, it's ten o'clock, and I'm usually watching the *Mailman Jack Show* right now. Is Mailman Jack here? Can we see him?

Mr. Wright： 　1　, Bobby, our studio is too small for us to do the show here. Instead, Mailman Jack makes a videotape of the show at a bigger studio in Peyton City and sends it to us. We're playing the tape right now, and that's how people can watch it at home. But while that tape is playing, we're getting ready for a live local weather report. Let's go into the studio to watch how we do it.

The students go into the studio and see a woman in front of a blue screen.

Mr. Wright： In 30 minutes, Ms. Cole here will be pointing to different parts of the blue screen behind her and talking about the weather. All you see now is that empty blue screen, but if you look at the TV screen over here, you see something else. Take a look.

Carla： Wow, it's a weather map, and Ms. Cole's standing in front of it !

Ms. Cole： 　2　, Carla. This is what people actually see on their TV at home. The map you see now is of our part of the state at eight this morning. Here we are in Jonestown. Here's Lake Axelrod south of us and the Blue Hills to the northwest. Peyton City is northeast.

Carla： What is that letter in the circle next to Peyton City, and that line with black triangles between Jonestown and Peyton City?

Ms. Cole： The line is called a "cold front," and the "R" in the circle stands for rain. It was raining in Peyton City this morning.

Carla： I see. Then a "C" in the circle would mean cloudy, right?

Ms. Cole： That's a good guess, Carla, but no. I'll get to that later.

Bobby： Is it going to rain here?

Ms. Cole： 　3　, because the wind is from the northeast, and it's likely that the cold front will move past Lake Axelrod by this evening. Even if it doesn't rain, it's going to get cooler in Jonestown.

Bobby： What about that circle above Jonestown?

Ms. Cole： That's a symbol for a sunny sky. When you came in this morning, the sky was clear, right? If it had been cloudy, Carla, the symbol would have been filled in and look like a big black ball. Now, that cold front is still moving toward us, and we can expect a cloudy sky — maybe even rain — in a few hours.

問1　　1　～　3　に入れる三つの表現が，順不同で A ～ C に示されている。意味の通る会話にするのに最も適当な配列のものを，下の ① ～ ⑥ のうちから一つ選べ。

A. Maybe

B. That's right

C. Actually

　　① A－B－C　　　② A－C－B　　　③ B－A－C
　　④ B－C－A　　　⑤ C－A－B　　　⑥ C－B－A

問2　WXRP の天気予報で使われている「曇り」を表す記号はどれか。
正しいものを下の①～⑥のうちから一つ選べ。

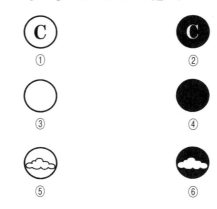

問3　Ms. Cole が説明している天気図はどれか。正しいものを次の①～
⑥のうちから一つ選べ。

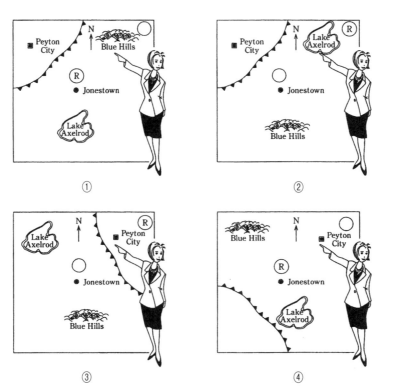

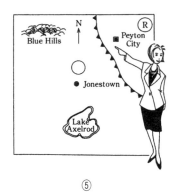

⑤

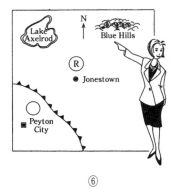

⑥

問4　会話の内容と合っているものを,次の ① ~ ⑥ のうちから二つ選べ。ただし解答の順序は問わない。

①　When the students entered the station, they talked to Ms. Cole.

②　Ms. Cole reports the local weather using the blue screen in the TV studio.

③　Channel 19 videotapes the local weather report in Peyton City.

④　Ms. Cole said that it would begin to rain in Jonestown in a few hours.

⑤　The weather in Jonestown was sunny at ten o'clock in the morning.

⑥　Bobby and Carla were shown into the studio to watch the *Mailman Jack Show*.　　　　　　　　　　　　　[本試]

解説　**問1**　⑥「C − B − A」が正解。まず,各選択肢の意味は,A「たぶん」,B「あなたの言うことは正しい」,C「実際(のところは)／じつは」。

　　 1 　の前には,「彼に会えますか」とあり, 1 の後ろには**彼に会えない理由**が述べられている。よって, 1 には「いいえ／無理です」などが入るはず。A と B は「はい」に近い内容で,不可。よって, C が正解。

　　 2 　の前には「コールさんがその(天気図の)前に立っている」とあり, 2 の後ろには「家のテレビではこんなふうに見えるのよ」とあるので, A「たぶん」では筋が通らない。B が正解。

　　 3 　は消去法から A が正解。以上より ⑥ が正しい。

問2 ④ が正解。コールさんの最後の発言の中に「もし曇りだったら，記号は中が塗りつぶされ黒い大きな丸のようになったはず」とあるので ④ が正解。〈**if S had ＋ 過去分詞**, **S would have ＋ 過去分詞**〉の形の**仮定法の知識**を確認するための問題である。

問3 ⑤ が正解。コールさんの最初の発言の中に「これは私たちのいるジョーンズタウンで，これは南にあるアクセルロッド湖」とあるので，湖が北に描かれた②・③・⑥は消える。さらに「北西にはブルーヒルズ」とあるので，ブルーヒルズが北東に描かれた ① も消える。また「ペイトン市は北東」という発言からも ① は不可となる。さらに，カーラの発言中に「ジョーンズタウンとペイトン市の間にある黒い三角形のついた線」とあることから④が消える。以上より答えは ⑤ 。

　素直な問題だが，地図の東西南北がわかっていない受験生は間違えたようだ。

問4 ② 「コールさんはテレビのスタジオで青い画面を用いて地元の天気について述べている」と⑤「ジョーンズタウンの天気は，午前10時の段階では晴れていた」が正解。差がついた問題である。ここまでの問題に「**ワナ**」がなかったことを考慮し，「そろそろワナがくるぞ！」と思いながら解かなければならない。

　選択肢を順に確認していく。

　① 「生徒が放送局に入ったときに話しかけた人はコールさんである」。生徒たちを出迎えたのはライトさんなので，誤り。

　② 「コールさんはテレビのスタジオで青い画面を用いて地元の天気について述べている」。ライトさんの 3 番目の発言に合致している。

　③ 「チャンネル 19 はペイトン市でこの領域の天気予報をビデオに収録している」。ライトさんの 2 番目の発言の第 4 文に a live local weather report「地元の天気予報の生放送」とあるので，誤り。

　④ 「コールさんは数時間後にジョーンズタウンに雨が降り出すと言った」。この選択肢に用いられている will の過去形の would に注意しよう。この選択肢に対応するコールさんの最後の発言を見ると，「曇り空になり，ひょっとすると雨になるかも」とある。ここには may から作られた maybe「ひょっとすると」が用いられている。**may は，will より可能性が低いことを表す**ので，この選択肢を正解にするのはつらい。**保留する**。

⑤「ジョーンズタウンの天気は，午前 10 時の段階では晴れていた」。コールさんの最後の発言中に「今朝，皆さんが局に来たとき晴れていたでしょう」という箇所があり，生徒が放送局に入ってきた直後のボビーの発言に「今は 10 時ですね」とある。よって正解。

⑥「ボビーとカーラは『郵便配達員ジャック』を見るためにスタジオに入った」。『郵便配達員ジャック』が「天気予報」の間違い。

以上より ④ は不可となり，正解は ② と ⑤ であるが，④ を選んだ受験生がかなりいたようである。

解答 問1 ⑥　問2 ④　問3 ⑤　問4 ②・⑤

訳 小学生たちがテレビ局の土曜日午前の見学会に参加している。

ライト：皆さん，WXRP チャンネル 19 にようこそ。私はダン・ライトです。今日は，この放送局を案内し，皆さんがテレビで見ている番組がどのようにして放送されているかを紹介します。

ボビー：ライトさん，今は 10 時ですね。僕は普段この時間は『郵便配達員ジャック』を見ています。郵便配達員ジャックはここにいるのですか？　会えるのですか？

ライト：<u>じつはね</u>，ボビー，このスタジオはとても狭いのでその番組の収録はここではできないんだ。その代わりに，郵便配達員ジャックはペイトン市のもっと大きなスタジオでショーを収録して，それを私たちに送ってくるんだ。ちょうど今，そのビデオテープを流しているところだよ。こんなふうにしてその番組を家で見ることができるんだ。だけど，そのビデオを流している間に，地元の天気予報の生放送の準備をしているんだよ。スタジオに入って，準備のようすを見ることにしよう。

生徒たちがスタジオに入ると，青いスクリーンの前にひとりの女性がいる。

ライト：あと 30 分すると，ここにいるコールさんが後ろにある青のスクリーンのいろいろなところを指し示して天気の話をするよ。今皆さんに見えているのは，あの何も書かれていない青のスクリーンだけだけど，こちらのテレビ画面を見れば，違ったものが見えるよ。では見てみよう。

カーラ：すごい。天気図だわ。コールさんがその前に立っている！

コール：<u>そのとおりよ</u>，カーラ。実際，家のテレビではこんなふうに見え

　　　るのよ。今みんなが見ている天気図は，このあたりの今朝8時の
　　　状態なの。これは私たちのいるジョーンズタウンで，これは，南
　　　にあるアクセルロッド湖，北西にはブルーヒルズがあるわね。ペイトン市は北東ね。

カーラ：ペイトン市の隣の丸で囲った文字や，ジョーンズタウンとペイト
　　　ン市の間にある黒い三角形のついた線は何ですか？

コール：その線は「寒冷前線」と呼ばれていて，丸で囲った "R" は「雨」
　　　を表すのよ。今朝，ペイトン市では雨が降っていたということなの。

カーラ：わかりました。ということは，丸で囲った "C" は「曇り」でしょ
　　　う？

コール：惜しいけど違うわ，カーラ。それについてはあとで説明するわ。

ボビー：この地域は雨になるのですか？

コール：ひょっとするとね。風は北東から吹いていて，寒冷前線が今日の
　　　夕方までにはアクセルロッド湖を通りすぎる模様なの。ジョーン
　　　ズタウンは，雨にならなくても寒くなるでしょうね。

ボビー：ジョーンズタウンの上にある丸は何ですか？

コール：それは「晴れ」の記号。今朝，皆さんが局に来たとき晴れていた
　　　でしょう？　カーラ，もし曇りだったら，記号は中が塗りつぶさ
　　　れて黒い大きな丸のようになっていたはずね。さて，さっきの寒
　　　冷前線は今もこちらのほうに向かって移動しているから，数時間
　　　後には曇り空になり，ひょっとすると雨になるかもしれないわ。

（語句）　▶ **bróadcast** 〜　　　　　　他「〜を放送する」

　　　▶ **instéad**　　　　　　　　副「その代わり」

　　　▶ **that's how** S' V'　　　熟「そのようにして S' V'」

　　　▶ **lócal**　　　　　　　　　形「地元の」

　　　▶ **point to** 〜　　　　　　熟「〜を指す」

　　　▶ **All you see now is** 〜 .　「あなたが今見ているのは〜だけだ」

　　　　＊　all は代名詞で文の主語となっており，後ろは関係代名詞 that
　　　　　が省略されている。直訳は「あなたが今見ているすべては〜」と
　　　　　なる

次の文章と図を読み，問1～3の ［　　　　］ に入れるのに最も適当なものを，それぞれ下の ① ～ ④ のうちから一つずつ選べ。

(1)　There are Japanese communities in many countries in the world now. According to the Ministry of Foreign Affairs, almost half a million Japanese citizens were living outside Japan in 1980, as shown in the graph below. This does not include tourists, but only people living overseas for more than three months. Surprisingly, in 1990, the country with the largest resident Japanese population was Brazil, followed by the U.S.A.

(2)　In 2006, the picture was quite different. While the number of Japanese in the U.S.A. had tripled since 1980, giving it the largest population of Japanese citizens, ［　　　　］ had risen dramatically into second place and the number of Japanese in Brazil had gone down. Australia and the United Kingdom had almost as many resident Japanese as Brazil.

(3)　The reasons for these changes are quite varied. The decline in the number of Japanese citizens in Brazil, for example, does not mean that there are fewer Japanese-Brazilians, but that many of them no longer have Japanese nationality. China has experienced rapid economic development and many Japanese companies have sent workers there. Thailand, which has also seen a large increase in the number of Japanese residents, has made an effort to attract Japanese people who have retired. Australia, which once had a policy of accepting only white immigrants, has become more welcoming to Asians and now has a larger Japanese immigrant population than any other Asian country except China. Australia, the United Kingdom, the U.S.A., and Canada (the English-speaking countries shown in the graph) attract large numbers of Japanese residents, probably because most Japanese people have at least some understanding of English and so do not need to learn a new language when they go there.

(4)　The various possible reasons for population increases and decreases make it rather difficult to use this data to predict future trends. What we can say for sure is that as globalization continues, more and more people are likely to live outside the country of their nationality — even those from an island country like Japan.

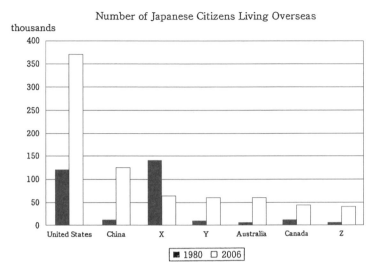

Number of Japanese Citizens Living Overseas

(Data : Keizai Koho Center, 2007)

問1 Which of the following countries is the most appropriate for ☐☐☐ in the passage?

① Australia

② China

③ Thailand

④ the U.S.A.

問2 In the graph, which countries do X, Y and Z stand for? ☐☐☐

① X = Brazil   Y = Thailand   Z = U.K.

② X = Brazil   Y = U.K.   Z = Thailand

③ X = U.K.   Y = Brazil   Z = Thailand

④ X = U.K.   Y = Thailand   Z = Brazil

問3 What is the author's main conclusion? ☐☐☐

① Immigration is likely to continue along with globalization.

② It is necessary to learn English before moving abroad.

③ People from island countries are likely to move to Japan.

④ The data can be used to predict future population trends reliably.

[追試]

問3で差がついた問題。筆者の主張をよく考えてみること。

解説 問1 「本文中の ▢ に入れるのに最も適切な国は次のうちどれか」

② 「中国」が正解。

図の 2006 年の部分（白抜きの棒グラフ）が 2 番目に多い国を選ぶとそれは ② 「中国」しかない。間違えた人は ④ にしたようである。

問2 「図中で，XとYとZが表している国はどれか」

② 「X = Brazil, Y = U.K., Z = Thailand」が正解。

1980 年に比べて 2006 年のほうが日本人の数が少ないところは，第 2 パラグラフ第 2 文よりブラジルしかないとわかる。よって X はブラジルである。また，第 2 パラグラフの第 3 文に 2006 年の日本人居住者の数がブラジルとほぼ同じなのがオーストラリアとイギリス，とある。よってグラフより Y がイギリスだとわかる。以上より答えは ②。

問3 「筆者の主な結論は何か」

① 「国から国への移住は国際化と共に継続するだろう」が正解。第 4 パラグラフ最終文と一致。

② 「海外に移動する前には英語を習得する必要がある」。英語に関する記述は第 3 パラグラフ最終文にあるが，この選択肢の内容とは無関係で不可。

③ 「島国出身の人は日本に移住するであろう」。本文に記述がないので不可。

④ 「そのデータは将来の人口の動向を信憑性を持って予測するために使うことができる」。第 4 パラグラフ第 1 文の内容と矛盾。

以上より ① が正解だとわかる。

解答 問1 ②　　問2 ②　　問3 ①

訳 (1) 今世界の多くの国に日本人社会が存在する。外務省によると下の図に示されているように，1980 年にはおよそ 50 万人の日本人が日本以外の国で暮らしていた。この中に旅行者は含まれておらず，海外滞在期間が 3 か月を超える者のみ含まれている。驚いたことに 1980 年では最も多くの日

本人が住んでいる国はブラジルで，それにアメリカが続いている。

(2)　2006年には状況はかなり異なっていた。アメリカに住む日本人の数が1980年以来3倍になり，アメリカが日本人が1番多く住む国になったが，②中国に住む日本人の数が劇的に増加し，第2位になった。ブラジルに住む日本人の数は減少した。オーストラリアとイギリスにはブラジルとほぼ同数の日本人が住んでいた。

(3)　このような変化の理由はじつにさまざまである。たとえば，ブラジルに住む日本人の数が減ったからといって，日系ブラジル人の数が減ったというわけではなく，その多くがもはや日本国籍ではなくなったことを意味する。中国は経済が急速に成長し，多くの日本企業がそこに労働者を派遣した。同様にタイも日本人居住者が大きく増えたが，これは定年を迎えた日本人を引きつけようと努力したことが原因である。オーストラリアはかつて白人の移民しか受け入れないという政策をとっていたが，今ではアジアの人々も受け入れるようになり，中国を除く他のどのアジアの国よりも日本人移民の数は多い。オーストラリア，イギリス，アメリカ，カナダ（図で示されている英語圏の国々）は数多くの日本人を引きつけている。おそらくその理由はたいていの日本人が少なくともある程度の英語が理解でき，その国に行ったとき新たな言語を習得する必要がないからであろう。

(4)　日本人居住者の人口増加と減少には考え得るさまざまな理由があるため，このデータを使って将来どうなるかを予測することはかなり困難である。確実に言えることは，国際化が進むにつれ，国籍を有する国以外の国に住む人の数が——たとえ日本のような島国出身の人々であろうとも——増えるであろうということだ。

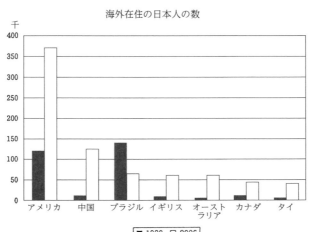

海外在住の日本人の数

（データ：経済広報センター，2007）

第1パラグラフ

▶ **the Ministry of Foreign Affairs**　　名「外務省」

▶ **citizen**　　名「市民／国民」

▶ **as shown in ～**　　熟「～で示されているように」

▶ **resident**　　名「住民」

▶ **followed by ～**　　熟「次に～」

第2パラグラフ

▶ **triple**　　自「3倍になる」

▶ **the United Kingdom**　　名「連合王国／イギリス」

第3パラグラフ

▶ **decline in ～**　　熟「～における減少」

▶ **no longer**　　熟「もはや～ない」

▶ **nationality**　　名「国籍」

▶ **attract ～**　　他「～を引きつける」

▶ **retire**　　自「引退する」

▶ **policy**　　名「政策」

▶ **accept ～**　　他「～を受け入れる」

▶ **immigrant**　　名「（入国）移民」

▶ **at least**　　熟「少なくとも」

▶ **have some understanding of ～**

　　熟「～をある程度理解している」

第4パラグラフ

▶ **predict ～**　　他「～を予言する」

▶ **trend**　　名「（時代などの）動き」

▶ **for sure**　　熟「確実に」

▶ **globalization**　　名「グローバル化」

次の文章と図を読み，問1～3の　　　　に入れるのに最も適当なものを，それぞれ下の①～④のうちから一つずつ選べ。

(1)　Wood used in the construction of homes must be stable. That is, it must not change size too much. But wood from a tree that has just been cut down will shrink considerably over time. This shrinkage is caused by moisture (water) within the wood escaping into the atmosphere. The drying process of wood is known as "seasoning." There are actually two ways to season wood. One way is to allow the natural drying process to occur. The other is to put it in a special oven called a kiln. Kiln drying is much faster than the natural method.

(2)　During the seasoning process, water is removed from the wood until the moisture content of the wood is approximately equal to the humidity of the air around it. These changes in size due to shrinkage are not uniform because changes depend on the kinds of trees, the way trees are cut, and the surrounding conditions.

(3)　It is also important to note that even after seasoning, there will always be some small changes in size due to changes in the humidity of the surrounding air. For example, last year, I used a 230 mm wide piece of eastern white pine wood to make a cabinet door. It changed in width across the grain (*Figure 1*), shrinking by 2 mm from the original in the winter and expanding by 3 mm from the original in the summer.

(4)　The moisture content of wood changes according to the seasons even when it is kept indoors. Wood is often painted to prevent sharp changes in moisture content, which cause expansion and shrinkage. However, no paint can completely block the passage of moisture. Paint only acts to slow down the transfer of moisture to or from the wood. As illustrated in the graph (*Figure 2*), the moisture content of unpainted wood inside a house may change according to the seasons from 4% to about 14%, while the moisture content of a painted piece of kiln-dried wood in the same house will only vary around the 8% line. Wood that has been naturally dried to around 13% moisture content and then painted will continue to dry gradually until it reaches about the same percentage of moisture as painted kiln-dried wood.

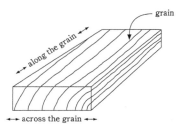

Figure 1 The eastern white pine wood used in the cabinet door

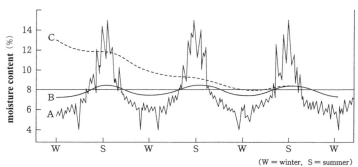

(W = winter, S = summer)

Figure 2 Seasonal changes in the moisture content of interior wood
(Location: Northern United States)
Understanding Wood: A Craftsman's Guide to Wood Technology
R.B. Hoadley (2000) を参考に作成

問1 Between the winter and summer, what was the difference in width across the grain of the wood used in the cabinet door? [＿＿＿＿]

① 2 mm　　② 3 mm　　③ 5 mm　　④ 8 mm

問2 Which of the lines in the graph (*Figure 2*) represent painted wood? [＿＿＿＿]

① A and B　　　　② A and C
③ A, B, and C　　④ B and C

問3 Which of the following statements is true? [＿＿＿＿]

① Kiln-dried wood does not later change size due to the humidity in the air.

② Oven-dried and naturally dried wood are both influenced by the surrounding air.

③ The moisture content of painted wood does not change.

④ Wood can be "seasoned" by painting it.

［本試］

> 一瞬わけのわからない図に見えるが，よく考えれば簡単。

解説 問1 「戸棚の戸に使われた材木の木目と垂直方向の幅は，冬と夏の間でどれくらい違ったか」

③「5ミリ」が正解。

本文の第3パラグラフに「それは木目とは垂直の方向に幅が変化し，冬は元の大きさから2ミリ縮み，夏は元の大きさから3ミリ膨張した」とある。ここで大切なことは shrink by ～，expand by ～ の by。この by は「差」を示す役割をする。それさえわかれば，この問題は簡単。答えは 2 ＋ 3 ＝ 5 で ③。

問2 「グラフ（図2）内のラインのうちどれが塗装された材木を表しているか」

④「B と C」が正解。

図2は，横軸が時間を示していて，縦軸が水分含有量である。本文第4パラグラフには「屋内に置かれた塗装されていない材木の含水率は季節に応じて4％からおよそ14％まで変化する」とあるので，図からこれが A だとわかる。さらに「同じ家の中に置かれたキルンで乾燥させ塗装された材木の含水率は8％前後しか変化しない」から，キルンで乾燥され塗装された材木が B だとわかる。よって，残りが，自然乾燥され塗装された材木だとわかる。以上から塗装された材木は B と C，つまり ④ が正解。

問3 「次の記述のうちで正しいものはどれか」

②「キルン乾燥や自然乾燥の材木はどちらも周りの空気によって影響を受ける」が正解。kiln-dried が oven-dried に言い換えられていることに注意。

④「材木は塗装することによって『乾燥』させることができる」は，まったくのデタラメで不可。

①「キルンで乾燥された材木は，乾燥後に空気中の湿度のため大きさが変わることはない」，③「塗装された材木の水分量に変化はない」は図より不可。A，B，C のどのラインも時間と共に変化しており「変化はない」という記述は当てはまらない。

よって消去法により，答えは②「キルン乾燥や自然乾燥の材木はどちらも周りの空気によって影響を受ける」だとわかる。

なお，第3パラグラフに「枯らしのあとでも，周りの空気の湿度の変化のために，大きさは常に微妙に変化する」とあることからも正解だとわかる。

図を無視して解こうとした人はいたずらに時間を浪費したようだ。

解答 問1 ③　　問2 ④　　問3 ②

訳　　家屋の建築に使われる材木は安定したものでなければならない。つまり，大きさが著しく変化してはならないのだ。しかし，伐採(ばっさい)したばかりの木から取った材木は時間の経過と共にかなり縮む。この縮みは，材木の中にある大気中へ逃げようとする水分（水）によって引き起こされる。材木を乾かす過程は「枯らし（seasoning）」と呼ばれている。材木を乾燥させるにはじつは2つのやり方がある。1つは自然に乾燥させることである。もう1つは「キルン（炉）」と呼ばれる特別な窯(かま)に入れることである。キルンによる乾燥のほうが，自然乾燥よりかなり速い。

枯らしが行われている間，水分が材木から取り除かれ，最終的には材木の含水率がその周りの空気の湿度とだいたい同じになる。縮みによるこうした大きさの変化は一定ではない。なぜなら，変化の仕方は，木の種類や木の切り方，周りの状況によって決まるからである。

枯らしのあとでも，周りの空気の湿度の変化のために，大きさは常に微妙に変化することに注意することも重要である。たとえば，昨年私は幅230ミリのイースタン・ホワイト・パイン材を使って戸棚の扉を作った。それは木目とは垂直の方向に幅が変化し（図1），冬は元の大きさから2ミリ縮み，夏は元の大きさから3ミリ膨張した。

材木の含水率は，たとえ屋内に置かれていたとしても季節によって変化する。材木は，膨張と収縮の原因となる含水率の急激な変化を防ぐために塗装されることが多い。しかし，どのように塗装したとしても，水分の出入りを完全に防ぐことはできない。塗料は，水分が材木を出入りするのを

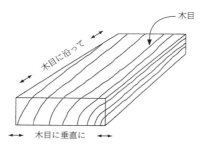

図1　戸棚に使われているイースタン・ホワイト・パイン材

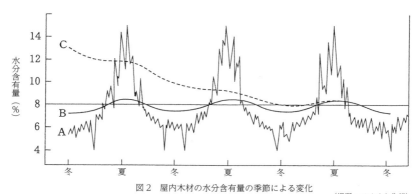

図2　屋内木材の水分含有量の季節による変化

(場所：アメリカ北部)

「材木を理解する：職人のための材木技術のガイドブック」　R・B・ホードリー（2000）を参考に作成

遅らせる働きをするにすぎない。グラフ（図2）に見られるように，屋内に置かれた塗装されていない材木の含水率は季節に応じて4%からおよそ14%まで変化する。一方，同じ家の中に置かれたキルンで乾燥させ塗装された材木の含水率は8%前後しか変化しない。含水率がおよそ13%になるまで自然乾燥されて，その後塗装された材木は徐々に乾燥していき，最終的にはキルンで乾燥され塗装された材木とだいたい同じ含水率になる。

語句　第1パラグラフ

▶ **constrúction**　　名「建設」
　　＊　under construction「工事中で」
▶ **stáble**　　形「安定した」
▶ **that is（to say）**　　熟「つまり」
▶ **shrink**　　自「縮む」
▶ **consíderably**　　副「かなり」

▶ **móisture**	名「湿気／水分」
▶ **séason** ～	他「～を乾燥させる」
▶ **méthod**	名「方法」

第2パラグラフ

▶ **remóve** ～	他「～を取り除く」
▶ S V **untíl** S'V'	接「S V そしてついには S'V'」
▶ **móisture cóntent**	名「含水率」
▶ **humídity**	名「湿度」
▶ **due to** ～	熟「～が原因で」
▶ **úniform**	形「一定の」
▶ **the way** (**that**) S V	熟「S V のやり方」
    * 関係副詞 that の省略

第3パラグラフ

▶ **note that** S' V'	熟「S' V' に注目する」
▶ **cábinet**	名「戸棚」
▶ **grain**	名「木目」
▶ **shrink by** ～	熟「～だけ縮む」
    * 「増減などの差を表す」by
| ▶ **expánd** | 自「膨張する」 |

第4パラグラフ

▶ **prevént** ～	他「～を予防する」
▶ **expánsion and shrínkage**	名「膨張と収縮」
▶ **block** ～	他「～を妨害する」
▶ **pássage**	名「通ること」
▶ **slow** ～ **down** ／ **down** ～	熟「～を遅くする」
▶ **tránsfer**	名「移動」

「（材木の）枯らし（seasoning）」の話に目をつけるなんて，本当にすごいね。未知のものに対してどの程度対処できるかという，君たちの「学力」を測定するために，問題作成部会が必死で良問を考えているのがわかる。脱帽だ。

竹岡の一言

　高校生が突然変化する姿にはすばらしいものがあります。何かロケットエンジンが点火した感じでしょうか。「私にもできるかも！」と思った瞬間に，さまざまな化学反応が一気に進み，まさに「目の色を変えて」勉強し出すという感じですね。そのような生徒との出会いは，この三十数年でおびただしい数になります。

　ある福岡の男子生徒は，センター試験の英語の点数が200点満点で50点もない状態で浪人しました。なかば自暴自棄になっていましたが，アクセントに原則性があることを知ったときぐらいから，突然エンジンが点火されました。結局，9か月後のセンター試験では，188点をたたき出していました。

　また，「ちゃご」という芸名で仕事をされていた芸能人（本名・真砂武史さん）を，テレビ番組の企画で教えたことがあります。彼は芸能人としてほぼ無名なため，「このテレビ企画で頑張らないと明日はないのです」と言っていました。1年後，予備校の東京大学の模擬試験の文科Ⅲ類で全国1位になりました。すごいですね。現在では，学習塾 NEVER TOO LATE で英語教育のために尽力されています。

　中学受験に失敗した生徒とは塾で出会いました。語源に興味を持ってくれ，気がつけば京都大学の模擬試験で英語全国1位になっていました。

　東京大学に現役，浪人と2回も落とされた佐賀県の女の子がいました。浪人したときに，講師部屋で号泣していたのを覚えています。それでへこむことなくエンジンが入りました。4年後，ハーバードの大学院に奨学金つきで合格しました。すごいですね。

　皆さんも，失敗しても腐ることなく，再度挑戦してください！　「なにくそ！　負けるものか！」

1st step 傾向チェック編

1 論理展開に重点を置いた読解問題のねらい

「パラグラフ・リーディング」を主体とした問題。つまり，「結局何が言いたいのか」を，論理の流れに注目して読み解くための問題である。その読み方のベースとなるのは「1 パラグラフ・1 アイデア（1 つのパラグラフには，筆者の言いたいことは 1 つしかないということ）」（⇒ **原則①**）であり，その脇を固めるのが，**however / nevertheless / therefore** などのディスコースマーカーである。

そして，このような読解に際して重要となるのは，次の 3 点である。

---

❶ **but / however** などの前後では論理の流れが逆転することを意識する。

❷ 一般に抽象的表現から具体的表現への流れになることを意識する。

❸ **this / these / such** などの代名詞および指示詞は，それらが指示する内容を意識する。

上記の 3 点の重要性は，何も共通テストに留まらない。論理的な英文を読む際の基本中の基本である。以下，何点か補足しておく。

▶**❶の補足**：**but / however** の後ろには「**パラグラフの主張**」がくる。よって，[主張] ⇒ [譲歩] ⇒ [主張再現] という流れのパラグラフの場合には，[主張再現] の前に **but** や **however** が置かれる。[主張] ⇒ [譲歩] では論理が逆転するが，[譲歩] では，主張部分とは異なるので，その前に **but / however** が置かれることはない。

▶**❷の補足**：日本人は，しばしば [具体例] から話を始めて最後に「まとめ」をすることが多い。つまり英語とは逆の [**具体**（的表現）] ▶ [**抽象**（的表現）] に慣れているので注意が必要である。

▶**❸の補足**：なんでもないことだが，**this / these / such** などが「何を指し

ているのか」と考えることは重要。これを意識せずに読んでいる人は多い。

② 評論・小説・エッセイ読解問題のねらい

いくつかのパラグラフからなる文を読んで，評論・エッセイの場合はそれぞれのパラグラフが［主張］なのか［譲歩］なのか［具体化］なのかを峻別して，文全体の［主張］を見つけることがねらいである。また，エッセイ・小説の場合は，文章全体を貫く「テーマ」（人間の成長，愛，教訓など）をとらえることがねらいである。

③ 共通テストの求める読解力とは？

そもそも「英文読解力」とは何だろうか？　簡単に言えば，ある程度まとまった英文を読んで，「この英文に書かれているのはこういうことです」と言える力のことである。

従来の，特に私立大入試で出題されてきた，いわゆる「英文読解問題」の設問については，およそ「英文読解力」を試すこととはかけ離れた設問が多いことに気がつく。設問のパターンを見てみると，たとえば，❶「下線部の語句を別の語句で言い換える問題」，❷「空所補充問題」，❸「内容一致問題」，❹「下線部和訳問題」などである。❶，❷は論外として，❹でも，「頻出構文が出ているから，あるいはちょっと難しいから」という理由だけで，［主張］とは無関係な，［譲歩］や［具体例］の部分を訳させることも多い。

❸の「内容一致問題」でも，「英文読解力」が測れるとは言いがたい場合が多い。たとえば，間違いの選択肢には，本文の［主張］と「方向性」は合っていても，本文と表現が一部だけ異なる，という理由で×になるものが多い。「英文読解問題」というより，「絵合わせパズル」のような些末な問題なのである。そして，解説は決まって「第○パラグラフ第×文に一致」というものになってしまう。本来ならば，「本文の主旨に一致しているから○」というものにすべきであろう。このような問題を数多く作ってきた大学側（特に私立大学）にも大きな責任があるが，我々指導者側もそれに迎合してきたという点はおおいに反省すべきであろう。

身につけるべき力とは，まず，本文の「主張・テーマ」を考えたうえで解答する力である。加えて，共通テストでは細部まできちっと読めているかどうかが試されているので，「おおざっぱ」には読めないことも覚えておくこと。

2nd step ▶ 原則マスター編

原則① 「1パラグラフ・1アイデア」がパラグラフ構成の基本

❶ 1つのパラグラフ(段落)には，1つのアイデア(主張)しかない

まず，この基本を徹底的に体にしみこませること。試験では，パラグラフの各文を，構成パターンである［主張］，［譲歩］，［具体化］，［具体例］に分ける作業がポイントとなる。

❷ 1つのパラグラフを構成する文を大別すると，次の4つになる

(1) ［主　張］：最も「イイタイコト」を述べる。
(2) ［譲　歩］：予想される反論をあらかじめ述べる。
(3) ［具体化］：**［主張］［譲歩]** を具体的な表現を用いて説明する。
(4) ［具体例］：**［主張］［譲歩]** をさらにわかりやすくするため，身近な例で説明する。

▶一番大切なことは **［譲歩］** と **［主張］** とでは，**それぞれの「イイタイコト」の方向性が正反対になっている**ということだ。よって，［譲歩］を含む文では，文全体を2色に色分けする作業を行う。

> 例　［たしかに共通テストは難しい］⇒ But ［訓練すれば得点できる］
> 　　　　　［譲歩]　　　　　　　　　　　　　　　　　　　［主張]

▶ここでは，［主張］を「**プラス**」と考えると，［譲歩］が「**マイナス**」になることがわかればよい。そして，たとえば「共通テストでは思うように点がとれないと嘆く学生が多い」という文はどこに入るか？　と尋ねられたら，その文が「マイナス」であることから，少なくとも But の前にくるとわかる。

❸ 1つのパラグラフ内の文の流れは，次の3パターンに分類できる

(1) ［主張]
(2) **［譲歩]** ⇒ But ［主張]
(3) ［主張] ⇒ **［譲歩]** ⇒ But ［主張]

> **注意**　それぞれの ［**主張**］［**譲歩**］には ［**具体化**］［**具体例**］が付随。

例題 1　標準 2分

次の文章を読み，問の [＿＿＿＿] に入れるのに最も適当なものを，下の①〜④のうちから一つ選べ。

The decline in the number of trips between 2002 and 2010 can be partly accounted for by falls in shopping and visiting friends at their homes. On average, people made only 193 shopping trips per year in 2010, as opposed to 214 in 2002. Trips to visit friends at private homes declined from 123 to 103 per person per year during this period, whereas the number of trips to meet friends at places other than their homes remained almost constant, at 48 in 2002 and 46 in 2010. The fewer trips for shopping and visiting friends at home may, in turn, be explained by certain changes in society that took place over the period surveyed.

（UK Department for Transport（2011）*National Travel Survey 2010* を参考に作成）

問　This passage would most likely be followed by a paragraph which [＿＿＿＿].

① compares the numbers of shopping trips and visits to friends' homes made in 2002 and 2010 by people in Britain

② explains how the society in Britain now demands that people travel more for business

③ explores social trends in Britain impacting the number of shopping trips and visits to friends' homes

④ lists reasons why one can expect people in Britain to travel more often using public transportation

[追試・改題]

これは，旧センター試験の第4問のグラフ問題の中の出題。共通テストやセンター試験全般に言えることだが，「第3問はこのやり方，第4問はこのやり方でやる」と固定するのは危険。「漠然から具体」というのは，どんな英文でも起こり得ることだからである。

「この文のあとには ◻︎◻︎◻︎ パラグラフが続く可能性が最も高い」

　③「買い物のための移動や友人宅への訪問の回数に影響を与えているイギリスの社会的な風潮を探る」が正解。本文最終文の「社会の中のある変化によって説明できるかもしれない」という箇所を読んで，「いったいどのような変化だ？」と思えればよい。答えは「社会の中のある変化」について述べたものになるはずだ。つまり「買い物や友人宅の家を訪れるために移動することが減った原因となる変化」が書かれているものを選べばよい。

　選択肢を見ると，①「イギリスの人々が 2002 年と 2010 年に行った，買い物のための移動と友人宅への訪問の回数を比較する」，②「人々が仕事のためにもっと移動することを，イギリスの社会が今いかにして要求しているかを説明する」，④「イギリスの人々が公共交通機関を利用して移動するのがより多くなると考えられる理由を挙げる」は，そのような理由とは無関係の記述である。よって，③「買い物のための移動や友人宅への訪問の回数に影響を与えているイギリスの社会的な風潮を探る」を選ぶことになる。

解答 ③

訳　2002 年から 2010 年にかけての移動回数減少の要因の 1 つとして，買い物や友人宅への訪問などの減少が挙げられる。2002 年には買い物は平均して年に 214 回だったのに対して，2010 年には年に 193 回しか行われていない。友人宅への訪問のための移動はこの期間，1 年で 1 人当たり 123 回から 103 回に減少している。その一方で，家以外の場所で友人と会う回数は 2002 年が 48 回，2010 年が 46 回とほぼ一定している。次に，買い物をしたり友人宅を訪れたりするための移動が減少したことは，調査された期間において生じた，社会の中のある変化によって説明できるかもしれない。

語句
▶ declíne	名 自	「減少（する）」
▶ accóunt for 〜	熟	「〜（の理由）を説明する」
▶ as oppósed to 〜	熟	「〜に対して」
▶ 〜, whereás	接	「〜だが一方」
▶ óther than 〜	熟	「〜以外の」
▶ in turn	熟	「今度は」

例 題 2

次の文章を読み，　A　～　C　に入れるのに最も適当なものを，それぞれ下の ① ～ ④ のうちから一つずつ選べ。

(1)　Do you like eating "mixed nuts" while watching TV and movies at home? Since both almonds and peanuts can be found in the mixed nuts sold at grocery stores in Japan, you might assume that they are similar types of food. Indeed,　A　. For instance, they are both nutritious as sources of minerals and vitamins. At the same time, however, some people can have allergic reactions to them. According to recent research, many children suffer from peanut and almond allergies.

(2)　Despite these similarities, however, almonds and peanuts are quite different. First, although they are both called nuts, they are classified differently in plant science. The almond is considered a drupe. This kind of plant bears fruit, inside of which is a hard shell with a seed. Other examples of drupes are peaches and plums, but with almonds, the seed is the part we eat. In contrast, the peanut is classified as a legume, a type of bean. The peanut grows underground, while the almond grows on trees. Moreover, each peanut shell contains from one to three peanuts as seeds, while the almond fruit has only one seed.

(3)　Second, almonds and peanuts　B　. Almonds came from the Middle East. Gradually, they spread to northern Africa and southern Europe along the shores of the Mediterranean, and later to other parts of the world. Peanuts, however, were first grown in South America, and later they were introduced to other parts of the world.

(4)　In conclusion, the product that we know as mixed nuts actually　C　. Almonds and peanuts are plants which differ greatly, despite their notable similarities.

A

① it may be difficult to find some similarities between them
② many consumers know about differences between them
③ there is a wide variety in each package of mixed nuts
④ they share some interesting characteristics with each other

B

① are produced in different countries today

② are similar in that both are grown as crops

③ differ in terms of their place of origin

④ originated in the same part of Africa

C

① consists of foods with distinct characteristics

② contains foods having several similar qualities

③ includes different foods that may harm human health

④ offers good examples of plants defined as true nuts　　　[本試]

ひたすら「漠然から具体」を意識せよ。上位層では３問とも正答率は 90％ を超えるが，下位層では A が 50％，B が 80％，C が 70％ 前後の正答率しかない。ここをクリアすることが上位層の条件。

解説

A

④「両者は興味深い特徴を共有している」が正解。

空所のすぐ後ろに「たとえば（for instance）」とあるから，ここからあとの記述を抽象化したものが空所に入るとわかる。あとの内容は「アーモンドもピーナッツも共にプラス面（栄養）とマイナス面（アレルギー）を持っている」ということ。つまり「類似している」ということがわかればよい。選択肢を見る。

① 「両者の類似点を見つけるのは難しいかもしれない」。これは「異なる」ことを暗示しているので逆。

② 「両者の相違を知っている消費者は多い」。これも「異なる」ので逆。

③ 「ミックスナッツのそれぞれの袋には幅広い種類のナッツが入っている」。これは「アーモンド」と「ピーナッツ」を「幅広い」と見なせるか確証がないので保留。

以上から ④「両者は興味深い特徴を共有している」が正解。similar や same という単語を使わずに「似ている」ということを示すために share が使われていることに注意したい。

B

③「**起源となる場所の観点から異なる**」が正解。

空所の後ろの記述をざっと見ると，固有名詞が目につく。つまり，具体例だとわかる。よって，空所には，あとの具体例を抽象化したものが入るとわかる。空所の後ろでは「アーモンドとピーナッツが初めて栽培された場所が異なる」ことが示されている。

① 「今日さまざまな国で作られている」は無関係。

② 「両者は作物として栽培されているという点で似ている」はまったく無関係。

③ 「起源となる場所の観点から異なる」は保留。

④ 「起源がアフリカの同じ場所である」は本文の内容と異なる。

以上から ③ が正解だとわかる。

C

① 「**まったく異なる特徴を持つ食品からできている**」が正解。

空所の後ろには，「アーモンドとピーナッツは著しい類似点があるにもかかわらず，かなり異なる植物なのである」とあり，「異なる」に重点があるとわかる。

① 「まったく異なる特徴を持つ食品からできている」は保留。

② 「いくつかの類似した特性を持つ食品を含有している」は逆。

③ 「人間の健康に害を及ぼすかもしれないさまざまな食品を含んでいる」は「人間の健康に害を及ぼすかもしれない」がまったく無関係。

④ 「本当のナッツとして定義されている植物の好例を提供してくれる」は無関係。

以上から ① を選ぶことになる。

解答 Ａ ④ Ｂ ③ Ｃ ①

訳 (1) 家でテレビや映画を見ながら「ミックスナッツ」を食べるのはお好みだろうか？ 日本の食料雑貨店で売られているミックスナッツの中には，アーモンドとピーナッツの両方が含まれているので，両者は似た食品だと思うかもしれない。実際，④両者は興味深い特徴を共有している。たとえば，ミネラルやビタミンの源としてどちらも栄養が豊富だ。しかし同時に，それらにアレルギー反応を起こしてしまう人もいる。最近の調査によると，ピーナッツアレルギーやアーモンドアレルギーの子どもが多いということ

だ。

（2）　しかし，こうした類似点にもかかわらず，アーモンドとピーナッツはかなり異なる。まず最初に，両者は共にナッツと呼ばれているが，植物学の観点からすれば異なる種類に分類されている。アーモンドは核果類に分類される。この種類に属する植物は実をつけ，その中には種を持つ硬い殻ができる。核果類に属するものには，他にも桃やプラムがある。しかし，アーモンドに関しては，種の部分を私たちは食べている。それとは対照的に，ピーナッツはマメの種類である豆果類に分類されている。ピーナッツは土の中で大きくなるが，アーモンドは木に実る。おまけに，ピーナッツの殻はそれぞれが，種として1つから3つのピーナッツを含んでいるが，アーモンドの実には1つの種しか含まれていない。

（3）　2番目として，アーモンドとピーナッツは③起源となる場所の観点から異なる。アーモンドは中東で生まれ，地中海沿岸を徐々に北アフリカと南ヨーロッパへと広がり，のちに世界のその他の地域へと広がった。しかし，ピーナッツは最初南アメリカで栽培され，のちに世界各地へと広がった。

（4）　結論的に言えば，私たちがミックスナッツとして知っている製品はじつは，①まったく異なる特徴を持つ食品からできている。アーモンドとピーナッツは著しい類似点があるにもかかわらず，かなり異なる植物なのである。

（語句）　▶ **assúme that** S' V'　　　熟「S' V' と思い込む」
　　　　▶ **for ínstance**　　　　　熟「たとえば」
　　　　▶ **nutrítious**　　　　　　形「栄養がある」
　　　　　＊　nurse「看護師（←元は乳をやる人）」と同語源
　　　　▶ **résearch**　　　　　　　名「研究」
　　　　　＊　アクセントは reséarch もある
　　　　▶ **despíte** ～　　　　　　前「～にもかかわらず」
　　　　▶ **clássify** ～　　　　　　他「～を分類する」
　　　　▶ **bear fruit**　　　　　　熟「実をつける」
　　　　▶ **seed**　　　　　　　　　名「種」
　　　　▶ **in cóntrast**　　　　　　熟「対照的に」
　　　　▶ **moreóver**　　　　　　　副「おまけに」
　　　　▶ **contáin** ～　　　　　　他「～を含有する」
　　　　▶ **grádually**　　　　　　　副「徐々に」
　　　　▶ **in conclúsion**　　　　　熟「結論的に」
　　　　▶ **nótable**　　　　　　　　形「著しい」

❶ "［譲歩］⇨ But［主張］"の関係を頭にたたき込め！

> 例　A century ago, the rivers and ponds of China's Anhui Province **were full of crocodiles**.　But pollution and hunters had diminished their number to fewer than 500 by 1981.
>
> 「100年前，中国のアンホイ省の川や池にはワニが数多くいた。しかし，汚染と猟師のせいで1981年までにはその数が500頭を下回るほどに減ってしまった」
>
> 　＊"「プラス」⇒ But「マイナス」"に注意

❷ ［論理の逆転］を示すマーカーを暗記せよ

S V. ⇒ But S V.

S V. ⇒ S, however, V.　＊ However, S V. の語順でも可

S V. ⇒ S V, though.　＊この though は副詞の働きをする

S V. ⇒ Still［Yet］S V.　＊「それでもまだ」の感覚

> ▶ but と「しかし」は異なる。but / however / though を使った文では，"「Aだ」but「Bではない」"という論理の明確な対立が見られるが，「しかし」は必ずしもそうではない。よって but などを見つけたら，ただ「訳す」のではなく，前後の S V の論理を慎重に考えること。

> ▶ 特に "But ⇒〈副詞節〉⇒ S V." のときには，いったん副詞節の部分を無視して，主文の S V だけに注目して読むことが重要。副詞節は受験生を惑わせる「煙幕」として用いられる。

❸ ［相関関係］の表現にも慣れておくこと

(1) S may［might］V. ⇒ But S V.　「S V かもしれないが，～」

(2) It is said［People believe］that S V. ⇒ But S V.
「S V だと言われている［人々は信じている］が，～」

(3) Of course［Indeed / It's true / Certainly］S V. ⇒ But S V.
「なるほど［実際のところ／本当に／たしかに］S V だが～」

第3章　論理展開把握・評論・小説・エッセイ読解問題

例題 3

次の文章の ▭ に入れる三つの文が，順不同で A ～ C に示されている。意味の通る文章にするのに最も適当な配列を答えよ。

One aspect of sports is winning or losing. Athletes, coaches, and spectators all agree that no one likes to lose. ▭ Recognizing these differences in attitudes will help us when talking to athletes who have lost.

A Studies show that female athletes tend to say failure is caused by their lack of skill or effort.

B Male athletes, on the other hand, tend to point to factors such as luck or the strength of the opponents.

C Researchers, however, have found differences in the ways male and female athletes respond to losing. ［本試］

these を「ワナ」に仕立てた問題。

解説　C ⇒ A ⇒ B が正解。まずは［主張］のマーカー **however** を含んだ C に着目する。「男性の競技者と女性の競技者で負けることに対して反応の違いがある」とある。however の前後で論理は逆転するから，この文の前にくると予測できるのは「男女で差がない」である。A，B はそれぞれ男性あるいは女性の特徴について述べているので，C の［主張］と同じく，「男女の違い」に関する記述だと判断できる。よって，A と B は C の［具体化］として，C の後ろにくる。

さらに，B の **on the other hand**「一方」という［対比］を示す副詞に着目すれば，A ⇒ B であることはすぐわかるはず。

C の「男性の競技者と女性の競技者で負けることに対して反応の違いがある」が［漠然］とした記述だから，「では**どんな**違い？」と反応してほしい。そうすれば A，B が［具体化］であるとわかるはずだ。

解答　C ⇒ A ⇒ B

訳　勝ち負けはスポーツの一面である。競技者，コーチ，観客の中で負けることが好きな者は誰ひとりいない。Ｃ しかし，負けることに対する反応には男女の競技者で差があることを研究者は発見した。Ａ 研究によると，女性の競技者が負けた場合には，その原因にみずからの技術や努力が不足していたことを挙げる傾向にあり，Ｂ 一方，男性の競技者が負けた場合には，運とか，相手の力量などの要因を指摘する傾向にあるということだ。このような反応の違いを認識しておくことは，敗者と話すときに役に立つだろう。

確認　　文整序の脇役　＊ **原則❶** 〜 **原則❷** の補助的役割を果たす

❶　［**追加**］を示すマーカー
- (1)　☐ S also V 〜 . / S V as well.「同様に」
- (2)　☐ besides / moreover / furthermore / additionally / what is more「さらに」
- 　　☐ in addition （to A）「（Aに）加えて」

❷　［**結論**］を示すマーカー
- ☐ thus「このようにして」
- ☐ therefore「それゆえ」
- ☐ as a result / consequently「結果として」
- ☐ in conclusion「結論として」

❸　［**換言**］を示すマーカー
- ☐ in other words / that is （to say）「すなわち」

❹　［**対比**］を示すマーカー
- ☐ on the other hand「一方」
- ☐ in contrast「対照的に」
- ☐ unlike this「これと違って」
- 　＊　特に，［**対比**］を示すマーカーと，but / however などの［**主張**］を示すマーカーとの区別が大切。共に前後で［論理の逆転］が起きるが，［主張］を示すマーカーの前後では**後ろの文に重大な情報がある**のに対し，［対比］を示すマーカーの前後の文は**情報の重みが対等な関係にある**

❺　［**漠然**］⇒［**具体**］を示すマーカー
- ☐ for example / for instance「たとえば」
- 　＊　抽象的な記述の次には具体的な記述がくると予想して読み進めることが大切。［**漠然**］のあとには［**具体**］がくると意識せよ

次の文章は，学校新聞に載った，服装規定についての記事である。3人の生徒の意見の要約（ A ～ C ）として最も適当なものを，それぞれ下の ① ～ ④ のうちから一つずつ選べ。

The topic for this week's "Speak Out" column is whether there should be a mandatory dress code in our school. The first opinion selected was sent in by Monica Molina, a tenth grader. She writes:

There needs to be some limitation to what students can wear to school. Without a dress code students could wear clothing that is offensive, inappropriate, distracting, or threatening. Clothing with offensive slogans and pictures that promote drugs, alcohol and smoking should not be allowed. Pictures and slogans which are offensive to race and gender should not be allowed, either. Clothing with distracting pictures or writing could take students' attention away from studying, which is why students are here. Clothing with messages, writing or pictures that are threatening to students or teachers shouldn't be worn. Being in a school with no dress code would be very bad. A dress code should be made, taking into consideration everyone who studies and works in the school.

A
---

① A lot of students wear clothing that is threatening to others.

② Clothing that has writing which encourages smoking is not so bad.

③ Dress rules should protect everyone in school from being offended.

④ Most students don't wear appropriate clothing to school.

Our next opinion was submitted by Kishan Santha, an eleventh grader, who says:

Students should be free to choose what they want to wear to school. Granted, there are some shirts that have offensive writing on them but the majority of messages are not offensive. Most messages do not negatively affect our learning and attention in class. If we have a dress code at all, it should state that students cannot wear clothes with insulting words on them. But, that is it. I'm sure that whether there is a dress code or not, my friends will wear what they know is fine and appropriate in school. Teachers should trust us to be able to determine whether or not the clothes we decide to wear are appropriate.

B

① A dress code cannot prevent students from wearing clothing with offensive messages.

② In most cases, students can determine what clothing is acceptable to wear to school.

③ Teachers can be trusted to make a dress code that students will accept.

④ Students should be encouraged to make a school dress code for themselves.

The third opinion selected was written by Kim Higgins, a twelfth grader. She says:

I believe that students can express themselves with their clothing. However, there should be some kind of dress code at school. It should not be a strict code, but a realistic one that everyone can follow. A rule that I find reasonable is that a shirt or blouse should not be so short that part of the person's body can be seen. It particularly bothers some people when they can see someone else's bare stomach. Also, we should not have to see other people's underwear. This offends some people and can be considered insulting. If we don't have school dress rules, with today's fashion, things could get out of control.

C

① Clothing is not a good way for students to show their feelings.

② Current dress styles don't require a specific school dress code.

③ Showing one's stomach is fashionable and not so offensive.

④ Some guidance is needed to help students dress with moderation.

We would like to thank Monica, Kishan and Kim for submitting their opinions to "Speak Out." They have given us a number of important points that we must consider seriously before everyone votes on this policy.

[本試]

全体の［主張］は，「服装規定に**賛成**」「服装規定に**反対**」「服装規定に**条件付きで賛成**」という非常に明確なもの。このような［主張］をつかんでから選択肢を見れば，簡単。

解説　| A |

③「服装規定は，学校の誰もが不快感を持たないように皆を守るべきだ」が正解。

パラグラフの中には［**逆接**］を示すものは存在せず，文の流れは単純明快。

第1文：［**主張**］⇒ 第2文から最後の文：［**具体化**］

［**主張**］は，第1文「生徒が学校に着ていくことができる服装には，なんらかの制限が必要である」に明示されている。

まず論外は，②「喫煙を奨励する言葉が書かれた服はそれほど悪くない」。①「多くの生徒が，他人に対して威嚇（いかく）するような服を着ている」と④「大半の生徒は学校に適切な服を着てこない」の2つはどちらも同じ意味だから，それだけでも消去できる。そもそも①と④は「**主張**」ではなくて「**事実**」であることに注意したい。

日本人は，「事実・状況」を述べることによって「主張」としてしまうことがある。

たとえば「先生，プリントが足りません」は「事実」にすぎず，私がこの発言を無視してもなんら問題はない。ところが，この発言をしている学生は，単に「**事実**」を述べたいのではなく，「だからプリントを回してください」という「**主張**」を暗にほのめかしているのである。英語の論理では①・④は不可。①・④それぞれの記述にある「『多くの』『大半の』が間違っているから不可」という答え方ではなくて，「事実を主張にすり替えているから不可」と答えられるようにしておきたい。

以上から，答えは③「服装規定は，学校の誰もが不快感を持たないように皆を守るべきだ」。

②「大半の場合には，どんな服が学校に着ていくのにふさわしいか
を生徒は決めることができる」が正解。

パラグラフの流れは，　A　　よりは少し複雑。

第1文：[**主張**] ⇒ 第2文：[**譲歩 ⇒ 主張**] ⇒ 第3文：[**具体化**]
　⇒ 第4文：[**譲歩**] ⇒ 第5文：[**主張再現**] ⇒ 第6文：[**具体化**]
　⇒ 第7文：[**主張の具体化**] ⇒ 第8文：[**主張の再現**]

[**主張**] は，第1文「生徒には，学校に着ていきたい服を選択する
自由があるべきだ」から明確。つまり，「生徒の意志を尊重せよ」と
いうことである。よって，②「大半の場合には，どんな服が学校に着
ていくのにふさわしいかを生徒は決めることができる」が正解。

①「服装の規定によって，生徒が不快なメッセージの書かれた服を
着るのをやめさせることはできない」は，そもそも本文の [**主張**] と
まったく関係ない記述だが，もしこれが正解だとすると「生徒にはモ
ラルがない」となってしまい，[**主張**] とは逆方向の内容になるので
不可。

③「生徒が受け入れる服装の規定を，先生に任せておけば作ってく
れる」は，主張とまったくの逆方向の内容なので，不可。

④「生徒が自分自身のために，学校の服装の規定を作るように促す
べきである」は，「服装の規定を作る」が不可。

④「生徒が節度を守った服を着るのを手助けするために，多少の指
導が必要とされている」が正解。

第2文に however があり，流れは明確。

第1文：[**譲歩**] ⇒ 第2文：[**主張**]
　⇒ 第3文から最後の文：[**具体化**]

[**主張**] は第2文「学校ではなんらかの類の服装の規定があるべ
きだ」ということ。後ろにある [**具体化**] から「現実的な規定なら
OK」ということが読み取れればよい。

①「服装は生徒が感情を表すための良い方法ではない」は，[**主張**]

とはまったく無関係。

②「今の服装のスタイルは，学校の服装の明確な規定を必要としない」は，[**主張**]と逆方向なので，不可。

③「お腹を見せることは，今風で，それほど不快なことではない」も，逆方向なので，不可。この内容は，そもそも[**具体例**]の一部にすぎない。

よって，④「生徒が節度を守った服を着るのを手助けするために，多少の指導が必要とされている」が正解。選択肢に「服装規定」とは書いていないところが，「**言い換え**」の妙。

解答　Ａ ③　　Ｂ ②　　Ｃ ④

訳　　今週の "Speak Out" 欄の題目は，私たちの学校に，強制的な服装の規定があるべきかどうかだ。最初に取り上げる意見は，10年生のモニカ・モリナから送られてきたものだ。彼女は次のように書いている。

生徒が学校に着ていくことができる服装には，なんらかの制限が必要である。服装の規定がなければ，生徒は，不快な，ふさわしくない，気を散らす，あるいは威嚇的な服を着ることがあるかもしれない。麻薬，酒，喫煙を奨励する不快なスローガンや絵が書いてある服を認めるべきではない。人種や性に関する不快な絵やスローガンもまた認めるべきではない。生徒は勉強するために学校に来ているというのに，気が散る絵や言葉が書かれた服は，生徒の注意を勉強からそらすかもしれない。生徒，あるいは教師に対して威嚇的なメッセージ，言葉，あるいは絵が書かれた服を着るべきではない。服装規定のない学校にいることは，とてもひどいことになるだろう。学校で学び，働くすべての人を考慮すれば，服装の規定を作るべきである。

次の意見は11年生のキシャン・サンタによるものだ。彼は次のように述べている。

生徒には，学校に着ていきたい服を選択する自由があるべきだ。たしかに，不快な言葉が書かれたシャツもあるが，しかし，メッセージの大部分は不快なものではない。大半のメッセージは，授業中の私たちの学習や注意に悪い影響を与えない。仮にも私たちに服装の規定があるとしたら，生徒は侮辱的な言葉が書かれた服を着ることはできないと，それは言明するはずだ。しかし，そこが問題なのだ。服装の規定があろうとなかろうと，

友人たちは，学校で差しつかえなく適切であるとわかっている服を着ると，私は確信している。先生たちは，私たちが，自分が着ることにした服が適切かどうかを決めることができると信じるべきだ。

　3番目に取り上げる意見は，12年生のキム・ヒギンズが書いたものだ。彼女は次のように述べている。

　生徒は服装によって自分自身を表現することができると，私は信じている。しかしながら，学校ではなんらかの類の服装の規定があるべきだ。それは，厳しい規定ではなくて，誰もが従うことができる現実的なものであるべきだ。道理にかなっていると私が思う規則は，シャツあるいはブラウスは，その人の体の一部分が見えるほど短くてはいけないというものだ。特に，他人のむき出しのお腹が見えると困惑する人もいる。さらに，わざわざ他人の下着を見なくてもいいはずだ。これによって感情を害する人々もいるし，また，これは侮辱的であるとも考えられる。もしも，今日のファッションにおいて，学校の服装に規定がなければ，事態は収拾のつかないものになるかもしれない。

　私たちは，モニカ，キシャン，キムに，"Speak Out"に意見を述べてくれたことを感謝したい。皆さんがこの件に関して投票する前に，私たちが真剣に考えなければならない，いくつもの重要なことを，彼らは私たちに指摘してくれた。

[語句]

第1・2パラグラフ

▶ **mándatory** 　　　　　　　形「義務的な」
▶ **dress code** 　　　　　　　名「服装規定」
▶ **limitátion** 　　　　　　　名「制限」
▶ **offénsive** 　　　　　　　形「不快にさせる」
▶ **inapprópriate** 　　　　　形「不適切な」
▶ **distrácting** 　　　　　　形「気を散らす」
　　＊〈dis-［バラバラ］+ -tract-［引く］〉
　　　→「引っ張ってバラバラにする」
▶ **thréatening** 　　　　　　形「威嚇的な」
▶ **race** 　　　　　　　　　　名「人種」
▶ **génder** 　　　　　　　　　名「（社会的役割としての）性」

第3・4パラグラフ

- ▶ **submít** 〜 　　　　　　　　他「〜を提出する」
- ▶ *be* **free to** (V) 　　　　　熟「自由に(V)する」
- ▶ **gránted** 　　　　　　　　副「たしかに」
    - ＊ grant〜「〜を認める」で，It is granted (that) S' V'.「S' V'
      と認められる」からできた
- ▶ **majórity** 　　　　　　　　名「大半」
- ▶ **négatively** 　　　　　　　副「否定的に」
- ▶ **state** 〜 　　　　　　　　他「〜と述べる」
- ▶ **insúlting** 　　　　　　　　形「侮蔑的な」
    - ＊ 〈in-［(心の)中］+ -sul-［跳ぶ］〉→「心の中に跳びかかってくる」
      salmon「鮭（←川を跳んで上る魚）」
- ▶ **that is it** 　　　　　　　熟 ❶「そこが問題なんだ」
    - 　　　　　　　　　　　　　　　❷「それで十分だ」
    - ＊ 本文では❶の意味で使われている

第5・6パラグラフ

- ▶ **strict** 　　　　　　　　　形「(教師・規則などが) 厳しい」
- ▶ **realístic** 　　　　　　　　形「現実的な」
- ▶ **réasonable** 　　　　　　　形「理にかなった」
- ▶ **offénd** 〜 　　　　　　　他「〜を不快にさせる」
- ▶ **get out of contról** 　　　熟「制御ができなくなる」

第7パラグラフ

- ▶ **a númber of** 〜 　　　　　熟「いくつもの〜」

本文中に出てくる a dress code「服装規定」は何
も学校に限ったことではない。初めて行く一流の
レストランなどを予約するとき，"Do you have a
dress code?" あるいは "What is your dress code?" と
尋ねてみよう。"We require you to wear a jacket and
tie." 「上着とネクタイを着用していただく必要が
あります」という返事が返ってくるかもしれない。

例 題 5

次の文章の 　　　 に入れる三つの文が，順不同で A ～ C に示されている。意味の通る文章にするのに最も適当な配列を答えよ。

The smile may no longer be an effective way to mask one's true feelings. 　　　 If the psychologists' claim is proven to be true, perhaps people will worry less about what they say and more about which muscles to use when they smile.

A　For example, in the true smile, the muscles surrounding the eyes tighten, while the cheek muscles pull the corners of the lips upward.

B　On the other hand, in the false smile, the muscles between the eyebrows move slightly, while the muscles around the mouth pull the corners of the lips downward.

C　Some psychologists have claimed that true smiles and false smiles use different muscles.　　　　　　　　　　　　　　[追試]

解説　　C ⇒ A ⇒ B が正解。B に［対比］を示すマーカーの On the other hand「一方」がある。ここから，A「本当のほほえみにおける筋肉の動かし方」⇒ B On the other hand, ～「偽のほほえみにおける筋肉の動かし方」を決定するのは簡単だ。次に，C を見ると「本当のほほえみと偽のほほえみでは違った筋肉を使うと主張する心理学者がいる」とあるから「ではどのように違うのかな？」と考える必要がある。つまり C が［漠然］とした記述であると気がつけば，その具体化が A ⇒ B だとわかる。

　　この問題のねらいは 1 点。［漠然］⇒［具体］である。

解答　C ⇒ A ⇒ B

訳　　ほほえみはもはや本音を隠すための効果的な手段ではなくなるかもしれない。C 本当のほほえみと偽のほほえみでは使う筋肉が異なると主張する心理学者がいる。A たとえば，本当のほほえみでは目の周りの筋肉が緊張し，ほおの筋肉は唇の端を引き上げる。B 一方，偽のほほえみでは，眉毛の間の筋肉はかすかに動くが，口の周りの筋肉が唇の端を下げる。もしこの心理学者の主張が正しいと証明されたら，人は自分の言うことではなく，ほほえむときにどの筋肉を用いるかを気にするようになるかもしれない。

「空所の後ろ」に注意すべき問題が多い。

もし，選択肢に **He** や **It** がある場合には，誰でもすぐに気がつく。ところが，**空所の後ろに代名詞がある場合**には意外に気がつきにくいものである。そこまで注意深く見ていないからだ。「空所の後ろ」にヒントが隠されている場合があるから，もし答えが決まらないと思ったときは，「空所の後ろ」に代名詞がないかどうか注意して見てみること。

例 題 6

次の文章の ☐ に入れるべき三つの文が，順不同で A ～ C に示されている。意味の通る文にするのに最も適当な配列を答えよ。

The color purple has often been regarded as a symbol of wealth and power, but the dye used to produce it did not have an elegant beginning. An ancient people living along the coast of the Mediterranean Sea first discovered how to make the dye from Murex snails, small sea animals with hard shells. ☐ Let us hope we cannot smell them.

A　From this liquid the people produced the purple dye.

B　If we visit the places where the dye was produced, we might still be able to see the shells of Murex snails.

C　Unlike other snails, Murex snails give off a strong-smelling liquid that changes color when it comes into contact with air and light.

[本試]

「真の力」があれば，どのような問題形式でもひるむことなく正解に至ることができる。さまざまなタイプの問題を通して「真の力」を身につけよう。

本番の試験では「ケアレスミステイクで失点した」という声をよく聞く。本人たちはわかっていないのだが，それは「ケアレスミステイク」ではない。
本番では模擬試験では出てこないような「ワナ」が仕掛けてあり，そこに見事に引っかかっているにすぎない。「ワナ」には要注意！

解説　選択肢の A に **this liquid** とあるので liquid を探す。すると C に **a strong-smelling liquid** とあることから C ⇒ A であることは容易にわかる。

　あとは B ⇒ C ⇒ A かそれとも C ⇒ A ⇒ B かである。空所の後ろを見ると「**それらの臭いを嗅がなくて済むことを願いたい**」とあるから，them の指すものを考える。もし B ⇒ C ⇒ A だと考えると，them の指す複数名詞は A の中にあることになる。すると the people になってしまうが，「その人々の臭いを嗅ぐ？？？」では意味不明。

　よって，C ⇒ A ⇒ B だと決定できる。そうすれば **them** が指すのは B の中にある the shells of Murex snails となり，つじつまが合う。

解答　C ⇒ A ⇒ B

訳　紫色は多くの場合，富と権力の象徴であるとみなされてきた。しかし，その色を作り出すのに用いられる染料の起源は上品と言えるものではなかった。地中海沿岸に住んでいた古代の民族が，アクキ貝という硬い殻を持つ小さな海の生物から染料をどのように作ればよいかを初めて発見した。C 他の巻き貝と違って，アクキ貝は空気や光に触れると色を変える臭いの強い液体を出す。A この液体から人々は紫色の染料を作り出した。B 染料が作られていた場所を訪れれば，今でもアクキ貝の殻を見ることができるかもしれない。その臭いを嗅がなくても済むことを願いたい。

「ケアレスミステイク」で済ますのではなく，"実力がないから間違った"という謙虚さが大切だ！

次の文章を読み，問1～3の[　　　]に入れるのに最も適当なものを，それぞれ下の① ～ ④のうちから一つずつ選べ。なお，(1) ～ (6) はパラグラフの番号である。

You are the editor of your school newspaper. You have been asked to provide comments on an article about origami written by an American student named Mary.

Origami

(1)　Many people in Japan have childhood memories of origami, where square sheets of paper are transformed into beautiful shapes such as animals and flowers. Origami has been enjoyed widely by people of all ages for centuries.

(2)　A recent event reminded us that origami is viewed as a traditional Japanese art form overseas. When President Barack Obama visited Hiroshima in 2016, he made four origami paper cranes neatly. He then presented them to Hiroshima City. This was seen as a symbol of his commitment to friendship between the two countries and to world peace.

(3)　Two positive influences of origami can be seen in care for the elderly and rehabilitation. Origami requires the precise coordination of fingers as well as intense concentration to fold the paper into certain shapes. It is thought to slow the progression of memory loss associated with such medical problems as Alzheimer's disease. It is also believed that origami helps keep motor skills and increases brain activity, which aid a person recovering from injuries. For these reasons, both inside and outside Japan, there are many elderly care and rehabilitation programs in which origami is used.

(4)　Children also benefit from origami. It fosters creativity and artistic sense while allowing them to have fun. This has resulted in a large number of associations — both domestic and international — regularly holding events for young children such as origami competitions and exhibits. Isn't it surprising that many organizations that are active in these areas can be found overseas?

(5)　　A　　Furthermore, origami paper folding technology has promising applications in medicine.　　B　　In 2016, an international team of researchers developed a tiny paper-thin robot that can be used for medical treatment. The robot, made of material from pigs, is folded like origami paper and covered with a capsule made of ice. When the capsule is swallowed by a patient and reaches the patient's stomach, the capsule melts, and the robot unfolds as it absorbs water from the surrounding area.　　C　　After this, the robot is controlled from outside of the body to perform an operation. When the task is complete, the robot moves out of the body naturally.　　D

(6)　As seen in the examples above, origami is no longer merely a traditional Japanese art form that many of us experienced as a leisure activity in childhood. In fact, it is a powerful agent that can bring positive change to the lives of all generations worldwide. While the appreciation of its beauty is likely to continue for generations to come, nowadays origami has come to influence various other aspects of our lives.

問1　Mary's article mainly discusses 　　　　.
　　①　the greater importance of origami in medicine than in other fields
　　②　the invention of new types of origami in many foreign countries
　　③　the major role origami plays in promoting world peace and cooperation
　　④　the use of origami for cultural, medical, and educational purposes

問2　Mary's intention in Paragraphs 3 and 4 is probably to 　　　　.
　　①　describe the history of origami's development outside Japan
　　②　discuss the difficulties of using origami for treating diseases
　　③　express concerns about using origami for rehabilitation, elderly care, and education
　　④　introduce some contributions of origami to the lives of people of different ages

問3 You found additional information related to this topic and want to suggest that Mary add the sentence below to her article. Where would the sentence best fit among the four locations marked ☐ A ☐, ☐ B ☐, ☐ C ☐, and ☐ D ☐ in Paragraph 5?

☐

The developers of the robot say that this technology can be used, for instance, to remove a small battery from the stomach of a child who has accidentally swallowed it.

① ☐ A ☐   ② ☐ B ☐   ③ ☐ C ☐   ④ ☐ D ☐

[試行]

> 問3のような問題が出てもあわててはいけない。原則どおり対処することだ。

解説 パラグラフメモ

第1パラグラフ：折り紙は日本人に古くから親しまれてきた
第2パラグラフ：日本の伝統的な芸術形態だと海外でも知られている
第3パラグラフ：高齢者のケアやリハビリでも有効な手段だ
第4パラグラフ：子どもにも良い影響を及ぼす
第5パラグラフ：医療分野での活用の具体例
第6パラグラフ：まとめ

問1 「メアリーの記事は主に ☐ について論じられている」
　④「文化，医学，教育目的の折り紙の利用」が正解。**記事全体を読めば，「折り紙がもたらす好ましい影響」が主題だとわかる。**①「他分野よりも医療における折り紙の重要性」は「医療」に特化しているので不可。②「多くの諸外国での新しい種類の折り紙の考案」は，本文にはそのような記述がないので不可。③「世界平和と協力を促進する際に折り紙が果たす主な役割」，これも第2パラグラフの一部の記述にすぎないので不可。④「文化，医学，教育目的の折り紙の利用」，これが正解。**問1から全体像を見すえて解かせる良問である。**

問2　「メアリーの第3・4パラグラフでの主な主張はおそらく
　　　　　□□□□□ことである」

　④「異なる年代の人々の生活への折り紙の貢献を紹介する」が正解。
第3パラグラフでは「折り紙が高齢者のケアやリハビリでも有効な手
段であること」，第4パラグラフでは「折り紙は子どもにも良い影響
を及ぼすこと」が述べられている。①「日本国外での折り紙の発達の
歴史について描写する」は不適切。②「病気の治療のための折り紙を
使うことの難しさについて議論する」も不可。③「リハビリ，高齢者
のケア，教育に折り紙を利用することの懸念を表明する」は，少なく
とも「懸念」だけで不可だと言える。④「異なる年代の人々の生活へ
の折り紙の貢献を紹介する」が正解。**見事な言い換えになっているこ
とを確認してほしい。**

問3　「あなたはこの話題に関連した追加の情報を見つけ，メアリー
　　　に彼女の記事に下の文を付け加えるよう提案したいと思ってい
　　　る。第5パラグラフの　A　　B　　C　　D　の4
　　　つの位置のうち，いずれに入れるのが最も適切か」

　④が正解。挿入すべき文意は「そのロボットの開発者は，この技
術は，たとえば，誤って小さな電池を飲み込んでしまった子どもの
胃からそれを取り除くのに使うことができると述べている」である。
**この文中の the robot「そのロボット」，this technology「この技術」
に注目する**と，「そのロボットに関わる何らかの動作」の説明がなさ
れたあとの文であることがわかる。第5パラグラフの中の該当部分
は，第2〜6文である。よって，この第6文のあとに入れるのが適
切だから，④の　D　が正解となる。

解答　問1　④　　問2　④　　問3　④

訳　　あなたは学校新聞の編集者である。あなたはメアリーという名前のアメ
リカ人生徒によって書かれた折り紙についての記事にコメントを求められ
た。

折り紙

⑴　多くの日本人は子どもの頃の折り紙の記憶があり，それは正方形の紙
　を，たとえば動物や花などの美しい形に変えるものだ。折り紙は何世紀
　もの間，あらゆる世代の人々に広く親しまれてきた。

(2)　近年のある出来事が，折り紙は海外で日本の伝統的な芸術形態であるとみなされていることを私たちに思い出させてくれた。2016 年にバラク・オバマ大統領が広島を訪れたとき，彼は 4 羽の折り鶴をきれいに折った。そして彼はそれを広島市に贈った。このことは，2 国間の友好と世界平和への大統領の強い関心の象徴であると受け止められた。

(3)　折り紙には，高齢者向けのケアやリハビリにおいて 2 つの良い影響が見られる。折り紙で，紙をある特定の形に折るためには，高い集中力に加え，正確に指の動きを調整することが必要とされる。そのことは，アルツハイマー病のような疾患と関連した記憶障害の進行を遅らせると考えられている。また折り紙は，運動技能の維持と脳の活動の向上を促すため，ケガから回復しつつある人の助けになると信じられている。これらの理由から，日本国内および国外の両方において，折り紙を使った高齢者ケアとリハビリテーションプログラムが数多く存在するのである。

(4)　子どもたちもまた折り紙から良い影響を受ける。子どもたちが楽しみながら創造性や芸術的な感覚を高めるからだ。だから，（国内および海外の）多くの団体が，折り紙の大会や展示会などの幼児向けの催しを定期的に開催することになった。これらの分野で積極的に活動している団体が海外でも数多く見られるというのは驚くべきことではないだろうか？

(5)　さらに，折り紙を折る技術には，医療での応用が見込まれている。2016 年，ある国際研究チームが，治療に利用できる非常に小さくて紙のように薄いロボットを開発した。そのロボットはブタ由来の物質から作られており，折り紙のように折りたたまれ，氷のカプセルに包まれる。患者がカプセルを飲み込み，胃に届くと，カプセルが溶け，ロボットは周囲から水を吸収して広がる。このあと，ロボットは体外から手術を行うよう操作される。任務が完了すると，ロボットは自然に体外に排出される。<u>🄳そのロボットの開発者は，この技術は，たとえば，誤って小さな電池を飲み込んでしまった子どもの胃からそれを取り除くのに使うことができると述べている。</u>

(6)　上の例で見てもらったとおり，折り紙はもはや，私たちの多くが子どもの頃に娯楽として体験した，日本の伝統的な芸術形態であるだけではない。実際には，世界中のすべての世代の生活に良い変化をもたらすことのできる力強い媒体なのだ。その美しさは世代を超えて認められ続ける可能性が高く，今日では，折り紙は私たちの生活の他のさまざまな側面に影響を与えるようになっている。

語句　▶ **éditor**　　　　　　　名「編集者」

- ▶ províde ～   他 「～を提供する」
- ▶ árticle   名 「記事」

第1パラグラフ

- ▶ chíldhood mémories   名 「子どもの頃の思い出」
- ▶ squáre   形 「正方形の」
- ▶ transfórm *A* into *B*   熟 「A を B に変える」

第2パラグラフ

- ▶ remínd O (**that**) S' V'   熟 「O に S' V' を思い出させる」
- ▶ view *A* as *B*   熟 「A を B とみなす」
- ▶ crane   名 「ツル」
- ▶ presént *A* to *B*   熟 「A を B に贈る」
- ▶ commítment to ～   熟 「～への専心」

第3パラグラフ

- ▶ pósitive   形 「プラスの」
- ▶ ínfluence   名 「影響」
- ▶ care for ～   熟 「～に対するケア」
- ▶ precíse   形 「精密な」
- ▶ coordinátion   名 「調整」
- ▶ inténse   形 「強い」
- ▶ concentrátion   名 「集中」
- ▶ fold *A* into *B*   熟 「A を折って B にする」
- ▶ cértain + 名詞   形 「ある～」
- ▶ slow ～   他 「～を遅らせる」
- ▶ progréssion   名 「進行」
- ▶ assóciated with ～   熟 「～と関連した」
- ▶ help (**to**) (V)   熟 「(V) するのに役立つ」
- ▶ mótor   形 「運動の」
- ▶ aid ～   他 「～に役立つ」
- ▶ for these réasons   熟 「こうした理由で」

第4パラグラフ

- ▶ bénefit from ～   熟 「～から恩恵を受ける」
- ▶ fóster ～   他 「～を促進する」

第
3
章
論理展開把握・評論・小説・エッセイ読解問題

▶ allów O to (V)	熟	「O が (V) するのを可能にする」
▶ A resúlt in S' (V')ing	熟	「A の結果，S' は (V') する」
▶ associátion	名	「協会／団体」
▶ doméstic	形	「国内の」
▶ régularly	副	「定期的に」
▶ competítion	名	「大会」
▶ exhíbit	名	「展示会」

第5パラグラフ

▶ fúrthermore	副	「さらに」
▶ prómising	形	「将来有望な」
▶ applicátion	名	「応用」
▶ médicine	名	「医学」
▶ tíny	形	「とても小さい」
▶ swállow ～	他	「～を飲み込む」
▶ pátient	名	「患者」
▶ melt	自	「溶ける」
▶ unfóld	自	「広がる」
▶ absórb ～	他	「～を吸収する」

第6パラグラフ

▶ léisure actívity	名	「娯楽」
▶ ágent	名	「媒体」
▶ generátion to come	熟	「来たるべき世代」
▶ áspect	名	「面」

次の英語を日本語にしてみよう。

1 chick	2 crow	3 cúckoo	4 dove
5 éagle	6 goose	7 hawk	8 hen
9 owl	10 párrot	11 péacock	12 pígeon
13 séagull	14 spárrow	15 swállow	16 túrkey

解答	1 ヒヨコ	2 カラス	3 カッコー	4 (小型の) ハト
	5 ワシ	6 ガチョウ	7 タカ	8 メンドリ
	9 フクロウ	10 オウム	11 クジャク	12 ハト
	13 カモメ	14 スズメ	15 ツバメ	16 シチメンチョウ

原則④ 空所補充タイプの問題では，まず品詞・代名詞などをチェックせよ

❶ 選択肢の品詞をチェックする

　副詞や接続詞（マーカー）を空所に補充する問題は，**文整序問題**の前段階と位置づけできる。その際にまず「意味」から入るのではなく，選択肢の品詞を確認する作業を忘れてはならない。

　選択肢の品詞が異なる（接続詞と副詞が混在しているなど）のであれば，空所を含む文の文構造をチェックすることになる。

　また，すべてが同じ品詞ならば，「意味」から考えればよい。そして「意味」から考える場合にも，文整序問題と同様なアプローチをすればよいだけのことである。

❷ 「つなぎ語」の役割を理解する

　このタイプの問題に出てくる副詞や接続詞には，当然ながら高校の教科書の範囲を逸脱しているものはない。しかし，だからといって，"on the contrary =「逆に」" といった雑な学習ではいけない。

　特に次のようなものが要注意である。

例1 "on the contrary =「逆に」" ではない！

　　▶ on the contrary ⇒ [主張] を強める働き

　　Tom is not poor at math; on the contrary, he's a genius.
　　「トムは数学が苦手なんかじゃない。それどころか天才だよ」

例2 "after all =「結局」" ではない！

　　▶ after all ⇒ （主に文頭にて）補足的な理由を示す働き

　　You should study English harder; after all you're an English teacher.
　　「もっと英語の勉強をしないと。だって，英語の教師なんだろ」

例3 "despite =「〜にもかかわらず」" だけでは不十分！

　　▶ 〈despite ＋名詞〉⇒ [逆接] の働き

　　Despite the doctor's effort, the patient died.
　　「医者は努力したが，患者は亡くなった」

例題 8

次の (1) ～ (3) の [   ] に入れるのに最も適当なものを，それぞれ下の ① ～ ④ のうちから一つずつ選べ。

(1) After many years of war, the country has lost much of its power. [   ], its influence should not be underestimated.

① Even so   ② Even though

③ So   ④ Thus   [本試]

(2) It's too late to go out now. [   ], it's starting to rain.

① All the same   ② At least

③ Besides   ④ Therefore   [本試]

(3) My uncle broke his promise to take us to the beach. [   ] my sister was disappointed, her face didn't show it.

① Even   ② However

③ If   ④ Then   [本試]

 (1)の問題は，正答率が20%を割っていて，約半数の受験生が ② を選んでしまった。

解説 **(1)** 選択肢を見ると，①副詞：「それでも」，②接続詞：「～にもかかわらず」，③接続詞：「だから」，④副詞：「このように／したがって」。

この文の前半は「国力の多くを喪失した」でマイナス，後半は「影響力を過小評価すべきではない」でプラス。まず，③と④が消える。②の Even though は，Even though his legs were quaking, he spoke boldly.「彼の足は震えていたが，大胆な発言をした」というように，Even though S' V', S V. の形で用いる。よって，空所の後ろにコンマがある以上，②は無理。以上より，① **Even so** が正解となる。品詞を意識した勉強をしていれば簡単な問題。

(2) 選択肢を見ると，①副詞：「それと同時に ⇒（矛盾したことが同時に起きるなら）にもかかわらず」，②副詞：「少なくとも」，③副詞：「おまけに」，④副詞：「それゆえ」。以上より，品詞による解法は無理

であるから，意味から考える。

「もう遅すぎるから外出は無理だ。□□□□□ 雨が降り始めた」。文意をよく考えると，「外出は無理」の理由として，❶「もう遅い」／❷「雨が降り始めた」の 2 つが挙げられているとわかる。

よって，［追加］を示す ③ Besides が正解となる。

(3) 選択肢を見ると，① 副詞:「～さえも」，② 副詞:「しかしながら」，③ 接続詞:❶「もし～」／❷「たとえ～でも」，④ 副詞:「次に」となっている。

また問題文は，" □□□□ 文₁, 文₂." となっていることから，空所には**接続詞**が入る。答えは ③ If しかない。

この問題の正答率は定かではないが，授業の経験から言うと，およそ 10％ぐらいだと思われる。受験生の品詞に対する意識の低さがわかる問題である。

> **注意** however を接続詞のように用いるのは，〈however ＋ 形容詞（あるいは副詞）〉の形がほとんどである。
>
> **例** However difficult this problem is, you should try to solve it.
> 「どんなにこの問題が難しくとも，解く努力をすべきだ」

解答 (1) ①　　(2) ③　　(3) ③

訳 (1) 長年にわたる戦争ののち，その国は国力の多くを喪失した。① それでも，その影響力は過小評価すべきではない。

(2) もう遅すぎるから外出は無理だ。③ おまけに雨が降り始めたよ。

(3) おじさんは海に連れて行ってくれるという約束を破った。妹は失望していた ③ が，顔には出さなかった。

例題 9

やや難 3分

次の ☐1☐・☐2☐ に入れるのに最も適当なものを，それぞれ下の ①〜④ のうちから一つずつ選べ。

Most Japanese houses still have traditional tatami mats in at least one of the rooms. At first, tatami mats could be folded or rolled like a carpet when they were not in use. From the 14th century on, ☐1☐ , tatami mats have had an approximately six-centimeter thick straw base with a fine soft covering. This thicker type of mat spread throughout Japan in various sizes. Today, in the Kyoto area standard tatami mats measure 1.91 by 0.95 meters, ☐2☐ in the Nagoya and Tokyo areas they are a little smaller.

☐1☐	① however	② thus	③ in short	④ for this reason
☐2☐	① because	② while	③ so	④ unless [本試]

解説 ☐1☐ 選択肢はすべて副詞なので意味で判断する。まず，空所の前の **At first** に注目する。これは，「最初は〜だったけれど，あとでは…に変わった」という [譲歩] の文を導く。よって，空所には「逆接」の ① however 「しかし」が適切。なお他の選択肢は，②「(結論を示して) このように」，③「(換言を示して) つまり」，④「この理由で」。

☐2☐ 選択肢はすべて接続詞なので意味で判断する。空所の前後は地域による対比だから，② while 「〜だが一方」が適切。

なお，①は「(理由) 〜なので」，③は「(結果) だから」，④は「〜の場合を除いて」。

解答 ☐1☐ ① ☐2☐ ②

訳 今でもほとんどの日本の家では，少なくとも1つは伝統的なタタミ敷きの部屋がある。タタミは，初期の頃は，使わないときには絨毯のように折りたたんだり，丸めたりしておくことが可能であった。①しかし14世紀以降は，稲わらを原料とし，立派なカバーをかけた厚さ約6センチのものになった。この厚手のタタミはさまざまなサイズで日本中に広がった。今日，京都地域では，標準的なタタミは，長さ1.91メートル幅0.95メートルのものが用いられ，②一方，名古屋と東京地域では，それより少し小さいものが使われている。

322

例 題 10

標準 7分

次の [1] ～ [4] に入れるのに最も適当なものを，それぞれ下の ① ～ ④ のうちから一つずつ選べ。

In a study aimed at finding ways to encourage children to use computers, some differences were found in the attitudes of boys and girls. While many of the boys said they enjoyed the use of the computer itself, the girls tended to value the computer for how it could help them do something. [1], computers were often a means for the girls, but an end for the boys. The study [2] found that the boys were more likely than the girls to have and use a home computer. However, further studies are necessary to confirm these results.

[1]

① In spite of this   ② In contrast
③ In the beginning   ④ In other words

[2]

① also   ② namely   ③ seldom   ④ surely

［本試］

Fainting, the condition of a brief loss of consciousness, occurs from lack of oxygen (O_2) in the brain. Tension on blood vessels can lead to this condition. For example, a quick turn of the head can reduce blood flow to the brain, which naturally reduces the oxygen in the brain. [3], wearing neckties or shirts with tight collars can put pressure on the vessels. [4], the brain, lacking enough oxygen, fails to work properly.

[3]

① Additionally   ② Anyway   ③ Finally   ④ Instead

[4]

① As a result   ② At least   ③ In contrast   ④ What is more

［本試］

第3章 論理展開把握・評論・小説・エッセイ読解問題

論理展開把握・評論・小説・エッセイ読解問題   323

解説　　1　　選択肢はすべて副詞だから意味だけで解く。まず，空所の前後の文の方向性を確認する。空所の前の部分は，「男の子＝コンピュータは娯楽／女の子＝コンピュータは実用」の意味。空所の後ろは，「男の子＝コンピュータは目的／女の子＝コンピュータは手段」。これは「**換言**（かんげん）」であるから，答えは④の **In other words**「言い換えれば」が適切。

　なお，それ以外の選択肢の意味は，①「（逆接を示して）これにもかかわらず」，②「（対比を示して）対照的に」，③「（順序を示して）初めは」である。

　　2　　選択肢はすべて副詞なので意味で判断する。空所の後ろの文は，「コンピュータの所有の有無についての男女の違い」。よって「男女の相違」という点からは前の文と同じ。ただ，「コンピュータを何のために持つのか」と「コンピュータを持っているかどうか」は違う話。よって「換言」を示す②「すなわち」は消える。また，④の surely は❶「（前文を言い換えて）たしかに」，❷「（譲歩の節を導いて）たしかに」で用いるが，ここでは不適切。さらに，もし③「めったに～ない」とすると，「男の子のほうが女の子よりコンピュータを持つ確率は低い」となる。しかし，これは前文の「女の子は用途があればコンピュータに価値を置く（＝用途がなければ使わない）」と矛盾。結局①の also「（追加を示して）また」が正解。

文の流れ

　　　　　　[譲歩：漠然] コンピュータに対する男女の差がある
　　　　　　[譲歩：具体化₁] 男：遊び　／　女：実用
　1　　　　　　　　　　　　男：目的　／　女：手段
　2　　[譲歩：具体化₂] 所有率は男のほうが女より高い
　　　　　　[主張] さらに詳しい研究をしなければ何とも言えない

　　3　　選択肢はすべて副詞なので意味で判断する。まず空所の前は，「失神」の具体的な原因として「**首を急に曲げること**」を挙げている。空所の後ろでは，別の原因として「**ネクタイを締めたり，襟（えり）がきつい服を着たりすること**」を挙げている。よって，[追加]のマーカーである① Additionally「さらに（副詞）」が適切といえる。

　なお残りの選択肢の意味は，②「（譲歩 ⇒ 主張を示して）いずれに

しても」，③「（順序を示して）最後に」，④「その代わり」である。

　　4　　選択肢はすべて副詞なので意味で判断する。空所の後ろの文は，第1文の主張「酸素不足になると脳はうまく機能せず失神する」をもう一度繰り返している。

　選択肢を見ると，①「（結果を示して）結果として」，②「少なくとも」，③「（対比を示して）対照的に」，④「（追加を示して）さらに」。以上から，まず③と④は消える。②では意味が合わない。よって① **As a result** が正解となる。

文の流れ

	[主張]	失神は脳内の酸素不足が原因だ
	[具体的原因₁]	首を急に曲げる
3	**[具体的原因₂]**	首が絞まるようなものを身につける
4	**[主張再現]**	酸素が不足すると脳はうまく働かない

解答　　1　④　　2　①　　3　①　　4　①

訳　　子どもたちがコンピュータを使うように促すための方法を見つけ出すことを目的とした研究の中で，男の子と女の子の考え方にいくつかの違いが見られることがわかった。男の子の多くは，コンピュータを使うことそのものが楽しいと言ったが，女の子のほうは，コンピュータが自分たちにどのように役立つかという点で，コンピュータに価値を置く傾向があった。④言い換えれば，コンピュータは女の子にとって手段であることが多く，男の子にとってはそれが目的になっているのである。①さらに，その研究によると，家にコンピュータを所有し使用しているのは女の子より男の子のほうが多かった。しかし，これらの結果を裏づけるには，よりいっそうの研究が必要である。

　失神，つまり短い間意識を失ってしまうことは，脳内の酸素不足から起こる。これは血管の緊張により引き起こされることがある。たとえば，首を急に曲げると，脳への血流が減少するため，当然脳内の酸素が減少する。①さらに，ネクタイを締めたり，襟がきつい服を着たりすると，血管に圧力が加わる。①その結果，脳は酸素不足となり，働きが悪くなる。

> 論理展開を絶えず意識して読もう！

原則❺ まず，次の手順を当たり前のこととすること

❶ **パラグラフごとに，簡単でいいから要約を書く**
⇩ ⇒ メモ程度でよい
❷ **とにかく，文全体を読む** ⇒ まずは設問は一切無視
⇩
❸ **全体の［主張］を考える** ⇒ 「要はこの文章は何を言おうとしているのか」を考える
⇩
❹ **設問を解く** ⇒ 必ず「根拠」を持って解答する

　「1つのパラグラフを読むごとに1問解く」という方法は，共通テスト型の模擬試験や「新作」問題集では通用するかもしれないが，本番では用をなさない。普段の勉強でも，常に「この英文は結局は何が言いたいのか？」と考えて読むことが肝心。そのような日々の学習の積み重ね以外に，共通テストで高得点を取るすべはない。

　次に，文章の展開例を挙げておく。
❶ ［主張］⇒［具体化］⇒［具体例］

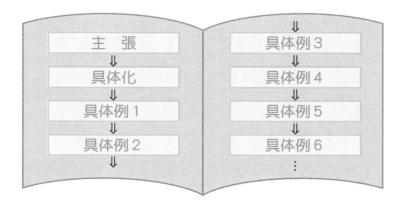

❷ ［主張］⇒［具体化］⇒［具体例］⇒［譲歩］⇒［具体化］⇒
［具体例］⇒［**However** ＋ 主張再現］

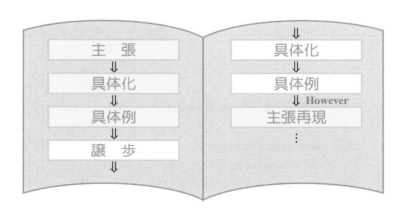

❸ ［譲歩］⇒［**However** ＋ 主張］⇒［具体化］⇒［具体例］

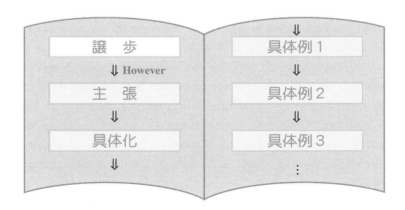

英文の流れがわかったよね。
英文の構造って，こんなにワ
ンパターンなんだよ！

例 題 11

やや難 14分

Your study group is learning about "how time of day affects people." You have found an article you want to share. Complete the summary notes for your next meeting.

When Does the Day Begin for You?

(1) When asked "Are you a morning person?" some reply "No, I'm a night owl." Such people can concentrate and create at night. At the other end of the clock, a well-known proverb claims: "The early bird catches the worm," which means that waking early is the way to get food, win prizes, and reach goals. The lark is a morning singer, so early birds, the opposite of *owls*, are *larks*. Creatures active during the day are "diurnal" and those emerging at night are "nocturnal."

(2) Yet another proverb states: "Early to bed, early to rise makes a man healthy, wealthy, and wise." *Larks* may jump out of bed and welcome the morning with a big breakfast, while *owls* hit the snooze button, getting ready at the last minute, usually without breakfast. They may have fewer meals, but they eat late in the day. Not exercising after meals can cause weight gain. Perhaps *larks* are healthier. *Owls* must work or learn on the *lark* schedule. Most schooling occurs before 4:00 p.m., so young *larks* may perform certain tasks better. Business deals made early in the day may make some *larks* wealthier.

(3) What makes one person a *lark* and another an *owl*? One theory suggests preference for day or night has to do with time of birth. In 2010, Cleveland State University researchers found evidence that not only does a person's internal clock start at the moment of birth, but that those born at night might have lifelong challenges performing during daytime hours. Usually, their world experience begins with darkness. Since traditional study time and office work happen in daylight, we assume that day begins in the morning. People asleep

are not first in line, and might miss chances.

(4)　Does everyone follow the system of beginning days in the morning? The Jewish people, an approximately 6,000-year-old religious group, believe a day is measured from sundown until the following sundown—from eve to eve. Christians continue this tradition with Christmas Eve. The Chinese use their system of 12 animals not only to mark years, but to separate each two-hour period of the day. The hour of the rat, the first period, is from 11:00 p.m. to 1:00 a.m. Chinese culture also begins the day at night. In other words, ancient customs support how *owls* view time.

(5)　Research indicates *owls* are smarter and more creative. So, perhaps *larks* are not always wiser! That is to say, *larks* win "healthy" and sometimes "wealthy," but they may lose "wise." In an early report, Richard D. Roberts and Patrick C. Kyllonen state that *owls* tend to be more intelligent. A later, comprehensive study by Franzis Preckel, for which Roberts was one of the co-authors, came to the same conclusion. It is not all good news for *owls*, though. Not only can schoolwork be a challenge, but they may miss daytime career opportunities and are more likely to enjoy the bad habits of "nightlife," playing at night while *larks* sleep. Nightlife tends to be expensive. A University of Barcelona study suggests *larks* are precise, seek perfection, and feel little stress. *Owls* seek new adventures and exciting leisure activities, yet they often have trouble relaxing.

(6)　Can people change? While the results are not all in, studies of young adults seem to say no, we are hard-wired. So, as young people grow and acquire more freedom, they end up returning to their *lark* or *owl* nature. However, concerns arise that this categorization may not fit everyone. In addition to time of birth possibly being an indication, a report published in *Nature Communications* suggests that DNA may also affect our habits concerning time. Other works focus on changes occurring in some people due to aging or illness. New research in this area appears all the time. A study of university students in Russia suggests that there are six types, so *owls* and *larks* may not be the only birds around!

Your summary notes:

○
○
○
○
○   **When Does the Day Begin for You?**

○   **Vocabulary**

○   Definition of diurnal: [A]

○   ⇔ opposite: nocturnal

○   **The Main Points**

○   • Not all of us fit easily into the common daytime schedule, but
○   we are forced to follow it, especially when we are children.

○   • Some studies indicate that the most active time for each of us
○   is part of our nature.

○   • Basically, [B].

○   • Perspectives keep changing with new research.

○   **Interesting Details**

○   • The Jewish and Christian religions, as well as Chinese time
○   division, are referred to in the article in order to [C].

○   • Some studies show that [D] may set a person's internal clock
○   and may be the explanation for differences in intelligence and
○   [E].

問1　Choose the best option for [A].

① achieves goals quickly　　② likes keeping pet birds

③ lively in the daytime　　④ skillful in finding food

問2　Choose the best option for [B].

① a more flexible time and performance schedule will be developed in the future

② enjoying social activities in the morning becomes more important as we age

③ it might be hard for us to change what time of day we perform best

④ living on the *owl* schedule will eventually lead to social and financial benefits

330

問3　Choose the best option for ☐ C ☐.

① explain that certain societies have long believed that a day begins at night

② indicate that nocturnal people were more religious in the past

③ say that people have long thought they miss chances due to morning laziness

④ support the idea that *owls* must go to work or school on the *lark* schedule

問4　Choose the best options for ☐ D ☐ and ☐ E ☐.

① amount of sleep　　② appearance

③ behavior　　④ cultural background

⑤ religious beliefs　　⑥ time of birth

［本試］

> どれもそれなりに面倒な問題だが，特に問4は差がついた。ここでは「消去法」が威力を発揮する。

解説　パラグラフメモ

第1パラグラフ：人間には朝型人間と夜型人間がいる
第2パラグラフ：朝型人間は健康で裕福である
第3パラグラフ：いずれの型かは生まれた時間で決まる
第4パラグラフ：ユダヤ教や中国などでは一日は夜に始まる
第5パラグラフ：朝型人間と夜型人間の特徴
第6パラグラフ：型を変えるのは難しいが，さまざまな型があるかもしれない

問1「☐ A ☐ に最も適する選択肢を選びなさい」

③「日中に活発になる」が正解。diurnal の定義を尋ねる問題だが，この難しい単語の知識を問うているのではなく，**文の前後からこの単語の意味を推測させる問題**だと考えればよい。第1パラグラフ最終文に「日中に活動する生き物は『昼行性（diurnal）』，夜に出てくる生き物は『夜行性（nocturnal）』である」とあるので，③ が正しい。こ

の問題は「diurnal の定義」を答えるのであるから①「目標を迅速に達成する」などではあり得ない。なお②「ペットに鳥を飼うことを好む」，④「食べ物を見つけることに長けている」もあり得ない選択肢である。正答率は 80％を上回った。

問2「 B に最も適する選択肢を選びなさい」

③「一日のうち活発に活動できる時間帯を変えることは困難かもしれない」が正解。本文の要約の中にある The Main Points の 1 つを埋める問題。要約の空所 B の下にある「研究が進む中で，今後の展望は変化する」に対応しているところをまず探す。それは，第 6 パラグラフ第 4 ～ 8 文の However から始まる「しかし，このカテゴリ分けが，すべての人に当てはまるとは限らないかもしれないという懸念が持ち上がる。（中略）この分野での新たな研究は常に行われている。ロシアの大学生を対象にした研究では，6 つのタイプがあることが示唆されている」を指すとわかる。つまり要約ノートは，**基本的には（Basically）＋第 6 パラグラフ 1 ～ 3 文 B 。しかし，第 6 パラグラフ 4 ～ 8 文（「研究が進む中で，昼型と夜型という区分は十分ではなく，今後の展望は変化する」**という内容）という流れであることがわかる。つまり B には，第 6 パラグラフの前半第 1 ～ 3 文の要旨である「昼型と夜型は遺伝子レベルで組み込まれている不変のもののようである」が入ることがわかる。選択肢を順に検討する。①「将来は今よりも柔軟な時間の使い方，働き方が模索される」はまったくの無関係である。②「午前中に社会活動を楽しむことは，年齢が上がるにつれて重要になる」は「歳をとれば朝型になる」という意味になり不可である。③ は本文に合致する。④「フクロウ型のスケジュールで過ごすことは，最終的に社会的，経済的に見て得になる」は「得になる」が第 5 パラグラフ 6 ～ 7 文と矛盾するので不可である。以上から③ が正しい。上位層では正答率は 84.0％もあるが，中位層，下位層では，50％前後しかなかった。おそらく，間違った人は該当箇所が探せなかったのではないだろうか。

問3「 C に最も適する選択肢を選びなさい」

①「一部の共同体では一日が夜から始まると長く考えられていたということを説明する」が正解。

要約ノートには「ユダヤ教とキリスト教，また中国の時間区分が，
　C　ために記事で言及されている」とあり，これは本文第4パラ
グラフの内容に対応していることがわかる。第4パラグラフ第2文「ユ
ダヤ教では，一日は日没から翌日の日没まで，前夜から次の前夜まで
と考えられている」や，同パラグラフ第4～6文「中国では，12種
類の動物を用いて年を表すだけでなく，それによって一日を2時間ご
とに区切っている。子の刻は午後11時から午前1時までで，中国文
化も夜から一日が始まる」，さらに同パラグラフ最終文に「つまり，『フ
クロウ』の時間のとらえ方は，古くからの慣習によって支えられてい
るのだ」とある。以上からこのパラグラフの主張は「一日の始まりを
夜だとする（フクロウに有利な）文化もある」ということだとわかる。
これに合致するのは①しかない。②「夜型の人々はかつてはより信心
深かったことを示している」は記述がない。③「午前を怠惰に過ごす
と好機を逃すということが長く信じられていたと述べる」，④「フク
ロウ型もヒバリ型のスケジュールで仕事や学校に行ったりしなくては
いけないという考えを支持する」は「フクロウ（型の人間）」に対し
て批判的な記述であり，第4パラグラフの内容とは無関係である。②
を選んだ人がかなり多いが，第4パラグラフにある religious group
という言葉に反応して，religious という言葉が入った選択肢に飛びつ
いただけではないだろうか。この問題も上位層は正答率が84.7％だ
が，中位層や下位層は60％前後の正答率しかなかった。

問4「　D　と　E　に最も適する選択肢を選びなさい」
　D　は，⑥「生まれた時間」，　E　は，③「振る舞い」が正解。
　要約ノートには「一部の研究では，　D　が人間の体内時計を定
めていて，また，知能と　E　の差異を説明する役割を果たすか
もしれないということが示されている」とある。
　D　については，第3パラグラフ第2文「一説によると，昼夜
の好みは生まれた時間と関係があるとのことだ」から⑥だとわかる。
　E　は，「知能の差異」と並列されていることから，「フクロウ
型」と「ヒバリ型」の差異を述べたものだと推測できる。両者の差異
が述べられているのは，第5パラグラフである。たとえば同パラグラ
フ最終の2文には「『ヒバリ』は几帳面で，完璧を求め，ストレスを
あまり感じない。『フクロウ』は新しい冒険や刺激的な娯楽を求める
が，リラックスすることが苦手な場合が多い」と書かれている。こう

したそれぞれの特徴を包括的に表す語が解答となる。①「睡眠時間」，②「外見」，④「文化的背景」，⑤「宗教的信条」は，到底その条件を満たさないので，③を選ぶことになる。③を自信を持って選ぶことは困難だろうが，消去法を用いれば比較的容易であろう。上位層の正答率でも75.0%しかないが，下位層では38.6%に留まった。

解答 問1 ③　問2 ③　問3 ①　問4 ┃ D ┃ ⑥ ┃ E ┃ ③

訳　あなたの研究グループは，「時間帯が人に与える影響」について学んでいる。あなたは共有したい記事を見つけた。次のミーティングのための要約ノートを完成させなさい。

あなたにとって一日の始まりはいつですか？

（1）「あなたは朝型ですか」という質問に対して，「いいえ，夜型です」と答える人がいる。そういう人は，夜に集中し，創作活動をすることができる。時計の針をぐるっと回した所では，よく知られたことわざが「早起きは三文の得（←早起きの鳥は虫を捕まえる）」と主張している。これは，早起きをすることで食べ物を確保することができ，勝負に勝ち，目標に達するという意味である。ヒバリは朝になると歌い出す。だから，「フクロウ」の対極にいる早起きの鳥は「ヒバリ」ということになる。日中に活動する生き物は「昼行性」，夜に出てくる生き物は「夜行性」である。
（2）さらに別のことわざもある。「早寝早起きは，健康で豊かで賢い人間をつくる」。「ヒバリ」はベッドから飛び起き，たっぷりの朝食で朝を迎えるが，「フクロウ」はスヌーズボタンを押し，ぎりぎりになってから支度をし，たいてい朝食はとらない。「フクロウ」は食事の回数が少なく，遅い時間に食事をする。食後に運動をしないから太りやすい。「ヒバリ」のほうが健康的かもしれない。「フクロウ」は，「ヒバリ」のスケジュールに合わせて仕事をしたり，勉強したりしなければならない。ほとんどの学校教育は午後4時より前に行われるので，若い「ヒバリ」はある種の仕事を上手にこなすことができるかもしれない。一日のうちの早い時間に行われるビジネスの取引は，一部の「ヒバリ」をより裕福にするかもしれない。
（3）一部の者は「ヒバリ」となり，一部の者は「フクロウ」になるのはなぜか？　一説によると，昼夜の好みは生まれた時間と関係があるとのことだ。2010年，クリーブランド州立大学の研究者たちは，人の体内時

計は生まれた瞬間から時を刻み始めるだけでなく，夜間に生まれた人は，生涯にわたって昼間の時間帯に活動することが難しいかもしれないという証拠を発見した。普通，夜間に生まれた人の一日は暗闇から始まる。昔から，勉強や仕事は昼間にするものなので，朝から一日が始まるものだと私たちは思っている。寝ている（フクロウ型の）人は列の先頭にいないので，チャンスを逃すかもしれない。

（4）　では，いかなる人も朝から一日が始まる生活スタイルに従っているのだろうか？　約6000年の歴史を持つユダヤ教では，一日は日没から翌日の日没まで，前夜から次の前夜までと考えられている。キリスト教では，この伝統をクリスマスイブに引き継いでいる。中国では，12種類の動物を用いて年を表すだけでなく，それによって一日を2時間ごとに区切っている。最初の時間となる子の刻は午後11時から午前1時までで，中国文化も夜から一日が始まる。つまり，「フクロウ」の時間のとらえ方は，古くからの慣習によって支えられているのだ。

（5）　「フクロウ」は，より賢く，より創造的であると研究は示している。したがって，「ヒバリ」のほうが常に賢明であるとは限らないかもしれない。つまり，「ヒバリ」は「健康」と，時には「富」を勝ち取るが，「賢さ」は持ち合わせていないかもしれないのだ。初期の報告では，リチャード・D・ロバーツとパトリック・C・キルロネンが「フクロウ」はより知的である傾向があると述べている。のちに発表された，ロバーツが共著者の一人であるフランジス・プレッケルによる包括的な研究でも，同じ結論が導き出されている。しかし，「フクロウ」にとって良いニュースばかりではない。学業が大変なだけでなく，昼間の仕事の機会を逃したり，夜，「ヒバリ」が寝ている間に遊ぶ「夜遊び」の悪い習慣を楽しむ可能性がより高い。夜遊びにはお金がかかりがちである。バルセロナ大学の研究によると，「ヒバリ」は几帳面で，完璧を求め，ストレスをあまり感じない。「フクロウ」は新しい冒険や刺激的な娯楽を求めるが，リラックスすることが苦手な場合が多い。

（6）　人は変わることができるだろうか？　まだすべての結果が出たわけではないが，若年層を対象とした研究によると，答えは「いいえ」らしい。どうやら遺伝子レベルで組み込まれているようである。つまり，若者は成長し，より多くの自由を手に入れると，結局は「ヒバリ」や「フクロウ」のような本来の性質に戻る。しかし，このカテゴリ分けが，すべての人に当てはまるとは限らないかもしれないという懸念が持ち上がる。「自然通信誌」に掲載された報告によると，生まれた時間がもしかしたら（「ヒバリ」か「フクロウ」を示す）指標になる可能性があるだけで

なく，DNA が時間に関する習慣に影響を与える可能性があるという。また，一部の人の間で加齢や病気による変化が見られることに焦点が当てられている。この分野での新たな研究は常に行われている。ロシアの大学生を対象にした研究では，6 つのタイプがあることが示唆されている。周りにいる鳥は「フクロウ」と「ヒバリ」だけでないのかもしれない！

要約ノート：

あなたの一日の始まりはいつ？

用語

　昼行性の定義：日中に活発になる
　⇔対義語：夜行性

論点

・普通とされている，日中に活動するスケジュールに簡単には合わせられない人もいるが，我々はその生活スタイルに従うよう強いられる（特に子どもの頃）
・一部の研究では，それぞれ活動が活発になる時間は生まれ持った性質の一部であると示されている
・普通，一日のうち活発に活動できる時間帯を変えることは困難かもしれない
・研究が進む中で，今後の展望は変化する

興味深い情報

・ユダヤ教とキリスト教，また中国の時間区分が，一部の共同体では一日が夜から始まると長く考えられていたということを説明するために記事で言及されている
・一部の研究では，生まれた時間が人間の体内時計を定めていて，また，知能と振る舞いの差異を説明する役割を果たすかもしれないということが示されている

（語句）　**第 1 パラグラフ**

▶ **night owl**　　　　　　　　名「夜型人間」
　　＊　owl / aul / は「フクロウ」の意味
▶ **at the óther end of the clock**　　　熟「時計の反対側には」

▶ próverb　　　　　　　　　　名「ことわざ」

▶ **The early bird catches the worm.**　　「早起きは三文の得」
　　* 「早起きの鳥は虫を捕まえる」が直訳

▶ lark　　　　　　　　　　　名「ヒバリ」

▶ ópposite　　　　　　　　　名「反対」

▶ **those emérging at night**　熟「夜に出てくる生き物」
　　* those = creatures

▶ noctúrnal　　　　　　　　形「夜型の」
　　* nocturne「ノクターン」は「夜想曲」

第2パラグラフ

▶ **yet anóther ～**　　　　　熟「さらに1つの～」

▶ wise　　　　　　　　　　形「賢明な」

▶ **at the last mínute**　　　　熟「ぎりぎりに」

▶ schóoling　　　　　　　　名「学校教育」

▶ **cértain** ＋名詞　　　　　形「ある～」
　　* 筆者は知っているが敢えて名前を伏せる場合の言い方

▶ deal　　　　　　　　　　名「取引」

第3パラグラフ

▶ **suggést** (that) S' V'　　　熟「S' V' と示唆する」

▶ **préference for ～**　　　　熟「～に対する好み」

▶ **have to do with ～**　　　熟「～と関係している」

▶ **évidence that** S' V'　　　熟「S' V' という証拠」

▶ **not ónly** ＋疑問文の形式の倒置　　熟「～のみならず」

▶ **intérnal clock**　　　　　名「体内時計」

▶ lífelong　　　　　　　　形「生涯続く」

▶ chállenge　　　　　　　　名「難題」

▶ **assúme ～**　　　　　　他「(根拠なく) ～と想定する」

▶ **first in line**　　　　　　熟「列の先頭で」
　　* 本文では「有利で」の意味あい

第4パラグラフ

▶ Jéwish　　　　　　　　　形「ユダヤの」

▶ appróximately　　　　　　副「約」

▶ **méasure ～**　　　　　　他「～を測定する」

▶ eve　　　　　　　　　　名「(祝日などの) 前夜」

▶ the hour of the rat 名「子の刻」
▶ view ～ 他「～を見る」

第5パラグラフ

▶ résearch 名「研究」
▶ índicate ～ 他「～を示す」
▶ that is to say 熟「すなわち」
▶ intélligent 形「賢い」
▶ comprehénsive 形「包括的な」
　　＊　comprehend「（包括的に）～を理解する」は，〈com-［すべて］
　　　+ -pre-［前］+ -hend［(= hand) 手］〉から「手を前に出して
　　　全部つかむ」の意味。comprehensive は com- に重点が置かれ
　　　た形容詞
▶ conclúsion 名「結論」
▶ caréer opportúnity 名「仕事を得る機会」
▶ tend to (V) 熟「(V)する傾向にある」
▶ precíse 形「几帳面な」
　　＊「正確な」から派生した意味
▶ seek ～ 他「～を求める」
　　＊　seek – sought – sought
▶ yet 接「しかし」
　　＊　逆接＋驚きの気持ち
▶ have tróuble (V)ing 熟「(V)で困る」

第6パラグラフ

▶ be in 熟「入ってきている」　　＊　in は副詞
▶ hard-wíred 形「固有で変わりにくい」
　　＊「堅く縛られた」が原義
▶ acquíre ～ 他「～を獲得する」
▶ end up (V)ing 熟「結局(V)に終わる」
▶ concérns 名「懸念」
▶ aríse 自「（問題などが）生じる」
　　＊　arise – arose – arisen
▶ afféct ～ 他「～に影響を及ぼす」
▶ concérning ～ 前「～に関する」
▶ fócus on ～ 熟「～に焦点を当てる」
▶ áging 名「加齢」

お役立ちコラム

英語のことわざをチェックしよう

❶ Slow and steady wins the race.「急がば回れ」

「ゆっくり着実なのが試合に勝つ」が直訳。slow and steady は形容詞だが，このことわざでは名詞の扱い。A and B をひとまとまりのものとして考える場合には，単数の扱いにすることに注意。

❷ It is no use crying over spilt milk.「覆水盆に返らず／あとの祭り」

直訳は「こぼしたミルクに対して泣き叫ぶのは無駄だ」。この over は「大げさに／長期間」を意味する前置詞。

❸ Too many cooks spoil the broth.「船頭多くして船山に登る」

直訳すると「あまりにもコックが多すぎるとスープを台無しにする」となる。つまり，「指導者が多すぎると混乱が生じる」ということ。なお broth は，「肉や野菜を煮だして作ったスープ」の意味。

❹ Make hay while the sun shines.「好機を逃すな／思い立ったが吉日」

hay は「(家畜の飼料としての) 干し草」の意味。直訳すると「日の照っている間に干し草を作れ」となる。

❺ A bird in the hand is worth two in the bush.「明日の百より今日の五十」

be worth ～は，～に名詞あるいは動名詞をとる。直訳すると「手の中の1羽の鳥は藪の中の2羽に値する」となる。手の中にある確実な1羽のほうが，まだ捕まっていない不確実な2羽より値打ちがある，という意味。

❻ There is no accounting for tastes.「蓼食う虫も好き好き」

「趣味を説明することはできない」が直訳で，「人の趣味について非難するのは愚かなことである」の意味。taste は「趣味／センス」の意味。日本のことわざ「蓼食う虫も好き好き」の「蓼」は茎や葉に苦みがある植物。それを好んで食べる虫がいることから，このことわざができた。

❼ Better late than never.「遅くても全然やらないよりはまし」

文法的に正しく書けば，It is better to do something late than never to do it. となる。

次の文章を読み，問1～4の ☐ に入れるのに最も適当なものを，それぞれ下の ① ～ ④ のうちから一つずつ選べ。

You are preparing for a group presentation on gender and career development for your class. You have found the article below.

Can Female Pilots Solve Asia's Pilot Crisis?

(1) With the rapid growth of airline travel in Asia, the shortage of airline pilots is becoming an issue of serious concern. Statistics show that the number of passengers flying in Asia is currently increasing by about 100,000,000 a year. If this trend continues, 226,000 new pilots will be required in this region over the next two decades. To fill all of these jobs, airlines will need to hire more women, who currently account for 3% of all pilots worldwide, and only 1% in Asian countries such as Japan and Singapore. To find so many new pilots, factors that explain such a low number of female pilots must be examined, and possible solutions have to be sought.

(2) One potential obstacle for women to become pilots might be the stereotype that has long existed in many societies: women are not well-suited for this job. This seems to arise partly from the view that boys tend to excel in mechanics and are stronger physically than girls. A recent study showed that young women have a tendency to avoid professions in which they have little prospect of succeeding. Therefore, this gender stereotype might discourage women from even trying. It may explain why at the Malaysia Flying Academy, for instance, women often account for no more than 10% of all trainees enrolled.

(3) Yet another issue involves safety. People may be concerned about the safety of aircraft flown by female pilots, but their concerns are not supported by data. For example, a previous analysis of large pilot databases conducted in the United States showed no meaningful difference in accident rates between male and female pilots. Instead, the study found that other factors such as a pilot's age and flight experience better predicted whether that person is likely to be involved

in an accident.

(4) Despite the expectation that male pilots have better flight skills, it may be that male and female pilots just have skills which give them different advantages in the job. On the one hand, male pilots often have an easier time learning how to fly than do female pilots. The controls in a cockpit are often easier to reach or use for a larger person. Men tend to be larger, on average, than women. In fact, females are less likely than men to meet the minimum height requirements that most countries have. On the other hand, as noted by a Japanese female airline captain, female pilots appear to be better at facilitating communication among crew members.

(5) When young passengers see a woman flying their plane, they come to accept female pilots as a natural phenomenon. Today's female pilots are good role models for breaking down stereotypical views and traditional practices, such as the need to stay home with their families. Offering flexible work arrangements, as has already been done by Vietnam Airlines, may help increase the number of female pilots and encourage them to stay in the profession.

(6) It seems that men and women can work equally well as airline pilots. A strong message must be sent to younger generations about this point in order to eliminate the unfounded belief that airline pilots should be men.

問1 According to the article, the author calls the current situation in Asia a crisis because ☐ .

① many more male airline pilots are quitting their jobs than before

② the accident rates are increasing among both male and female pilots

③ the number of female pilots has not changed much for the last few decades

④ the number of future pilots needed will be much larger than at present

問2　According to the article, there is little difference between men and women in 　　　　 .

① how easily they learn to operate airplanes
② how likely they are to be involved in accidents
③ how much time they can spend on work
④ how people perceive their suitability for the job

問3　In Paragraph (4), the author most likely mentions a Japanese female airline captain in order to give an example of 　　　　 .

① a contribution female pilots could make to the workplace
② a female pilot who has excellent skills to fly a plane
③ a problem in the current system for training airline pilots
④ an airline employee who has made rare achievements

問4　Which of the following statements best summarizes the article? 　　　　

① Despite negative views toward female pilots, they can be as successful as male pilots.
② Due to financial problems the percentage of female students in a pilot academy in Asia is too small.
③ In the future many countries worldwide may have to start hiring more female pilots like Asian countries.
④ There is little concern about increasing female pilots in the future because major obstacles for them have been removed.

［試行］

各設問の解答根拠が英文全体に散らばっていることに注意しよう。「1つのパラグラフだけ読んで問いを解く」なんてやり方は通用しない。

解説　パラグラフメモ

第1パラグラフ：飛行機のパイロットがもっと必要。女性パイロットが少ない

第2パラグラフ：女性に対する偏見のため女性パイロットが少ない

第3パラグラフ：男性パイロットのほうが安全という根拠のない考え

第4パラグラフ：男女それぞれの利点。男性は身体が大きいのでコックピットに慣れやすい。女性はクルーとの意思疎通がうまい

第5パラグラフ：今の女性パイロットが今後の模範になる

第6パラグラフ：女性も男性と同じくパイロットとして働けることを若い世代に伝えるべき

問1　「記事によると，☐☐☐☐☐☐ので，筆者はアジアの最近の状況を危機と呼んでいる」

　本文第1パラグラフ第1文に「アジアで航空機による旅行が急速な高まりを見せるのに伴って，**航空機パイロットの不足が深刻に懸念される問題になりつつある**」とあり，これに合致するのは④「将来必要となるパイロットの数が現在よりもずっと多い」しかない。①「以前よりも多くの男性パイロットが離職している」は本文には記述がない。②「男性と女性の両方のパイロットの事故率が増加している」の中にある「事故率」に関しては，第3パラグラフ第3文に「たとえば，アメリカ合衆国で行われたパイロットに関わる大規模データベースの以前の分析では，男性パイロットと女性パイロットで事故率に有意差は見いだされなかった」とあるだけで，②のような内容はどこにも書かれていない。③「女性のパイロットの数がここ2，30年の間ほとんど変わっていない」の「女性パイロットの数」については，第1パラグラフ第4文に「女性の占める割合は現在，世界のすべてのパイロットの3％，日本やシンガポールといったアジアの国々ではたったの1％にすぎない」とあるだけで，③のような内容は書かれていない。以上から④が正解。

問2　「記事によると，**男性と女性の間では☐☐☐☐においてほとんど相違はない**」

　選択肢を順に検討していく。①「飛行機の操縦の仕方をいかに簡単に学べるか」については，第4パラグラフ第2～3文に「一方では，男性パイロットは女性パイロットに比べてどうやって操縦するかを容易に習得することが多い。コックピットの制御機器は多くの場合，大柄な人のほうが手が届きやすく使いやすくなっている」とあり，男性が有利だとわかり不適切。②「事故にどの程度巻き込まれやすいか」は第3パラグラフ第3文に「たとえば，アメリカ合衆国で行われた

パイロットに関わる大規模データベースの以前の分析では，**男性パイ**
ロットと女性パイロットで事故率に有意差は見いだされなかった」と
あり，本文の内容に合致。③「仕事にどれくらいの時間を割けるか」
は本文にはそのような記述はない。④「人々がどのように仕事への適
性を考えるか」は第2パラグラフ第3文に「最近の研究から，若い
女性たちは成功する見込みの少ない職業を避ける傾向があることがわ
かった」とあり，男女で異なることがわかり不適切。以上から②が
正解。

問3 「第4パラグラフで筆者は ⬚⬚⬚⬚⬚ の例を挙げるために，日本
人女性機長について言及した可能性が最も高い」

　女性パイロットの有利な点についての言及は，第4パラグラフの
第6文に「その一方で，日本人女性のある機長が指摘したように，**女**
性パイロットのほうが乗員間の意思伝達を円滑にするのが得意なよう
だ」とあり，これに合致するのは①「女性パイロットが職場ででき得
る貢献」しかない。②「飛行機を飛ばすのにすばらしい技能を持つ女
性パイロット」は，同パラグラフ第2文に「一方では，男性パイロッ
トは女性パイロットに比べてどうやって操縦するかを容易に習得する
ことが多い」とあり，不適切だとわかる。また③「最近の飛行機のパ
イロット養成体系における問題」，④「めったにない業績を成し遂げ
た航空社員」については本文に言及がない。

問4 「以下のどの文が記事の最も良い要約か」

　本文の主旨は「今後は，女性パイロットに対する偏見を取り払い，
女性パイロットをさらに育成していくべきだ」ということ。これを念
頭において各選択肢を検討していく。①「女性パイロットに対する否
定的な意見に反して，彼女たちも男性パイロットと同様に成功でき
る」は主旨に合致していると思われるが，いったん保留する。②「経
済的な問題のせいで，アジアのパイロット養成学校における女子生徒
の割合は小さすぎる」は，「経済的な問題のせいで」「アジアのパイ
ロット養成学校の女子生徒の割合」などが本文に書かれていないので
不可。③「将来世界中の多くの国でアジアの国のようにもっと女性パ
イロットを雇わなければならなくなるかもしれない」は，第1パラ
グラフ第4文に「女性の占める割合は現在，世界のすべてのパイロッ
トの3%，日本やシンガポールといったアジアの国々ではたったの1%

にすぎない」とあるだけで，③のようなことは書かれていない。④「女性パイロットにとっての大きな障害が取り除かれてきているので，将来の女性パイロットの増加についての懸念はほとんどない」は本文とは真逆の方向の記述で不可。以上より①が正解。本文の主旨さえつかめていれば，容易に解答することができる問題。

解答 問1　④　　問2　②　　問3　①　　問4　①

訳　あなたは性と職業開発についての授業でのグループ発表の準備をしている。あなたは以下の記事を見つけた。

女性パイロットはアジアのパイロット危機を救えるのか？

(1)　アジアで航空機による旅行が急速な高まりを見せるのに伴って，航空機パイロットの不足が深刻に懸念される問題になりつつある。統計によると，アジアの空の旅客数は現在，年間およそ1億人ずつ増えている。もしこの傾向が続けば，向こう20年で22万6千人の新しいパイロットがこの地域に必要とされる。この仕事の空きをすべて埋めるためには，航空会社はもっと女性を雇うことが必要となってくるが，女性の占める割合は現在，世界のすべてのパイロットの3%，日本やシンガポールといったアジアの国々ではたったの1%にすぎない。これだけ多くの新人パイロットを見いだすためには，女性パイロットがそのように少ない要因について検討し，可能な解決策が講じられなければならない。

(2)　女性がパイロットとなるのに障害となり得るものの1つは，多くの社会で長い間存在している，女性はこの職業には適していないという固定観念かもしれない。これは，1つには，男子は女子よりも機械工学に強い傾向があり，身体的にも強いという見方から生まれたもののようだ。最近の研究から，若い女性たちは成功する見込みの少ない職業を避ける傾向があることがわかった。そのため，この性別における固定観念のために女性は挑戦する意欲さえなくしているのかもしれない。たとえば，マレーシア航空アカデミーに入学する全訓練生のうち，女性はわずか10%しかいないことも，それが理由なのかもしれない。

(3)　さらにもう1つの問題は安全に関わるものである。人々は女性パイロットが操縦する航空機の安全性を不安に思うかもしれないが，その不安はデータに裏づけられたものではない。たとえば，アメリカ合衆国で行われたパイロットに関わる大規模データベースの以前の分析では，男性パイロットと女性パイロットで事故率に有意差は見いだされなかった。それよりむしろ，パイロットの年齢や飛行経験などの他の要因のほうが，

そのパイロットが事故に遭遇する可能性をより正しく予測することを明らかにした。

(4) 男性パイロットのほうが高い操縦技術を持っているという予測に反して，男性と女性のパイロットは，単に仕事において異なる強みを発揮する技能を持っているということなのかもしれない。一方では，男性パイロットは女性パイロットに比べてどうやって操縦するかを容易に習得することが多い。コックピットの制御機器は多くの場合，大柄な人のほうが手が届きやすく使いやすくなっている。男性は平均して女性よりも体格が大きい傾向にある。実際，ほとんどの国が採用している最低身長の基準をクリアできる可能性は，男性に比べ女性のほうが低い。その一方で，日本人女性のある機長が指摘したように，女性パイロットのほうが乗員間の意思伝達を円滑にするのが得意なようだ。

(5) 女性が飛行機を操縦しているのを見れば，若い乗客は女性パイロットを自然なものとして受け入れるようになる。今日の女性パイロットは，家族と共に家にいる必要があるというような，画一的な見方や伝統的な慣行を打ち破る良いお手本なのだ。ベトナム航空ですでに行われているように，柔軟な就労形態を提供することは，女性パイロットの数を増やし，彼女たちが在職し続けることを促進する助けとなるかもしれない。

(6) 男性も女性も航空パイロットとして同等にしっかりと働くことができると思われる。航空機のパイロットは男性でなければいけないという根拠のない信念を排除するため，この点について強いメッセージをより若い世代に向けて発信しなければならない。

(語句)
▶ **génder**　　　　　名 形 「性(の)」
▶ **fémale**　　　　　形 「女性の」⇔ male「男性の」
▶ **crísis**　　　　　名 「危機」

第1パラグラフ
▶ **rápid**　　　　　形 「急速な」
▶ **shórtage**　　　　名 「不足」
▶ **íssue**　　　　　名 「(緊急の) 問題 (点)」
▶ **concérn**　　　　名 「懸念」
▶ **statístic**　　　　名 「統計 (値)」
　　＊ この意味では可算名詞の扱いで，statistics は複数形だが，statistics「統計学」の場合は不可算名詞
▶ **pássenger**　　　名 「乗客」
▶ **cúrrently**　　　副 「現在」

▶ trend	名	「傾向」
▶ requíre 〜	他	「〜を必要とする」
▶ région	名	「地域」

　　＊　地理的，文化的，社会的特徴によって区分された地域のこと
　　　　例 the arctic region「北極地方」

▶ décade	名	「10年」
▶ hire 〜	他	「〜を雇う」
▶ accóunt for 〜	熟	「(割合) を占める」
▶ fáctor	名	「要因」
▶ expláin 〜	他	「〜を説明する」
▶ exámine 〜	他	「〜を調べる」
▶ solútion	名	「解決策」　　＊　solve の名詞形
▶ seek 〜	他	「〜を求める」

　　＊　seek – sought – sought

第2パラグラフ

▶ poténtial	形	「潜在的な」
▶ óbstacle	名	「障害」

　　＊　〈ob-［= against］+ -stacle［= stand］〉→「何かに対して立
　　　　っているもの」

▶ stéreotype	名	「固定観念」
▶ exíst	自	「存在する」
▶ wéll-súited for 〜	熟	「〜に十分適した」
▶ aríse	自	「(問題や障害が) 生じる」
▶ the view that S V	熟	「S V という見方」
▶ tend to (V)	熟	「(V) する傾向にある」
▶ excél	自	「優れている」
▶ phýsically	副	「肉体的に」
▶ téndency	名	「傾向」　　＊　tend の名詞形
▶ avóid 〜	他	「〜を避ける」
▶ proféssion	名	「専門職」
▶ próspect	名	「見込み」
▶ discóurage 〜 from (V)ing	熟	「〜が(V)するのをやめさせる」
▶ no more than 〜	熟	「〜にすぎない」
▶ trainée	名	「実習生」
▶ enróll 〜	他	「(人) を登録する」

▶ **yet anóther** 熟 「さらにもう1つの」
  ＊ この yet は「しかし」ではない！

▶ **invólve** ～ 他 「～を必ず含む」

▶ *be* **concérned abóut** ～ 熟 「～を懸念する」

▶ **fly** ～ 他 「～を飛ばす」
  ＊ fly - flew - flown

▶ **prévious** 形 「以前の」

▶ **análysis** 名 「分析」

▶ **condúct** ～ 他 「～を行う」

▶ **méaningful** 形 「意味のある」

▶ **instéad** 副 「その代わり」

▶ **expérience** 名 「経験」

▶ **predíct** ～ 他 「～を予測する」

第4パラグラフ

▶ **despíte** ～ 前 「～にもかかわらず」

▶ **skill** 名 「技術」

▶ **It may be that** S' V'. 熟 「S' V' かもしれない」
  ＊ it は「状況の it」と呼ばれるもので，訳さない

▶ **advántage** 名 「利点」

▶ **on the one hand** 熟 「一方では」

▶ **on áverage** 熟 「平均して」

▶ **meet** ～ 他 「(要求など) を満たす」

▶ **height** 名 「高さ／身長」 ＊ / hait /

▶ **requírement** 名 「必要条件」

▶ **on the óther hand** 熟 「他方では」

▶ **note** ～ 他 「～を指摘する」

▶ **appéar to be** ～ 熟 「～に思える」

▶ **facílitate** ～ 他 「～を容易にする」
  ＊ facility「施設」とは，「生活を容易にするもの」からできた語

第5パラグラフ

▶ **accépt** ～ 他 「～を受け入れる」

▶ **phenómenon** 名 「現象」

▶ **role módel** 名 「模範的な存在」

▶ **stereotýpical view** 　熟「画一的な見方」
▶ **práctice** 　名「慣行」
▶ **fléxible** 　形「柔軟な」
▶ **arrángement** 　名「取り決め」
▶ **incréase ～** 　他「～を増やす」
▶ **encóurage ～ to (V)** 　熟「～を (V) するように元気づける」

第6パラグラフ
▶ **elíminate ～** 　他「～を除去する」
▶ **the belíef that** S' V' 　熟「S' V' という考え」
▶ **unfóunded** 　形「根拠のない」

選 択 肢
▶ **many more** ＋名詞の複数形　熟「さらに多くの～」
　 ＊ 　この many は副詞で，「差」が大きいことを示す
▶ **quit ～** 　他「～をやめる」
▶ **óperate ～** 　他「～を操作する」
▶ **spend ～ on ...** 　熟「～を…に使う」
▶ **percéive ～** 　他「～を認識する」
　 ＊ 　〈per- [＝ through] ＋ -ceive [＝ receive]〉 →「五感を通して受け取る」が原義
▶ **make a contribútion to ～** 　熟「～に貢献する」
▶ **employée** 　名「従業員」
▶ **négative** 　形「否定的な」
▶ **remóve ～** 　他「～を取り除く」

次の文章を読み，A・Bに答えよ。なお，左にある (1) ～ (6) はパラグラフの番号を表している。

Catching Bees and Counting Fish: How "Citizen Science" Works

(1)　It's sunny afternoon here in Texas, and my wife Barbara is at the park again, counting and recording the number of eggs laid by monarch butterflies. After collecting her data, she'll share it with the professional scientist who recruited her. In another state, our friend Antonio listens for frogs by visiting 12 different sites, four times a year. He has been submitting his findings to scientists for almost 20 years now. And on the other side of the country, our niece Emily is catching native bees, putting tiny tags on them, and handing in weekly reports to the biology department at a local university. Nobody is paying Barbara, Antonio, or Emily for their efforts, but all three consider themselves lucky to be "citizen scientists."

(2)　When volunteers participate as assistants in activities like these, they are engaging in citizen science, a valuable research technique that invites the public to assist in gathering information. Some of them are science teachers or students, but most are simply amateurs who enjoy spending time in nature. They also take pride in aiding scientists and indirectly helping to protect the environment. The movement they are involved in is not a new one. In fact, its roots go back over a hundred years. One of the earliest projects of this type is the Christmas Bird Count, started by the National Audubon Society in 1900. However, citizen science projects are burgeoning more than ever: over 60 of them were mentioned at a meeting of the Ecological Society of America not long ago.

(3)　In formal studies, professional scientists and other experts need to maintain the highest possible standards. For research to be accepted as valid, it must not only be thorough, but also objective and accurate. Some might argue that citizen scientists cannot maintain the necessary attention to detail, or that amateurs will misunderstand the context of the investigation and make mistakes when collecting and organizing information. In other words, can citizen science be considered truly reliable?

(4) Two recent studies show that it can. The first focused on volunteer knowledge and skills. In this study, a scientist asked volunteers to identify types of crabs along the Atlantic coast of the US. He found that almost all adult volunteers could perform the task and even third graders in elementary school had an 80% success rate. The second study compared professional and nonprofessional methods. Following a strict traditional procedure, a group of 12 scuba divers identified 106 species of fish in the Caribbean. Using a procedure designed by professionals to be more relaxed and enjoyable for volunteers, a second group of 12 divers spent the same amount of time in the same waters. Surprisingly, the second method was even more successful: this group identified a total of 137 species. Results like these suggest that research assisted by amateurs can be trusted when scientists organize it.

(5) The best citizen science projects are win-win situations. On the one hand, the scientific community gains access to far more data than they would otherwise have, while spending less money. On the other hand, citizen science is good for the general public: it gets people out into the natural world and involved in scientific processes. Additionally, when people take part in a well-designed study that includes training to use equipment, collect data, and share their findings, they have the satisfaction of learning about new ideas and technologies.

(6) I find it encouraging that the list of scientific studies using citizen scientists is quickly getting longer. Still, we're just beginning to realize the potential of citizen science. More scientists need to recognize how much volunteers can contribute to professional research. As I see it, it's time for us to expand the old, conservative view of "science *for* people" to include a more democratic one of "science *by* people."

A 問1～5の　　　　に入れるのに最も適当なものを，それぞれ下の①
～④のうちから一つずつ選べ。

問1　The citizen scientists in Paragraph (**1**) 　　　　 .

① compare their data with that of other volunteers

② earn some money for the information they gather

③ monitor the life cycle of insects in laboratories

④ report on their results or activities to professionals

問2　The word burgeoning in Paragraph (**2**) is closest in meaning to
　　　　.

① causing arguments

② increasing rapidly

③ losing popularity

④ receiving awards

問3　Why does the author emphasize an 80% success rate in
Paragraph (**4**)? 　　　　

① To contrast negatively with the adults' success rate.

② To demonstrate the high quality of the overall results.

③ To emphasize how many types of crabs there are.

④ To reveal the elementary students' lack of skills.

問4　What personal view is expressed in Paragraph (**6**)? 　　　　

① Eventually, scientific knowledge will come mainly from
amateurs.

② Not enough scientists appreciate the advantage of citizen
science.

③ The recent shift toward relying on volunteer data is
disappointing.

④ Too many studies using citizen science are now being
conducted.

問5　What is the author's main message in this article? 　　　　

① Citizen science benefits volunteers, professionals, and society.

② Scientific research should be left in the hands of specialists.

③ There is a long history of volunteers identifying fish species.

④ Traditional science has been replaced by citizen science.

B　次の表は，本文の段落構成と内容をまとめたものである。□□□□
に入れるのに最も適当なものを，下の①〜④のうちから一つずつ選び，
表を完成させよ。ただし，同じものを繰り返し選んではいけない。

Paragraph	Content
(1)	Introduction: Author's personal examples
(2)	□
(3)	□
(4)	□
(5)	□
(6)	Conclusion: Author's hope for the future

① Concerns: Volunteer skills and knowledge

② Evidence: Successful volunteer efforts

③ Explanation: Definition and history

④ Opinion: Merits for everyone involved

［本試］

「市民科学者」なんて，なじみのない単語だけど，とにかく最後まで読み進もう。

解説　各パラグラフの役割とパラグラフメモ

第1パラグラフ：[**導入**]　：3人の市民科学者の例

第2パラグラフ：[**具体化**]　：市民科学の定義と歴史

第3パラグラフ：[**譲歩**]　：市民科学の信頼性に対する懸念

第4パラグラフ：[**主張**]　：信頼に値する市民科学者

第5パラグラフ：[**具体化**]　：市民科学の双方にとっての利点

第6パラグラフ：[**主張再現**]：筆者の将来への展望

全体の要旨　一般市民が科学研究に参加する「市民科学」が急増している。参加者は一般市民ではあるが，知識と技量は十分に信頼できるものである。科学界にとっても，参加者にとっても利点のある「市民

科学」は，もっと普及すべきだと思われる。

A

問1　「第1パラグラフの市民科学者は　　　　　」

④「自らの結果や活動をプロに報告する」が正解。

①「他のボランティアのデータと自分のデータを比較する」は本文に記述がないし，何よりも本文の主旨とは外れる。②「集めてきた情報でお金をもうける」も本文にはないし，そもそも「お金もうけのために科学者を援助する」などのセコい人間は共通テストには無縁。③「実験室で，昆虫のライフサイクルを観察する」はまったくのデタラメ。以上から④が正解。正答率は下位層でも70％を超えている。

問2　「第2パラグラフの burgeoning という単語の意味に最も近いのは　　　　　」

②「急速に増えている」が正解。

However の直前の2文は，「実際，その起源は100年以上前にさかのぼる。この種の最も初期の活動の1つは（中略）1900年に全米オーデュボン協会で始まった」。これは，「市民科学の活動は新しいものではない」ということを意味している。逆接であることを考慮しても推測は難しいようである。burgeoning を含む文のあとを見ると「そのうちの60以上が，最近のアメリカ生態学会の会議で取り上げられた」とあり，「市民科学に注目が集まっていること」がわかる。①「議論を引き起こしている」は不可。argument は「意見の合わない者同士の言い争い」の意味で，後半に続かない。③「人気がなくなっている」，④「賞をもらっている」も後半と合わない。以上から②を選ぶ。正答率は50％未満しかなく，多くの人が①を選んでいる。

問3　「筆者は第4パラグラフで成功率が80％であることをなぜ強調しているのか」

②「結果全体の質の高さを例証するため」が正解。

第4パラグラフでも「市民科学者が信頼に値すること」がその主張である。選択肢を見ると，①「大人の成功率との違いを否定的に対照するため」，③「カニの種類がどれほど多いかということを強調するため」，④「小学生の技術不足を明らかにするため」はいずれも，このパラグラフの主旨と一致していないので不可。答えは②「結果全体の質の高さを例証するため」。

上位層の正答率は 90％を超えているが，下位層になると 50％ぐらいしかない。これは，パラグラフごとの要旨を考えていないことが原因だと思われる。

問４　「第６パラグラフでは，どのような個人的な見解が表されているか」

　②「市民科学の良さを認識している科学者は十分にはいない」が正解。**第６パラグラフの主旨は，「市民科学の可能性をもっと認識すべきである」ということ。**なお，第６パラグラフにある science *for* people と science *by* people は，いずれもリンカーン大統領のゲティスバーグの演説の結びの部分 "the government of the people, by the people, for the people"「（アメリカ）人民の，人民による，人民のための政治」をもじったもの。選択肢を見ると①「最終的に，科学の知識は大半が素人から得られることになるだろう」は，誇張のしすぎ。②は，方向性は合っているので保留。③「ボランティアのデータへの依存に向かう最近の変化は失望するものだ」は本文の主旨と真逆。④「市民科学を用いる研究が現在あまりにも多く行われている」は，too many がマイナスイメージなので不可。以上から②を選ぶことになる。上位層の正答率は 80％ぐらいだが，下位層の正答率は 30％ぐらいしかない。

問５　「この記事の筆者の主な主張は何か」

　①「市民科学はボランティアや専門家や社会に恩恵を与える」が正解。その他の選択肢の②「科学研究は専門家に委ねておくべきだ」，③「ボランティアが魚の種を特定することに関して長い歴史がある」は本文の主張から外れる。④「伝統的な科学は，市民科学に取って代わられた」という事実は述べられていない。筆者は「そうあればよい」と思っているかもしれないが，現状ではまだそうはなっていない。

B

パラグラフ	内容	答え
（1）	導入：筆者の個人的な例	
（2）	説明：定義と歴史	③
（3）	懸念：ボランティアの技術と知識	①
（4）	証拠：成功を収めているボランティアの努力	②
（5）	意見：関わるすべての人々にとっての利点	④
（6）	結論：筆者の将来への期待	

市民科学に対してマイナスイメージのパラグラフは，第3パラグラフしかないので，①「懸念：ボランティアの技術と知識」は **(3)** に入る。ボランティアの知識と技量を証明したパラグラフは第4パラグラフなので，②「証拠：成功を収めているボランティアの努力」は **(4)** に入る。市民科学の歴史について述べたパラグラフは第2パラグラフのみなので，③「説明：定義と歴史」は **(2)** に入る。よって消去法により④「意見：関わるすべての人々にとっての利点」は **(5)** に入る。

解答　A　問1　④　　問2　②　　問3　②　　問4　②　　問5　①
　　　　 B　**(2)**　③　　**(3)**　①　　**(4)**　②　　**(5)**　④

訳　　**ミツバチを捕まえ，魚の数を数える：どのように「市民科学」は機能しているのか**

(1)　ここテキサスは午後で晴れている。そして，私の妻のバーバラは再び公園に出向き，オオカバマダラが産んだ卵の数を数えて記録している。妻は，データを集めたあと，妻に仕事を紹介したプロの科学者にそのデータを報告する。また，別の州では，私たちの友人のアントニオが，カエルの鳴き声を探して，年に4回，12ものさまざまな場所を訪れる。アントニオは，今までおよそ20年間にわたり自分の発見したものを科学者に提出してきた。また，国の反対側では，私たちの姪のエミリーが在来種のミツバチを捕まえ，それに極小のタグをつけ，地元の大学の生物学科に毎週報告書を提出している。バーバラも，アントニオも，エミリーも，その努力に対して誰からもお金をもらっていないが，3人は皆，自分たちが「市民科学者」になれて幸運だと考えている。

(2)　ボランティアがこのような活動に助手として参加するとき，市民科学に従事していることになり，これは，一般人に要請して情報を集めることの手助けをしてもらう貴重な研究技術である。市民科学者の中には理科の先生や学生もいるが，大半は，単に自然の中で過ごすことを楽しんでいる素人である。こうした人々はまた，科学者の手助けをし，間接的にではあるが環境保護に役立っていることを誇りにしている。彼らが関わっている運動は，新しいものではない。実際，その起源は100年以上前にさかのぼる。この種の最も初期の活動の1つは，クリスマス・バード・カウント（クリスマスの野鳥数計測）で，これは1900年に全米オーデュボン協会で始まった。しかし，市民科学のプロジェクトは今まで以上に急増している。そのうちの60以上が，最近のアメリカ生態学会の会議で取り上げられた。

(3)　正規の研究では，プロの科学者とその他の専門家は，可能な限り高い

水準を維持する必要がある。研究が妥当であるとして受け入れられるためには，それが完全なものであるだけでなく，客観的で正確でないといけない。市民科学者は，詳細に至るまで必要な注意を向けていないのではとか，素人は，調査の状況を誤解し，情報を収集，整理するときにミスを犯すのではと主張する人がいるかもしれない。言い換えれば，市民科学は本当に信頼できるものであるとみなすことができるのであろうか。

(4) 近ごろ行われた2つの研究によって，市民科学は信頼し得ることが示されている。1つ目の研究は，ボランティアの知識と技術に焦点を当てたものであった。この研究では，ある科学者がボランティアたちに，アメリカの大西洋岸に生息するカニの種類を特定するように要請した。大人のボランティアのほとんど全員がその課題をクリアし，小学3年生でも80％の成功率を示すことを，その科学者は発見した。2つ目の研究では，プロの手法と素人の手法が比較された。12人のスキューバダイバーからなるグループは，伝統的な厳密な手順に従って，カリブ海の106種の魚を特定することができた。別の12人のダイバーからなるグループは，プロが考え出した，ボランティアにとってよりリラックスできる楽しい手順を使って，同じ海で同じ時間を過ごした。驚いたことに，2番目の手法はさらなる成功を収めた。このグループは全部で137もの種を特定したのである。このような結果が示唆しているのは，科学者がお膳立てをした場合，素人の手を借りた研究は信頼し得るということである。

(5) 市民科学のプロジェクトの中で最もうまくいくのは，双方が得をする状況だ。一方では，科学界の側が，出費を抑えつつ，市民科学者がいない場合よりはるかに多くのデータを入手できるという状況。他方では，市民科学が一般大衆にとって有用であるという状況。つまり，それによって人々が自然の世界に入り，科学の研究過程に関与する。おまけに，人々が道具を用いて，データを集め，発見を報告するという訓練も含む，うまく計画された研究に参加すると，新しい考えや技術を知ることができるという満足感が得られるというわけだ。

(6) 市民科学を用いる科学研究の数が急速に増えているというのは心強い。それでも，市民科学の可能性については，やっとわかり始めたばかりである。ボランティアが専門家の研究にどれほど貢献できるかを，より多くの科学者が認識する必要がある。見たところ，我々が，古い保守的な「人々のための科学」という考えを拡大して，「人々による科学」というもっと民主的な見方ができるようになる時期だと思う。

語句 第1パラグラフ

▶ **lay an egg** 熟 「卵を産む」

▶ mónarch bútterfly 名「オオカバマダラ」

▶ recrúit ～ 他「～を勧誘する」

▶ lísten for ～ 熟「～の声を求めて耳を澄ます」

　　＊ listen to ～と違い，聞こえない可能性もある

▶ submít ～ 他「～を提出する」

▶ hand ～ in ／ in ～ 熟「～を提出する」

▶ cítizen scíentist 名「市民科学者」

第2パラグラフ

▶ partícipate in ～ 熟「～に参加する」

▶ take pride in ～ 熟「～を誇りに思う」

▶ *be* invólved in ～ 熟「～に関わる」

▶ the Nátional Aúdubon Socíety 名「全米オーデュボン協会」

▶ méntion ～ 他「～について言及する」

▶ the Ecológical Socíety of América 名「アメリカ生態学会」

第3パラグラフ

▶ válid 形「妥当な」

▶ thórough 形「完全な」 ＊ / θə́ːrou /

▶ objéctive 形「客観的な」

▶ áccurate 形「正確な」

▶ cóntext 名「状況」

▶ investigátion 名「調査」

▶ órganize ～ 他「～をまとめる」

▶ relíable 形「信頼できる」

第4パラグラフ

▶ idéntify ～ 他「～を特定する」

▶ procédure 名「手続き」

▶ spécies 名「種（単複同形）」

▶ the Caríbbean 名「カリブ海」

▶ desígn ～ 他「～を設計する」

▶ trust ～ 他「～を信頼する」

▶ órganize ～ 他「～を計画する」

第5パラグラフ

▶ wín-wín 形「双方が得をする」

| ▶ gain áccess to 〜 | 熟 | 「〜を入手する」 |
| ▶ equípment | 名 | 「器具／設備」 | ＊ 不可算名詞 |

第6パラグラフ

▶ encóuraging	形	「励みになる」
▶ récognize 〜	他	「〜を認識する」
▶ contríbute to 〜	熟	「〜に貢献する」
▶ as I see it	熟	「見たところ」

本文に登場した地域の地図。

お役立ちコラム

「パラグラフメモ」で頭の中を整理する

　「パラグラフメモ」はあくまで本人の覚え書きであって，人に見せるものではない。だから，パラメモは完全な文になっている必要はまったくない。「パラメモをとること」が重要なのではなく，パラグラフごとの要点を頭の中で整理しながら読む，という姿勢が重要なのだ。緊張した試験会場で，ただ英文を目で追っているだけでは，内容がなかなか頭の中に入ってこないものである。

　「パラグラフメモをとる時間がないんです！」という人がいるが，そういう人に限って，本文と設問とを行ったり来たりすることで時間を浪費している。「時間がないからパラグラフメモをとる」ということを忘れないように。

第3章　論理展開把握・評論・小説・エッセイ読解問題

　正解の選択肢は，全体のテーマを踏まえたうえで作られている。よって，正解の選択肢は，本文のある1文を「言い換えた」というレベルではなく，「全体のテーマの方向性」を考えて作られている。「本文を読んで，該当箇所を探す」というやり方は通用しないので，避けること。

例題 14　　やや難 2分

　「デジタルカメラのために，被写体が『特別なもの』から『日常的なもの』に変化した」という主張の英文に合致しているものを，①～④のうちから一つ選べ。

問　The main idea of the passage is that ⬚⬚⬚ .
　① digital photography is changing the way we keep track of our lives
　② people have become more careless about taking photos than they were in the past
　③ the digital camera is one of the most important inventions in human history
　④ we should carry digital photography to help us remember important events
　　　　　　　　　　　　　　　　　　　　　　　　　　　　[追試・改題]

解説 問　「この文の主なテーマは ⬚⬚⬚ ということである」

　実際には「主張・テーマ」がわかれば正解できたに等しい。このような形式で出題されれば簡単に感じるかもしれない。この設問は，あくまでも選択肢を吟味するための方法論を試す問題だと考えてほしい。

まず，②「人々は昔に比べて写真を撮ることに無頓着になった」，④「重要な出来事を覚えておくのに役立つからデジタルカメラを携帯すべきである」は論外。「主張・テーマ」にかすりもしていない。

　「ワナ」は，③「デジタルカメラは人間の歴史上最も重要な発明品の１つである」。この文は「デジタルカメラの出現に伴う変容」について述べているのであるから，これはまったくの無関係の選択肢だと言える。また，これは常識的に考えても問題がある。デジタルカメラはたしかに便利だし重要かもしれないが，「人類史上最も重要なものの１つ」などと言い切ることは速断だろう。以上から，答えは①「デジタル写真は生活をたどる方法を変えつつある」。

　この選択肢の中にある **keep track of ～**「（事態の成り行きなど）**を見失わないようにたどる」「（犯人など）の行方を見失わないようにする**」は難しい。①の the way we **keep track of** our lives の意味は，「我々の生活を見失わないようにする方法」⇒「我々の生活を写真に収めるやり方」⇒「カメラの被写体の変化」となっている。この選択肢だけを見て「正解だ！」と見抜くことはかなり難しい。だからこそ，「②・③・④が明らかに間違っているから①が正解となる」という**消去法**を使うことが解答の決め手となる。

　なお，このような「**切れ味のある言い換え**」には，過去問を解くことによってのみ慣れ親しむことができる。「（形式だけは合致しているが，選択肢の作り方に切れのない）新作問題」よりも，「（形式は合致していないが，選択肢の作り方に切れのある）過去問」を訓練に使うことを優先させてほしい。

解答 ①

語句
- ▶ **pássage** 　　名「（文章・演説などの）一節」
- ▶ **photógraphy** 　名「（集合的に）写真」
- ▶ **keep track of ～** 　熟「～を見失わないようにする」
- ▶ **invéntion** 　　名「発明（品）」

次の文章は，社会人が比較的容易に参加できる「インターネット大学」についての一節である。問の　　　　に入れるのに最も適当なものを，下の ① ～ ④ のうちから一つ選べ。

In the course on business management, the professor encouraged students to contribute their thoughts and experiences to an online forum that could be read by other students. For this task, my uncle was able to draw on his own experience in the department store; his postings described some of the problems that managers face when marketing products and dealing with customers. His online classmates who also worked in business often gave him feedback, and told him that they were learning a lot from the cases he described. For his part, Peter felt that the ideas he picked up from the online exchanges helped him become more effective on the job.

問　This paragraph implies that　　　　.

① department store managers should spend less time on the Internet

② having a job can be an advantage for an online student

③ one should avoid discussing information obtained at work

④ online exchanges can be the basis of a new business

[追試・改題]

 選択肢を見る前に，この文の要旨を簡潔にメモしてみよう。

解説 問　このパラグラフの主張は「インターネット大学のオンライン・フォーラムでは，社会人としての実務経験が役に立った」ということ。文全体も，「インターネット大学がいかに社会人に適しているか」ということが主張だから，それに沿った内容だと言える。選択肢を見ていく。

①「デパートの管理職はインターネットに費やす時間を減らさなければならない」は，インターネットをマイナスにとらえているだけで

も，本文の主張からずれる。

　②「仕事を持っていることはオンラインの学生にとって有利になり得る」は，いったん保留する。

　③「仕事で得た情報を論じるのは避けるべきだ」も不可。「インターネット大学が社会人にとっていかに有利か」がテーマだから，テーマからずれていることがわかる。もちろん書かれていないと言えば簡単だが，それ以前に「これは✕だよな！」と直感でわかってほしい。

　④「オンラインでのやりとりは新たなビジネスの基盤になり得る」にある「新たなビジネス」は，違う部署に移ったり，転職することを意味するが，そのような記述はまったくない。そもそも，「現在の仕事を続けながら学ぶ」からこそインターネット大学の価値があるわけだから，まったくの見当違いである。

　以上，消去法で傷のない②を正解とする。正答率が30％前後しかない問題。半数以上の者が④を選んでしまった。

解答 ②

訳　経営管理学の講座では，教授は学生たちに自分の考えや経験を，他の学生が読むことのできるオンライン・フォーラムに積極的に投稿するように言った。この課題に対して，叔父はデパートでの自分自身の経験を利用することができた。叔父の投稿は，製品を市場に出し顧客に対処する際に，管理する立場の人間が直面する問題の一部を述べたものであった。同じような実務経験のある叔父のオンラインのクラスメートは，しょっちゅうその投稿に対する感想を述べ，叔父が挙げた事例によってずいぶんと勉強になっていると言ってくれた。叔父のピーターも，オンラインでのやりとりから得たアイデアのおかげで，より実りある仕事ができるようになったと思った。

語句
- ▶ encóurage O to (V)　熟「Oに (V) するよう奨励する」
- ▶ contríbute ~ to ...　熟「~を…に投稿する／寄贈する」
- ▶ draw on ~／~ on　熟「~を利用する」
- ▶ pósting　名「投稿」
- ▶ efféctive　形「効果的な」

例題 16

次の文章は「専門家の言うことを鵜呑みにすべきではない」という主旨の一節である。問に対する答えとして最も適当なものを，下の①～④のうちから一つ選べ。

(1) Two years later, and after seeing four doctors, I was still being told it was nothing. (2) To the fifth doctor, I said almost in despair, "But I live in this body. I *know* something's different."

(3) "If you don't believe me, I'll take an X-ray and prove it to you," he said.

(4) Well, there it was, of course, a tumor as big as a golf ball. (5) After the operation, a young doctor stopped by my bed. (6) "It's a good thing you're so smart," he said. (7) "Most patients die of these tumors because we don't know they're there until it is too late."

 ＊ tumor「腫瘍」

問　How did the writer find out that she had a tumor?
 ①　It was discovered during the operation she had.
 ②　She managed to get the fifth doctor to take an X-ray.
 ③　The fifth doctor recommended that she have an X-ray taken.
 ④　The young doctor took an X-ray and found it.

[追試・改題]

解説 問 「筆者はどのようにして，腫瘍があることがわかったか」

　　まず①，④は論外。特に①「手術中にそれ（腫瘍）があるとわかった」なんて，「どんな手術やってるの？」と思わず笑ってしまう。手術は，腫瘍があるとわかっているからこそ行うものである。④「若い医者がレントゲンを撮り，腫瘍を発見した」は，本文を注意深く読めば，レントゲンを撮ったのは若い医者ではなく，5人目の医者であることがわかるので，不正解。

　　さて，問題は②と③である。

　　② 「彼女（＝筆者）は5番目の医者になんとかレントゲンを撮ってもらった」，③ 「5番目の医者は彼女にレントゲンを撮ることを勧め

た」。該当箇所は，(3) の文「私の言うことが信じられないのなら，レントゲンを撮って証明してあげましょう」である。ここだけ読んでも，②か③かの**確証は得られない**。

　そこで，**この問題文全体のテーマ**を念頭に置くと，②では病気を発見した功労者は筆者であるが，③での功労者は医者であることから，本文のテーマである「**専門家は当てにならないことがある**」に合致するのは②であるとわかる。

　この問題の正答率は，公式発表によると，**約36%**。**差がついた問題**と言える。「こっちのほうがよさそうかな」などと，答えを適当に選んでいるような受験生には，**高得点を出すことは絶対にできない**。

解答 ②

訳　(1) 2 年間で，4 人の医者にみてもらったが，「何でもない」と言われ続けた。(2) 5 番目の医者に対して，私は半ばやけっぱちになって，「だけど，この身体で生きているのは私なんです。私にはどこかがおかしいと『わかって』いるのです」と言った。

　(3)「私の言うことが信じられないのなら，レントゲンを撮って証明してあげましょう」と彼は言った。

　(4) やはり，そこには異物があった。ゴルフボールぐらいの大きさの腫瘍であった。(5) 手術のあと，若い医者がベッドのかたわらに立ち止まった。(6)「あなたが頭のいい人でよかった」と言った。(7)「たいていの患者さんは，手遅れになるまで医者が気づかずにこの手の腫瘍で死んでしまうのです」

語句　▶ in despáir　　　　熟「絶望して」
　　　　 ▶ operátion　　　　名「手術」

文法・構文などの知識はもちろん，「この文は全体として何を言おうとしているのか？（＝テーマ）」を意識するというマクロな視点も必要になるんだよ！

次の文章は「少年が成長する過程を描いた物語」の一節である。問に対する答えとして最も適当なものを，下の① ~ ④のうちから一つ選べ。

(1) Going to the shore on the first morning of the vacation, Jerry stopped and looked at a wild and rocky bay, and then over to the crowded beach he knew so well from other years. (2) His mother looked back at him.

(3) "Are you tired of the usual beach, Jerry?"

(4) "Oh, no!" he said quickly, but then said, "I'd like to look at those rocks down there."

(5) "Of course, if you like."

(6) Jerry watched his mother go, then ran straight into the water and began swimming.　(7) He was a good swimmer.　(8) He swam out over the gleaming sand and then he was in the real sea.

問　Why did Jerry want to go to the rocky bay?

① 　He wanted to make friends with the local boys.

② 　He was tired and wanted to rest on the rock.

③ 　His mother suggested that it would be fun to go there.

④ 　The beach appeared less attractive than before.

[本試・改題]

解説　問　「ジェリーはなぜ岩場へ行きたかったのか」

　　全体の主旨から考えれば，"**少年の成長**" ⇒「**母離れ**」" という単純な図式が成立する。

　　また，「**混み合った浜辺（＝ 乳くさい少年のための場所）**」⇔「**本物の海（＝ 自立した青年のための場所）**」という見事な**対立関係**も見られる。

　　①「地元の少年たちと友達になりたかった」。このパラグラフの後ろを読んでもそんなことは書かれていない。

　　②「疲れて，岩場で休みたかった」。これは「**ワナ**」。(3) の "Are you tired of ~ ?" の be **tired of** ~ は「~に飽きて」であり，「~に疲

れて」ではない。

③「そこへ行くのは楽しいかもしれないと母親が言った」。これも「ワナ」。(5) の文しか見ず，全体のテーマを考えない受験生が選んでしまう。「母に言われて」行ったのでは**「自立」**とは言えない。

④**「浜辺が以前ほど魅力的でなくなった」**。**全体のテーマを見事に表した表現**。しかし，本文で直接言及された箇所がないため，これを選べなかった受験生は多い。

なお第 1 文は，

	at a wild and rocky bay
looked	, and then
	over to the crowded beach（which）he 〜

の構造になっている。

解答 ④

訳

(1) 休暇の最初の朝，浜へ向かっているときに，ジェリーは立ち止まって荒々しい岩だらけの入り江に目をやった。それから，人でいっぱいの向こうの浜辺を見た。そこは，これまで何年も来ているので，よく知っているところだった。(2) ジェリーの母親が振り返って言った。

(3)「いつもの浜辺に飽きたの，ジェリー？」

(4)「いや，そんなことはないよ」ジェリーはあわてて答えたが，その後，「向こうの岩場を見てみたいな」と言った。

(5)「いいわよ，好きにしたら」

(6) ジェリーは，母親が行ってしまうのを見守り，一目散に海まで駆けて行き，泳ぎ始めた。(7) 泳ぎはうまかった。(8) キラキラ光る砂を水面下に見て沖へ泳いでいき，やがて，本物の海に出た。

読解問題の選択肢はよくできているんだ。この練りに練られた選択肢から正解を絞り込むためには，「全体のテーマに合っているか」「英文の具体例が凝縮されているか」という，2 つの視点が必要になるよ。
さあ，次に進もう！

You are in a student group preparing a poster for a scientific presentation contest with the theme "What we should know in order to protect the environment." You have been using the following passage to create the poster.

Recycling Plastic
― What You Need to Know ―

(1)　The world is full of various types of plastic. Look around, and you will see dozens of plastic items. Look closer and you will notice a recycling symbol on them. In Japan, you might have seen the first symbol in Figure 1 below, but the United States and Europe have a more detailed classification. These recycling symbols look like a triangle of chasing pointers, or sometimes a simple triangle with a number from one to seven inside. This system was started in 1988 by the Society of the Plastics Industry in the US, but since 2008 it has been administered by an international standards organization, ASTM (American Society for Testing and Materials) International. Recycling symbols provide important data about the chemical composition of plastic used and its recyclability. However, a plastic recycling symbol on an object does not always mean that the item can be recycled. It only shows what type of plastic it is made from and that it might be recyclable.

Figure 1. Plastic recycling symbols

PETE　HDPE　PVC　LDPE　PP　PS　OTHER
(PET)

(2)　So, what do these numbers mean? One group (numbers 2, 4, and 5) is considered to be safe for the human body, while the other group (numbers 1, 3, 6, and 7) could be problematic in certain circumstances. Let us look at the safer group first.

(3)　High-density Polyethylene is a recycle-type 2 plastic and is commonly called HDPE. It is non-toxic and can be used in the human body for heart valves and artificial joints. It is strong and can be used at temperatures as low as $-40°C$ and as high as $100°C$. HDPE can be reused without any harm and is also suitable for beer-bottle cases, milk jugs, chairs, and toys. Type 2 products can be recycled several times. Type 4 products are made from Low-density Polyethylene (LDPE). They are safe to use and are flexible. LDPE is used for squeezable bottles, and bread wrapping. Currently, very little Type 4 plastic is recycled. Polypropylene (PP), a Type 5 material, is the second-most widely produced plastic in the world. It is light, non-stretching, and has a high resistance to impact, heat, and freezing. It is suitable for furniture, food containers, and polymer banknotes such as the Australian dollar. Only 3% of Type 5 is recycled.

(4) Now let us look at the second group, Types 1, 3, 6, and 7. These are more challenging because of the chemicals they contain or the difficulty in recycling them. Recycle-type 1 plastic is commonly known as PETE (Polyethylene Terephthalate), and is used mainly in food and beverage containers. PETE containers — or PET as it is often written in Japan — should only be used once as they are difficult to clean thoroughly. Also, they should not be heated above $70°C$ as this can cause some containers to soften and change shape. Uncontaminated PETE is easy to recycle and can be made into new containers, clothes, or carpets, but if PETE is contaminated with Polyvinyl Chloride (PVC), it can make it unrecyclable. PVC, Type 3, is thought to be one of the least recyclable plastics known. It should only be disposed of by professionals and never set fire to at home or in the garden. Type 3 plastic is found in shower curtains, pipes, and flooring. Type 6, Polystyrene (PS) or Styrofoam as it is often called, is hard to recycle and catches fire easily. However, it is cheap to produce and lightweight. It is used for disposable drinking cups, instant noodle containers, and other food packaging. Type 7 plastics (acrylics, nylons, and polycarbonates) are difficult to recycle. Type 7 plastics are often used in the manufacture of vehicle parts such as seats, dashboards, and bumpers.

(5) Currently, only about 20% of plastic is recycled, and approximately 55% ends up in a landfill. Therefore, knowledge about different types of plastic could help reduce waste and contribute to an increased awareness of the environment.

Your presentation poster draft:

Do you know the plastic recycling symbols?

What are plastic recycling symbols?

> | 1 |

Types of plastic and recycling information

Type	Symbol	Description	Products
1	⟳ **1** PETE (PET)	This type of plastic is common and generally easy to recycle.	drink bottles, food containers, etc.
2	⟳ **2** HDPE	This type of plastic is easily recycled [2].	heart valves, artificial joints, chairs, toys, etc.
3	⟳ **3** PVC	This type of plastic is [3].	shower curtains, pipes, flooring, etc.
4	⟳ **4**		

Plastics with common properties

> | 4 |
> | 5 |

問1　Under the first poster heading, your group wants to introduce the plastic recycling symbols as explained in the passage. Which of the following is the most appropriate? [1]

① They are symbols that rank the recyclability of plastics and other related problems.

② They provide information on the chemical make-up and recycling options of the plastic.

③ They tell the user which standards organization gave them certificates for general use.

④ They were introduced by ASTM and developed by the Society of the Plastics Industry.

問2　You have been asked to write descriptions of Type 2 and Type 3 plastics. Choose the best options for ［　2　］ and ［　3　］.

Type 2　［　2　］

① and commonly known as a single-use plastic
② and used at a wide range of temperatures
③ but harmful to humans
④ but unsuitable for drink containers

Type 3　［　3　］

① difficult to recycle and should not be burned in the yard
② flammable; however, it is soft and cheap to produce
③ known to be a non-toxic product
④ well known for being easily recyclable

問3　You are making statements about some plastics which share common properties. According to the article, which two of the following are appropriate? (The order does not matter.)

［　4　］・［　5　］

① Boiling water (100°C) can be served in Type 1 and Type 6 plastic containers.
② It is easy to recycle products with Type 1, 2, and 3 logos.
③ Products with the symbols 1, 2, 4, 5, and 6 are suitable for food or drink containers.
④ Products with Type 5 and Type 6 markings are light in weight.
⑤ Type 4 and 5 plastics are heat resistant and are widely recycled.
⑥ Type 6 and 7 plastics are easy to recycle and environmentally friendly.

［本試］

とにかく面倒な問題である。落ち着いて手際よくやれば何でもないが，焦ると大変なことになりそうである。最後の問題は消去法で解くのが速そうだ。

パラグラフメモ

第1パラグラフ：7種類のプラスチックのマーク

第2パラグラフ：安全な種類（2，4，5）と他の種類（1，3，6，7）

第3パラグラフ：安全な種類の個々の説明

第4パラグラフ：他の種類の個々の説明

第5パラグラフ：これらのマークが役立つ可能性

問1「**最初のポスターの見出しの下で，文章内で述べられていたプラスチックのリサイクルマークを紹介したいと思っている。最も適した選択肢はどれか**」 1

②「それらは化学組成と，そのプラスチックのリサイクルの選択肢についての情報を表している」が正解。設問文から「文章内で述べられていたプラスチックのリサイクルマークを適切に説明したもの」を選べばよいことがわかる。**本文第1パラグラフ第7文**「**リサイクルマークは，使用されているプラスチックの化学組成やリサイクルの可否についての重要な情報を表している**」とある。これに合致するのは②。

①「それらはプラスチックのリサイクル性および他の関連する問題をランク付けする記号である」は，「他の関連する問題」と「ランク付けする」が本文に記述がなく不可である。

③「それらは使用者に対して，一般用途の認証をしたのがどの標準化団体であるかを示している」は，「一般用途の認証をしたのがどの標準化団体であるか」が本文には書かれていないので不可である。

④「それらはASTMによって導入され，プラスチック工業会によって発展した」は，本文第1パラグラフ第6文「このシステムは1988年にアメリカのプラスチック工業会によって始められたもので，2008年からは国際標準化団体であるASTM（アメリカ材料試験協会）インターナショナルが運営している」と矛盾している。しかも設問の「プラスチックマークが何を表すのか」の答えになっていないので不可。

正答率は72.1％である。

問2「**タイプ2とタイプ3のプラスチックの特徴について書くように依頼された。** 2 **と** 3 **に最も適する選択肢を選べ**」

2 は，②「そして幅広い範囲の温度で使われている」，

3 は，①「リサイクルが難しく，庭で燃やしてはいけない」が正解。

2　　　にはタイプ 2 の説明が入る。その説明は本文第 3 パラグラフ第 2 ～ 5 文にある。そこを参照しながら選択肢を順に検討する。①「そして一度しか使用できないプラスチックとしてよく知られている」は，「一度しか使用できない」が，同パラグラフ第 5 文「数回のリサイクルが可能である」に反するので不可である。②「そして幅広い範囲の気温で使われている」は，同パラグラフ第 3 文「強度があり，－ 40℃ から 100℃ まで使用できる」に合致する。③「しかし人体に有害である」は，同パラグラフ第 2 文「無害で，人体では心臓弁や人工関節に使用されることがある」に反するので不可である。④「しかし飲料の容器には不適である」は，同パラグラフ第 4 文「HDPE はいかなる害も出すことなく再利用でき，ビール瓶のケース，牛乳の入れ物，椅子，玩具などにも適している」に反するので不可である。正答率は 87.2％ である。間違えた人の大半が③を選んでいる。

　　　3　　　にタイプ 3 の説明が入る。その説明は本文第 4 パラグラフ第 7 ～ 9 文にある。そこを参照しながら選択肢を順に検討する。①は，「リサイクルが難しく」が同パラグラフ第 7 文「知られている中で最もリサイクルが困難なプラスチックの 1 つであると考えられている」と合致する。さらに，「庭で燃やしてはいけない」が，同パラグラフ第 8 文「廃棄する際は必ず専門家に依頼し，家庭や庭で火をつけてはいけない」と合致しており正しい。②「可燃性だが，やわらかく生産コストが低い」は，本文に記述がないので不可である。③「無害な製品として知られている」は，同パラグラフ第 8 文「廃棄する際は必ず専門家に依頼し，家庭や庭で火をつけてはいけない」に反するので不可である。④「簡単にリサイクルできることで知られている」は，同パラグラフ第 7 文「知られている中で最もリサイクルが困難なプラスチックの 1 つであると考えられている」に反するので不可である。正答率は 81.4％ である。この文を読む時間がなかったため正答率が下がった可能性が高い。

問 3　「共通の特徴を持つプラスチックについて発表することになった。記事によると，　　　4　　　 と 　　　5　　　 が適当である（順番は問わない）」

　③「1，2，4，5，6 のマークがついた製品は食べ物や飲料の容器に適している」と④「タイプ 5，6 のマークがついた製品は軽い」が正解。

①「沸騰しているお湯はタイプ1とタイプ6でできたプラスチック製容器に入れることができる」は不可である。タイプ6は，第4パラグラフ第12文に「使い捨ての飲料用カップやインスタントラーメンの容器，食品の包装などに使われている」とあるので耐熱性はあると言えるが，タイプ1は本文第4パラグラフ第5文「容器が軟化して形が変わってしまうことがあるため，70℃以上に加熱するのは避けたほうがよい」とあり耐熱性はないので記述に反している。

②「タイプ1，2，3のマークがついた製品をリサイクルすることは簡単である」も不可である。この選択肢のタイプ2に関する記述は，第3パラグラフ第5文「タイプ2の製品は，数回のリサイクルが可能である」と合致している。しかし，タイプ1に関する記述は本文第4パラグラフ第2文「これらは，含有する化学物質やリサイクルの難しさから，より扱いにくいものとなっている」から合致しないことがわかる。さらにタイプ3に関する記述は，第4パラグラフ第7文「知られている中で最もリサイクルが困難なプラスチックの1つであると考えられている」と合致しないことがわかる。

③は正解。③のタイプ1に関する記述は，第4パラグラフ第3文「主に食品や飲料の容器に使用されている」とあり合致する。③のタイプ2に関する記述は，第3パラグラフ第4文「いかなる害も出すことなく再利用でき，ビール瓶のケース，牛乳の入れ物，椅子，玩具などにも適している」とあり合致する。③のタイプ4に関する記述は，同パラグラフ第8文「絞り出し式のボトルやパンの包装に使われている」とあり合致する。③のタイプ5に関する記述は，第3パラグラフ第12文「家具や食品容器，オーストラリアドルのようなポリマー紙幣に適している」とあり合致する。③のタイプ6に関する記述は，第4パラグラフ第12文「使い捨ての飲料用カップやインスタントラーメンの容器，食品の包装などに使われている」とあり合致する。以上から正解とわかる。

④も正解。④のタイプ5に関する記述は，第3パラグラフ第11文に「軽い，伸縮することがない，衝撃に強い，熱に強い，凍りつきにくい」とあり合致する。④のタイプ6に関する記述は第4パラグラフ第11文「製造コストが安く，軽い」とあり合致する。以上から④は正しいことがわかる。

⑤「タイプ4，5のプラスチックは熱に強く，広くリサイクルされている」は不可である。⑤のタイプ4に関する記述は，第3パラグ

ラフ第9文「タイプ4のプラスチックはほとんどリサイクルされていない」に反している。さらに⑤のタイプ5に関する記述は，同パラグラフ最終文「タイプ5はわずか3％しかリサイクルされていない」に反している。

⑥「タイプ6, 7のプラスチックはリサイクルしやすく，環境に優しい」も不可である。⑥のタイプ6に関する記述は，第4パラグラフ第10文「リサイクルするのが難しく」に反している。さらに⑥のタイプ7に関する記述は，同パラグラフ第13文「リサイクルすることが難しい」に反している。

正答率約65％である。この問題では，検証することの多い③はあと回しにして，**消去法を使ったほうが速い**だろう。

解答　問1　②　　問2　｜ 2 ｜　②　　｜ 3 ｜　①　　問3　③　④

訳　あなたは学生団体に所属しており，「環境を守るために知っておくべきこと」をテーマにした科学発表会のポスターを準備している。あなたは以下の文章を参考にして，ポスターを作成している。

プラスチックのリサイクル
―知っておくべきこと―

（1）　世界にはさまざまな種類のプラスチックがあふれている。周りを見渡せば，何十ものプラスチック製品があることに気づくだろう。また，よく見ると，その製品にはリサイクルマークがついていることがわかる。日本では，下の図1の最初のマークを見たことがあるかもしれないが，アメリカやヨーロッパではもっと細かく分類されている。これらのリサイクルマークは，矢印がぐるぐる回っている三角形のような形をしていたり，単純な三角形で，その中に1から7までの数字が書かれたものもある。このシステムは1988年にアメリカのプラスチック工業会によって始められたもので，2008年からは国際標準化団体であるASTM（アメリカ材料試験協会）インターナショナルが運営している。リサイクルマークは，使用されているプラスチックの化学組成やリサイクルの可否についての重要な情報を表している。しかし，あるものにプラスチックリサイクルマークがついているからといって，必ずしもそれがリサイクル可能というわけではない。あくまでも，どのような種類のプラスチッ

クから作られているか，リサイクルできるかもしれないということを示しているにすぎないのである。

（2）では，これらの数字は何を意味しているのか？　1つのグループ（番号2，4，5）は人体に安全であると考えられているものであり，もう1つのグループ（番号1，3，6，7）はある状況によっては問題となり得るものである。まず，安全性の高いグループから見ていこう。

（3）　高密度ポリエチレンは，リサイクルタイプ2のプラスチックで，通称HDPEと呼ばれている。無害で，人体では心臓弁や人工関節に使用されることがある。強度があり，－40℃から100℃まで使用できる。HDPEはいかなる害も出すことなく再利用でき，ビール瓶のケース，牛乳の入れ物，椅子，玩具などにも適している。タイプ2の製品は，数回のリサイクルが可能である。タイプ4の製品は，低密度ポリエチレン（LDPE）から作られている。安全に使用でき，柔軟性がある。LDPEは，絞り出し式のボトルやパンの包装に使われている。現在，タイプ4のプラスチックはほとんどリサイクルされていない。ポリプロピレン（PP）はタイプ5の材料で，世界で2番目に多く生産されているプラスチックである。軽く，伸縮することがなく，衝撃に強く，熱に強く，凍りつきにくく，家具や食品容器，オーストラリアドルのようなポリマー紙幣に適している。タイプ5はわずか3％しかリサイクルされていない。

（4）　次に，2つ目のグループであるタイプ1，3，6，7について見てみよう。これらは，含有する化学物質やリサイクルの難しさから，より扱いにくいものとなっている。リサイクルタイプ1のプラスチックは，一般的にPETE（ポリエチレンテレフタレート）と呼ばれ，主に食品や飲料の容器に使用されている。PETEの容器（あるいは日本でPETと書かれるもの）は完全に洗浄することが困難であるため，使用は1回に留めるべきである。また，容器が軟化して形が変わってしまうことがあるため，70℃以上に加熱するのは避けたほうがよい。汚染されていないPETEはリサイクルしやすく，新しい容器や衣類，カーペットにすることができるが，PETEにポリ塩化ビニル（PVC）が混入すると，リサイクルできなくなることがある。PVC（タイプ3）は，知られている中で最もリサイクルが困難なプラスチックの1つであると考えられている。廃棄する際は必ず専門家に依頼し，家庭や庭で火をつけてはいけない。タイプ3のプラスチックは，シャワーカーテン，パイプ，床材に使われている。タイプ6，ポリスチレン（PS）（よく「発泡スチロール」と呼ばれる）は，リサイクルするのが難しく，火がつきやすい。しかし，製造コストが安く，軽い。それは使い捨ての飲料用カップやインスタントラー

メンの容器,食品の包装などに使われている。タイプ7のプラスチック(ア
クリル, ナイロン, ポリカーボネート) はリサイクルすることが難しい。
タイプ7のプラスチックは, シート, ダッシュボード, バンパーなどの
自動車部品に多く使用されている。

(5)　現在, プラスチックは約20%しかリサイクルされておらず, 約
55%が埋め立てられている。そのため, さまざまな種類のプラスチック
について知っておくことは, 廃棄物の削減に役立ち環境意識の向上につ
ながる可能性がある。

発表用ポスターの下書き

プラスチックのリサイクルマークを知っていますか？

プラスチックのリサイクルマークとは何か？

　それらは化学組成と, そのプラスチックのリサイクルの選択肢につい
ての情報を表している

プラスチックのタイプとリサイクルに関する情報

タイプ	特徴	製品
1	このタイプのプラスチックは広く使われており, 一般的にリサイクルしやすい	飲み物のボトル, 食品の容器など
2	このタイプのプラスチックはリサイクルしやすい, そして幅広い範囲の温度で使われている	心臓弁, 人工関節, 椅子, 玩具など
3	このタイプのプラスチックはリサイクルが難しく, また庭で燃やしてはいけない	シャワーカーテン, パイプ, 床材など

共通の特徴を持っているプラスチック

・タイプ1, 2, 4, 5, 6は食べ物や飲料の容器に適している
・タイプ5, 6のマークがついた製品は軽い

第1パラグラフ

▶ **dózens of ~**　熟「何十もの~」
　＊ tens of ~とは言わない

▶ **détailed**　形「詳細な」

▶ **classificátion**　名「分類」
　＊ classify ~「~を分類する」の名詞形

▶ **chásing póinter**　名「追いかける矢印」

▶ **admínister**　他「~を管理する」

▶ **províde ~**　他「~を提供する」

▶ **chémical composítion**　名「化学組成」

▶ **recyclabílity**　名「リサイクルの可能性」

▶ **óbject**　名「物体」

第2パラグラフ

▶ *be* **consídered to be ~**　熟「~だと思われている」

▶ **problemátic**　形「問題を抱えている」

▶ **cértain**　形「ある~」

▶ **círcumstance**　名「(普通複数形で) 状況」

第3パラグラフ

▶ **non-tóxic**　形「毒性がない」

▶ **artifícial jóint**　名「人工関節」

▶ **témperature**　名「温度」

▶ **reúse ~**　他「~を再利用する」

▶ **harm**　名「害」

▶ *be* **súitable for ~**　熟「~に適している」

▶ **fléxible**　形「柔軟な」

▶ **squéezable**　形「絞り出すタイプの」
　＊ 野球の「スクイズ (squeeze bunt)」は走者をホームへ絞り出すこと

▶ **cúrrently**　副「現在」
　＊「まさに今」の感じ

▶ **non-strétching**　形「伸縮性がない」

▶ **resístance to ~**　熟「~に対する耐性」

▶ **fúrniture**　名「(集合的に) 家具」 ＊不可算名詞

▶ **bánknote**　名「紙幣」

▶ **chállenging**　形「厄介な」

▶ **béverage**　名「飲料」

▶ **thóroughly**　副「完全に」
　　＊ /θʌ́rəli/ の発音にも注意しよう

▶ **cáuse ～ to** (V)　熟「～が(V)するのを引き起こす」

▶ **sóften**　自「柔らかくなる」
　　＊ -en は動詞を作る

▶ **uncontáminated**　形「汚染されていない」
　　＊ 〈con-［強調］＋ -ta-［(= touch) 触る］〉。contact「接触」, intact
　　「無傷の（触られていない）」, tangent「正接の」などが同語源

▶ **make** *A* **into** *B*　熟「A を B に作りかえる」

▶ *be* **thought to be ～**　熟「～であると考えられている」

▶ **least ～**　副「最も～でない」
　　＊ little – less – least

▶ **dispóse of ～**　熟「～を処分する」

▶ **set fire to ～**　熟「～に火をつける」

▶ **catch fire**　熟「火がつく」

▶ **dispósable**　形「使い捨ての」
　　＊「処分できる」が直訳

▶ **manufácture**　名「製造」

▶ **véhicle part**　名「車両部品」

第5パラグラフ

▶ **appróximately**　副「約」

▶ **end up in ～**　熟「結局～になる」

▶ **lándfill**　名「埋め立て」
　　＊ land「土地」を fill ～「～を満たす」こと

▶ **redúce ～**　他「～を減らす」

▶ **waste**　名「廃棄物」

▶ **contríbute to ～**　熟「～に貢献する」

▶ **awáreness of ～**　熟「～に対する意識」

第**3**章

論理展開把握・評論・小説・エッセイ読解問題

時系列を問う問題が入っている場合には，「時の流れ」を意識して英文を読み進めること。

　「英文に出てきた順序」＝「実際に起きた順序」とは限らないので注意深く読み進める必要がある。以下のことをこころがけよう！

　　1. 起きた年月などを示す語には印をつけておくこと。
　　2. 過去完了などの「時制のずれ」を示す語には印をつけておくこと。
　　3. 最後まで読んでから慎重に判断すること。

例 題 19　　　　　　標準 **5分**

You enjoy outdoor sports and have found an interesting story in a mountain climbing magazine.

Attempting the Three Peaks Challenge

By John Highland

（1）　Last September, a team of 12 of us, 10 climbers and two minibus drivers, participated in the Three Peaks Challenge, which is well known for its difficulty among climbers in Britain. The goal is to climb the highest mountain in Scotland (Ben Nevis), in England (Scafell Pike), and in

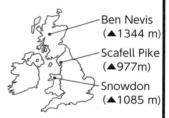

Ben Nevis (▲1344 m)
Scafell Pike (▲977m)
Snowdon (▲1085 m)

Wales (Snowdon) within 24 hours, including approximately 10 hours of driving between the mountains. To prepare for this, we trained on and off for several months and planned the route carefully. Our challenge would start at the foot of Ben Nevis and finish at the foot of Snowdon.

（2）　We began our first climb at six o'clock on a beautiful autumn morning. Thanks to our training, we reached the summit in under three hours. On the way down, however, I realised I had dropped my phone. Fortunately, I found it with the help of the team, but we lost 15 minutes.

(3)　We reached our next destination, Scafell Pike, early that evening. After six hours of rest in the minibus, we started our second climb full of energy. As it got darker, though, we had to slow down. It took four-and-a-half hours to complete Scafell Pike. Again, it took longer than planned, and time was running out. However, because the traffic was light, we were right on schedule when we started our final climb. Now we felt more confident we could complete the challenge within the time limit.

(4)　Unfortunately, soon after we started the final climb, it began to rain heavily and we had to slow down again. It was slippery and very difficult to see ahead. At 4.30 am, we realised that we could no longer finish in 24 hours. Nevertheless, we were still determined to climb the final mountain. The rain got heavier and heavier, and two members of the team decided to return to the minibus. Exhausted and miserable, the rest of us were also ready to go back down, but then the sky cleared, and we saw that we were really close to the top of the mountain. Suddenly, we were no longer tired. Even though we weren't successful with the time challenge, we were successful with the climb challenge. We had done it. What a feeling that was!

問1　Put the following events (①~④) into the order they happened.
　① All members reached the top of the highest mountain in Scotland.
　② Some members gave up climbing Snowdon.
　③ The group travelled by minibus to Wales.
　④ The team members helped to find the writer's phone.

問2　What was the reason for being behind schedule when they completed Scafell Pike?
　① It took longer than planned to reach the top of Ben Nevis.
　② It was difficult to make good progress in the dark.
　③ The climbers took a rest in order to save energy.
　④ The team had to wait until the conditions improved.

問3　From this story, you learnt that the writer ⬚⬚⬚⬚⬚ .

① didn't feel a sense of satisfaction

② reached the top of all three mountains

③ successfully completed the time challenge

④ was the second driver of the minibus

［本試］

「イギリス」にはいくつかの表記がある。the U.K.（the United Kingdom）とは，北アイルランド，スコットランド，イングランド，ウェールズの連合国の意味である。Great Britain は，大ブリテン島の中のスコットランド，イングランド，ウェールズだけを指す。さらに England はイングランドだけのことである。日本語では昔 England を「イギリス」と訳す習慣があったが，それは厳密には間違いである。

解説 問1　「次の出来事 ① ～ ④ を起こった順に並べなさい」

①「チーム全員がスコットランドで最も高い山に登頂した」⇒④「チームのメンバーは筆者の携帯電話を見つけるのを手伝った」⇒ ③「チームはウェールズまでミニバスで移動した」⇒ ②「一部のメンバーはスノードン山の登頂を諦めた」が正解。第 1 パラグラフ第 2 文「目標はスコットランドで最も高い山（ベン・ネビス山），イングランドで最も高い山（スコーフェル山），そしてウェールズで最も高い山（スノードン山）を，山から山への間を車で移動するのに要するおよそ 10 時間も含め，24 時間以内に登頂するというものである」と，最終文「我々のチャレンジはベン・ネビス山の麓からスタートし，スノードン山の麓でゴールという予定になった」から，筆者たちの登る順序は「スコットランドのベン・ネビス山」⇒「イングランドのスコーフェル山」⇒「ウェールズのスノードン山」だとわかる。さらに第 2 パラグラフ第 1 ～ 4 文「我々は最初の登山を，秋の美しい朝 6 時に開始した。トレーニングのおかげか，3 時間もしないうちに頂上へ到達した。ところが，下山中に，私は携帯電話を落としたことに気づいた。運よく，チームの皆が助けてくれたおかげで見つけることができた」とある。この文前半の「最初の登山」とは第 1 パラグラフの内容からスコットランドのベン・ネビス山なので，④ は ① と ③ の間に入ることがわかる。以上から正解を得られる。正答率は 76.7％。

問2　「スコーフェル山を登り終わった際に予定より時間がかかって
　　　しまったのはなぜか」

　②「暗い中登り進めるのが難しかったから」が正解。設問文から「ス
コーフェル山を登り終えたとき予定より遅れた理由」を答えればよい
ことがわかる。第3パラグラフの第3〜5文「暗くなるにつれて進
むペースが落ちた。スコーフェル山に登って下山するまで4時間半か
かってしまった。再び，計画より時間がかかってしまい，時間がどん
どんなくなっていった」とあるので，**理由は「暗くなり進むペースが
落ちた」である**。選択肢の中でこれに該当するのは②である。①「ベン・
ネビス山を登頂するのに予定より時間がかかったから」は，第2パラ
グラフの第1〜2文「我々は最初の登山を，秋の美しい朝6時に開
始した。トレーニングのおかげか，3時間もしないうちに頂上へ到達
した」とあり間違いだとわかる。③「登山者たちは体力を温存するた
めに休憩したから」は，第3パラグラフ第2文に「ミニバスの中で
6時間の休憩を取ったのち，体力十分な状態で2回目の登山を開始し
た」とあるだけで，休憩したことが遅れの原因であるとは書かれてい
ないので不可である。④「チームは状況が改善するまで待たなければ
いけなかったから」は，本文に記述がないので不可である。正答率は
82.6%。

問3　「この話から，筆者は ☐☐☐☐☐☐ ことがわかる」

　②「3つの山すべてを登頂した」が正解。設問文から「筆者に関わ
る事実」を選べばよいことがわかる。選択肢を順に検討する。①「満
足しなかった」は不可である。**最終パラグラフの最後の3文に「時
間内に登り切ることはできなかったが，登るという挑戦には成功し
た。成し遂げたのだ。なんと気持ちよかったことか」と書かれており，
筆者は満足していることがわかる**。よって②が正解。①で検討した
のと同じ箇所から正しいとわかる。③「時間内にチャレンジを完了す
ることができた」は，①で検討したのと同じ箇所から間違いだとわか
る。④「ミニバスを2人目に運転した」は，第1パラグラフ第1文よ
り，登山者と運転手は別であることがわかり，筆者は登山者である。
よって不可である。正答率は84.8%。

解答　問1　①⇒④⇒③⇒②　　問2　②　　問3　②

　あなたは野外でのスポーツを楽しんでおり，登山雑誌で面白い話を見つけた。

三山の頂上にチャレンジ

（1）　昨年9月，我々12人からなるチーム（10人の登山者と2人の運転者）は「三山の頂上へのチャレンジ」に参加した。この挑戦は，イギリスの登山家の間で達成するのが困難なことで知られている。目標はスコットランドで最も高い山（ベン・ネビス山），イングランドで最も高い山（スコーフェル山），そしてウェールズで最も高い山（スノードン山）を，山から山への間を車で移動するのに要するおよそ10時間も含め，24時間以内に登頂するというものである。これに備え，我々は数か月間トレーニングを断続的に行い，道順を慎重に計画した。我々のチャレンジはベン・ネビス山の麓からスタートし，スノードン山の麓でゴールという予定になった。

（2）　我々は最初の登山を，秋の美しい朝6時に開始した。トレーニングのおかげか，3時間もしないうちに頂上へ到達した。ところが，下山中に，私は携帯電話を落としたことに気づいた。運よく，チームの皆が助けてくれたおかげで見つけることができたが，ここで15分ロスしてしまった。

（3）　次の目的地であるスコーフェル山にはその日の夕方早くに到着した。ミニバスの中で6時間の休憩を取ったのち，体力十分な状態で2回目の登山を開始した。しかし，暗くなるにつれて進むペースが落ちた。スコーフェル山に登って下山するまで4時間半かかってしまった。再び，計画より時間がかかってしまい，時間がどんどんなくなっていった。しかし，道がすいていたので，最後の登山を始めるときには時間どおりになっていた。このときには，制限時間以内にチャレンジを遂行することができるという自信を深めていた。

（4）　残念ながら，最後の山を登り始めてすぐに雨が強く降り出し，ふたたび進むペースを落とすことになった。地面は滑りやすく，見通しは非常に悪かった。午前4時半，我々はもう24時間以内には登山を終えられないことに気づいた。それでもなお，最後の山を登り切ることを決心していた。雨はますます勢いを増して，チームのうち2人はミニバスに戻ることになった。残った我々も，疲れ果て，また惨めな気持ちになりながら戻ろうとしたそのとき，空が澄み渡り，頂上までもう一息という所まで来ていることを知った。突如，疲れが吹き飛んだ。時間内に登り切ることはできなかったが，登るという挑戦には成功した。成し遂げたのだ。なんと気持ちよかったことか！

タイトル

▶ **attémpt** 〜 　　　　　　　　他「〜を試みる」

第1パラグラフ

▶ **partícipate in** 〜 　　　　　熟「〜に参加する」
▶ *be* **known for** *one's* 〜 　　熟「〜で知られている」
▶ **inclúding** 〜 　　　　　　　前「〜を含んだ」
▶ **appróximately** 　　　　　　副「およそ」
▶ **on and off** 　　　　　　　　熟「断続して」

第2パラグラフ

▶ **in** 〜 **hours** 　　　　　　　熟「〜時間で」
　　＊　動作の完了の所要時間を示す
▶ **on the way down** 　　　　　熟「下山中に」
▶ **drop** 〜 　　　　　　　　　　他「〜を落とす」
▶ **fórtunately** 　　　　　　　　副「幸運にも」

第3パラグラフ

▶ **destinátion** 　　　　　　　　名「目的地」
▶ **full of énergy** 　　　　　　　熟「体力十分な状態で」
　　＊　補語の働きをしている
▶ **compléte** 〜 　　　　　　　　他「〜を成し遂げる」
▶ **run out** 　　　　　　　　　　熟「(時間・お金などが) 切れる」
▶ **right on schédule** 　　　　　熟「予定どおりに」
　　＊　この right は「まさに」の意味の副詞
▶ **cónfident (that)** S' V' 　　　熟「S' V' に対して自信がある」

第4パラグラフ

▶ **slíppery** 　　　　　　　　　　形「滑りやすい」
▶ **nevertheléss** 　　　　　　　　副「にもかかわらず」
▶ **exháusted** 　　　　　　　　　形「疲れ果てて」
　　＊　本文では分詞構文になっている
▶ **míserable** 　　　　　　　　　形「惨めな」

次の文章を読み，問1～4の答えとして最も適当なものを，それぞれの選択肢のうちから一つずつ選べ。

Your group is preparing a poster presentation entitled "The Person Who Revolutionized American Journalism," using information from the magazine article below.

(1)　Benjamin Day, a printer from New England, changed American journalism forever when he started a New York City newspaper, *The Sun*. Benjamin Day was born in Springfield, Massachusetts, on April 10, 1810. He worked for a printer as a teenager, and at the age of 20 he began working in print shops and newspaper offices in New York. In 1831, when he had saved enough money, he started his own printing business, which began to struggle when the city was hit by a cholera epidemic the following year. In an attempt to prevent his business from going under, Day decided to start a newspaper.

(2)　In 1833, there were 650 weekly and 65 daily American newspapers, with average sales of around 1,200. Although there were cheap newspapers in other parts of the country, in New York a newspaper usually cost as much as six cents. Day believed that many working-class people were able to read newspapers, but chose not to buy them because they did not address their interests and were too expensive. On September 3, 1833, Day launched *The Sun* with a copy costing just one cent. The introduction of the "penny press," as cheap newspapers became known, was an important milestone in American journalism history.

(3)　Day's newspaper articles were different from those of other newspapers at the time. Instead of reporting on politics and reviews of books or the theater, *The Sun* focused on people's everyday lives. It was the first newspaper to report personal events and crimes. It led to a paradigm shift in American journalism, with newspapers becoming an important part of the community and the lives of the readers. Day also came up with another novel idea: newsboys selling the newspaper on street corners. People wouldn't even have to step into a shop to buy a paper.

(4) The combination of a newspaper that was cheap as well as being easily available was successful, and soon Day was making a good living publishing *The Sun*. Within six months, *The Sun*'s circulation reached 5,000, and after a year, it had risen to 10,000. By 1835, sales of *The Sun* had reached 19,000, more than any of the other daily papers at that time. Over the next few years, about a dozen new penny papers were established, beginning a new era of newspaper competition. The success of *The Sun* encouraged other journalists to publish newspapers at a lower price. By the time of the Civil War, the standard price of a New York City newspaper had fallen to just two cents.

(5) Despite his success, after about five years of operating *The Sun*, Day lost interest in the daily work of publishing a newspaper. In 1838, he sold *The Sun* to his brother-in-law, Moses Yale Beach, for $40,000, and the newspaper continued to publish for many years. After selling the paper, Day moved into other business areas, including the publication of magazines, but by the 1860s he was basically retired. He lived quietly until his death on December 21, 1889. Although he had been involved in the American newspaper business for a relatively short time, Day is remembered as a revolutionary figure who showed that newspapers could appeal to a mass audience.

The Person Who Revolutionized American Journalism

■ **The Life of Benjamin Day**

Period	Events
1810s	Day spent his childhood in Springfield
1820s	A
1830s and beyond	B ⇓ C ⇓ D ⇓ E

Benjamin Day

■ **About _The Sun_**

▶ Day launched _The Sun_ on September 3, 1833.
▶ This newspaper was highly successful for the following reasons:
  F

■ A Shift in U.S. Journalism: A New Model

▶ The motto of _The Sun_ was " G ."
▶ _The Sun_ changed American journalism and society in a number
  of ways: H

問1　Members of your group listed important events in Day's life. Put
　　the events into the boxes A ～ E in the order that they
　　happened.
　　① Day created other publications
　　② Day established a printing company
　　③ Day gained experience as a printer in his local area
　　④ Day started a newspaper business
　　⑤ Day's business was threatened by a deadly disease

問2　Choose the best statement(s) to complete the poster. (**You may
　　choose more than one option.**)　　　F
　　① Day focused on improving the literacy levels of the working class.
　　② Day introduced a new way of distributing newspapers.
　　③ Day realized the potential demand for an affordable newspaper.
　　④ Day reported political affairs in a way that was easy to
　　　understand.
　　⑤ Day supplied a large number of newspapers to every household.
　　⑥ Day understood what kind of articles would attract readers.

問3　Which of the following was most likely to have been _The Sun_'s
　　motto?　　　G
　　① Nothing is more valuable than politics
　　② The daily diary of the American Dream
　　③ _The Sun_: It shines for all
　　④ Top people take _The Sun_

問4　Choose the best statement(s) to complete the poster.（**You may choose more than one option**.）　　H

① Information became widely available to ordinary people.
② Journalists became more conscious of political concerns.
③ Journalists started to write more on topics of interest to the community.
④ Newspapers became less popular with middle-class readers.
⑤ Newspapers replaced schools in providing literacy education.
⑥ The role of newspapers became much more important than before.

[試行]

> 問4のタイプの「答えをいくつ選んでよいかわからない問い」は試行調査ののち，正答率が低かったため非難され本試験では姿を消した。今後は出題されることはないであろう。

解説　パラグラフメモ

第1パラグラフ：デイ：さまざまな出来事を経て新聞社を始める決意
第2パラグラフ：大衆のため安くする
第3パラグラフ：内容を日常的なものにする。新聞売りの少年を考案
第4パラグラフ：成功し，他の新聞社も追随
第5パラグラフ：新聞を大衆に売り込んだ革命児

問1　「あなたのグループのメンバーはデイの人生における重大な出来事を挙げた。　A　から　E　にそれらが起こった順番に入れよ」

③⇒②⇒⑤⇒④⇒①が正解。

本文に出てくる順に選択肢を検討する。第1パラグラフ第3文に「彼は10代のときは印刷工のもとで働いた」とあり，③「デイは地元の印刷工として経験を積んだ」に一致。同パラグラフの第4文に「1831年，彼は十分なお金を蓄え，自分自身で印刷会社を立ち上げたが，その次の年にニューヨークの町がコレラの流行に襲われると，彼の事業は窮地に陥り始めた」とあり，②「デイは印刷会社を立ち上げた」⇒⑤「デイの事業は死に至る病により脅威にさらされた」に一致。また，第2パラグラフの第4文に「1833年9月3日，デイは1部たった1

セントで，『ザ・サン』を刊行した」とあり，④「デイは新聞業を始めた」と一致。さらに，第5パラグラフの第3文に「新聞を売ったあと，デイは雑誌の発行を含めた他のビジネス分野を手がけた」とあり，①「デイは他の出版物を作った」に一致。以上から③ ⇒ ② ⇒ ⑤ ⇒ ④ ⇒ ①が正解。**英文全体を把握しておかないと解けない問題。**

問2　「ポスターを完成させるのに最も良い文を選べ。（答えは1つとは限らない）」

　②「デイは新聞の流通の新しい方法を導入した」，③「デイは手頃な価格の新聞には秘められた需要があることに気がついた」，⑥「デイはどんな種類の記事が読者をひきつけるかわかっていた」が正解。

　選択肢を順に検討する。①「デイは労働者階級の識字率の向上に焦点を当てた」は本文に記述がない。②「デイは新聞の流通の新しい方法を導入した」は第3パラグラフ第5文の「デイはまた，もう1つの斬新な考えも思いついた。それは街角で新聞売りの少年に新聞を売らせることだった」に一致。③「デイは手頃な価格の新聞には秘められた需要があることに気がついた」は第2パラグラフ第3〜4文「デイは，多くの労働者階級の人々は新聞を読むことはできるが，新聞には彼らの関心があることが書かれておらず，また高すぎるために買おうとしないのだと考えた。1833年9月3日，デイは1部たった1セントで，『ザ・サン』を刊行した」に一致。選択肢の affordable は「手頃な（価格の）」の意味の形容詞。④「デイはわかりやすい方法で政治的な出来事を伝えた」は第3パラグラフ第2文「『ザ・サン』は，政治レポートや，書評・演劇評ではなく，人々の日々の生活に焦点を当てた」に不一致。⑤「デイはすべての家庭に多くの新聞を供給した」は本文に記述がない。⑥「デイはどんな種類の記事が読者をひきつけるかわかっていた」は，さきほどの第2パラグラフ第3〜4文と一致。以上から②・③・⑥が正解となる。**本文に記述がない選択肢があるため，やはり全体を読んでからでないと解けないように作ってあることに注意。**

問3　「以下のどれが『ザ・サン』のモットーに最も近いか」

　③「『ザ・サン』はすべてのために輝く」が正解。

　選択肢を順に検討する。第3パラグラフ第2文「『ザ・サン』は，政治レポートや，書評・演劇評ではなく，人々の日々の生活に焦点を

当てた」より，『ザ・サン』は政治よりも日々の生活に焦点を当てていることがわかる。よって①「政治より価値のあるものはない」は不適切。同じ箇所より，『ザ・サン』が扱った話題は，人々の日々の生活からかけ離れたアメリカンドリームではないことがわかる。よって②「アメリカンドリームの毎日の日記」も不適切。③「『ザ・サン』はすべてのために輝く」は，意味がよくわからないので，いったん保留。また同じ箇所より，『ザ・サン』がターゲットにしたのは一般庶民であって上流階級の人ではないことがわかる。よって，④「上流階級の人は『ザ・サン』を購読する」は不可。以上から③が正解だとわかる。この選択肢の「すべてのため」とは「庶民も含めたすべての人々」の意味だと推察できる。なお，第5パラグラフ最終文の「アメリカの新聞業界に彼が携わったのは比較的短い間だったが，デイは新聞が大衆の心に訴えかけることを示した革命的な人物として記憶されている」も③の根拠になるだろう。**正解の選択肢を選ぶより不正解の選択肢を消去したほうが確実に解ける。**

問4 「ポスターを完成させるのに最も良い文を選べ。（答えは1つとは限らない）」

①「情報は普通の人にも広く手に入れられるようになった」，③「ジャーナリストは共同体にとって興味深い話題についてより多く書くようになった」，⑥「新聞の役割は以前よりもずっと重要なものになった」が正解。

第2パラグラフ第3～4文に「デイは，多くの労働者階級の人々は新聞を読むことはできるが，新聞には彼らの関心があることが書かれておらず，また高すぎるために買おうとしないのだと考えた。1833年9月3日，デイは1部たった1セントで『ザ・サン』を刊行した」とあり，さらに第3パラグラフ第2文に「『ザ・サン』は，政治レポートや，書評・演劇評ではなく，人々の日々の生活に焦点を当てた」とある。以上から①「情報は普通の人にも広く手に入れられるようになった」は正しい。②「ジャーナリストは政治的問題をより意識するようになった」は，上に述べた本文の内容と，第4パラグラフ第5文「『ザ・サン』の成功に後押しされ，他のジャーナリストたちも低価格で新聞を発行した」から，他の新聞社も『ザ・サン』に倣ったことが推察されるので，間違いだとわかる。本文の同じ箇所より，③「ジャーナリストは共同体にとって興味深い話題についてより多く

論理展開把握・評論・小説・エッセイ読解問題

書くようになった」は適切で，④「新聞は中間層の読者の間で人気が
落ちた」は不適切だとわかる。⑤「新聞は識字教育を提供する場とし
ての学校の代わりを果たした」は本文に記述がないし，そもそもこの
英文のテーマからもずれる。⑥「新聞の役割は以前よりもずっと重要
なものになった」は，本文に直接対応する箇所はないが，本文の前に
書かれた「アメリカのジャーナリズムに革新をもたらした人物」や，
本文全体の主旨「新聞が庶民にとって身近なものになった」から正し
いと判断できる。

解答　問1　A　③　　B　②　　C　⑤　　D　④　　E　①
　　　　　問2　②，③，⑥　　　問3　③　　　問4　①，③，⑥

訳　　あなたのグループは以下の雑誌記事の情報を用いて「アメリカのジャー
ナリズムに変革をもたらした人物」という題名のポスタープレゼンテーショ
ンの準備をしている。

(1)　ニューイングランド出身の印刷工ベンジャミン・デイが，ニューヨー
　ク市の新聞である『ザ・サン』を創刊したとき，その後のジャーナリズ
　ムを決定的に変えた。ベンジャミン・デイは1810年4月10日,マサチュー
　セッツ州のスプリングフィールドで生まれた。彼は10代のときは印刷工
　のもとで働き，20歳のとき，ニューヨークの印刷所や新聞販売店で働き
　始めた。1831年，彼は十分なお金を蓄え，自分自身で印刷会社を立ち上
　げたが，その次の年にニューヨークの町がコレラの流行に襲われると，
　彼の事業は窮地に陥り始めた。デイは倒産を防ごうと，新聞を刊行する
　ことに決めた。

(2)　1833年，アメリカには650の週刊紙と65の日刊紙があり，平均の販
　売数は1,200部程度であった。アメリカの他の場所では安い新聞もあっ
　たが，ニューヨーク市では新聞はたいてい6セントもした。デイは，多
　くの労働者階級の人々は新聞を読むことはできるが，新聞には彼らの関
　心があることが書かれておらず，また高すぎるために買おうとしないの
　だと考えた。1833年9月3日,デイは1部たった1セントで,『ザ・サン』
　を刊行した。安価な新聞として知られるようになった「ペニー・プレス」
　の登場は，アメリカのジャーナリズムの歴史における重要で画期的な出
　来事であった。

(3)　デイの新聞記事は当時の他の新聞記事とは異なったものだった。『ザ・
　サン』は政治レポートや，書評・演劇評ではなく，人々の日々の生活に
　焦点を当てた。それは個人的な出来事や犯罪事件を報じた最初の新聞だっ

た。これがアメリカのジャーナリズムにパラダイムシフトをもたらし，新聞は共同体や読者の生活の重大な部分を占めるようになった。デイはまた，もう1つの斬新な考えも思いついた。それは街角で新聞売りの少年に新聞を売らせるということだった。人々は新聞を買うのに販売所に立ち寄る必要さえなくなったのである。

(4) 安価でしかも簡単に手に入るという2つの組み合わせで成功し，まもなくデイは『ザ・サン』の刊行で豊かな生活をするようになった。半年の間に『ザ・サン』の発行部数は5千部に達し，1年後には1万部に増えた。1835年までに『ザ・サン』の売り上げは1万9千部に到達して，それは当時の他のいかなる日刊紙よりも多い部数であった。その後数年間にわたり，10紙余りの新しいペニー新聞が発行され，新聞競合の新たな時代の幕開けとなった。『ザ・サン』の成功に後押しされ，他のジャーナリストたちも低価格で新聞を発行した。南北戦争の時代までに，ニューヨーク市の新聞の標準価格はたった2セントにまで下がったのである。

(5) デイは成功したにもかかわらず，『ザ・サン』を運営して約5年で，新聞を発行するという日常業務への関心を失ってしまった。1838年に彼は『ザ・サン』を義理の弟のモーゼス・イエール・ビーチに4万ドルで売却したが，この新聞は何年にもわたって発行され続けた。新聞を売ったあと，デイは雑誌の発行を含めた他のビジネス分野を手がけたが，1860年代までに彼は実質的には一線を退いた。彼は静かな余生を過ごし，1889年12月21日に亡くなった。アメリカの新聞業界に彼が携わったのは比較的短い間だったが，デイは新聞が大衆の心に訴えかけることを示した革命的な人物として記憶されている。

アメリカのジャーナリズムに変革をもたらした人物
■ベンジャミン・デイの人生

時代	出来事
1810年代	デイはスプリングフィールドで子ども時代を過ごした
1820年代	デイは地元で印刷工として経験を積んだ
1830年代とその後	デイは印刷会社を立ち上げた ⇩ デイの事業は死に至る病により脅威にさらされた ⇩ デイは新聞業を始めた ⇩ デイは他の出版物を作った

■『ザ・サン』について

▶デイは 1833 年 9 月 3 日に『ザ・サン』を刊行した。

▶この新聞は以下の理由で大きな成功を収めた。

　　デイは新聞の流通の新しい方法を導入した。／デイは手頃な価格の新聞には秘められた需要があることに気がついた。／デイはどんな種類の記事が読者をひきつけるかわかっていた。

■アメリカのジャーナリズムの変遷：新しい形式

▶『ザ・サン』のモットーは「『ザ・サン』はすべてのために輝く」であった。

▶『ザ・サン』は多くの点でアメリカのジャーナリズムと社会を変えた：情報は普通の人にも広く手に入れられるようになった。／ジャーナリストは共同体にとって興味深い話題についてより多く書くようになった。／新聞の役割は以前よりもずっと重要なものになった。

語句　第 1 パラグラフ

▶ **prínter**　名「印刷工」

▶ **print shop**　名「印刷所」

▶ **néwspaper óffice**　名「新聞販売所」

▶ **strúggle**　自「苦労する」

▶ **hit ～**　他「～を襲う」

▶ **epidémic**　名「流行」

▶ **in an attémpt to (V)**　熟「(V) するために」

▶ **prevént ～ from (V)ing**　熟「～が (V) するのを防ぐ」

▶ **go únder**　熟「倒産する」

第 2 パラグラフ

▶ **as much as ＋数字**　熟「～も」

▶ **wórking-class**　形「労働者階級の」

▶ **addréss ～**　他「～を扱う」

▶ **launch ～**　他「～を始める」
　　＊　「(ロケットなど) を打ち上げる」が原義

▶ **mílestone**　名「画期的な出来事」

第 3 パラグラフ

▶ **those ＝ the árticles**　代

▶ **instéad of ～**　熟「～の代わりに」

▶ **revíew**　名「評」

▶ fócus on 〜	熟	「〜に焦点を当てる」
▶ crime	名	「犯罪」
▶ *A* lead to *B*	熟	「A の結果 B となる」
▶ páradigm shift	名	「パラダイムシフト（理論的枠組みの転換)」
▶ come up with 〜	熟	「〜を思いつく」
▶ nóvel	形	「斬新な」
▶ step ínto 〜	熟	「〜に立ち寄る」

第4パラグラフ

▶ combinátion	名	「組み合わせ」
▶ *A* as well as *B*	熟	＝ both *A* and *B*
▶ aváilable	形	「手に入る」
▶ make a good líving	熟	「豊かな暮らしをする」
▶ circulátion	名	「発行部数」
▶ rise	自	「増加する」
＊ rise − rose − risen		
▶ estáblish 〜	他	「〜を設立する」
▶ éra	名	「時代」
▶ competítion	名	「競争」
▶ the Cívil War	名	「(アメリカの) 南北戦争」
▶ fall to 〜	熟	「〜まで落ちる」

第5パラグラフ

▶ despíte 〜	前	「〜にもかかわらず」
▶ óperate 〜	他	「〜を運営する」
▶ bróther-in-law	名	「義理の兄弟」
▶ inclúding 〜	前	「〜を含めた」
▶ básically	副	「基本的に」
▶ rélatively	副	「比較的」
▶ revolútionary	形	「革命的な」
▶ fígure	名	「人物」
＊ 通例は「数字」の意味だが，特殊な文脈ではこの意味になる		
▶ appéal to 〜	熟	「〜に訴えかける」

例題 21

次の文章を読み，問1～3の [_____] に入れるのに最も適当なものを，それぞれの選択肢のうちから一つずつ選べ。

You found the following story in a study-abroad magazine.

Flowers and Their Hidden Meanings
Naoko Maeyama（Teaching Assistant）

(1) Giving flowers is definitely a nice thing to do. However, when you are in a foreign country, you should be aware of cultural differences.

(2) Deborah, who was at our school in Japan for a three-week language program, was nervous at first because there were no students from Canada, her home country. But she soon made many friends and was having a great time inside and outside the classroom. One day she heard that her Japanese teacher, Mr. Hayashi, was in the hospital after falling down some stairs at the station. She was really surprised and upset, and wanted to see him as soon as possible. Deborah decided to go to the hospital with her classmates and brought a red begonia in a flower pot to make her teacher happy. When they entered the hospital room, he welcomed them with a big smile. However, his expression suddenly changed when Deborah gave the red flower to him. Deborah was a little puzzled, but she didn't ask the reason because she didn't want to trouble him.

(3) Later, in her elementary Japanese and with the help of a dictionary, Deborah told me about her visit to the hospital, and how her teacher's expression changed when she gave him the begonia. Deborah said, "It's my favorite flower because red is the color of passion. I thought my teacher, who was always passionate about teaching, would surely love it, too."

(4) Unfortunately, flowers growing in a pot are something we shouldn't take to a hospital in Japan. This is because a plant in a pot has roots, and so it cannot be moved easily. In Japanese culture some people associate these facts with remaining in the hospital. Soon after

Deborah heard the hidden meaning of the potted begonia, she visited Mr. Hayashi again to apologize.

問1　According to the story, Deborah's feelings changed in the following order: _____ .
① nervous ⇒ confused ⇒ happy ⇒ shocked ⇒ sorry
② nervous ⇒ confused ⇒ sorry ⇒ shocked ⇒ happy
③ nervous ⇒ happy ⇒ shocked ⇒ confused ⇒ sorry
④ nervous ⇒ happy ⇒ sorry ⇒ shocked ⇒ confused
⑤ nervous ⇒ shocked ⇒ happy ⇒ sorry ⇒ confused
⑥ nervous ⇒ sorry ⇒ confused ⇒ happy ⇒ shocked

問2　The gift Deborah chose was not appropriate in Japan because it may imply _____ .
① a long stay
② congratulations
③ growing anger
④ passion for living

問3　From this story, you learned that Deborah _____ .
① chose a begonia for her teacher because she learned the meanings of several flowers in her class
② not only practiced her Japanese but also learned about Japanese culture because of a begonia
③ visited the hospital with her teaching assistant to see her teacher and enjoyed chatting
④ was given an explanation about the begonia by Mr. Hayashi and learned its hidden meaning

［試行］

時系列を尋ねる問題は，正答率の低いものが多いので慎重に解くこと。

第1パラグラフ：外国では文化の差に注意

第2パラグラフ：デボラは先生のお見舞いに鉢植えの花を持って行く。先生が困惑

第3パラグラフ：デボラの説明。先生は情熱的だから赤が好きなはず

第4パラグラフ：デボラはお見舞いに関する日本文化を知って，入院中の先生に再度謝りに行く

問1　「話によると，デボラの感情は次の ☐☐☐☐ の順番で変化した」

　この英文は「**最初は混乱したが，文化の違いに気がついて申し訳なく思った**」**というオチ**だから，それだけでも，①「緊張している ⇒ 混乱している ⇒ 幸せだ ⇒ 衝撃を受けている ⇒ 申し訳ない」と，③「緊張している ⇒ 幸せだ ⇒ 衝撃を受けている ⇒ 混乱している ⇒ 申し訳ない」に絞られる。第2パラグラフ第1文に「デボラは最初は緊張していた」とある。次の文には「でも彼女はすばらしい時間を過ごしていた」とある。同パラグラフ第4文には「彼女は本当に驚き，動揺した」とある。さらに同パラグラフの最終文に「デボラは少し困惑した」とある。ここまでで③が正解だとわかるが，③の最後の「申し訳ない（sorry）」は，本文に直接的な記述がない。**最終パラグラフの最終文に「デボラは鉢植えのベゴニアに隠された意味を聞くなり，林先生のもとを謝罪のために再び訪れた」とあるので，「申し訳ない」という気持ちを表している**と考えてもよいだろう。よって③が正解となる。他の選択肢の訳は省略する。

問2　「デボラの選んだ贈り物は日本では ☐☐☐☐ を意味するかもしれないので適切ではなかった」

　第4パラグラフの第1～3文に「鉢植えの花を病院のお見舞いに持って行ってはいけない理由」が書かれている。「残念ながら，日本では，鉢植えの花は病院に持って行くべきものではない。それは鉢植えの中の植物は根を張っていて，簡単には動かせないからだ。**日本の文化では，このことを病院にずっと入院していることと結びつける人がいる**」。これから正解は①「長期滞在」だとわかる。この文中にある This is because S' V'. は「これは S' V' が理由だ」の意味。②「お祝い」，③「怒りを増長させること」，④「生きる情熱」はすべて間違い。

問3 「この話から，デボラは ［　　　　　］ ということがわかった」

　　まず，第1パラグラフの第2文に when you are in a foreign country, you should be aware of cultural differences「海外にいるときには文化の違いを知っておくべきだ」と，この文章の主題が書かれている。デボラの一連の出来事は，これの具体例の1つと考えればよい。選択肢を順に検討していく。①「彼女は授業で複数の花の意味について学んだので，彼女の先生のためにベゴニアを選んだ」は because 以下の記述が本文と合致しない。デボラが鉢植えの花の隠れた意味を知ったのは，病院に鉢植えのベゴニアを持って行ったあとである。②「日本語の練習をしただけでなく，ベゴニアのおかげで日本文化についても学んだ」は本文の内容と合致している。③「彼女の補助教員と共に病院を訪れ，彼女の先生に会いおしゃべりを楽しんだ」は，少なくとも「おしゃべりを楽しんだ」という記述は本文にはない。むしろ先生の気分を害したはずである。さらに「補助教員」は，この文を書いたナオコ・マエヤマのこと。よって不可。④「ベゴニアについての説明を林先生にしてもらい，その隠された意味を学んだ」は，最終パラグラフ最終文に「デボラは鉢植えのベゴニアに隠された意味を聞くなり，林先生のもとを謝罪のために再び訪れた」とあり，林先生以外の誰かから鉢植えのベゴニアの隠れた意味を知ったと推測できる。よって不可。以上より②が正解だとわかる。

解答　問1　③　　問2　①　　問3　②

訳

あなたは次の話を海外留学誌で見つけました。

花とそれに隠された意味
ナオコ・マエヤマ（教員助手）

(1)　花を贈るということは間違いなくすてきなことだ。しかし，海外にいるときには文化の違いを知っておくべきである。

(2)　デボラは，3週間の言語プログラムで日本にある私たちの学校に来ていて，最初は彼女の母国であるカナダからの留学生が誰もおらず緊張していた。しかしすぐに彼女は多くの友達を作り，教室の内外を問わずすばらしい時間を過ごしていた。ある日，彼女は，彼女の日本語の先生である林先生が駅の階段で転んで入院していると聞いた。彼女は本当に驚

き，動揺し，そしてできる限り早くお見舞いがしたいと思った。デボラは同級生たちと共に病院に行くことにし，先生を喜ばせようと，鉢植えの赤いベゴニアを持って行った。彼女たちが病室に入ったとき，彼は満面の笑みでもって彼女たちを歓迎した。しかしながら，先生の表情はデボラが彼に赤い花を渡したとき，突然変わった。デボラは少し困惑したが，先生を困らせたくなかったので理由は尋ねなかった。

(3) あとで，デボラは初歩的な日本語で，辞書の助けを借りながら，私に病院へお見舞いに行ったこと，彼女の先生の表情が，彼女がベゴニアを渡したときどのように変わったかについて話してくれた。デボラは，「赤は情熱の色だから，それは私のお気に入りの花なんです。私は，先生はいつも情熱を持って教えてくださるから，きっと気に入ってくださるだろうと思っていました」と言った。

(4) 残念ながら，日本では，鉢植えの花は病院に持って行くべきものではない。それは鉢植えの中の植物は根を張っていて，簡単には動かせないからだ。日本の文化では，このことを病院にずっと入院していることと結びつける人がいる。デボラは鉢植えのベゴニアに隠された意味を聞くなり，林先生のもとを謝罪のために再び訪れた。

[語句]

第1パラグラフ

▶ **définitely** 　　　　　　　副「間違いなく」

▶ *be* **awáre of** 〜 　　　　熟「〜を知っている」

第2パラグラフ

▶ **nérvous** 　　　　　　　　形「緊張して」

▶ **at first** 　　　　　　　　熟「最初のうちは」
　　* あとで状況が変化することを示唆する

▶ *be* **in the hóspital** 　　熟「入院している」

▶ **fall down the stairs** 　　熟「階段でこける」
　　* この down は前置詞

▶ **upsét** 　　　　　　　　　形「動揺して」

▶ **flówer pot** 　　　　　　　名「植木鉢」

▶ **énter** 〜 　　　　　　　　他「〜に入る」

▶ **wélcome** 〜 　　　　　　他「〜を歓迎する」

▶ **expréssion** 　　　　　　名「表情」

▶ **púzzled** 　　　　　　　　形「困惑して」

▶ **tróuble** 〜 　　　　　　　他「〜を困らせる」

- ▶ **eleméntary** 形「初歩的な」
- ▶ **with the help of** ～ 熟「～の助けを借りて」
- ▶ *one's* **fávorite** 形「～が一番好きな」
- ▶ **pássion** 名「情熱」
- ▶ **pássionate** 形「情熱的な」
  - ＊ 元はイエス・キリストの受難の際の「苦しみ」のこと。パッションフルーツは，切り口が十字架に見えることからの命名

第4パラグラフ

- ▶ **unfórtunately** 副「残念ながら」
- ▶ **plant** 名「植物」
- ▶ **assóciate** *A* **with** *B* 熟「A を B と結びつける」
  - ＊ この語は society と同系で「A を B と同じ社会に入れる」が原義
- ▶ **méaning** 名「意味」
- ▶ **apólogize** 自「謝る」

第**3**章 論理展開把握・評論・小説・エッセイ読解問題

お役立ちコラム
〈コンマ＋関係代名詞〉について

　日本語では，「非限定用法」と「限定用法」に形態上の差はない。たとえば，
❶「太平洋にあるハワイ」，❷「太平洋にある島」は，❶が「非限定用法」
で，❷が「限定用法」。つまり，❶は単なる追加説明だが，❷は「世界に
いくつもある島々のうち，太平洋にある島」というように「限定」してい
るわけだ。

　ところが英語では，❶の場合，関係代名詞の前にコンマをつけるという
決まりがある。本文の第2パラグラフ第1文の Deborah, who ～や，第
3パラグラフ第3文の my teacher, who ～がこれにあたる。

共通テストは「カン」だけで答えが出ないように工夫されている。よって，英文を読む ⇒ 主旨を理解する ⇒ 選択肢を見る ⇒ 正解を得る，という流れに沿って解く人には何ら問題ないが，英文を眺める ⇒ 何となく選択肢を見る ⇒ 本文と照らし合わせる ⇒ 似た表現を探す，という流れで解いている人はまずい。偶然正解に至ることを排除するために，答えはできるだけ言い換えられている。この言い換えられた選択肢をパッと「正解だ！」とわかるのは困難だから，ぜひ，消去法を実行してほしい。

例題 22　

　次の文章は，「子ども」という概念の発達について述べた文の一節である。問の ▢▢▢ に入れるのに最も適当なものを，下の①～④のうちから一つ選べ。

The increasing numbers of students receiving education brought about another important change of attitude. Eighteen-century thinkers like Jean-Jacques Rousseau believed children should be allowed to develop according to their individual abilities and not be overly disciplined. Followers of Rousseau, like Johann Heinrich Pestalozzi, stressed the need for play if children were to grow into healthy adults. This emphasis on the needs of children led in turn to further changes. By the middle of the nineteenth century, industrial societies began passing laws to end child labor.

問　In this paragraph, the writer implies that Rousseau's ideas eventually led to laws which ▢▢▢ .

①　allowed young people to study at home
②　made government offer medical care to children
③　made the employment of children illegal
④　required all students to attend school

[本試・改題]

正答率は 50% を切っている問題。結局何が言いたいのか よく考えてから選択肢を見ること。

解説　問「このパラグラフでは，筆者は，ルソーの考えは結局 ☐☐☐☐☐ という法律を生み出したと示唆している」

　この文章全体で言いたいことは「子どもには遊びが必要という認識から，児童労働が禁止になった」ということ。選択肢を見ていく。

　① 「若者が家で勉強することを可能にする」は，「遊び」の逆で不可。

　② 「政府が医療を子どもに提供することを強制する」は本文とは無関係で不可。

　③ 「子どもの雇用を不法とする」。illegal が難しい。いったん保留。

　④ 「すべての子どもが学校に通うことを要求する」は「遊び」の逆で不可。

　以上，消去法から ③ を選ぶことになる。① を選んだ人がおよそ10%。④ を選んだ人が 30% を超えている。とにかく，「選択肢を可とするのではなく，不可とする」という姿勢が重要である。

解答　③

訳　教育を受ける生徒の数の増加に伴い，（子どもの教育に対する）姿勢における別の重要な変化が生まれた。ジャン・ジャック・ルソーのような 18 世紀の思想家は，子どもは個々の能力に従って伸ばしてやるべきであり，過度に鍛えるものではないと考えていた。ルソーの信奉者であるヨハン・ハインリッヒ・ペスタロッチらは，子どもを健全な大人に成長させるには遊びが必要であることを力説した。子どもが必要とするものがこのように強調されたことで，今度は，さらなる変化が生まれた。19 世紀中頃までには，工業中心の社会では児童の労働を終わらせる法律が可決され始めた。

語句
▶ bring 〜 abóut ／ abóut 〜　熟「〜を引き起こす」
▶ áttitude　名「態度／姿勢」
▶ accórding to 〜　熟「〜に応じて」
▶ indivídual　形「個々の」
▶ díscipline 〜　他「〜を鍛える／しつける」
▶ stress 〜　他「〜を力説する」
▶ in turn　熟「（連鎖反応を示唆して）今度は」

例題 23

易　2分

問に対する答えとして最も適当なものを，①〜④のうちから一つ選べ。

(1) A performance, of course, was the peak toward which all the students worked.　(2) At the end of my first year at music school, I gave my first public performance and I approached it with all the calmness of inexperience.　(3) When it was time to play, I felt such joy that I knew nothing could go wrong.　(4) I seemed not to be playing but listening to the music as it poured out of my fingers.　(5) It was a happy moment.

　　＊ 本文中の "I" は Eva という女の子である。

問　Why did Eva's first public performance go smoothly?
　①　Her time to practice for the concert had been limited.
　②　She played only parts of easy pieces.
　③　Her inexperience prevented her from worrying.
　④　She played for her fellow students.　　　　　　[本試・改題]

解説　問　「**エバの最初の演奏会がうまくいったのはなぜか**」

　　まず，①「コンサートの練習時間が限られていた」，②「簡単な作品の一部しか演奏しなかった」，④「学友のために演奏した」は，すべて本文に書かれていないので論外。

　　答えは，(2)，(3)の文に書かれている，「経験がないために恐怖を感じなかった」ということである。よって，③「**未経験のため心配しなかった**」が正解となる。選択肢の **prevented her from worrying** の部分が本文の**見事な言い換え**となっている。本文そのままの形で inexperience とあれば通例は「正解かどうかあやしい」のだが，この問題では，この inexperience を含むものが正解になっている。

解答　③

訳　　(1)もちろん，発表会は生徒みんなの目標であった。(2)音楽学校での最初の１年が終わったとき，私は初めてみんなの前で演奏したが，そのときは，経験がなかったこともあって冷静に対処できた。(3)演奏の時間になったとき，私はうれしくて，失敗するなんて考えてもみなかった。(4)そのときは

演奏しているというのではなくて，自分の指からあふれ出てくる音楽に耳を傾けているというような気がした。(5) それは幸せな瞬間であった。

（語句）

▶ appróach 〜　　　　　　他「〜に取り組む」
▶ cálmness　　　　　　　名「冷静／落ちつき」
▶ such ＋ 名詞 ＋ that S' V'　熟「とても〜なので S' V'」
▶ pour　　　　　　　　　自「流れ出る」

お 役 立 ち コ ラ ム
「名詞限定の as」 について

　「評論・小説・エッセイ読解問題」を詳細に読んでいると，もし下線部和訳として出題されたら受験生にとって厳しいと思われる箇所が見つかる場合が多々ある。この英文にも，そのような箇所がある。前のページの(4) の文である。

　難しいのは as 以下である。この as は「名詞を限定する as 〜」と呼ばれることがあるもので，その働きは以下のとおりである。

　たとえば，industry の「説明文」として we know it という文を付加する場合，英語では次の 2 種類の方法がある。

❶　説明文中の代名詞を関係代名詞に変換し，必要ならば倒置する

　例　industry ＋ we know which ⇒ industry which we know
　　　「産業」 ＋ 「それを私たちが知っている」
　　　⇒「私たちが知っている産業」

❷　説明文の前に as をつける

　例　industry ＋ as ＋ we know it ⇒ industry as we know it
　　　「産業」 ＋ as ＋ 「私たちはそれを知っている」
　　　⇒「私たちが知っている（ような／みたいな）産業」

　よって，本文の意味は，"「音楽」 ＋ as ＋ 「それが私の指からあふれ出てきた」" から，「私の指からあふれ出てくる（ような）音楽」となるのである。

　　　＊　as は本来 A as B で「A と B がだいたい等しい」ことを意味する「適当なつなぎ語」である。しっかりした意味を持たないため，辞書ではさまざまに分類されている。しかし，そもそも as の品詞を知らなくとも，意味がとれる場合が多い

次の文章は「難聴のグレン少年と，彼に温かい眼差しを向けるルーシーとの対話」の一節である。問に対する答えとして最も適当なものを，下の①～④のうちから一つ選べ。

(1) "Have you noticed all the flags for the Captain Cook celebrations?" Glen said as they neared the end of the shopping center. (2) "Yes," said Lucy. "But Captain Cook doesn't interest me." (3) "But just think how lonely he must have been," Glen went on dreamily. (4) "All those years at sea. He was all by himself, in charge. (5) If you're captain, you can't go round chatting to the crew." (6) "I never thought of that," admitted Lucy. (7) "Lots of great people must have been lonely," said Glen. "I suppose they were used to it. Anyway, I must be off."

問 What did Captain Cook probably mean to Glen?
① He was a person Australians were not interested in.
② He was a person Glen felt he could relate to.
③ He was a person who wanted more power.
④ Like Glen, he was a person no one would help.

[追試・改題]

解説 問 「キャプテン・クックはグレンにとってどういう意味を持っていたか」

①「彼はオーストラリア人が興味を示さない人物だった」。これは論外。③「もっと力を必要としている人物」，④「グレンのように誰にも助けてもらえない人物」。これらはどちらも**ワナ**。

(3)の文の，「キャプテン・クックは孤独だったに違いない」という内容だけ見た受験生は，③と④で迷ったあげくに "「孤独」＝「誰も助けない」" と勝手な論理を組み立て，④を選んでしまったようである。しかし，そのような些末な部分は無視し，「**クックとはグレンにとってどういう人物か**」をまずは考える。

(3)の文に「グレンは夢心地で続けた」とあり，さらにはグレンの発言中に He was all by himself, in charge. 「責任を1人で背負った」，

406

Lots of great people must have been lonely「偉大なる人の多くは孤独だったに違いない」とあることから，クックはグレンの憧れの人物であること，少なくとも**クックは**「**プラス**」**イメージの人物**として描かれていることを把握しなければならない。つまり，**身体に障害を持ったグレンが**，**勇気と希望の象徴としてクックに憧れている**，という設問文と本文からの情報をとらえていれば，②「グレンが自分と結びつけられると感じることのできる人物」が正解であるとわかるはずである。

　この意味からも，③，④のようにクックを「**マイナス**」イメージとしてとらえた選択肢は論外だとわかるであろう。

解答 ②

訳　⑴「どの旗もキャプテン・クックのお祝いだと気づいた？」ショッピングセンターが終わりかけたところで，グレンは言った。⑵「うん，だけど，キャプテン・クックには興味はないわ」とルーシーは答えた。⑶「けど，クックがどれほど孤独だったか考えてみろよ」グレンは夢心地で続けた。⑷「クックは航海に出ている間，ずっと１人で責任を背負っていたんだぜ。⑸もしキャプテンになったら，あちこち移動して他の船員たちと話したりはできないんだ」⑹「そんなこと，考えてもみなかった」とルーシーは認めた。⑺グレンは言った。「偉人の多くは孤独だったに決まってる。そして，そんな孤独に慣れていたんだよ。いずれにしても，もう行かないと」

語句
▶ **near** ～　　　　　　　他「～に近づく」
▶ **all by** *oneself*　　　　熟「ひとりぼっちで」
　　＊　all は強調の副詞
▶ *be* **in charge**　　　　熟「責任を背負う」
▶ **reláte to** ～　　　　　熟「～の気持ちがわかる」
　　＊　relate *oneself* to ～で「自分を～と関連づける」

ナットクできたかな？

In your English class, you will give a presentation about a great inventor. You found the following article and prepared notes for your presentation.

(1)　Who invented television? It is not an easy question to answer. In the early years of the 20th century, there was something called a mechanical television system, but it was not a success. Inventors were also competing to develop an electronic television system, which later became the basis of what we have today. In the US, there was a battle over the patent for the electronic television system, which attracted

Farnsworth in 1939

people's attention because it was between a young man and a giant corporation. This patent would give the inventor the official right to be the only person to develop, use, or sell the system.

(2)　Philo Taylor Farnsworth was born in a log cabin in Utah in 1906. His family did not have electricity until he was 12 years old, and he was excited to find a generator—a machine that produces electricity—when they moved into a new home. He was very interested in mechanical and electrical technology, reading any information he could find on the subject. He would often repair the old generator and even changed his mother's hand-powered washing machine into an electricity-powered one.

(3)　One day, while working in his father's potato field, he looked behind him and saw all the straight parallel rows of soil that he had made. Suddenly, it occurred to him that it might be possible to create an electronic image on a screen using parallel lines, just like the rows in the field. In 1922, during the spring semester of his first year at high school, he presented this idea to his chemistry teacher, Justin Tolman, and asked for advice about his concept of an electronic television system. With sketches and diagrams on blackboards, he showed the teacher how it might be accomplished, and Tolman encouraged him to develop his ideas.

(4)　On September 7, 1927, Farnsworth succeeded in sending his first electronic image. In the following years, he further improved the system so that it could successfully broadcast live images. The US government gave him a patent for this system in 1930.

(5)　However, Farnsworth was not the only one working on such a system. A giant company, RCA (Radio Corporation of America), also saw a bright future for television and did not want to miss the opportunity. They recruited Vladimir Zworykin, who had already worked on an electronic television system and had earned a patent as early as 1923. Yet, in 1931, they offered Farnsworth a large sum of money to sell them his patent as his system was superior to that of Zworykin's. He refused this offer, which started a patent war between Farnsworth and RCA.

(6)　The company took legal action against Farnsworth, claiming that Zworykin's 1923 patent had priority even though he had never made a working version of his system. Farnsworth lost the first two rounds of the court case. However, in the final round, the teacher who had copied Farnsworth's blackboard drawings gave evidence that Farnsworth did have the idea of an electronic television system at least a year before Zworykin's patent was issued. In 1934, a judge approved Farnsworth's patent claim on the strength of handwritten notes made by his old high school teacher, Tolman.

(7)　Farnsworth died in 1971 at the age of 64. He held about 300 US and foreign patents, mostly in radio and television, and in 1999, *TIME* magazine included Farnsworth in *Time 100: The Most Important People of the Century*. In an interview after his death, Farnsworth's wife Pem recalled Neil Armstrong's moon landing being broadcast. Watching the television with her, Farnsworth had said, "Pem, this has made it all worthwhile." His story will always be tied to his teenage dream of sending moving pictures through the air and those blackboard drawings at his high school.

Your presentation notes:

Philo Taylor Farnsworth (1906－1971)

— [1] —

Early Days
- born in a log cabin without electricity
- [2]
- [3]

Sequence of Key Events
[4]
[5]
Farnsworth successfully sent his first image.
[6]
[7]
↓ RCA took Farnsworth to court.

Outcome
- Farnsworth won the patent battle against RCA thanks to [8].

Achievements and Recognition
- Farnsworth had about 300 patents.
- *TIME* magazine listed him as one of the century's most important figures.
- [9]

問1　Which is the best subtitle for your presentation? [1]
① A Young Inventor Against a Giant Company
② From High School Teacher to Successful Inventor
③ Never-Ending Passion for Generating Electricity
④ The Future of Electronic Television

問2　Choose the best two options for ⎡ 2 ⎤ and ⎡ 3 ⎤ to complete Early Days. (The order does not matter.)

① bought a generator to provide his family with electricity
② built a log cabin that had electricity with the help of his father
③ enjoyed reading books on every subject in school
④ fixed and improved household equipment for his family
⑤ got the idea for an electronic television system while working in a field

問3　Choose **four** out of the five events (①〜⑤) in the order they happened to complete Sequence of Key Events.

⎡ 4 ⎤ → ⎡ 5 ⎤ → ⎡ 6 ⎤ → ⎡ 7 ⎤

① Farnsworth rejected RCA's offer.
② Farnsworth shared his idea with his high school teacher.
③ RCA won the first stage of the battle.
④ The US government gave Farnsworth the patent.
⑤ Zworykin was granted a patent for his television system.

問4　Choose the best option for ⎡ 8 ⎤ to complete Outcome.

① the acceptance of his rival's technological inferiority
② the financial assistance provided by Tolman
③ the sketches his teacher had kept for many years
④ the withdrawal of RCA from the battle

問5　Choose the best option for ⎡ 9 ⎤ to complete Achievements and Recognition.

① He and his wife were given an award for their work with RCA.
② He appeared on TV when Armstrong's first moon landing was broadcast.
③ His invention has enabled us to watch historic events live.
④ Many teenagers have followed their dreams after watching him on TV.

［本試］

第 1 パラグラフ：電子テレビシステムの特許をめぐり，ある青年と企業が争う

第 2 パラグラフ：ファーンズワースの幼少期：機械・電気に興味を持つ

第 3 パラグラフ：畑の畝を見てテレビ画像のヒントを得る

第 4 パラグラフ：電子画像送信に成功し特許を取得する

第 5 パラグラフ：RCA からの特許買い取りの提案を拒絶し，争いに

第 6 パラグラフ：教師の証言により裁判で勝利する

第 7 パラグラフ：アポロ 11 号の月面着陸をテレビで見て報われたと述べる

問 1 「あなたの発表に最もふさわしいサブタイトルはどれですか」
　　　1

　①「巨大企業に立ち向かった若い発明家」が正解。設問文から，「発表のサブタイトル」＝「本文のタイトル」を選べばよいとわかる。選択肢を順に検討する。①は，第 1 パラグラフ第 5 文「この電子テレビシステムの特許をめぐって争いが起こり，人々の関心を集めた。というのも 1 人の青年と巨大企業によるものだったからである」および，第 2 〜 7 パラグラフの内容をまとめたものとして適切であり，これが正解。②「高校教師から成功した発明家へ」は不可である。そもそもファーンズワースが高校の教員をしていたなどとは本文に書かれていない。③「発電への終わらない情熱」も不可である。「発電のための情熱」がおかしい。**ファーンズワースが熱中していたのは電子画像送信技術**である。第 2 パラグラフ第 2 〜 3 文「彼が 12 歳になるまで家に電気が通っていなかったため，一家が新しい家に引っ越したとき，彼は発電機（電気を生み出す機械）を見つけて興奮した。彼は，機械技術や電気技術にとても興味を持ち，その分野に関するあらゆる情報を読み漁った」からも，彼が興味を抱いたのは発電だけではないことがわかる。④「電子テレビの未来」は不可である。この文は「電子画像技術ができるまでの物語」について述べたものである。多くの人が③を選んでいる。本文の主旨が読み取れず，本文にある generator という単語に飛びついたからであろう。正答率は 64.0%。③を選んだ人が 30% 近くいた。

問2 「 2 と 3 に最も適した選択肢を選び，『初期』を完成させなさい（順番は問わない）」

④「家族のために家の設備を修理したり改良したりした」，⑤「畑仕事をしている間に電子テレビシステムに対するアイデアを思いついた」が正解。設問文から「ファーンズワースの初期の頃」の出来事を選べばよいことがわかる。

選択肢を順に検討する。①「発電機を買って家に電気をもたらした」は，そもそも「発電機を買った」が間違いである。第2パラグラフ第2文「彼が12歳になるまで家に電気が通っていなかったため，一家が新しい家に引っ越したとき，彼は発電機（電気を生み出す機械）を見つけて興奮した」とあるだけである。②「父の手を借りて，電気の通った丸太小屋を作った」も不可である。第2パラグラフ第1文に「ファイロ・テイラー・ファーンズワースは，1906年にユタ州の丸太小屋で生まれた」とあるが，「丸太小屋を建てた」とは書かれていない。③「学校であらゆる科目の本を好んで読んだ」は「あらゆる科目」が間違い。第2パラグラフ第3文「彼は，機械技術や電気技術にとても興味を持ち，その分野に関するあらゆる情報を読み漁った」とある。④は正解である。第2パラグラフ最終文「その古い発電機を修理したり，母が使っていた手回し洗濯機を電気で動くものに改造したこともあった」とある。**本文の generator と hand-powered washing machine が選択肢では equipment「装備／備品／機器」に置き換えられている**ことに注意したい。また equipment は不可算名詞なので -s がついていないことにも注意したい。⑤も正解である。本文第3パラグラフ第1〜2文に「ある日，ファーンズワースが父親のジャガイモ畑で作業をしているとき，ふと後ろを見ると，耕したすべてがまっすぐに並んだ土の列が見えた。そのとき，彼はふと，畑の畝とまったく同じような平行線を使って，スクリーン上に電子画像を作ることができるかもしれないと思ったのだ」とある。この問題は80％前後の正答率であった。

問3「5つの出来事のうち4つ選び，起こった順番どおりに並べて『一連の重要な出来事』を完成させなさい」 4 ⇒ 5 ⇒ 6 ⇒ 7

②「ファーンズワースは高校の教師に考えを話した」→ ⑤「ツヴォルキンが彼の編み出したテレビシステムに対する特許を認められた」

→④「アメリカ政府はファーンズワースに特許を与えた」→①「ファーンズワースは RCA の申し出を断った」が正解。この問題を解くにあたって注意すべきことは, 発表メモの「重要な出来事」の最後に「RCA がファーンズワースを告訴した」とあることである。つまり, 答えの中には裁判に関する記述を含めてはならないことがわかる。よって, 裁判に関わる記述である③「RCA は 1 回目の裁判で勝訴した」は除外する。

　それ以外の選択肢を順に検討する。①は第 5 パラグラフ第 4 〜 5 文「1931 年, RCA 社はファーンズワースに対して大金を提示し, 彼の特許を売ってほしいと申し出た。(中略) ファーンズワースはこの申し出を拒否した」とあり 1931 年の出来事であることがわかる。②は第 3 パラグラフ第 3 文「1922 年, 高校 1 年の春学期に, 化学の教師であったジャスティン・トールマンにこのアイデアを提示し, 電子テレビシステムの構想について助言を求めた」とあり, 1922 年のことだとわかる。④は第 4 パラグラフ最終文「1930 年には, アメリカ政府からこのシステムの特許を取得した」から 1930 年のことだとわかる。⑤は第 5 パラグラフ第 3 文「RCA 社が雇ったのは, 電子テレビシステムにすでに取り組んでおり, 早くも 1923 年に特許を取得していたウラジミール・ツヴォルキンであった」から 1923 年だとわかる。以上から, ②(1922 年) ⇒ ⑤(1923 年) ⇒ ④(1930 年) ⇒ ①(1931 年) となる。上位層と中位層・下位層でずいぶんと差が出た問題である。この英文は, それぞれの出来事に西暦が記されているので, 選択肢にその年をメモしながら解くと効率がよいだろう。正答率は 57.0％で相当差がついた問題。

問4 「　8　 に最もふさわしい選択肢を選んで『結果』を完成させなさい」

　③「教師が長年保管していたスケッチ」が正解。発表メモを見ると「ファーンズワースが RCA との特許の争いに勝利した理由」となるものを選べばよいことがわかる。本文第 6 パラグラフ第 3 〜 4 文「しかし, 最終審判で, ファーンズワースの黒板の絵を写していた教師が, ツヴォルキンの特許が発行される少なくとも 1 年前には, ファーンズワースが電子テレビシステムのアイデアをたしかに持っていた証拠を提出したのである。1934 年には, ファーンズワースの特許請求は, 高校時代の恩師トールマンが書いた手書きのメモを根拠として, 裁判

官によって承認された」とある。よって，③ が正しいとわかる。

　①「ライバルのテクノロジーの欠陥が認められた」，④「RCA が争いから退いたこと」は，本文に記述がないので不可である。② を選んだ人が多いが，②「トールマンによる金銭的な援助」は financial「財政的」が不要である。本文にトールマンが金銭的な援助を行ったという記述はない。この問題の出来はよかった。

問5 「 9 に最もふさわしい選択肢を選んで『成果と評価』を完成させなさい」

　③「彼の発明は，歴史的な出来事を生中継で見ることを可能にした」が正解。設問文から「ファーンズワースの業績と世間からの認識」について正しいものを選べばよいとわかる。

　他の選択肢を順に検討する。①「夫妻には，RCA との仕事に対して賞が与えられた」は，「（ファーンズワースと敵対関係にある）RCA との共同研究」だけでもあり得ないことだし，さらに「ファーンズワース夫妻が受賞した」という記述も本文にはないので不可である。②「彼は，アームストロングが初めて月に着陸したようすが中継されたときテレビに出た」も不可である。「ファーンズワースがテレビに出演した」という記述は本文にはない。③ は正しい。第 4 パラグラフ第 1 〜 2 文に「ファーンズワースは最初の電子画像の送信に成功した。それから何年間かで，そのシステムにさらに改良を重ね，ライブ映像の送信にも成功した」とある。さらに第 7 パラグラフ第 3 〜 4 文「ファーンズワース氏の妻ペムは，彼の死後のインタビューで，ニール・アームストロング氏の月面着陸が放送されたときの思い出を語った。ファーンズワースは，妻と一緒にテレビを見て『ペム，これですべてが報われたよ』と言った」とある。以上から，「ファーンズワース自らが発明した電子画像システムのおかげで，テレビで画像をライブで見ることができるようになった」ということがわかる。なお，④「多くの若者はテレビで彼の姿を見て夢を追った」は，② で検討したのと同じ理由で，「多くの若者はテレビで彼の姿を見て」が間違いだとわかるし，「（若者は自らの）夢を追った」という記述も本文にはない。正答率は 65.1%。②，④ を選んだ人が合わせて約 34%いた。

解答　問1　①　　問2　④　⑤
　　　　　問3　②⇒⑤⇒④⇒①　　問4　③　　問5　③

訳　英語の授業で，あなたは偉大な発明家について発表をすることになった。あなたは次のような記事を見つけ，発表のためのメモを準備した。

（1）　テレビを発明したのは誰か？　これは簡単に答えられる質問ではない。20世紀初頭には，機械テレビシステムというものがあったが，成功はしなかった。また，発明家たちは電子テレビシステムの開発を競っており，このシステムがのちに，今日私たちが持っているものの基礎となった。アメリカでは，この電子テレビシステムの特許をめぐって争いが起こり，人々の関心を集めた。というのも1人の青年と巨大企業によるものだったからである。この特許は，発明者がそのシステムを開発，使用，販売する唯一の人間であるという公式な権利を与えるものであった。

（2）　ファイロ・テイラー・ファーンズワースは，1906年にユタ州の丸太小屋で生まれた。彼が12歳になるまで家に電気が通っていなかったため，一家が新しい家に引っ越したとき，彼は発電機（電気を生み出す機械）を見つけて興奮した。彼は，機械技術や電気技術にとても興味を持ち，その分野に関するあらゆる情報を読み漁った。その古い発電機を修理したり，母が使っていた手回し洗濯機を電気で動くものに改造したこともあった。

（3）　ある日，ファーンズワースが，父親のジャガイモ畑で作業をしているとき，ふと後ろを見ると，耕したすべてがまっすぐに並んだ土の列が見えた。そのとき，彼はふと，畑の畝とまったく同じような平行線を使って，スクリーン上に電子画像を作ることができるかもしれないと思ったのだ。1922年，高校1年の春学期に，化学の教師であったジャスティン・トールマンにこのアイデアを提示し，電子テレビシステムの構想について助言を求めた。黒板にスケッチや図を描いて，どのようにすればそのシステムが実現する可能性があるのかを先生に示したところ，トールマン先生は，そのアイデアを発展させるように励ました。

（4）　1927年9月7日，ファーンズワースは最初の電子画像の送信に成功した。それから何年間かで，そのシステムにさらに改良を重ね，ライブ映像の送信にも成功した。1930年には，アメリカ政府からこのシステムの特許を取得した。

（5）　しかし，このようなシステムに取り組んでいたのは，ファーンズワースだけではなかった。巨大企業であるRCA社（ラジオ・コーポレーション・オブ・アメリカ）も，テレビの明るい未来に目を向け，この機会を逃すまいとしたのだ。RCA社が雇ったのは，電子テレビシステムにすでに取り組んでおり，早くも1923年に特許を取得していたウラジミール・ツヴォルキンであった。しかし，1931年，RCA社はファーンズワース

に対して大金を提示し，彼の特許を売ってほしいと申し出た。なぜなら
ファーンズワースのシステムのほうがツヴォルキンのシステムより優れ
ていたためである。ファーンズワースがこの申し出を拒否したことで，
ファーンズワースとRCA社の特許戦争は始まった。

（6）　ツヴォルキンは自らのシステムを実用化させることには成功してい
なかったが，RCA社は，1923年のツヴォルキンの特許が優先であると
して，ファーンズワースに対して法的手段に出た。ファーンズワースは，
最初の2回の裁判で敗訴した。しかし，最終審判で，ファーンズワース
の黒板の絵を写していた教師が，ツヴォルキンの特許が発行される少な
くとも1年前には，ファーンズワースが電子テレビシステムのアイデア
をたしかに持っていた証拠を提出したのである。1934年には，ファーン
ズワースの特許請求は，高校時代の恩師トールマンが書いた手書きのメ
モを根拠として，裁判官によって承認された。

（7）　ファーンズワースは，1971年に64歳で亡くなった。ラジオやテレ
ビを中心にアメリカ内外で約300の特許を持ち，1999年には『TIME』
誌が「Time 100：20世紀で最も重要な人物」にファーンズワースを選出
した。ファーンズワース氏の妻ペムは，彼の死後のインタビューで，ニー
ル・アームストロング氏の月面着陸が放送されたときの思い出を語った。
ファーンズワースは，妻と一緒にテレビを見て「ペム，これですべてが
報われたよ」と言った。ファーンズワースの物語は，彼が10代の頃に描
いた，空気を通して動画を伝えるという夢と，彼の高校で黒板に描いた
それらの絵と，いつも一緒に語られることになるだろう。

発表メモ

ファイロ・テイラー・ファーンズワース（1906 − 1971）
―巨大企業に立ち向かった若い発明家―

初期
- 電気のない丸太小屋で生まれる
- 家族のために家の設備を修理したり改良したりした
- 畑仕事をしている間に電子テレビシステムに対するアイデアを思い
　ついた

一連の重要な出来事
ファーンズワースは高校の教師に考えを話した。
ツヴォルキンが彼の編み出したテレビシステムに対する特許を認めら
　れた。

ファーンズワースは初めて画像を送信することに成功した。

アメリカ政府はファーンズワースに特許を与えた。

ファーンズワースは RCA の申し出を断った。

↓RCA がファーンズワースを告訴した。

結果

– 教師が長年保管していたスケッチのおかげで，ファーンズワースが RCA との特許の争いに勝利した。

成果と評価

– ファーンズワースは約 300 もの特許を所有した。

– 『TIME』誌は 20 世紀において最も重要な人物の一人としてファーンズワースを選出した。

– 彼の発明は，歴史的な出来事を生中継で見ることを可能にした。

語句　第 1 パラグラフ

▶ invént 〜	他	「〜を発明する」
▶ compéte to (V)	熟	「(V) しようと競争する」
▶ devélop 〜	他	「〜を開発する」
▶ báttle over 〜	熟	「〜をめぐる争い」
▶ pátent (for 〜)	名	「(〜の) 特許」
▶ attráct *one's* atténtion	熟	「〜の注意を引く」
▶ corporátion	名	「企業」

第 2 パラグラフ

▶ log cábin	名	「丸太小屋」
▶ génerator	名	「発電機」
▶ would óften (V)	熟	「(昔) よく (V) したものだった」
▶ change *A* into *B*	熟	「A を B に変える」

第 3 パラグラフ

▶ look behínd 〜	熟	「〜の後ろを見る」
▶ párallel	形	「平行な」
▶ row	名	「列」
▶ occúr to (人)	熟	「(人) に思いつく」
▶ seméster	名	「(2 学期制の)学期」＊アクセント注意

- ▶ presént ～ 　　　他「～を示す」
- ▶ cóncept 　　　名「概念」
- ▶ díagram 　　　名「図表」
- ▶ accómplish ～ 　　　他「～を達成する」
- ▶ encóurage（人）to（V） 　　　熟「(V) するように (人) に促す」

第4パラグラフ
- ▶ succéed in（V）ing 　　　熟「(V) することに成功する」
- ▶ líve 　　　形「ライブの／生の」
  　　　＊ /laiv/ の発音に注意

第5パラグラフ
- ▶ work on ～ 　　　熟「～に取り組む」
- ▶ recrúit ～ 　　　他「(新人) を雇う」
- ▶ as éarly as ～ 　　　熟「早くも～」
- ▶ a large sum of ～ 　　　熟「多くの～」
- ▶ *A be* supérior to *B* 　　　熟「A は B より優れている」
- ▶ refúse ～ 　　　他「～を断る」

第6パラグラフ
- ▶ take légal áction agáinst ～ 　熟「～に対して法的措置を取る」
- ▶ prióriy 　　　名「優先権」
- ▶ a wórking vérsion of ～ 　　　熟「～の実用化された型」
- ▶ court case 　　　名「訴訟事件」
- ▶ évidence that S' V' 　　　熟「S' V' という証拠」
- ▶ did（V） 　　　助「実際 (V) した」
  　　　＊ 強調の働きをする助動詞
- ▶ a year befóre ～ 　　　熟「～の 1 年前」
- ▶ íssue ～ 　　　他「～を発行する」
- ▶ judge 　　　名「裁判官」
- ▶ appróve ～ 　　　他「(正式に) ～を認める」
  　　　＊ 日常的には approve of ～で使う
- ▶ on the strength of ～ 　　　熟「～を根拠に」

第7パラグラフ
- ▶ recáll S（V）ing ～ 　　　熟「S が (V) したことを思い出す」
- ▶ wórthwhile 　　　形「価値がある」
- ▶ *be* tied to ～ 　　　熟「～と結びついている」

原則❾ 正解の選択肢に本文の具体例が入るときには，すべての例が凝縮された表現になっている

「**評論・小説・エッセイ読解問題**」の選択肢には，本文に挙げられている具体例が可能な限りすべて凝縮される。「本文第何行に一致」という出題は少なく，パラグラフ全体の内容を答えさせるものになっている。

例題 26 標準 2分

次の文章は「人はやるべきことをなぜ後回しにするのか」ということについて論じた一節である。問の ☐☐☐☐☐ に入れるのに最も適当なものを，下の ① ～ ④ のうちから一つ選べ。

The first factor is how pleasant or unpleasant people find a task. Research shows that people will put off tasks they find unpleasant. Many high school students may delay cleaning their rooms or doing their homework. However, many might not delay doing such tasks as responding to a friend's email. It is important to remember that whether or not a task is pleasant depends on the individual. For example, someone who loves bicycles might not delay fixing a punctured tire while someone who does not may put it off.

問 According to this paragraph, ☐☐☐☐ .

① people do not forget unpleasant tasks
② people who love bicycles learn to fix tires fast
③ people will find different tasks pleasing
④ people will put off tasks to write emails

[本試・改題]

主張と具体例を識別しよう！

解説 問 「このパラグラフによると，□□□□」

　　まず，**このパラグラフは「漠然から具体」と展開されていること**を理解すること。第1文が主張で「ある仕事を楽しいと思うかどうかで，それを後回しにするかどうかが決まる」ということ。そのあとに具体例が続いている。まず「高校生の掃除と宿題に対する取り組み」，「高校生のメールの返信に対する取り組み」。さらに，「仕事が楽しいかどうかは個人による」という情報を追加して，その具体例として「自転車のパンクをすぐに修理するかどうかは人による」とある。以上から**「ある仕事を楽しいと思うかどうかで，それを後回しにするかどうかが決まる。またその仕事を楽しいと思うかどうかは人による」**がこの文の主張だとわかる。よって③「楽しいと思う仕事は人により異なる」が正解。

　　①「人々は楽しくない仕事を忘れない」は本文と無関係。not とun- の組み合わせは昔からのワナ。例 not unusual「珍しくない」。

　　②「自転車を愛する人はタイヤの修理の仕方を速く覚える」は，本文と無関係。「速く」だけを見ると正解に見えるかもしれない。

　　④「人はメールを書くために仕事を延期する」は，まずメールについては「高校生」に限定されていたので，主語が「人々」ではおかしい。また本文には「メールの返事を後回しにしない」とは書いてあったが，「他の仕事を延期して」とは書いていない。そして何よりも大切なことは，**②・④は具体例の一部を取り上げたにすぎないので，見た瞬間に「あやしい」と思ってほしい。**

解答 ③

訳　　最初の要素は，人がある仕事をどれほど楽しいと思うかあるいは楽しくないと思うかである。研究によると，人は楽しくないと思う仕事は後回しにする傾向がある。多くの高校生は部屋を掃除したり宿題をしたりするのを後回しにするかもしれない。しかし，友達にメールを返信するといったことは後回しにしないかもしれない。ある仕事が楽しいかどうかはそれをする人によって決まるということを忘れてはいけない。たとえば，自転車を好きな人ならばパンクしたタイヤをすぐに直すかもしれないが，好きでない人はそれを後回しにするだろう。

語句 ▶ **deláy** 〜　　他 「〜を遅らせる」
　　　　▶ **fix** 〜　　他 「〜を修理する」

次の文章を読み，問に対する答えとして最も適当なものを，① ～ ④ の
うちから一つ選べ。

(1) During his trip, my son called home three times: from London,
from Paris, and from a town named Ullapool in Scotland. (2) "It's like
no place in America, Dad," he reported excitedly. (3) He hiked through
flocks of Scottish sheep and climbed a mountain in a heavy rainstorm.
(4) In a village near Ullapool, a man spoke to him in the unfamiliar local
language, and, too polite to interrupt, my son listened to him for ten
or fifteen minutes, trying to nod in the right places. (5) The French he
learned from the cassette was of little use in Paris; the people he spoke to
shook their heads and walked on.

問　How well did the son communicate when speaking with the local
　　people during his trip?
　　①　He experienced difficulties in Scotland and Paris.
　　②　He had no difficulties, thanks to the language tape he took with
　　　　him.
　　③　He had no trouble in Scotland, but he couldn't communicate in
　　　　Paris.
　　④　He managed to communicate in the local language in Ullapool.

[本試・改題]

解説 問 「息子は旅行中地元の人々とどれくらいうまく意思の疎通が図れ
　　　　たか」

　　　climbed a mountain in a heavy rainstorm「大雨の中で山に登った」，
　　The French he learned ～ was of little use in Paris「カセットから学ん
　　だフランス語はパリではほとんど役に立たず」という記述からもわか
　　るとおり，このパラグラフ全体の方向性は「**息子がいかに海外で苦労**
　　したか」である。
　　　そして，その具体例として，スコットランドとパリの話が取り上げ
　　られている（ロンドンの話には言及がない）。よって，「**テーマの方向**
　　性」＋「**具体例の網羅**」という視点から考える。

①「息子はスコットランドとパリで困難を経験した」。「息子が苦労した」という具体例がすべて凝縮されているこの選択肢が，ズバリ正解。

②「持っていった語学テープのおかげでまったく苦労しなかった」。「まったく苦労しなかった」が論外。

③「スコットランドでは困難はなかったが，パリでは言葉が通じなかった」。「よくわからない地元の言葉で話す男に適当に相づちを打った」というスコットランドでの経験と一致しないので不可。

④「ウラプールでは地元の言葉で何とか意思の疎通が図れた」。これが「ワナ」。(4) の文だけを読んで「何とか通じたのだろう」などと適当に考える「甘ちゃん受験生」を「ワナ」にはめる問題。

間違いであるポイントは，次の2点。

❶　パラグラフ全体の主旨（「苦労」）とずれている
❷　パリのことにまったく触れていない

解答　①

訳　　(1) 旅行の間，息子は家に3回電話してきた。ロンドンからとパリからと，スコットランドのウラプールという名の町からである。(2)「アメリカとはぜんぜん違うよ，お父さん」と，息子は興奮ぎみに報告してくれた。(3) スコットランドのヒツジの群れの中をハイキングしたり，大雨の中で山に登ったりした。(4) ウラプール近くの村では，ある男がよくわからない地元の言葉で話しかけてきた。息子は，話をさえぎるのは礼儀に反すると思い，10～15分の間，適当なところでうなずこうとしながらその男の話に耳を傾けた。(5) カセットから学んだフランス語は，パリではほとんど役に立たず，話しかけた人は首を振って通り過ぎて行った。

語句
▶ flock　　　　　名「（ヒツジ・ヤギなどの）群れ」
▶ interrúpt　　　自「（人の話を）さえぎる」
▶ nod　　　　　　自「うなずく」
▶ of líttle use　　熟「ほとんど役に立たない」

You are applying for a scholarship to attend an international summer program. As part of the application process, you need to make a presentation about a famous person from another country. Complete your presentation slides based on the article below.

(1)　During his 87 years of life, both above and below the waves, Jacques Cousteau did many great things. He was an officer in the French navy, an explorer, an environmentalist, a filmmaker, a scientist, an author, and a researcher who studied all forms of underwater life.

(2)　Born in France in 1910, he went to school in Paris and then entered the French naval academy in 1930. After graduating in 1933, he was training to become a pilot, when he was involved in a car accident and was badly injured. This put an end to his flying career. To help recover from his injuries, Cousteau began swimming in the Mediterranean, which increased his interest in life underwater. Around this time, he carried out his first underwater research. Cousteau remained in the navy until 1949, even though he could no longer follow his dream of becoming a pilot.

(3)　In the 1940s, Cousteau became friends with Marcel Ichac, who lived in the same village. Both men shared a desire to explore unknown and difficult-to-reach places. For Ichac this was mountain peaks, and for Cousteau it was the mysterious world under the sea. In 1943, these two neighbors became widely recognized when they won a prize for the first French underwater documentary.

(4)　Their documentary, *18 Meters Deep*, had been filmed the previous year without breathing equipment. After their success they went on to make another film, *Shipwrecks*, using one of the very first underwater breathing devices, known as the Aqua-Lung. While filming *Shipwrecks*, Cousteau was not satisfied with how long he could breathe underwater, and made improvements to its design. His improved equipment enabled him to explore the wreck of the Roman ship, the *Mahdia*, in 1948.

(5) Cousteau was always watching the ocean, even from age four when he first learned how to swim. In his book, *The Silent World*, published in 1953, he describes a group of dolphins following his boat. He had long suspected that dolphins used echolocation (navigating with sound waves), so he decided to try an experiment. Cousteau changed direction by a few degrees so that the boat wasn't following the best course, according to his underwater maps. The dolphins followed for a few minutes, but then changed back to their original course. Seeing this, Cousteau confirmed his prediction about their ability, even though human use of echolocation was still relatively new.

(6) Throughout his life, Cousteau's work would continue to be recognized internationally. He had the ability to capture the beauty of the world below the surface of the ocean with cameras, and he shared the images with ordinary people through his many publications. For this he was awarded the Special Gold Medal by *National Geographic* in 1961. Later, his lifelong passion for environmental work would help educate people on the necessity of protecting the ocean and aquatic life. For this he was honored in 1977 with the United Nations International Environment Prize.

(7) Jacques Cousteau's life has inspired writers, filmmakers, and even musicians. In 2010, Brad Matsen published *Jacques Cousteau: The Sea King*. This was followed by the film *The Odyssey* in 2016, which shows his time as the captain of the research boat Calypso. When Cousteau was at the peak of his career, the American musician John Denver used the research boat as the title for a piece on his album *Windsong*.

(8) Cousteau himself produced more than 50 books and 120 television documentaries. His first documentary series, *The Undersea World of Jacques Cousteau*, ran for ten years. His style of presentation made these programs very popular, and a second documentary series, *The Cousteau Odyssey*, was aired for another five years. Thanks to the life and work of Jacques Cousteau, we have a better understanding of what is going on under the waves.

Your presentation slides:

Jacques Cousteau
— [1] —

International Summer
Program Presentation   1

Early Career (before 1940)

- Graduated from the naval academy
- [2]
- Started to conduct underwater research
- Continued working in the navy

2

In the 1940s

Desired to reveal the underwater world
↓
[3]
↓
[4]
↓
[5]
↓
[6]
3

Some Major Works

Title	Description
18 Meters Deep	An early prize-winning documentary
[7] { (A)	A book mentioning his scientific experiment
(B)	A documentary series that lasted a decade

4

Contributions

- Developed diving equipment
- Confirmed dolphins use echolocation
- Made attractive documentaries about aquatic life
- [8]
- [9]

5

問1　Which is the best subtitle for your presentation? [1]

① Capturing the Beauty of Nature in Photographs

② Discovering the Mysteries of Intelligent Creatures

③ Exploring the Top and Bottom of the World

④ Making the Unknown Undersea World Known

問2 Choose the best option to complete the **Early Career (before 1940)** slide. [2]

① Developed underwater breathing equipment
② Forced to give up his dream of becoming a pilot
③ Shifted his focus from the ocean to the air
④ Suffered severe injuries while underwater

問3 Choose **four** out of the five events (①〜⑤) in the order they happened to complete the **In the 1940s** slide. [3] → [4] → [5] → [6]

① Dived to the *Mahdia* using improved equipment
② Filmed a documentary without breathing equipment
③ Helped one of his neighbors explore high places
④ Left the French navy
⑤ Won an award and became famous

問4 Choose the best combination to complete the **Some Major Works** slide. [7]

	(A)	(B)
①	*Shipwrecks*	*The Cousteau Odyssey*
②	*Shipwrecks*	*The Undersea World of Jacques Cousteau*
③	*The Silent World*	*The Cousteau Odyssey*
④	*The Silent World*	*The Undersea World of Jacques Cousteau*

問5 Choose two achievements to complete the **Contributions** slide. (The order does not matter.) [8] · [9]

① Built a TV station to broadcast documentaries about marine life
② Encouraged people to protect the ocean environment
③ Established prizes to honor innovative aquatic filmmaking
④ Produced many beautiful images of the underwater world
⑤ Trained pilots and researchers in the French navy

[本試]

途中に出てくる Marcel Ichac は，ほんの脇役にすぎないので惑わされないようにしたい。

解説 パラグラフメモ

第1パラグラフ：ジャック・クストーは多岐にわたり活躍した。

第2パラグラフ：海軍でパイロットになる訓練をしているとき重傷を負い，パイロットの夢を捨てた。

第3パラグラフ：1943年にフランス初の水中ドキュメンタリーで受賞し，広く認知された。

第4パラグラフ：1942年にそのドキュメンタリーを制作した。自ら改良した呼吸用装置で難破船を探索した。

第5パラグラフ：イルカの反響定位能力を実証し，それを本として出版した。

第6パラグラフ：海の中の世界のすばらしさと環境保護の重要性を本により啓蒙し表彰された。

第7パラグラフ：クストーの生涯は作家や映画制作者や音楽家などに刺激を与えた。

第8パラグラフ：本を50冊以上，テレビ用ドキュメンタリーを120本以上も世に出した。

問1 「あなたの発表に最もふさわしいサブタイトルはどれか」
　　　1

　④「未知の海底世界を知らせる」が正解。設問文から，「発表のサブタイトル」＝「本文のタイトル」であることがわかる。①「自然の美しさを写真に収める」は，第6パラグラフ第2文に「彼は，海面下の世界の美しさをカメラに収める能力を持ち，その画像を多くの出版物を通じて一般の人々に伝えた」とあるので内容自体は合致しているが，パラグラフメモからわかるとおりクストーは他にもさまざまなことを行っているので，①はその具体例の一部を伝えるにすぎず，不可である。②「知性ある生物の謎を探る」も第5パラグラフの具体例の一部にすぎないので不可である。③「世界の頂と底を探る」も不可である。第3パラグラフ第3文に「イシャックにとって，それは山の頂上であり，クストーにとってそれは海の中の神秘的な世界であっ

た」とあるが，イシャックのことは本文全体を通じては述べられていない。正答率は 70% 弱であった。

問2「最適な選択肢を選び，『初期の経歴（1940 年以前）』のスライドを完成させなさい」 ☐ 2

②「パイロットになる夢を断念せざるを得なかった」が正解。**第 2 パラグラフ第 2 ～ 3 文に「1933 年に卒業したのち，彼はパイロットになるための訓練を行っていたとき，自動車事故に遭って重傷を負った。これによってパイロットとして働くという道は閉ざされた」とある。**

①「水中呼吸用器具を開発した」は，不可である。第 3 パラグラフの最終文に「1943 年，この 2 人の隣人たちはフランスで初めて海中のドキュメンタリーを撮影したことで受賞し，広く認知されるようになった」とあり，さらに第 4 パラグラフ第 1 文に「彼らのドキュメンタリー，『深度 18 メートル』は呼吸のための器具を使わずに，その前年に撮影されたものである」とある。さらに第 4 パラグラフ第 3 ～ 4 文「『難破船』を撮影している間，クストーは，海中で息ができる時間の短さに不満を持っており，その呼吸用器具の設計に改良を加えた。自らが改良した器具によって，彼は 1948 年，難破したローマの船であるマハディアを探索することができた」とあるので，彼が呼吸用器具を改良したのは 1942 年から 1948 年の間である。なお選択肢に develop ～「～を新たに開発する」とあるが，本文では improve ～「～を改良する」としか書かれていないので，これも不可の要因となろう。③「海から空へと視点を変えた」は，「空から海へと」なら，「パイロットの夢を捨て水中の世界に興味を持ち始めた」に合致するが，逆なので不可。④「水中で重傷を負った」は本文に一切言及がないので不可である。正答率は 85.2% と高かった。

問3「5 つの出来事（①～⑤）のうち，起こった順に 4 つを選び，『1940 年代』のスライドを完成させなさい」 ☐ 3 ⇒ ☐ 4 ⇒ ☐ 5 ⇒ ☐ 6

②「呼吸用器具なしでドキュメンタリーを撮影した」⇒ ⑤「賞を受賞し，有名になった」⇒ ①「改良された装置を使ってマハディア号に潜った」⇒ ④「フランス海軍を去った」が正解。

スライドから 1940 年代の事項に絞って考えればよいことがわか

る。それを踏まえたうえで選択肢を順に検討する。①「改良された装置を使ってマハディア号に潜った」は第4パラグラフの最終文に「自らが改良した器具によって，彼は <u>1948 年</u>，難破したローマの船であるマハディアを探索することができた」とあり 1948 年のことだとわかる。②は第4パラグラフ第1文に「彼らのドキュメンタリー，『深度 18 メートル』は呼吸のための器具を使わずに，<u>その前年に</u>撮影されたものである」とあり，この「その前年」とは第3パラグラフ最終文にある 1943 年の前年を指すので，②は 1942 年のことだとわかる。③「隣人の一人が高い所を探査するのを手伝った」は，本文に記述がない。④「フランス海軍を去った」は，第2パラグラフ最終文「クストーは，パイロットになるという夢を追い続けることがもはやできなくなっても，<u>1949 年まで海軍に在籍した</u>」から 1949 年のことだとわかる。⑤「賞を受賞し，有名になった」は，第3パラグラフの最終文「<u>1943 年</u>，この2人の隣人たちはフランスで初めて海中のドキュメンタリーを撮影したことで受賞し，広く認知されるようになった」から 1943 年のことだとわかる。the previous year を見落として間違えた人が多いようである。**出来事が本文に登場する順番と，時の順序は必ずしも一致していないので慎重に処理する必要がある。**正答率は 40％ぐらいだった。

問4「正しい組み合わせを選んで『主要作品』のスライドを完成させなさい」 7

④（A）『沈黙の世界』と（B）『ジャック・クストーの海中世界』が正解である。**スライドから（A）は「彼の科学実験に言及した本」，（B）は「10 年続いたドキュメンタリーシリーズ」であることがわかる。**それぞれの作品の内容を本文で確認する。まず，『難破船』は，第4パラグラフの第2文「次に『難破船』という別の映画制作に取り掛かった」と同パラグラフ最終文「自らが改良した器具によって，彼は 1948 年，難破したローマの船であるマハディアを探索することができた」から「難破したローマ船に関わる映画」とわかる。「クストー・オデッセイ」は，第8パラグラフ第3文「2作目のドキュメンタリーシリーズ『クストー・オデッセイ』はさらに5年間放映された」とある。さらに「沈黙の世界」は，第5パラグラフ第2文「『沈黙の世界』は，1953 年に出版されたのだが，その本の中で，彼はイルカの1つの群れが自分のボートのあとをついてくるようすを描いている」とある。

さらに「ジャック・クストーの海中世界」は，第8パラグラフの第2文に「最初のドキュメンタリーシリーズ『ジャック・クストーの海中世界』は10年にわたり放映された」とある。以上から，（A）は『沈黙の世界』で，（B）は『ジャック・クストーの海中世界』だとわかり，④が正解となる。正答率は60％台であった。

問5「達成したことを2つ選んで『貢献』のスライドを完成させなさい（順序は問わない）」☐8・☐9

②「海洋環境を守るよう人々に働きかけた」と④「海中世界の美しい写真を多く撮影した」が正解である。選択肢を順に検討する。①「テレビ局を設立し，海洋世界のドキュメンタリーを放送した」は「テレビ局を設立し」の部分が本文にないので不可。②「海洋環境を守るよう人々に働きかけた」は，**第6パラグラフ第4文に「その後，彼は生涯をかけて環境保護活動に情熱を傾けたが，それは，海洋生物や水生生物を守る必要性を人々に教育するのに役立つこととなった」とあり，合致する。**③「海に関する革新的な映画制作を讃えるための賞を作った」は「賞を作った」が本文にない。彼は数々の賞を受賞していることがわかるが，彼自身が賞を創設したという記述はない。④「海中世界の美しい写真を多く撮影した」は，**第6パラグラフ第2文「彼は，海面下の世界の美しさをカメラに収める能力を持ち，その画像を多くの出版物を通じて一般の人々に伝えた」と合致する。**⑤「フランス海軍でパイロットと研究者の訓練を行った」は不可。「パイロットの夢は断念した」ことは第2パラグラフからわかる。

以上から②と④が正解となる。正答率は80％弱であった。

解答 問1 ④ 問2 ② 問3 ②⇒⑤⇒①⇒④ 問4 ④
問5 ②・④

訳 あなたは国際サマープログラムに参加するため奨学金に応募しようとしている。応募手続きの一環で，他の国の有名人についてプレゼンテーションを行うことになった。下の記事を参考にしてプレゼン資料を完成させなさい。

（1）　ジャック・クストーは，その87年の生涯において，波の上でも下でも，多くの偉業を果たした。彼はフランス海軍の士官であり，探検家であり，環境保護論者であり，映画監督であり，科学者であり，作家であり，あらゆる形態の海の生物を調査した研究者であった。

（2）　彼は1910年にフランスで生まれ，パリにある学校に通い，その後1930年にフランスの海軍士官学校へ入学した。1933年に卒業したのち，彼はパイロットになるための訓練を行っていたとき，自動車事故に遭って重傷を負った。これによってパイロットとして働くという道は閉ざされた。クストーはケガから復帰するのに役立つだろうと思い，地中海で泳ぎ始めた。このことがきっかけで，海中の生命に対する彼の関心は大きくなった。この頃，彼は初めての海中調査を行った。クストーは，パイロットになるという夢を追い続けることがもはやできなくなっても，1949年まで海軍に在籍した。

（3）　1940年代，クストーは同じ村に住んでいたマルセル・イシャックと親しくなった。2人は共に，未知の，たどり着くのが困難な場所を探索したいという情熱を抱いていた。イシャックにとって，それは山の頂上であり，クストーにとってそれは海の中の神秘的な世界であった。1943年，この2人の隣人たちはフランスで初めて海中のドキュメンタリーを撮影したことで受賞し，広く認知されるようになった。

（4）　彼らのドキュメンタリー，『深度18メートル』は呼吸のための器具を使わずに，その前年に撮影されたものである。2人は，成功をおさめたのち，次に『難破船』という別の映画制作に取り掛かった。そしてその際に，今ではアクアラングとして知られている，水中での呼吸用器具の最初期の装置の1つを用いた。『難破船』を撮影している間，クストーは，海中で息ができる時間の短さに不満を持っており，その呼吸用器具の設計に改良を加えた。自らが改良した器具によって，彼は1948年，難破したローマの船であるマハディアを探索することができた。

（5）　クストーは，泳ぎ方を覚えた4歳の頃からでさえ，常に海を観察していた。『沈黙の世界』は，1953年に出版されたのだが，その本の中で，彼はイルカの1つの群れが自分のボートのあとをついてくるようすを描いている。彼は以前から，イルカが反響定位（音波を用いた航行）を行っているのではないかと考えており，ある実験を行うことに決めていた。クストーは，水中の地図をもとに，船が最適なコースを通ることにならないように方向を数度変えた。先ほどのイルカたちは数分は船についてきたが，その後は元のコースに戻った。クストーは，これを見て，人間

の反響定位の使用はまだ比較的新しいことであったにもかかわらず，イルカの能力に関する自分の予測を裏づけたのである。

（6）　クストーはその生涯を通じて，世界的な認知を受け続けることになる。彼は，海面下の世界の美しさをカメラに収める能力を持ち，その画像を多くの出版物を通じて一般の人々に伝えた。この功績により，彼は 1961 年にナショナルジオグラフィック協会から特別金賞を受賞した。その後，彼は生涯をかけて環境保護活動に情熱を傾けたが，それは，海洋生物や水生生物を守る必要性を人々に教育するのに役立つこととなった。この功績により，彼は 1977 年には国連国際環境賞を受賞した。

（7）　ジャック・クストーの人生は，作家，映画制作者，そしてミュージシャンをも感化してきた。2010 年，ブラッド・マッツェンは『ジャック・クストー：海の王者』を出版した。続いて 2016 年には，クストーの調査艇カリプソの船長時代を描いた映画『オデッセイ』が公開された。クストーが最も活動的であった頃，アメリカのミュージシャン，ジョン・デンバーは調査艇の名前をアルバム『風の詩』の収録曲のタイトルに採用した。

（8）　クストー自身，50 冊以上の著書と 120 本以上のテレビドキュメンタリーを制作した。最初のドキュメンタリーシリーズ『ジャック・クストーの海中世界』は 10 年にわたり放映された。これらが人気を博したのは彼の提示のやり方によるものであり，2 作目のドキュメンタリーシリーズ『クストー・オデッセイ』はさらに 5 年間放映された。ジャック・クストーの人生と仕事のおかげで，私たちは波の下で何が起こっているのか，より深く理解することができるようになったのである。

あなたの発表のスライド

ジャック・クストー ― 未知の海底世界を知らせる ―

国際サマープログラムの
プレゼンテーション　　　　　1

初期の経歴（1940 年以前）

- 海軍士官学校を卒業

- パイロットになる夢を断念

- 海中調査を開始

- 海軍での任務継続

　　　　　2

<table>
<tr><td colspan="2" align="center">**1940 年代**</td></tr>
<tr><td colspan="2">海中の世界を明らかにしたいと強く思った
↓
呼吸用器具なしでドキュメンタリーを撮影した
↓
賞を受賞し，有名になった
↓
改良された装置を使ってマハディア号に潜った
↓
フランス海軍を去った   3</td></tr>
</table>

主要作品	
タイトル	解説
『深度 18 メートル』	初期の 受賞ドキュメンタリー
(A)『沈黙の世界』	彼の科学実験に 言及した本
(B)『ジャック・クスト― の海中世界』	10 年続いたドキュメン タリーシリーズ 4

貢献
• 潜水器具を発明した
• イルカの反響定位の使用を確認した
• 水生生物についての魅力的な ドキュメンタリーを制作した
• 海洋環境を守るよう人々に働きかけた
• 海中世界の美しい写真を多く撮影した   5

語句

第1パラグラフ

▶ **návy**	名	「海軍」 ＊ army は「陸軍」
▶ **explórer**	名	「探検家」
▶ **environméntalist**	名	「環境保護論者」
▶ **áuthor**	名	「作家」
▶ **all forms of ～**	熟	「すべての形態の～」
▶ **underwáter life**	名	「水の中の生物」

    ＊ 〈～ + life〉はしばしば「～の生物」の意味

第2パラグラフ

▶ **nával acádemy**	名	「海軍士官学校」
▶ **S V, when** S' V'	接	「S V，そんなときに S' V'」
▶ *be* **invólved in ～**	熟	「～に巻き込まれる」
▶ **put an end to ～**	熟	「～を終わりにする」
▶ **flýing caréer**	名	「飛行機乗りとしての仕事」
▶ **ínjury**	名	「ケガ」
▶ **the Mediterránean**	名	「地中海」

    ＊ med- [中] + -terran- [土地] → [2つの土地に囲まれた所]

▶ cárry out résearch 熟「研究を行う」

▶ remáin 自「残っている」

▶ fóllow *one's* dream of ～ 熟「～の夢を追いかける」

第3パラグラフ

▶ becóme fríends with ～ 熟「～と友達になる」
　＊ 2人で行うことなので friends は複数形

▶ share ～ 他「～を共有する」

▶ a desíre to (V) 熟「(V) したいという願望」

▶ dífficult-to-reach 形「到達しがたい」

▶ móuntain peak 名「山頂」
　＊ mountain summit でも同じ意味

▶ *be* wídely récognized 熟「幅広く認識される」

▶ documéntary 名「ドキュメンタリー映画」

第4パラグラフ

▶ the prévious year 熟「その前年に」

▶ bréathing equípment 名「呼吸用器具」
　＊ ＝ equipment for breathing

▶ go on to (V) 熟「さらに続けて (V) する」
　＊ go on (V)ing「(V) し続ける」とは異なり,「何かの動作が終了したあと別の動作を続けて行う」という意味である

▶ devíce 名「装置」
　＊ 巧妙な仕掛けがある機械のこと

▶ make impróvements to ～ 熟「～に改良を加える」

▶ desígn 名「設計」
　＊ 日本語と異なり「(機械などの) 設計」も意味する

▶ S enáble O to (V) 熟「S は O が (V) するのを可能にする」

▶ wreck 名「(難破船などの) 残骸」

第5パラグラフ

▶ descríbe ～ 他「(どのようなものか) を説明する／描写する」

▶ dólphin 名「イルカ」

▶ suspéct that S' V' 熟「S' V' だと思う」
　＊ doubt that S' V' ＝ do not think that S' V'

▶ echolocátion   名「反響定位」
    ＊   自らが出す超音波の反射をとらえて自らの位置を認識すること。コウモリの反響定位能力がよく知られている

▶ návigate with 〜   熟「〜を使い（動物・鳥・魚などが）
                                                            長い距離を移動する」

▶ expériment   名「実験」

▶ change 〜 by a few degrées   熟「〜を数度変更する」
    ＊差を示す by

▶ diréction   名「方角」

▶ change back to 〜   熟「変更して〜に戻る」

▶ confírm 〜   他「〜を確かめる」

▶ predíction   名「予測」
    ＊ 〈pre-［あらかじめ］＋ -dic-［言う］〉

▶ rélatively   副「比較的」

第6パラグラフ

▶ would（V）   助「（昔）よく（V）したものだ」
    ＊ 習慣的行為を示す。過去であることが明らかな場合に用いられる

▶ cápture 〜   他「〜をとらえる」

▶ órdinary péople   名「一般庶民」

▶ publicátion   名「出版物」

▶ awárd ＋（人）＋ 〜   熟「（人）に〜を授与する」

▶ lífelong   形「生涯続く」

▶ pássion for 〜   熟「〜に対する情熱」

▶ éducate A on B   熟「B に関して A を教育する」

▶ necéssity   名「必要性」

▶ aquátic   形「水生の」

第7パラグラフ

▶ inspíre 〜   他「〜に刺激を与える」

▶ at the peak of 〜   熟「〜の絶頂期で」

第8パラグラフ

▶ run   自「（劇・映画などが）続映される」

▶ air 〜   他「〈米略式〉〜を放送する／放映する」

▶ anóther five years   熟「さらにもう 5 年」

▶ what is góing on   熟「何が起きているのか」

お 役 立 ち コ ラ ム

(V)ing ＋名詞　をマスターしよう！

　〈(V)ing ＋名詞〉の形を見たら，常に次の３つのうちのどれに当てはまるかを考えよう！

❶　〈**(自動詞)ing ＋名詞**〉　＊(自動詞)ing は分詞の形容詞的用法

　例 1 an increasing population　　　「増加する人口」
　例 2 shrinking audiences　　　「減少している観客」

❷　〈**(他動詞)ing ＋名詞**〉　＊全体で動名詞

　例 3 influencing other people　　　「他者に影響を与えること」
　例 4 acquiring foreign languages　　　「外国語を習得すること」

❸　〈**(自動詞)ing ＋名詞**〉　＊ ＝ 名詞＋ for (自動詞)ing

　例 5 sleeping cars　　　「寝台車（←寝るための車両)」
　例 6 shopping bags　　　「買い物袋（←買い物のための袋)」

エッセイ校正問題とは，学生が英語で書いたエッセイと，それに対する教師のコメントを読み，そのエッセイをより良いものにするために校正する力を試す問題。

この問題では英文を読みながら，パラグラフ（段落）ごとに要旨の簡単なメモを取り，要旨を把握しよう。また，各パラグラフのトピックセンテンス（抽象的に書かれたパラグラフの概要を述べる部分）が，後続の「具体化された部分」を適切に表しているかや，文と文のつなぎ語（ディスコースマーカー）が適切に使われているかや，結論部分で各パラグラフの主張を適切に言い換えているのか，などを確かめながら読み進めてみよう。

なお，基本的には 原則❶ ～ 原則❾ の内容をおさえておけば対応できる。

例題 29　　　　　　　　　標準

In English class you are writing an essay on a social issue you are interested in. This is your most recent draft. You are now working on revisions based on comments from your teacher.

Eco-friendly Action with Fashion	**Comments**
Many people love fashion. Clothes are important for self-expression, but fashion can be harmful to the environment. In Japan, about 480,000 tons of clothes are said to be thrown away every year. This is equal to about 130 large trucks a day. We need to change our "throw-away" behavior. This essay will highlight three ways to be more sustainable.	
First, when shopping, avoid making unplanned purchases. According to a government survey, approximately 64% of shoppers do not think about what is already in their closet. ⁽¹⁾∧So, try to plan your choices carefully when you are shopping.	(1) *You are missing something here. Add more information between the two sentences to connect them.*
In addition, purchase high-quality clothes which	

usually last longer. Even though the price might be higher, it is good value when an item can be worn for several years. [(2)] ∧ Cheaper fabrics can lose their color or start to look old quickly, so they need to be thrown away sooner.

(2) *Insert a connecting expression here.*

Finally, [(3)] <u>think about your clothes</u>. For example, sell them to used clothing stores. That way other people can enjoy wearing them. You could also donate clothes to a charity for people who need them. Another way is to find a new purpose for them. There are many ways to transform outfits into useful items such as quilts or bags.

(3) *This topic sentence doesn't really match this paragraph. Rewrite it.*

In conclusion, it is time for a lifestyle change. From now on, check your closet before you go shopping, [(4)] <u>select better things</u>, and lastly, give your clothes a second life. In this way, we can all become more sustainable with fashion.

(4) *The underlined phrase doesn't summarize your essay content enough. Change it.*

Overall Comment:

Your essay is getting better. Keep up the good work. (Have you checked your own closet? I have checked mine! ☺)

問 1　Based on comment (1), which is the best sentence to add?
① As a result, people buy many similar items they do not need.
② Because of this, customers cannot enjoy clothes shopping.
③ Due to this, shop clerks want to know what customers need.
④ In this situation, consumers tend to avoid going shopping.

問 2　Based on comment (2), which is the best expression to add?
① for instance
② in contrast
③ nevertheless
④ therefore

問 3　Based on comment (3), which is the most appropriate way to rewrite the topic sentence?

① buy fewer new clothes

② dispose of old clothes

③ find ways to reuse clothes

④ give unwanted clothes away

問4 Based on comment (4), which is the best replacement?

① buy items that maintain their condition

② choose inexpensive fashionable clothes

③ pick items that can be transformed

④ purchase clothes that are second-hand　　　　　　　［試作］

 問1 「コメント(1)を踏まえて，付け加える文章として最も適切なものはどれか」

① 「その結果，必要のない似たようなものをたくさん買ってしまう」

② 「このため，お客さんは洋服の買い物を楽しめない」

③ 「このため，店員は客のニーズを知りたがる」

④ 「このような状況では，消費者は買い物に行くことを避ける傾向がある」

①が正解。本文のコメントと設問から「(1)の部分に追加すべき適切な文」を答えればよいことがわかる。(1)を含むパラグラフの意味は「第一に，買い物をする際，無計画な買い物をしないことです。政府の調査によると，約64％の買い物客が，自分のクローゼットの中にすでにあるもののことを考えていないということです。(1)だから，買い物をするときは，慎重に計画を立てて選ぶようにしましょう」である。現状では「自分のクローゼットの中にすでにあるもののことを考えていないということです」の部分が漠然とした表現なので，これを具体化した記述が必要であることがわかる。日本人同士のコミュニケーションでは，発信者が「受信者が察してくれる部分は言わない」ことがよくあり，その場合，受信者にその理解が委ねられる。それに対して英語では，発信者に責任があり，日本人なら省いてしまうような「当たり前のこと」もきちっと書く［話す］必要がある。よって，本問では「自分のクローゼットの中にすでにあるもののことを考えていないまま買い物をすればどうなるか」⇒「不要なものを買ってしま

い無駄が増える」などの内容を追加する必要がある。

　選択肢を順に吟味する。①は正解。「自分のクローゼットの中にすでにあるもののことを考えていないまま買い物をすればどうなるか」の具体化としてふさわしい。他の選択肢②，③，④は，本文の空所の前の文の具体化になっていないので不可である。

問2 「コメント(2)を踏まえて，付け加える表現として最も適切なものはどれか」

　① 「たとえば」
　② 「それとは対照的に」
　③ 「それにもかかわらず」
　④ 「したがって」

　②が正解。本文のコメントと設問から「(2)の部分に追加すべき適切なつなぎ語」を答えればよいことがわかる。(2)を含むパラグラフの意味は「また，普通，長持ちする上質な服を買いましょう。値段は高いかもしれませんが，数年着られるものであればお得です。(2)安い生地はすぐに色が落ちたり，古く見え始めたりするので，（上質なものより）早く捨てる必要があります」である。(2)の前では上質な服の利点が書かれており，(2)のあとでは良質ではない服の欠点が書かれている。よって(2)には，「対比」を示すつなぎ語（ディスコースマーカー）を入れればよいとわかる。それに対応するのは② in contrast「それとは対照的に」である。他の選択肢①「たとえば」は「例示」，③「それにもかかわらず」は「逆接」，④「したがって」は「順接」で，いずれも不適切である。

問3 「コメント(3)を踏まえて，トピックセンテンスを書き換える最も適切な方法はどれか」

　① 「新しく買う服を減らす」
　② 「古い服を処分する」
　③ 「服を再利用する方法を見つける」
　④ 「不要になった服を手放す」

　③が正解。本文のコメントと設問から「第4パラグラフの内容に適したトピックセンテンス」を答えればよいことがわかる。なお「トピックセンテンス」とは「パラグラフの概要（トピック）を表す，通例パラグラフの冒頭に置かれる文」のことである。第4パラグラフの(3)

の下線部のあとの意味は「たとえば，古着屋に売る。そうすれば，他の人が着て楽しむことができます。また，服を必要としている人のために，慈善団体に寄付することもできるかもしれません。もう1つの方法は，それらのための新しい用途を見つけることです。服を，キルトやバッグなど，便利なアイテムに変身させる方法は数多くあります」であり，「服を再利用すること」がこのパラグラフの主張だとわかる。

　以上を踏まえて選択肢を吟味すると，③が正解だとわかる。①「新しく買う服を減らす」はこのパラグラフの内容とまったく無関係。②と④は，どちらもほぼ同じ意味で「古着を捨てる」ということで，このパラグラフの内容とは真逆であり不可である。

問4　「コメント(4)を踏まえて，最も適切な書き換えはどれか」
　①　「状態を維持できるものを買う」
　②　「安価でおしゃれな服を選ぶ」
　③　「別のものに変えられるものを選ぶ」
　④　「古着を購入する」

　①が正解。下線を含む文の意味は「これからは，買い物に行く前にクローゼットをチェックし，(4) より良いものを選び，最後に服に第二の人生を与えることです」。「買い物に行く前にクローゼットをチェックし」は第2パラグラフの要旨であり，「服に第二の人生を与える」は，第4パラグラフの要旨である。このことを踏まえたうえで，本文のコメントと設問から「第3パラグラフ（In addition....）のまとめとして適切なもの」を答えればよいことがわかる。第3パラグラフの意味は「また，普通，長持ちする上質な服を買いましょう。値段は高いかもしれませんが，数年着られるものであればお得です。(2) 安い生地はすぐに色が落ちたり，古く見え始めたりするので，（上質なものより）早く捨てる必要があります」であり，その要旨は「服を買うときは長持ちするような上質なものを買うこと」である。

　現状の select better things「より良いものを選ぶ」では，「どういう点でよいのか」が不明である。つまり「より良い」だけでは，たとえば「服の生地」「ファッション性」「大きさ」「重さ」「値段」などの何が「より良い」のかがわからない。よって，もっとパラグラフの内容を的確に表している文を書く必要がある。

　選択肢を順に吟味する。①の「状態を維持できるもの」は「長持ち

するもの」の言い換えで適切である。②の「安価でおしゃれな服」は第3パラグラフの内容と無関係である。③の「別のものに変えられるものを選ぶ」は，第4パラグラフの内容である。④の「古着を購入する」は，本文とは無関係である。古着についての記述は第4パラグラフ第2〜3文に「たとえば，古着屋に売る。そうすれば，他の人が着て楽しむことができます」とあるだけである。

以上から①が正解となる。

解答 問1 ① 問2 ② 問3 ③ 問4 ①

訳 英語の授業で，あなたは関心のある社会問題についてエッセイを書いています。これはあなたの最新の草稿です。今あなたは，先生からのコメントをもとに修正中です。

ファッションで環境に優しい行動	コメント
多くの人がファッションを愛しています。服は自己表現のために重要ですが，ファッションは環境に害を与える可能性があります。日本では年間約48万トンの服が捨てられていると言われています。これは1日に大型トラック約130台分に相当します。私たちは私たちの「捨てる」行動を改める必要があります。このエッセイでは，より持続可能であるための3つの方法に焦点を当てます。	
第一に，買い物をする際，無計画な買い物をしないことです。政府の調査によると，約64％の買い物客が，自分のクローゼットの中にすでにあるもののことを考えていないということです。その結果，必要のない似たようなものをたくさん買ってしまう。だから，買い物をするときは，慎重に計画を立てて選ぶようにしましょう。	(1) 何かが足りない。正しくつながるよう，2つの文の間にさらに情報を追加すること。
また，普通，長持ちする上質な服を買いましょう。値段は高いかもしれませんが，数年着られるものであればお得です。それとは対照的に，安い生地はすぐに色が落ちたり，古く見え始めたりするので，（上質なものより）早く捨てる必要があります。	(2) ここに接続表現を入れること。
最後に，<u>すでに持っている服について考えてみましょう</u>（服を再利用する方法を見つけましょう）。たとえば，古着屋に売る。そうすれば，他の人が着て楽しむことが	(3) このトピックセンテンスはこのパラグラフにマッチしていない。書き直すこと。

できます。また，服を必要としている人のために，慈善団体に寄付することもできるかもしれません。もう1つの方法は，それらのための新しい用途を見つけることです。服を，キルトやバッグなど，便利なアイテムに変身させる方法は数多くあります。

結論として，ライフスタイルを変えるときです。これからは，買い物に行く前にクローゼットをチェックし，より良いものを選び（状態を維持できるものを買い），最後に服に第二の人生を与えることです。そうすることで，私たちは皆，ファッションに関してもっと持続可能になることができます。

(4) 下線のフレーズはエッセイの内容を十分に要約していない。変更すること。

総評

あなたのエッセイは良くなってきています。この調子で頑張ってください。（自分のクローゼットはチェックしましたか？　私は自分のクローゼットをチェックしましたよ）

（語句）
- **sélf-expréssion** 名「自己表現」
- *be* **hármful to** 〜 熟「〜に対して害がある」
- **throw** 〜 **awáy / awáy** 〜 熟「〜を捨てる」
- **híghlight** 〜 他「〜を強調する」
- **sustáinable** 形「持続可能な」
- **púrchase** 名「購入」
- **appróximately** 副「おおよそ」
- **high-quálity** 形「高品質の／上質の」
- **good válue** 名「お買い得品」
- **fábric** 名「布地」
- **úsed clóthing store** 名「古着店」
- **dónate** A **to** B 熟「A を B に寄付する」
- **chárity** 名「慈善団体」
- **transfórm** A **into** B 熟「A を B に変える」
- **óutfit** 名「服」
- **in conclúsion** 熟「結論的には」
- **from now on** 熟「今からずっと／これからは」

チャレンジ問題 1

やや難 14分

Your study group is learning about "false memories." One group member has made partial notes. Read this article to complete the notes for your next study meeting.

False Memories

(1)　What are memories? Most people imagine them to be something like video recordings of events in our minds. Whether it is a memory of love that we treasure or something more like failure that we fear, most of us believe our memories are a permanent record of what happened. We may agree that they get harder to recall as time goes on, but we think we remember the truth. Psychologists now tell us that this is not the case. Our memories can change or even be changed. They can move anywhere from slightly incorrect to absolutely false! According to well-known researcher Elizabeth Loftus, rather than being a complete, correct, unchanging recording, "Memory works a little bit more like a Wikipedia page." Anyone, including the original author, can edit the information.

(2)　Serious research investigating "false memories" is relatively new. Scholars Hyman and Billings worked with a group of college students. For this experiment, first, the students' parents sent stories about some eventful episodes from their child's youth to the interviewers. Using this family information, they interviewed each student twice. They mentioned some actual experiences from the person's childhood; but, for their experiment, they added a made-up story about an eventful wedding, encouraging the student to believe the fake wedding had really happened. The following two sections contain actual conversations from the interviews of one student. Missing words are indicated by "..."; author's comments by " ( )."

(3)　Interviewer: I　　Student: S

First Interview

I :　...looks like an eventful wedding ... you were five years old ... playing with some other kids ...

(The interviewer, referring to the false event as if the information came from the student's parent, goes on to say that while playing with friends the student caused an accident and the bride's parents got all wet.)

S : I don't remember ... that's pretty funny ...

I : ... seems that would be kind of eventful...

S : ... a wedding. I wonder whose wedding ... a wedding reception? I can totally see myself like running around with other kids ...

I : You could see yourself doing that?

S : ... bumping into a table? Oh yeah, I would do that...maybe not a wedding ... like a big picnic ...

(The student is starting to believe that bumping into the table sounds familiar. As they finish, the student is asked to think over the conversation they had before the next session.)

---

(4) *Second Interview*

(The interviewer has just asked about some real events from the student's childhood and once again returns to the wedding discussed in the previous session.)

I : The next one I have is an eventful wedding reception at age five.

S : Yeah, I thought about this one ...

(The student goes on to describe the people he got wet.)

S : ...I picture him having a dark suit on ... tall and big ... square face ... I see her in a light-colored dress ...

(The student has new images in mind and can tell this story as if it were an actual memory.)

S : ... near a tree ... drinks on the table ...I bumped the glasses or something ...

(This student then provides more information on the couple's clothing.)

---

(5) The students participating in this experiment came to believe that the false experiences the interviewers planted were absolutely true. By the second interview some students thought everything previously discussed

was based on information from their parents about real events. This suggests that, when talking about memories, word choice makes a big difference in responses. Certain words lead us to recall a situation differently. Because the interviewer mentioned an "eventful" wedding several times, the student started having a false memory of this wedding.

（6） Since the time of Sigmund Freud, called "the father of modern psychology," mental therapy has asked people to think back to their childhood to understand their problems. In the late 20th century, people believed that recalling old memories was a good way to heal the mind, so there were exercises and interviewing techniques encouraging patients to imagine various old family situations. Now, we realize that such activities may lead to false memories because our memories are affected by many factors. It is not just what we remember, but when we remember, where we are when we remember, who is asking, and how they are asking. We may, therefore, believe something that comes from our imagination is actually true. Perhaps experts should start researching whether there is such a thing as "true memories."

Summary notes:

FALSE MEMORIES

Introduction

- When she says "Memory works a little bit more like a Wikipedia page," Elizabeth Loftus means that memories ☐ 1 ☐ .

Research by Hyman & Billings

- The first interview indicates that the student ☐ 2 ☐ .
- The results of their study suggest that ☐ 3 ☐ and ☐ 4 ☐ .

Conclusions

People believe that memory is something exact, but our memories are affected by many things. While focusing on old events was a technique adapted to heal our minds, we must consider that ☐ 5 ☐ .

問1 Choose the best option to complete statement ☐ 1 ☐ .
① are an account of one's true experiences
② can be modified by oneself or others
③ may get harder to remember as time goes by
④ should be shared with others freely

問2 Choose the best option to complete statement ☐ 2 ☐ .
① described all the wedding details to the interviewer
② knew about an accident at a wedding from childhood
③ was asked to create a false story about a wedding
④ was unsure about something the interviewer said

問3 Choose the two best statements for ☐ 3 ☐ and ☐ 4 ☐ . (The order does not matter.)
① false events could be planted easily in young children's memories
② our confidence levels must be related to the truthfulness of our memories
③ people sometimes appear to recall things that never happened to them
④ planting false memories is frequently criticized by researchers
⑤ the phrases used to ask about memories affect the person's response
⑥ when a child experiences an eventful situation, it forms stable memories

問4 Choose the best option for ☐ 5 ☐ to complete **Conclusions**.
① asking about our memories will help us remember more clearly
② the technique focuses on who, what, when, where, and how
③ this mental therapy approach may be less helpful than we thought
④ we have to work on our ability to remember events more precisely

[追試]

内容は知っている人も多いのではないだろうか。人間の記憶なんていうものはいい加減なもの。勉強のときも自分の記憶を過信してはいけない。

解説 パラグラフメモ

第1パラグラフ：変化し，編集され得る記憶
第2パラグラフ：偽の記憶を教える実験
第3パラグラフ：最初のインタビュー
第4パラグラフ：2回目のインタビュー
第5パラグラフ：ある記憶について話をすると偽の記憶が加わる
第6パラグラフ：昔は記憶について話すことは心の治療に役立つと思われていたが，そうすることで記憶が変化してしまう可能性がある

問1　「　　1　　に最も当てはまる選択肢を選びなさい」
　②「自分や他人によって変えられ得る」が正解。「まとめメモ」から，エリザベス・ロフタスの発言部分を答えればよいことがわかる。それは**第1パラグラフの第8〜9文**「『記憶の働き方は』，完全で正しい不変の記録というよりは，『ウィキペディアのページに近い』とのことだ。原作者を含め，誰でもその情報を編集することができるのだ」にある。これと一致するものは②しかない。他の選択肢の意味は次のとおりである。①「その人の実際の体験を保証するものである」，③「時間が経つにつれ思い出すのが困難になるかもしれない」，④「自由に他人と共有されるべきである」。正答率は90％を超えていた。

問2　「　　2　　に最も当てはまる選択肢を選びなさい」
　④「インタビュアーが言ったことについて自信がなかった」が正解。「まとめメモ」から最初のインタビューでの学生のようすを答えればよいことがわかる。学生の最初の発言「覚えてないです…」と，2番目の発言「…結婚式ですか。誰の結婚式かな…結婚披露宴？　他の子どもたちと一緒に走り回っている自分の姿がありありと目に浮かびます…」と，さらに3番目の発言「…テーブルにぶつかったりとか？そうだ，しました…結婚式じゃないかもしれない…大きなピクニックのような…」から，学生は，走り回ったことは明確に覚えているが，

それがどこでのことであったかは不確定であることがわかる。以上のことを踏まえて選択肢を検討する。①「結婚式の細かい情報までインタビュアーに説明した」は、「結婚式の細かい情報」が不可である。②「小さい頃に結婚式で起こったことについて知っていた」も「結婚式」が不可である。③「結婚式に関する嘘の話を作るよう言われた」は本文にはまったく記述がないので不可である。よって④が正解となる。③を選んだ人が25.9%もいたが、**「なんとなく合っているかな？」というレベルでは正解には至らない。**

問3　「　3　と　4　に最も当てはまる2つの記述を選びなさい（順番は問わない）」

③「人々はときどき，起こってもいないことを思い出すようだ」と⑤「記憶に関して尋ねるときに使われたフレーズは相手の反応に影響を与える」が正解。「まとめメモ」から，研究結果について正しいものを選べばよいことがわかる。研究結果については，第5パラグラフ第3～5文に「このことは，記憶について話すとき，言葉の選び方で反応が大きく変わることを示唆している。ある言葉によって，私たちはある状況を別のやり方で思い起こすのである。インタビュアーが何度も『波乱が起きた』結婚式に言及したため，学生はこの結婚式について誤った記憶を持ち始めたのである」とある。

選択肢を順に検討すると，①「幼い子どもの記憶には偽の出来事を簡単に植え付けることができるかもしれない」は「幼い子どもの記憶」が間違い。本文では学生の「幼い頃の記憶」である。これを選んだ人が25.2%もいた。②「私たちの自信の程度は記憶の信憑性に関係しているはずである」は不可である。第5パラグラフ第1文に「この実験に参加した学生は，インタビュアーが植え付けた虚偽の体験が完全に真実であると信じるようになった」とあり，学生は自信をもって虚偽の証言をしていることがわかる。つまり自信があるからといって，記憶の信憑性が高いわけではないので，②は不可である。③「人々はときどき，起こってもいないことを思い出すようだ」は本文に合致する。④「偽の記憶を植え付けることは，しばしば研究者によって批判されている」は，研究結果ではない。この選択肢を選んだ人は，第6パラグラフ第3文「現在，そのような活動は誤った記憶をもたらす可能性があることがわかっている」の記述に影響された可能性がある。⑤「記憶に関して尋ねるときに使われたフレーズは相手の反応に影響

を与える」は本文に合致する。⑥「子どもが何か事件を経験したとき，安定した記憶を形成する」は「安定した記憶を形成する」が本文に反するので不可である。

　以上から③と⑤が正解。正答率はそれぞれ 70％前後であった。

問4　「　5　に最も当てはまる選択肢を選び，『結論』を完成させなさい」

　③「この精神療法は思っていたより効果を持たないかもしれない」が正解である。「まとめメモ」の「人は記憶は何か正確なものだと信じているが，我々の記憶は多くのものに影響されている。昔の出来事に焦点を当てることは，心を癒すために適合させた手法であるが，　5　を考慮する必要がある」より，第6パラグラフが対象となっていることがわかる。第6パラグラフ第2〜3文に「20世紀後半には，昔の記憶を呼び起こすことが心を癒す優れた方法になると信じられていた。だから，患者に昔の家族の状況をいろいろと想像させる練習やインタビューのテクニックがあった。現在，そのような活動は誤った記憶をもたらす可能性があることがわかっている」とある。

　選択肢を順に検討する。①「記憶に関して尋ねることで，より正確に思い出すことができる」は本文の記述と真逆である。「より正確に」ではなくて「より曖昧に」なら矛盾しないが，いずれにしても「結論」としては不可である。②「テクニックは『誰が』『何が』『いつ』『どこで』『どのようにして』ということに焦点を当てることである」は不可である。本文第6パラグラフ第3文後半〜4文に「なぜなら，人の記憶は多くの要因に影響されるからである。その要因とは，何を覚えているかということだけではなく，いつ覚えるか，覚えるときにどこにいるか，誰に聞かれているか，どのように聞かれているかということまで含まれる」とあり，「『誰が』『何が』『いつ』『どこで』『どのようにして』尋ねられるかで，人の記憶は影響される」ということであり，②は意味をなさないことがわかる。③「この精神療法は思っていたより効果を持たないかもしれない」は合致する。④「出来事をより正確に思い出す能力を養う必要がある」は本文に記述がなく不可。

　正答率は 30％を切った。②を選んだ人が 30％を超えていた。

解答　問1　②　　問2　④　　問3　③　⑤　　問4　③

　あなたのグループはある勉強会で「偽りの記憶」について学んでいる。グループのメンバーの一人が部分的にノートを作っている。この記事を読んで，次回の勉強会のメモを完成させなさい。

偽りの記憶

(1)　記憶とは何か？　大半の人は，頭の中にある出来事をビデオで記録したもののようなものだと想像する。それが大切にしている愛の記憶であれ，恐れるべき失敗の記憶のようなものであれ，私たちのほとんどは自分の記憶が，起こったことを永久に記録しているものだと信じている。私たちは，そうした記憶は，時間が経つにつれて思い出すことが難しくなることについては同意するかもしれないが，それでも私たちが真実を記憶していると考える。今日の心理学者たちは，そうではないことを教えてくれる。私たちの記憶は変化する可能性があり，また変化させられる可能性さえある。「少し正しくない」状態から，「完全に間違っている」状態まで，どうにでもなり得るのである。有名な研究者であるエリザベス・ロフタスによれば，「記憶の働き方は」，完全で正しい不変の記録というよりは，「ウィキペディアのページに近い」とのことだ。原作者を含め，誰でもその情報を編集することができるのだ。

(2)　「偽りの記憶」を調査する本格的な研究は，比較的新しいものである。学者のハイマンとビリングスは，大学生のグループと調査を行った。この実験では，まず，学生の親たちが，子どもの小さい頃の波乱のあった出来事についての話をインタビュアーに送った。この家族の情報をもとに，彼らはそれぞれの学生に2回インタビューを行った。その際，その人の子ども時代の実体験を話したが，実験では，波乱のあった結婚式にまつわる作り話を加えて，その偽の結婚式が本当にあったと信じ込ませるようにした。次の2つのセクションは，ある学生のインタビューから実際の会話を抜粋したものである。省略した言葉は「…」で，筆者のコメントは（　）で表している。

(3)　インタビュアー：I　学生：S

最初のインタビュー

　I：…波乱の起きた結婚式のように思えます…あなたは5歳で，他の子どもと遊んでいた…

　　　（インタビュアーは，あたかもその情報を学生の親から聞いたかのように，偽の出来事に触れ，続けて，学生が友達と遊んでいるときに事故

を起こし，新婦の両親がずぶ濡れになったと述べる）

S：覚えてないです…それはかなり面白いな…

Ⅰ：…いろんなことが起こりそうな…

S：…結婚式ですか。誰の結婚式かな…結婚披露宴？　他の子どもたちと
　　一緒に走り回っている自分の姿がありありと目に浮かびます…

Ⅰ：そんなことをしている自分が見えますか？

S：…テーブルにぶつかったりとか？　そうだ，しました…結婚式じゃな
　　いかもしれない…大きなピクニックのような…
　　（学生が，テーブルにぶつかるというのは聞き覚えがあると思い始めて
　　いる。終了後，学生には次のセッションまでにそのときの会話を振り
　　返ってもらう）

（4）　*2回目のインタビュー*

　（インタビュアーは，学生の子ども時代の実際の出来事について質問した
ところで，もう一度，前回のセッションで話題になった結婚式の話に戻る）

Ⅰ：私が今ここに資料として持っているのは，5歳のときの波乱が起きた
　　結婚披露宴です。

S：はい，これについて考えました…
　　（学生は続けて，彼のせいでびしょ濡れになった人の話を始める）

S：…彼は暗い色のスーツを着ていて…背が高くて大きくて…顔が四角く
　　て…　彼女は明るい色のドレスを着ていて…
　　（学生は新しいイメージを思い浮かべ，この話を実際の記憶のように話
　　すことができる）

S：…木のそばで…テーブルの上に飲み物が…グラスか何かをぶつけて…
　　（この学生は，夫婦の服についての詳しい情報を話し始めた）

（5）　この実験に参加した学生は，インタビュアーが植え付けた虚偽の体験
が完全に真実であると信じるようになった。2回目のインタビューまでに，
それまで話されていたことがすべて，現実の出来事に関わる親から聞いた
情報に基づいていると考える学生もいた。このことは，記憶について話す
とき，言葉の選び方で反応が大きく変わることを示唆している。ある言葉
によって，私たちはある状況を別のやり方で思い起こすのである。インタ
ビュアーが何度も「波乱が起きた」結婚式に言及したため，学生はこの結
婚式について誤った記憶を持ち始めたのである。

（6）　「近代心理学の父」と呼ばれるジークムント・フロイトの時代から，
精神療法では，自分の問題を理解するために子どもの頃を思い起こすこと

が求められてきた。20世紀後半には，昔の記憶を呼び起こすことが心を癒す優れた方法になると信じられていた。だから，患者に昔の家族の状況をいろいろと想像させる練習やインタビューのテクニックがあった。現在，そのような活動は誤った記憶をもたらす可能性があることがわかっている。なぜなら，人の記憶は多くの要因に影響されるからである。その要因とは，何を覚えているかということだけではなく，いつ覚えるか，覚えるときにどこにいるか，誰に聞かれているか，どのように聞かれているかということまで含まれる。そのため，私たちは想像から生まれたものを実際に真実だと思い込んでしまうことがある。「本当の記憶」というものがあるのかどうか，専門家は研究を始めるべきかもしれない。

まとめメモ

偽りの記憶

導入

・エリザベス・ロフタスが「記憶はウィキペディアのページに近い」と言ったのは，記憶が自分や他人によって変えられ得るということ。

ハイマン＆ビリングスの研究

・最初のインタビューから学生はインタビュアーが言ったことについて自信がなかったということがわかる。

・彼らの研究の結果から，「人々はときどき，起こってもいないことを思い出すようだ」ということと「記憶に関して尋ねるときに使われたフレーズは相手の反応に影響を与える」ということがわかる。

結論

人は記憶は何か正確なものだと信じているが，我々の記憶は多くのものに影響されている。昔の出来事に焦点を当てることは，心を癒すために適合させた手法であったが，この精神療法は思っていたより効果を持たないかもしれないということを考慮する必要がある。

語句　第1パラグラフ

▶ **imágine** O **to be** ～ 　熟「O を～であると想像する」

▶ **tréasure** ～ 　他「～を大切にする」

　＊　treasure hunter は「宝物を探す人」のこと

▶ **fáilure**　　　　　　名「失敗」
　＊　fail「失敗する」の名詞形

▶ **fear** ～　　　　　　他「～を恐れる」

▶ **pérmanent**　　　　　形「永久的な」
　＊　日本語の「パーマ」は permanent waves のこと

▶ **agrée that** S' V'　　　他「S' V'ということで意見が一致する」

▶ **as time goes on**　　　熟「時が進むにつれて」
　＊　「お役立ちコラム」（p.457）を参照

▶ **psychólogist**　　　　名「心理学者」

▶ **this is not the case**　熟「これは実情ではない／本当では
　　　　　　　　　　　　　 ない」

▶ **slíghtly**　　　　　　副「少しだけ」

▶ **ábsolutely**　　　　　副「絶対的に」

▶ **false**　　　　　　　形「偽の」　　＊　true の反意語

▶ **a líttle bit**　　　　　熟「少し」
　＊　a little だけでも同じ意味

▶ **inclúding** ～　　　　前「～を含めて」

▶ **édit** ～　　　　　　他「～を編集する」
　＊　editor は「編集者」

第2パラグラフ

▶ **sérious résearch**　　名「本格的な研究」

▶ **invéstigate** ～　　　他「～を調査する」
　＊　警察や研究班が大がかりに調査すること

▶ **rélatively**　　　　　副「比較的」

▶ **schólar**　　　　　　名「学者」

▶ **expériment**　　　　名「実験」

▶ **evéntful**　　　　　形「波乱に満ちた」

▶ **épisode**　　　　　名「（人生や休暇中の1つの）出来事」

▶ **méntion** ～　　　　他「～について言及する」

▶ **máde-úp**　　　　　形「でっちあげた／架空の」

▶ **encóurage** O **to** (V)　熟「O に (V) するように促す」

▶ **contáin** ～　　　　　他「～を含む」

▶ **míssing**　　　　　形「欠けている」

第3パラグラフ

▶ **refér to ～** 　熟「～に言及する」
　 ＊「人」が主語の場合の訳。「もの」が主語なら「～を示す」

▶ **go on to (V)** 　熟「さらに続けて (V) する」
　 ＊　go on (V) ing「(V) し続ける」とは異なり，「何かの動作が終了したあと続けて別の動作を行う」という意味である。

▶ **cause ～** 　他「～を引き起こす」

▶ **prétty** 　副「かなり」

▶ **wédding recéption** 　名「結婚披露宴」

▶ **run aróund** 　熟「あちこち走り回る」

▶ **bump into ～** 　熟「～にぶつかる」
　 ＊　ドンとぶつかる感じ

▶ **ask O to (V)** 　熟「O に (V) するように頼む」

▶ **think óver ～** 　熟「～についてよく考える」

第4パラグラフ

▶ **discúss ～** 　他「～について話し合う」
　 ＊　他動詞であることに注意。= talk about

▶ **prévious** 　形「前の」
　 ＊　一番近いところにある「前の」の意味
　　　 the previous day なら「その前の日」

▶ **describe ～** 　他「～（がどのようなものか）を説明する／描写する」

▶ **pícture A (V) ing** 　熟「A が (V) するのを思い描く」

▶ **squáre** 　形「四角の」

▶ **as if ～** 　熟「まるで～のように」

▶ **bump ～** 　他「(ぶつかって) ～を (ドシンと) 落とす」

▶ **províde ～** 　他「～を提供する」

第5パラグラフ

▶ **partícipate in ～** 　熟「～に参加する」

▶ **come to (V)** 　熟「(V) するようになる」
　 ＊　(V) には think / believe / feel などが入る

▶ **plant ～** 　他「～を植え付ける」

▶ *be* **based on ～** 　熟「～に基づいている」

▶ **suggést that** S' V' 　熟「S' V' を示唆している」

▶ **make a big dífference**　　熟「大きな違いを生む」

▶ **cértain** ＋名詞　　　　　形「ある〜」
　　＊　敢えて具体的な名前を出さない場合に使う

第6パラグラフ

▶ **méntal thérapy**　　　　名「精神治療」
　　＊　therapy は手術や薬を使わない治療

▶ **heal** 〜　　　　　　　　他「〜を癒す」　　＊　health の動詞

▶ **réalize that** S' V'　　　熟「S' V' だと（しみじみ）わかる」

▶ **afféct** 〜　　　　　　　他「〜に影響を及ぼす」

▶ **It is not just** 〜 **.**　　熟「〜だけではない」
　　＊　強調構文で書かれていて，文末に that are affected by many
　　　factors が省かれている

お役立ちコラム
接続詞 as の用法

※元は「だいたい同じ」という緩い意味を持つ語。

❶ Tom is **as** tall **as** you are.
「トムは身長では君に負けてないよ」
　　＊　最初の as は副詞で，2番目の as は接続詞

❷ **As** it was raining, we stayed home.
「雨が降っていたので，家にいた」
　　＊　「（聞き手も知っている）理由」を示す接続詞

❸ **As** the teacher walked into the room, students began to applause.
「先生が部屋に入ってくると，生徒たちは拍手を始めた」
　　＊　when と違い，入る直前でも可

❹ **As** we went high, it became cooler.
「高く上がれば上がるほど，涼しくなった」
　　＊　比較級などの変化を示す語と共に使って「〜につれて」という意味の
　　　接続詞になる

❺ Rich **as** she is, she is unhappy.
「彼女は金持だが不幸せだ」
　　＊　元は Though she is as rich as she is から前半が省かれた形である

You are an exchange student in the United States and you have joined the school's drama club. You are reading an American online arts magazine article to get some ideas to help improve the club.

Recent Changes at the Royal Shakespeare Company

By John Smith
Feb. 20, 2020

(1)　We are all different. While most people recognize that the world is made up of a wide variety of people, diversity—showing and accepting our differences—is often not reflected in performing arts organizations. For this reason, there is an increasing demand for movies and plays to better represent people from various backgrounds as well as those with disabilities. Arts Council England, in response to this demand, is encouraging all publicly funded arts organizations to make improvements in this area. One theater company responding positively is the Royal Shakespeare Company (RSC), which is one of the most influential theater companies in the world.

(2)　Based in Stratford-upon-Avon in the UK, the RSC produces plays by William Shakespeare and a number of other famous authors. These days, the RSC is focused on diversity in an attempt to represent all of UK society accurately. It works hard to balance the ethnic and social backgrounds, the genders, and the physical abilities of both performers and staff when hiring.

(3)　During the summer 2019 season, the RSC put on three of Shakespeare's comedies: *As You Like It, The Taming of the Shrew,* and *Measure for Measure.* Actors from all over the country were employed, forming a 27-member cast, reflecting the diverse ethnic, geographical, and cultural population of the UK today. To achieve gender balance for the entire season, half of all roles were given to male actors and half to female actors. The cast included three actors with disabilities (currently referred to as "differently-abled" actors)—one visually-impaired, one hearing-impaired, and one in a wheelchair.

（4） Changes went beyond the hiring policy. The RSC actually rewrote parts of the plays to encourage the audience to reflect on male/female power relationships. For example, female and male roles were reversed. In *The Taming of the Shrew,* the role of "the daughter" in the original was transformed into "the son" and played by a male actor. In the same play, a male servant character was rewritten as a female servant. That role was played by Amy Trigg, a female actor who uses a wheelchair. Trigg said that she was excited to play the role and believed that the RSC's changes would have a large impact on other performing arts organizations. Excited by all the diversity, other members of the RSC expressed the same hope—that more arts organizations would be encouraged to follow in the RSC's footsteps.

（5） The RSC's decision to reflect diversity in the summer 2019 season can be seen as a new model for arts organizations hoping to make their organizations inclusive. While there are some who are reluctant to accept diversity in classic plays, others welcome it with open arms. Although certain challenges remain, the RSC has earned its reputation as the face of progress.

問 1　According to the article, the RSC _____ in the summer 2019 season.

① gave job opportunities to famous actors

② hired three differently-abled performers

③ looked for plays that included 27 characters

④ put on plays by Shakespeare and other authors

問 2　The author of this article most likely mentions Amy Trigg because she _____ .

① performed well in one of the plays presented by the RSC

② struggled to be selected as a member of the RSC

③ was a good example of the RSC's efforts to be inclusive

④ was a role model for the members of the RSC

問3 You are summarizing this article for other club members. Which of the following options best completes your summary?

[Summary]

The Royal Shakespeare Company (RSC) in the UK is making efforts to reflect the population of UK society in its productions. In order to achieve this, it has started to employ a balance of female and male actors and staff with a variety of backgrounds and abilities. It has also made changes to its plays. Consequently, the RSC has [____].

① attracted many talented actors from all over the world

② completed the 2019 season without any objections

③ contributed to matching social expectations with actions

④ earned its reputation as a conservative theater company

問4 Your drama club agrees with the RSC's ideas. Based on these ideas, your drama club might [____].

① perform plays written by new international authors

② present classic plays with the original story

③ raise funds to buy wheelchairs for local people

④ remove gender stereotypes from its performance

[本試]

本文中に出てくる inclusive は，トレンディワードと言ってもよい。十分に調べておいてほしい語である。

パラグラフメモ

第1パラグラフ：多様性を表現する劇団（RSC）

第2パラグラフ：RSCは民族，社会，性差，身体能力のバランスを表現

第3パラグラフ：RSCの多様性を意識した配役の具体例

第4パラグラフ：RSCの多様性を意識した戯曲の書き換えの具体例

第5パラグラフ：RSCはおおむね歓迎されている

問1　「記事によると，RSCは2019年夏期の公演で　　　　　」

　②「異なる能力を持つ役者を3人雇った」が正解。**第3パラグラフ最終文「キャストには障害を抱える役者（現在では『異なる心身能力を持つ』役者と呼ばれている）が3人含まれていた。1人は目が不自由で，1人は耳が不自由で，1人は車椅子使用者であった」と合致する**。その他の選択肢を確認しておく。①「有名な俳優たちに仕事の機会を与えた」は不可である。第2パラグラフ最終文に「役者やスタッフを採用するときには，その民族的および社会的背景，性差，そして身体能力のバランスをとることに懸命に取り組んでいる」とあるが，「有名な俳優」とは書かれていないし，そもそも包括的な劇団を目指すRSCとは無関係な記述である。③「27人の登場人物を含む劇を探した」も不可である。「27」に対する言及は第3パラグラフ第2文に「イギリス全土から俳優が採用され，27人のキャストが結成されて，これによって，今日のイギリスの多様な民族的，地理的，文化的な人口構成が反映された」とあるだけである。④「シェイクスピアおよび他の作家たちによる劇を上演した」は不可である。問題文にある「2019年夏期の公演期間」の記述は本文第3パラグラフだが，その第1文に「2019年の夏の公演期間に，RSCはシェイクスピアの『お気に召すまま』，『じゃじゃ馬馴らし』，『尺には尺を』という3つの喜劇を上演した」とあり，上演されたのはシェイクスピアの作品だけであることがわかる。正答率は60％強で，③を選んだ人が25％もいた。

問2　「この記事の著者がエイミー・トリッグについて触れているのはおそらく，彼女が　　　　　からである」

　③「RSCが包括的な団体であろうとする努力の良い例であった」が正解である。第5パラグラフ第1文のRSCに関する記述**「RSCの決定は，何ものをも排除しない包括的な劇団にしたいと願う芸術団体**

論理展開把握・評論・小説・エッセイ読解問題　461

にとっての新しい模範とみなすことができる」から正しいことがわかる。他の選択肢を確認しておく。①「RSC が上演した劇の 1 つで見事に役を演じた」は不可である。本文にこのような記述はないし，RSC の包括的な劇団を目指す試みを考えれば，エイミーが役者としての技量だけで採用されたわけではないことは明らかである。②「RSC の一員に選抜されるため奮闘した」，④「RSC のメンバーにとっての模範的存在であった」はどちらも本文に言及がないので不可である。正答率は 67.9％で，① および ④ を選んだ人がそれぞれ 14.3％もいた。

問 3 「あなたはクラブの他のメンバーのためにこの記事を要約している。次の選択肢の中で，あなたの要約文を完成させるのに最適なものはどれか」

［要約］

　イギリスのロイヤル・シェイクスピア劇団（RSC）は，イギリス社会の人口構成をその作品に反映させようと努力している。これを達成するために劇団は，さまざまな背景や能力を持つ女性と男性の役者やスタッフをバランスよく雇い始めた。また演じる劇にも変更を行った。その結果，RSC は 　　　　　。

　③「行動をもって社会の期待に応えることに貢献した」が正解。第 4 〜 5 パラグラフでは，**「RSC が包括的な劇団を目指し，他の包括的であろうとする劇団の模範的存在になっている」**との主旨が書かれていて，それに合致する。他の選択肢を確認しておく。①「世界中から多くの才能豊かな役者を惹きつけた」は不可。第 3 パラグラフ第 2 文で「イギリス全土から俳優が採用され」とあるので，「世界中から」だけでも間違いだとわかる。②「2019 年の公演期間をいかなる反対もなしに終えた」も不可である。第 5 パラグラフの第 2 文に「古典的な戯曲に多様性を取り入れることをためらう人々もいるが」とあるので，「いかなる反対もなしに」はこの記述に反している。④「保守的な劇団としての名声を得た」も不可である。RSC がやろうとしていることは「保守的」の正反対のことである。第 5 パラグラフ最終文の「ある種の課題は残っているものの，RSC は進歩の顔としての評判を得ているのである」に根拠を見いだすことができるが，その必要もないであろう。正答率は 67.9％で，① と ④ を選んだ人がそれぞれ 14％ぐらいいた。

問4 「あなたの演劇部はRSCの考え方に賛成する。これらの考え方に基づいて，あなたの演劇部は ☐ かもしれない」

④「性差からくる固定観念を劇から取り除く」が正解である。問題文には「RSCの考え方に賛成する」とあるので，**「包括的な劇団を目指すことに賛同する」**ということになる。④はそれを満たしている。

　その他の選択肢を吟味しよう。①「新しい国際的な作家によって書かれた劇を演じる」は前半が間違い。RSCは，主にシェイクスピアなどの古典をリメイクして上演している。②「古典的な劇を原作どおりに上演する」も不可である。「原作どおり」ではないことは第4パラグラフの記述から明らかである。③「地元の人々のために車椅子を購入するための基金を募る」は本文のどこにもそのような記述はないので不可である。正答率は82.1%であった。

解答 問1　②　　問2　③　　問3　③　　問4　④

訳
　あなたはアメリカにいる交換留学生で，学校の演劇部に入りました。あなたは，部を良いものにするのに役立つアイデアを得ようとして，アメリカのオンラインの芸術雑誌の記事を読んでいます。

ロイヤル・シェイクスピア劇団における最近の変化
文：ジョン・スミス
2020年2月20日

（1）　私たちは皆異なっている。ほとんどの人は，世界は多種多様な人々から構成されていることを認識しているが，多様性，つまり私たちの差異を顕在化させ受容することは，多くの場合，舞台芸術団体では反映されていない。このため，さまざまな背景を持つ人々や障害を抱える人々をより適切に表現する映画や演劇に対する需要がますます高まっている。イングランド芸術評議会は，こうした需要に応えるために，公的資金によって運営されているすべての芸術団体に，この分野における改善を行うように促している。これに積極的に応じている劇団の1つがロイヤル・シェイクスピア劇団（RSC）で，これは世界で最も影響力のある劇団の1つである。
（2）　RSCはイギリスのストラットフォード・アポン・エイボンに拠点を置き，ウィリアム・シェイクスピアをはじめとする何人もの著名な作

家による演劇を制作している。最近では，RSC は多様性に重点を置き，イギリス社会全体を正確に表現しようと試みている。役者やスタッフを採用するときには，その民族的および社会的背景，性差，そして身体能力のバランスをとることに懸命に取り組んでいる。

(3)　2019 年の夏の公演期間に，RSC はシェイクスピアの『お気に召すまま』，『じゃじゃ馬馴らし』，『尺には尺を』という 3 つの喜劇を上演した。イギリス全土から俳優が採用され，27 人のキャストが結成されて，これによって，今日のイギリスの多様な民族的，地理的，文化的な人口構成が反映された。公演期間全体を通じて性差のバランスを保つために，すべての配役のうち半分が男性の役者に，半分が女性の役者に割り当てられた。キャストには障害を抱える役者（現在では「異なる心身能力を持つ」役者と呼ばれている）が 3 人含まれていた。1 人は目が不自由で，1 人は耳が不自由で，1 人は車椅子使用者であった。

(4)　変化は雇用方針だけに留まらなかった。RSC は，観客に男女の力関係についてよく考えるよう促すために，これらの戯曲の一部を実際に書き換えた。たとえば，女性と男性の配役が逆にされた。『じゃじゃ馬馴らし』の場合，原作では「娘」だった役が「息子」に変えられて，男性の役者によって演じられた。さらにこの戯曲では，男性の使用人の役が女性の使用人に書き換えられた。その役を演じたのは，車椅子を使う女性役者エイミー・トリッグだった。トリッグは，自分がこの役を演じることができてわくわくしていると語り，また，RSC の変化は他の舞台芸術団体に大きな影響を及ぼすだろうと信じていると述べた。RSC の他のメンバーたちも，こういったあらゆる多様性に興奮を覚え，同じ望み，つまりより多くの芸術団体が RSC の例にならうよう促されるようにという望みを表明した。

(5)　2019 年の夏の公演期間に多様性を反映させるという RSC の決定は，何ものをも排除しない包括的な劇団にしたいと願う芸術団体にとっての新しい模範とみなすことができる。古典的な戯曲に多様性を取り入れることをためらう人々もいるが，心からこれらを歓迎する人たちもいる。ある種の課題は残っているものの，RSC は進歩の顔としての評判を得ているのである。

語句 　第 1 パラグラフ

▶ **récognize that** S' V'　熟 「S' V'（が真実であること）を認識する」

▶ *be* **made up of** 〜　熟 「〜から構成されている」
　※　材料を示す of

▶ **a wide varíety of** 〜　熟 「実にさまざまな〜」

- ▶ divérsity　名「多様性」
- ▶ *be* reflécted in ～　熟「～に反映されている」
- ▶ perfórming art　名「舞台芸術／公演芸術」
- ▶ demánd for ～　熟「～に対する需要」
- ▶ represént ～　他「～を表現する」
- ▶ báckground　名「背景」
  - ＊　民族，家柄，学歴などのこと
- ▶ disabílity　名「障害」
  - ＊　handicapped people は現在では差別的響きで避けられる
- ▶ in respónse to ～　熟「～に反応して」
- ▶ encóurage O to (V)　熟「(V) するように O に促す」
- ▶ públicly fúnded ～　熟「公的資金を受けた～」
- ▶ pósitively　副「積極的に」
- ▶ influéntial　形「影響力のある」

第2パラグラフ

- ▶ Strátford-upón-Ávon　名「ストラットフォード・アポン・エイボン」
  - ＊　シェイクスピアの生誕地として有名。「エイボン川のほとりのストラットフォード」が原義
- ▶ a númber of ～　熟「いくつもの～／何人もの～」
  - ＊　意外と多いことを暗示するものの，a large number of ～「多くの～」とは区別すること。
- ▶ *be* fócused on ～　熟「～に焦点を当てている」
- ▶ in an attémpt to (V)　熟「(V) する試みとして」
- ▶ áccurately　副「正確に」
  - ＊　「的に近い」ことを示唆する語
- ▶ éthnic　形「民族の」
- ▶ staff　名「(集合的に) 職員」
  - ＊　「1人のスタッフ」は a staff member
- ▶ híre　自「雇う」＊反意語は fire ～「～を首にする」

第3パラグラフ

- ▶ séason　名「〈英〉(番組・演劇などの) 期間」
- ▶ put ～ on ／ on ～　熟「(劇など) を上演する」
- ▶ cómedy　名「喜劇」

＊ シェイクスピアの書いた喜劇は全部で17ある

▶ divérse 　　　　　　　　形 「多様な」

▶ geográphical 　　　　　 形 「地理的な」

▶ achíeve génder bálance 熟 「性差のバランスをとる」

▶ role 　　　　　　　　　　名 「役割／役」

▶ refér to O as C 　　　　 熟 「O を C と呼ぶ」

▶ vísually-impáired 　　　 形 「目の不自由な／視力の弱まった」
　　＊ blind は差別的なので，with seeing difficulties「視覚的困難
　　を持つ」，visually-impaired「視力の弱まった」などで表現する
　　のが普通

▶ héaring-impáired 　　　 形 「耳が不自由な／聴力の弱まった」
　　＊ deaf は差別的なので，with hearing difficulties「聴覚的困
　　難を持つ」，hearing-impaired「聴力の弱まった」などで表現す
　　るのが普通

▶ whéelchair 　　　　　　 名 「車椅子」

第4パラグラフ

▶ híring pólicy 　　　　　 名 「採用方針」

▶ refléct on 〜 　　　　　 熟 「〜についてよく考える」

▶ pówer relátionship 　　 名 「力関係」

▶ revérse 〜 　　　　　　 他 「〜を逆転させる」

▶ in the oríginal 　　　　 熟 「原作では」

▶ transfórm A into B 　　 熟 「A を B に変える」
　　＊ 大幅に変えてしまうことを示唆

▶ sérvant 　　　　　　　 名 「使用人／召使い」

▶ have a 〜 ímpact on ... 熟 「…に〜な影響を及ぼす」

▶ fóllow in one's footsteps 熟 「〜の例にならう」

第5パラグラフ

▶ decísion to (V) 　　　　 熟 「(V) するという決定」

▶ inclúsive 　　　　　　　形 「何ものをも排除しない／包括的な」
　　＊「国や社会において，さまざまな人種・民族・宗教などの人を同
　　じように受け入れ，公平・平等に扱うこと」を示唆する語

▶ be relúctant to (V) 　　 熟 「(V) するのを嫌がる」

▶ with ópen arms 　　　　熟 「諸手を挙げて」

▶ earn one's reputátion as 〜 　　熟 「〜としての評判を得る」

466

チャレンジ問題 3

次の文章とポスターを読み，問1〜4の答えとして最も適当なものを，それぞれ①〜④のうちから一つずつ選べ。

You are working on a class project about safety in sports and found the following article. You are reading it and making a poster to present your findings to your classmates.

Making Ice Hockey Safer

(1)　Ice hockey is a team sport enjoyed by a wide variety of people around the world. The object of the sport is to move a hard rubber disk called a "puck" into the other team's net with a hockey stick. Two teams with six players on each team engage in this fast-paced sport on a hard and slippery ice rink. Players may reach a speed of 30 kilometers per hour sending the puck into the air. At this pace, both the players and the puck can be a cause of serious danger.

(2)　The speed of the sport and the slippery surface of the ice rink make it easy for players to fall down or bump into each other resulting in a variety of injuries. In an attempt to protect players, equipment such as helmets, gloves, and pads for the shoulders, elbows, and legs, has been introduced over the years. Despite these efforts, ice hockey has a high rate of concussions.

(3)　A concussion is an injury to the brain that affects the way it functions; it is caused by either direct or indirect impact to the head, face, neck, or elsewhere and can sometimes cause temporary loss of consciousness. In less serious cases, for a short time, players may be unable to walk straight or see clearly, or they may experience ringing in the ears. Some believe they just have a slight headache and do not realize they have injured their brains.

(4)　In addition to not realizing the seriousness of the injury, players tend to worry about what their coach will think. In the past, coaches preferred

論理展開把握・評論・小説・エッセイ読解問題　467

tough players who played in spite of the pain. In other words, while it would seem logical for an injured player to stop playing after getting hurt, many did not. Recently, however, it has been found that concussions can have serious effects that last a lifetime. People with a history of concussion may have trouble concentrating or sleeping. Moreover, they may suffer from psychological problems such as depression and mood changes. In some cases, players may develop smell and taste disorders.

(5) The National Hockey League (NHL), consisting of teams in Canada and the United States, has been making stricter rules and guidelines to deal with concussions. For example, in 2001, the NHL introduced the wearing of visors—pieces of clear plastic attached to the helmet that protect the face. At first, it was optional and many players chose not to wear them. Since 2013, however, it has been required. In addition, in 2004, the NHL began to give more severe penalties, such as suspensions and fines, to players who hit another player in the head deliberately.

(6) The NHL also introduced a concussion spotters system in 2015. In this system, NHL officials with access to live streaming and video replay watch for visible indications of concussion during each game. At first, two concussion spotters, who had no medical training, monitored the game in the arena. The following year, one to four concussion spotters with medical training were added. They monitored each game from the League's head office in New York. If a spotter thinks that a player has suffered a concussion, the player is removed from the game and is taken to a "quiet room" for an examination by a medical doctor. The player is not allowed to return to the game until the doctor gives permission.

(7) The NHL has made much progress in making ice hockey a safer sport. As more is learned about the causes and effects of concussions, the NHL will surely take further measures to ensure player safety. Better safety might lead to an increase in the number of ice hockey players and fans.

Making Ice Hockey Safer

What is ice hockey?

· Players score by putting a "puck" in the other team's net

· Six players on each team

· Sport played on ice at a high speed

Main Problem: A High Rate of Concussions

Definition of a concussion

An injury to the brain that affects the way it functions

Effects

Short-term	Long-term
· Loss of consciousness	· Problems with concentration
· Difficulty walking straight	· [B]
· [A]	· Psychological problems
· Ringing in the ears	· Smell and taste disorders

Solutions

National Hockey League (NHL)

· Requires helmets with visors

· Gives severe penalties to dangerous players

· Has introduced concussion spotters to [C]

Summary

Ice hockey players have a high risk of suffering from concussions.

Therefore, the NHL has [D].

問1　Choose the best option for [A] on your poster.

 ① Aggressive behavior

 ② Difficulty thinking

 ③ Personality changes

 ④ Unclear vision

問2 Choose the best option for ☐ B ☐ on your poster.
① Loss of eyesight
② Memory problems
③ Sleep disorders
④ Unsteady walking

問3 Choose the best option for ☐ C ☐ on your poster.
① allow players to return to the game
② examine players who have a concussion
③ fine players who cause concussions
④ identify players showing signs of a concussion

問4 Choose the best option for ☐ D ☐ on your poster.
① been expecting the players to become tougher
② been implementing new rules and guidelines
③ given medical training to coaches
④ made wearing of visors optional

[本試]

共通テストでは長文に「プレゼン用のポスター」が用意され
ていることがある。これを見れば長文の内容がある程度把握
できる。よって，これを効果的に利用しながら英文を読み進
め設問に対処すればよい。

解説 パラグラフメモ

第1パラグラフ：ホッケーは危険だ
第2パラグラフ：防具をつけていても脳震盪（のう しん とう）を起こす
第3パラグラフ：脳震盪の短期的影響
　　　　　　　　（まっすぐ歩けない／視界がぼやける／耳鳴り）
第4パラグラフ：脳震盪の長期的影響
　　　　　　　　（集中できない／眠れない／精神障害）
第5パラグラフ：NHL：厳しい規則とガイドラインの作成
第6パラグラフ：脳震盪スポッター制度を導入
第7パラグラフ：今後もより安全につとめるだろう

問1 「ポスターの ┌ A ┐ に最も当てはまるものを選べ」

④「視界のぼやけ」が正解。ポスターから，空所には脳震盪の短期的影響を入れればよいとわかる。第3パラグラフの第2文に「**重症度の低いケースでは，短時間ではあるが，選手はまっすぐ歩けなくなったり，物がぼやけて見えたりするという他にも，耳鳴りを経験する場合もある**」とある。この症状の中でポスターに書かれていないのは「物がぼやけて見える」である。よって，④が正解だとわかる。正解以外の選択肢の意味は，①「攻撃的な振る舞い」，②「思考能力の低下」，③「人格の変化」。

問2 「ポスターの ┌ B ┐ に最も当てはまるものを選べ」

③「睡眠障害」が正解。ポスターから，空所には脳震盪の長期的影響を入れればよいとわかる。第4パラグラフの第4〜7文「しかし，最近では，脳震盪は生涯続く深刻な影響を及ぼす可能性があることがわかってきている。**脳震盪の病歴のある人は，集中力や睡眠に障害を抱えるかもしれない。**さらに，うつ病や情緒不安定などの精神的問題にも悩まされるかもしれない。中には，選手が嗅覚障害や味覚障害を発症する場合もある」とある。この症状の中でポスターに書かれていないのは「睡眠に障害を抱える」である。よって，③が正解だとわかる。②「記憶能力の低下」は起こりそうだが本文には書かれていないので不可である。④「歩行困難」は短期の障害の例として挙げられているので不可。残りの選択肢①の意味は「失明」。

問3 「ポスターの ┌ C ┐ に最も当てはまるものを選べ」

④「脳震盪の兆候を見せた選手を特定する」が正解。ポスターを見ると，┌ C ┐ に入るのは，脳震盪スポッターが導入された目的だとわかる。第6パラグラフ第6〜7文に「**スポッターが，ある選手が脳震盪を起こしていると判断した場合，該当選手は試合から外され，『安静室』に運ばれ医師の診察を受ける。医師の許可が下りるまで，選手は試合に戻ることはできない**」とある。よって④が正解だとわかる。間違えた人の多くは②「脳震盪を起こした選手を検査する」を選んでいる。これは，本文中の an examination に影響されてのことだと思われる。その他の選択肢の意味は，①「選手が試合に戻ることを許す」，③「脳震盪を起こした選手に罰金を科す」。

なお，本文の concussion spotter は，spot concussion からできた語である。watch birds → bird watcher などと同様の変形である。

問4　「ポスターの　D　に最も当てはまるものを選べ」

　②「新しい規則とガイドラインを導入している」が正解。ポスターから，この問題は英文全体の要約に関わる問題であることがわかる。ポスターによると，「アイスホッケーの選手は脳震盪を起こす危険性が高い。そのため，NHL では　D　」とある。

　第5パラグラフ第1～2文に「カナダとアメリカのチームで構成されるナショナル・ホッケー・リーグ（NHL）では，**より厳格なルールやガイドラインを設けて脳震盪に対応してきた**。たとえば，2001年には，NHL はバイザー（ヘルメットに取り付けられた透明なプラスチックで顔を保護するもの）の着用を導入した」とある。第6パラグラフ第1文では「**また，NHL は 2015 年に脳震盪スポッターという制度を導入した**」とある。さらに第7パラグラフ第2文には「**脳震盪が起こる因果関係についてますますわかってくるにつれ，NHLは，選手の安全性を確保するためのさらなる措置を取るだろう**」とある。これらをまとめたものが正解となる。選択肢の中でこれらに該当するのは ② しかない。implement は CEFR-J で B2 の難語だが，いわゆる「消去法」を使えば問題ない。

　なお①「選手がより頑強になることを期待している」は第4パラグラフにおいて過去のコーチの古い考えの1つとして挙げられているにすぎない。③「コーチに対して医療に関する研修を実施している」はまったくのデタラメ。④「バイザーの着用を任意にした」は，第5パラグラフの「2013 年からはバイザーの着用は義務化されている」と矛盾している。

解答　問1　④　　問2　③　　問3　④　　問4　②

訳　　あなたはスポーツにおける安全性というテーマで授業課題に取り組んでおり，以下の記事を見つけた。あなたはこの記事を読み，ポスターを作ってクラスメートに調査結果を発表する。

アイスホッケーをより安全なものに
(1)　アイスホッケーは，世界中のさまざまな人々に楽しまれている団体競

技である。この競技の目的は，「パック」と呼ばれる硬くてゴムでできた円盤を，ホッケースティックで相手チームのゴールネットに入れることだ。各チーム6人ずつの2チームが，硬くて滑りやすい氷のリンクの上で素早く動き回る競技だ。選手たちは，パックを空中に弾く際に，時速30キロものスピードに達することもある。この速度では，選手もパックも深刻な危険の原因となる可能性がある。

(2) この競技はスピードが速く，アイスリンクの表面は滑りやすいので，往々にして選手が転倒したり，選手同士がぶつかったりして，さまざまなケガを負うことになる。選手を保護するために，ヘルメット，グローブ，肩，肘，脚のパッドなどの装備が長年にわたって導入されてきた。こうした努力にもかかわらず，アイスホッケーにおける脳震盪の発生率は高い。

(3) 脳震盪は，脳への損傷の1つであり，脳の機能に影響を及ぼす。脳震盪は，頭，顔，首，その他さまざまな部位への直接的または間接的な衝撃によって引き起こされ，時には一時的な意識喪失を引き起こす可能性がある。重症度の低いケースでは，短時間ではあるが，選手はまっすぐ歩けなくなったり，物がぼやけて見えたりするという他にも，耳鳴りを経験する場合もある。中には，軽い頭痛がするだけだと思い，自分の脳が損傷していることに気づかない人もいる。

(4) 損傷の深刻さに気づかないことに加えて，選手たちはコーチにどう思われるかを心配する傾向にある。昔は，コーチは，痛みがあってもプレーする強靭な選手のほうを好んだ。つまり，ケガをした選手が，負傷後プレーをやめるのは理にかなっているように思えても，多くの選手はそうはしなかったのだ。しかし，最近では，脳震盪は生涯続く深刻な影響を及ぼす可能性があることがわかってきている。脳震盪の病歴のある人は，集中力や睡眠に障害を抱えるかもしれない。さらに，うつ病や情緒不安定などの精神的問題にも悩まされるかもしれない。中には，選手が嗅覚障害や味覚障害を発症する場合もある。

(5) カナダとアメリカのチームで構成されるナショナル・ホッケー・リーグ（NHL）では，より厳格なルールやガイドラインを設けて脳震盪に対応してきた。たとえば，2001年には，NHLはバイザー（ヘルメットに取り付けられた透明なプラスチックで顔を保護するもの）の着用を導入した。当初，着用は任意だったため，多くの選手が着用しないことを選択した。しかし，2013年以降は義務化されている。さらに，2004年には，NHLは他の選手の頭部を故意に殴打した選手には，出場停止や罰金など，より厳しい罰則を科すようになった。

(6) また，NHLは2015年に脳震盪スポッターという制度を導入した。こ

のシステムは，ライブのストリーミング配信とリプレイ映像へのアクセス権を持った NHL の公式スタッフが，試合ごとに，視認可能な脳震盪の兆候がないかどうかを監視するというものだ。最初は，医学研修を受けていない 2 人の脳震盪スポッターがアリーナで試合を監視していた。その翌年には，医学研修を受けた 1 〜 4 人の監視員が追加された。彼らはニューヨークにある NHL のリーグ本部から各試合を監視した。スポッターが，ある選手が脳震盪を起こしていると判断した場合，該当選手は試合から外され，「安静室」に運ばれ医師の診察を受ける。医師の許可が下りるまで，選手は試合に戻ることはできない。

(7)　NHL はアイスホッケーをより安全な競技にするために，大きな進歩を遂げてきた。脳震盪が起こる因果関係についてますますわかってくるにつれ，NHL は，選手の安全性を確保するためのさらなる措置を取るだろう。安全性が高まれば，アイスホッケーの選手やファンの増加にもつながるかもしれない。

アイスホッケーをより安全なものに

アイスホッケーとは？
- 選手は「パック」を相手チームのゴールネットに入れることで得点する
- 各チーム 6 名
- 氷上で高速で行うスポーツ

主な問題点：脳震盪の発生率が高い

脳震盪の定義
脳の機能に影響を与える脳の損傷

影響

短期的	長期的
・意識喪失	・集中力の問題
・まっすぐに歩くことができなくなる	・睡眠障害
・視界のぼやけ	・精神的な問題
・耳鳴り	・嗅覚・味覚障害

解決策

ナショナル・ホッケー・リーグ（NHL）
- バイザー付きヘルメット着用の義務化
- 危険な行為をした選手には厳しい罰則を科す
- 脳震盪の兆候を見せた選手を特定するため脳震盪スポッターを導入した

まとめ
アイスホッケー選手は脳震盪を起こす危険性が高い。
そのため，NHL では新しい規則とガイドラインを導入している。

第1パラグラフ

▶ **a wide varíety of** 〜	熟	「幅広い層の〜」
▶ **óbject**	名	「目的」
▶ **rúbber disk**	名	「ゴムのディスク」
▶ **engáge in** 〜	熟	「〜に従事する」
▶ **slíppery**	形	「滑りやすい」
▶ **cause**	名	「原因」

第2パラグラフ

▶ **fall down**	熟	「転倒する」
▶ **bump ínto** 〜	熟	「〜にぶつかる」
▶ **resúlting in** 〜	熟	「その結果〜」
＊　分詞構文になっている		
▶ **a varíety of** 〜	熟	「さまざまな〜」
▶ **ínjury**（**to** 〜）	名	「（〜への）ケガ」
▶ **in an attémpt to**（V）	熟	「（V）するために」
▶ **equípment**	名	「装備」　＊　不可算名詞
▶ **élbow**	名	「肘」
▶ **despíte** 〜	前	「〜にかかわらず」
▶ **a high rate of** 〜	熟	「高い割合の〜」
▶ **concússion**	名	「脳震盪」
＊　percussion「打楽器（←叩くもの）」と同語源		

第3パラグラフ

▶ **afféct** 〜	他	「〜に影響を及ぼす」
▶ **the way**（**that**）S' V'	熟	「S' V' のやり方／働き」
＊　関係副詞 that の省略		
▶ **fúnction**	自	「機能する」
▶ **ímpact to** 〜	熟	「〜への衝撃」
▶ **témporary**	形	「一時的な」
▶ **lóss of cónsciousness**	熟	「意識の喪失」
▶ **walk straight**	熟	「まっすぐ歩く」
＊　この straight は副詞		
▶ **see cléarly**	熟	「はっきり見える」
▶ **ring in the ears**	熟	「耳鳴りがする」
▶ **have a slight héadache**	熟	「軽い頭痛がする」

第**3**章

論理展開把握・評論・小説・エッセイ読解問題

第4パラグラフ

- ▶ **in addítion (to ～)** 熟 「(～に) 加えて」
- ▶ **tend to (V)** 熟 「(V) する傾向にある」
- ▶ **in the past** 熟 「過去には」
- ▶ **prefér ～** 他 「～のほうを好む」
- ▶ **tough** 形 「頑強な」
- ▶ **in óther words** 熟 「言い換えれば」
- ▶ **lógical** 形 「論理的な」
- ▶ **get hurt** 熟 「ケガをする」
- ▶ **récently** 副 「最近」
- ▶ **last a lífetime** 熟 「生涯続く」
   * 〈last + (for) + 期間〉で「～続く」の意味
- ▶ **with a hístory of ～** 熟 「～の履歴のある」
- ▶ **have tróuble (V) ing** 熟 「(V) するのに苦労する」
- ▶ **cóncentrate** 自 「集中する」
   * 〈con- ［集める］ + -centra- ［中心］〉
- ▶ **moreóver** 副 「さらに」
- ▶ **súffer from ～** 熟 「(病気など) で苦しむ」
- ▶ **psychológical** 形 「心理面での」
- ▶ **depréssion** 名 「うつ」
- ▶ **devélop ～ disórder** 熟 「～が不調になる」
   * disorder は心や身体のどこかの調子が悪いこと

第5パラグラフ

- ▶ **consíst of ～** 熟 「～からなる」
- ▶ **strict** 形 「厳しい」
   * 規則などが厳しいこと
- ▶ **deal with ～** 熟 「～を扱う」
- ▶ **the wéaring of ～** 熟 「～の装着」
- ▶ **vísor** 名 「バイザー (顔面を保護する覆い)」
- ▶ **attách A to B** 熟 「A を B に付ける」
- ▶ **at first** 熟 「最初のうちは」
- ▶ **óptional** 形 「選択の」
- ▶ **requíred** 形 「必須の／義務的な」
- ▶ **suspénsion** 名 「出場停止」
- ▶ **fine** 名 「罰金」

▶ hit ～ in the head　　　　熟「～の頭部を叩く」
▶ delíberately　　　　　　副「故意に」

第6パラグラフ

▶ concússion spótter　　　名「脳震盪を見つける人」
▶ with áccess to ～　　　熟「～を見ることができる」
▶ live　　　　　　　　　形「生の」　　＊　/ laiv /
▶ stréaming　　　　　　　名「ストリーミング」
　　＊　インターネット上で映像や音楽を受信しながら同時に再生する
　　　方式
▶ watch for ～　　　　　熟「～が現れないか警戒する」
▶ indicátion of ～　　　　熟「～の兆候」
▶ médical tráining　　　　名「医学の訓練」
▶ mónitor ～　　　　　　他「～をチェックする」
▶ súffer ～　　　　　　　他「(嫌なこと) を経験する」
▶ *be* remóved from ～　　熟「～から外される」
▶ *be* táken to ～　　　　熟「～に連れて行かれる」
▶ "quíet room"　　　　　名「『安静室』」
　　＊　スタジアムの中で「静かな」場所などないはずだが，皆がそう
　　　呼んでいるので" "がつけられている
▶ examinátion　　　　　　名「検査」
　　＊　examine ～「～を検査する」の名詞形
▶ médical dóctor　　　　　名「(博士と区別して) 医者」
▶ *be* allówed to (V)　　　熟「(V) することを許される」

第7パラグラフ

▶ make prógress in ～　　熟「～で進歩する」
▶ take fúrther méasures to (V)　　熟「(V) するためのさらなる
　　　　　　　　　　　　　　　　　手段を講じる」
▶ ensúre ～　　　　　　　他「～を確実なものにする」
▶ lead to ～　　　　　　　熟「結果として～になる」
▶ íncrease in ～　　　　　熟「～の増加」

チャレンジ問題 4

You are in a student group preparing a poster for a presentation contest. You have been using the following passage to create the poster.

A Brief History of Units of Length

(1) Since ancient times, people have measured things. Measuring helps humans say how long, far, big, or heavy something is with some kind of accuracy. While weight and volume are important for the exchange of food, it can be argued that one of the most useful measurements is length because it is needed to calculate area, which helps in the exchange, protection, and taxation of property.

(2) Measuring systems would often be based on or related to the human body. One of the earliest known measuring systems was the cubit, which was created around the 3rd millennium BC in Egypt and Mesopotamia. One cubit was the length of a man's forearm from the elbow to the tip of the middle finger, which according to one royal standard was 524 millimeters (mm). In addition, the old Roman foot (296 mm), which probably came from the Egyptians, was based on a human foot.

(3) A unit of measurement known as the yard probably originated in Britain after the Roman occupation and it is said to be based on the double cubit. Whatever its origin, there were several different yards in use in Britain. Each one was a different length until the 12th century when the yard was standardized as the length from King Henry I's nose to his thumb on his outstretched arm. But it was not until the 14th century that official documents described the yard as being divided into three equal parts — three feet — with one foot consisting of 12 inches. While this description helped standardize the inch and foot, it wasn't until the late 15th century, when King Henry VII distributed official metal samples of feet and yards, that people knew for certain their true length. Over the years, a number of small adjustments were made until

478

the International Yard and Pound Agreement of 1959 finally defined the standard inch, foot, and yard as 25.4 mm, 304.8 mm, and 914.4 mm respectively.

(4)　The use of the human body as a standard from which to develop a measuring system was not unique to western cultures. The traditional Chinese unit of length called *chi* — now one-third of a meter — was originally defined as the length from the tip of the thumb to the outstretched tip of the middle finger, which was around 200 mm. However, over the years it increased in length and became known as the Chinese foot. Interestingly, the Japanese *shaku*, which was based on the *chi*, is almost the same as one standard foot. It is only 1.8 mm shorter.

(5)　The connection between the human body and measurement can also be found in sailing. The fathom (6 feet), the best-known unit for measuring the depth of the sea in the English-speaking world, was historically an ancient Greek measurement. It was not a very accurate measurement as it was based on the length of rope a sailor could extend from open arm to open arm. Like many other British and American units, it was also standardized in 1959.

(6)　The metric system, first described in 1668 and officially adopted by the French government in 1799, has now become the dominant measuring system worldwide. This system has slowly been adopted by many countries as either their standard measuring system or as an alternative to their traditional system. While the metric system is mainly used by the scientific, medical, and industrial professions, traditional commercial activities still continue to use local traditional measuring systems. For example, in Japan, window widths are measured in *ken* (6 *shaku*).

(7)　Once, an understanding of the relationship between different measures was only something traders and tax officials needed to know. However, now that international online shopping has spread around the world, we all need to know a little about other countries' measuring systems so that we know how much, or how little, of something we are buying.

Your presentation poster draft:

Different Cultures, Different Measurements

1. The purposes of common units

Standard units are used for:

    A. calculating how much tax people should pay

    B. commercial purposes

    C. comparing parts of the human body

    D. measuring amounts of food

    E. protecting the property of individuals

2. Origins and history of units of length

| 1 |
| 2 |

3. Comparison of units of length

Figure 1. Comparison of major units of length

| 3 |

4. Units today

| 4 |

問 1　When you were checking the statements under the first poster heading, everyone in the group agreed that one suggestion did not fit well. Which of the following should you **not** include? ⬚

① A ② B ③ C ④ D ⑤ E

問2 Under the second poster heading, you need to write statements concerning units of length. Choose the two below which are most accurate. (The order does not matter.) ☐ 1 ・ ☐ 2

① Inch and meter were defined by the 1959 International Yard and Pound Agreement.

② The *chi* began as a unit related to a hand and gradually became longer over time.

③ The cubit is one of the oldest units based on the length of a man's foot.

④ The length of the current standard yard was standardized by King Henry VII.

⑤ The origin of the fathom was from the distance between a man's open arms.

⑥ The origin of the Roman foot can be traced back to Great Britain.

問3 Under the third poster heading, you want a graphic to visualize some of the units in the passage. Which graph best represents the different length of the units from short (at the top) to long (at the bottom)? ☐ 3

①

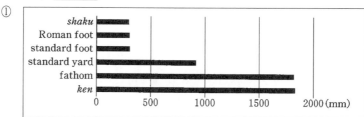

②

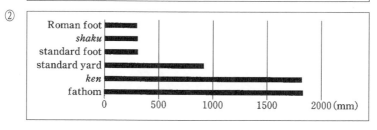

③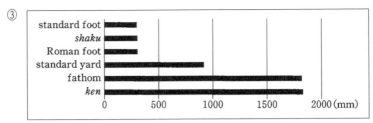

④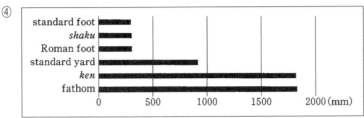

問4 Under the last poster heading, your group wants to add a statement about today's units based on the passage. Which of the following is the most appropriate? 　4　

① Although the metric system has become dominant worldwide, traditional measuring systems continue to play certain roles in local affairs.

② Science and medicine use traditional units today to maintain consistency despite the acceptance of a widespread standardized measurement system.

③ The increase in cross-border online shopping has made the metric system the world standard.

④ Today's units, such as the inch, foot, and yard, are based on the *chi*, whose origin is related to a part of the human body.

[追試]

 最終問題であったためか，モニターの学生の正答率はどの問も 30％と相当低かった。時間があればもう少し正答率は上がったかもしれない。

問1 「あなたが最初のポスターの見出しの下にある文をチェックし
ていたとき，グループの全員が，ある提案がうまく合わないこと
に同意した。次のうち，入れないほうがよいものはどれか」

③Ｃ「人体の各部分を比較すること」が正解である。まず，ポスター
のドラフトには「共通単位の目的」とあることに注意したい。③は，
第２パラグラフ第１文「計測システムは，しばしば人体をもとにす
るか，あるいは人体に関連したものであった」と合致しているように
思えるかもしれないが，そもそもこれは「共通単位の目的」とは言え
ないので不可である。

第１パラグラフの第２〜３文に「測ることは，ある種の正確さで，
ある物がどのくらい長いか，遠いか，大きいか，重いかなどを，人間
が言うのに役立つ。重さや体積は食料の交換に重要であるが，長さは
面積の計算に必要であり，財産の交換，保護，課税に役立つため，最
も有用な測定の１つであると言うことができる」とある。よって①Ａ
「国民が支払うべき税金の額を計算すること」，②Ｂ「商業目的」，④Ｄ
「食べ物の量を測ること」，⑤Ｅ「個人の財産を保護すること」は書か
れていることがわかる。②のＢを選んだ人が40%近くいた。おそら
く**「重さや体積は食料の交換に重要である」と「商業目的」とが結び
つかなかったため**だと思われる。

問2 「２番目のポスターの見出しの下では，長さの単位に関する記
述をする必要がある。次のうち，最も正確なものを２つ選びな
さい（順番は問わない）」

②「『チ』は手に関係する単位から始まり，時代と共に徐々に長く
なっていった」と⑤「尋の由来は，人が腕を伸ばしたときの距離にあ
る」が正解である。②に関しては，第４パラグラフ第２〜３文「**『チ』
と呼ばれる中国の伝統的な長さの単位（現在は１ｍの３分の1）は，
もともと親指の先から中指の先までの長さ（約200 mm）であった。
しかし，年月を経て，その長さが長くなり，中国のフィートとして知
られるようになった**」とあり合致する。⑤に関しては第５パラグラフ
第３文「**これ（＝尋）は船乗りが両腕をいっぱいに広げた際のロープ
の長さを基準にしていたため，あまり正確な測定単位ではなかった**」
とあり合致する。他の選択肢を確認する。①「インチとメートルは，
1959年の国際ヤード・ポンド協定で定義された」は第３パラグラフ

の最終文に「1959年の国際ヤード・ポンド協定により，標準的なインチ，フィート，ヤードはそれぞれ25.4mm，304.8mm，914.4mmと定められた」とあるが，「メートル」の記述はない。また第6パラグラフの第1文「メートル法は1668年に初めて記述され，1799年にフランス政府によって公式に採用され，現在では世界中で最も有力な測定方法となっている」とあり矛盾するので不可である。③「キュビットは，人の足の長さをもとにした最も古い単位の1つである」は，第2パラグラフ第2～3文「最も古くから知られている測定法の1つは，紀元前3千年紀頃にエジプトとメソポタミアで作られたキュビット（腕尺）である。1キュビットは，人間の前腕の，肘から中指の先までの長さで…」とあり，「人の足の長さをもとにした」が間違いで，不可である。④「現在の標準的なヤードの長さは，ヘンリー7世によって標準化された」は，不可である。第3パラグラフ第4～5文に「しかし，14世紀になって初めて，公文書の中で，ヤードは3等分されたもの，つまり3フィートで，1フィートは12インチで構成されていると記述されるようになった。この記述によってインチとフィートが標準化されたが，15世紀後半にヘンリー7世がフィートとヤードに関する公式の金属見本を配布してようやく，人々はその本当の長さを知るようになったのである」とあり矛盾するので不可である。⑥「ローマフィートの起源は，グレートブリテンまでさかのぼることができる」も不可である。第2パラグラフ最終文に「エジプト人から伝わったと思われる旧ローマフィート（296mm）は，人間の足を基準にしたものであった」とあり矛盾するので不可である。

問3 「3番目のポスターの見出しの下に，文章中に出てきたいくつかの単位を視覚化するための図が必要である。短い単位（上）から長い単位（下）までの長さの違いを表すのに最も適したグラフはどれか」

　②が正解である。「旧ローマフィート」は，第2パラグラフ最終文より296mmである。「尺」は，第3パラグラフ最終文と第4パラグラフの4～5文より303mm（304.8 - 1.8mm）である。「標準的フィート」と「標準的ヤード」は，第3パラグラフ最終文よりそれぞれ304.8mmと914.4mmである。「**ローマフィート**」「**尺**」「**標準的フィート**」の順番だけで答えは決まるが，残りも確認しておく。

「間」は，第 6 パラグラフ最終文より 1818 mm（303 mm × 6）である。さらに「尋」は，第 5 パラグラフ第 2 文より 1828.8 mm（304.8 mm × 6）である。正答率は 25.9% しかなかった。おそらく表の見方自体で戸惑ったのではないだろうか。

問4 「最後のポスターの見出しの下に，あなたのグループはこの文章に基づいた現代の単位についての文を追加したいと考えている。次のうち最も適切なものはどれか」

　①「メートル法が世界的に有力になったが，伝統的な測定システムは地域の営みにおいて一定の役割を果たし続けている」が正解。第 6 パラグラフ第 1 文「**メートル法は（中略）現在では世界的に有力な測定方法となっている**」と同パラグラフ第 3 文の「**伝統的な商業活動では，いまだに地域の伝統的な測定システムが使われ続けている**」と合致する。②「科学と医学においては，標準化された測定システムが広く受け入れられているにもかかわらず，一貫性を保つために今日も伝統的な単位を使用している」は後半が本文にはないので不可である。③「国境を越えたオンラインショッピングの増加により，メートル法が世界標準となった」は前半が不可。オンラインショッピングの増加がメートル法が世界標準となった理由とは書かれていない。④「現在のインチ，フィート，ヤードなどの単位は，その起源が人体の部位に関係する『チ』がもとになっている」は，後半の記述が第 2 〜 4 パラグラフの内容と矛盾するので不可である。③ と ④ を選んだ人が 40% 近くいたが，時間がないので，本文の中の印象的な表現を含んだ選択肢をなんとなく選んでしまっただけであろう。決して難問ではない。

解答 問1 ③　　問2 ② ⑤　　問3 ②　　問4 ①

訳　　あなたは学生団体に所属しており，プレゼンテーションコンテストのためのポスターを制作している。あなたはポスター制作のために以下の文章を参考にしている。

長さの単位の簡単な歴史

(1) 古代から，人々は物を測ってきた。測ることは，ある種の正確さで，ある物がどのくらい長いか，遠いか，大きいか，重いかなどを，人間が

言うのに役立つ。重さや体積は食料の交換に重要であるが，長さは面積の計算に必要であり，財産の交換，保護，課税に役立つため，最も有用な測定の1つであると言うことができる。

(2)　計測システムは，しばしば人体をもとにするか，あるいは人体に関連したものであった。最も古くから知られている測定法の1つは，紀元前3千年紀頃にエジプトとメソポタミアで作られたキュビット（腕尺）である。1キュビットは，人間の前腕の，肘から中指の先までの長さで，ある王室の基準では524ミリメートル（mm）であった。また，エジプト人から伝わったと思われる旧ローマフィート（296 mm）は，人間の足を基準にしたものであった。

(3)　ヤードとして知られている測定単位は，おそらくローマ帝国占領後にイギリスで生まれたもので，2キュビットがもとになっていると言われている。その起源はともかく，イギリスではいくつかの異なるヤードが使用されていた。12世紀に，ヘンリー1世の鼻から，彼が腕をいっぱいに伸ばした状態の親指までの長さがヤードとして統一されるまでは，それぞれが異なる長さであった。しかし，14世紀になって初めて，公文書の中で，ヤードは3等分されたもの，つまり3フィートで，1フィートは12インチで構成されていると記述されるようになった。この記述によってインチとフィートが標準化されたが，15世紀後半にヘンリー7世がフィートとヤードに関する公式の金属見本を配布してようやく，人々はその本当の長さを知るようになったのである。数年かけて，何度も微調整が行われ，1959年の国際ヤード・ポンド協定により，標準的なインチ，フィート，ヤードはそれぞれ25.4 mm，304.8 mm，914.4 mmと定められた。

(4)　測定法を開発する際に人体を基準として使用するのは，何も西洋文化に限ったことではなかった。「チ」と呼ばれる中国の伝統的な長さの単位（現在は1mの3分の1）は，もともと親指の先から大きく広げた中指の先までの長さ（約200 mm）であった。しかし，年月を経て，その長さが長くなり，中国のフィートとして知られるようになった。興味深いことに，「チ」をベースにした日本の尺は，標準的な1フィートとほぼ同じで，1.8 mm短いだけである。

(5)　人体と計測の関係は，航海にも見られる。尋（ひろ）（6フィート）は，英語圏で最もよく知られている海の深さを測る単位であるが，歴史的には古代ギリシャの計測法であった。これは船乗りが両腕をいっぱいに広げた際のロープの長さを基準にしていたため，あまり正確な測定単位ではなかった。イギリスやアメリカの他の多くの単位と同様，これも1959

年に標準化された。

(6) メートル法は 1668 年に初めて記述され，1799 年にフランス政府によって公式に採用されて，現在では世界的に有力な測定方法となっている。このメートル法は徐々に多くの国によって，標準的な測定システムとして，あるいはそれぞれの国の従来のシステムに代わるものとして採用されるようになった。メートル法は主に科学，医学，工業の専門職で使われているが，伝統的な商業活動では，いまだに地域の伝統的な測定システムが使われ続けている。たとえば，日本では窓の幅は「間」（6 尺）で測られる。

(7) かつては，さまざまな測量の関係を理解することは，貿易商や税務署員が知っておく必要のあることでしかなかった。しかし，インターネットを使った国際的なショッピングが世界中に広がった今，私たちは皆，自分が買っているものがどのくらいの大きさか，あるいはどのくらいの小ささかを知っておくために，他の国の測り方を少し知っておく必要がある。

プレゼンテーション用ポスターのドラフト：

異なる文化，異なる測定法

1. 共通単位の目的

標準単位は，次のような目的で使用される。
 A. 国民が支払うべき税金の額を計算すること
 B. 商業目的
 C. 人体の各部分を比較すること
 D. 食べ物の量を測ること
 E. 個人の財産を保護すること

2. 長さの単位の起源と歴史

「チ」は手に関係する単位として始まり，時代と共に徐々に長くなっていった。
尋の由来は，人の伸ばした両腕の間の距離にあった。

図 1. 主な長さの単位の比較

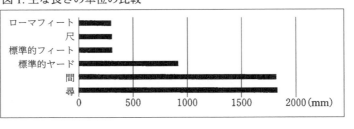

メートル法が世界的に有力になったが，伝統的な測定システムは地域の営みにおいて一定の役割を果たし続けている。

（語句）　タイトル

▶ **únit**　　名「単位」

第1パラグラフ

▶ **since áncient times**　　熟「古来」

▶ **méasure** 〜　　他「〜を測定する」

▶ **some kind of** 〜　　熟「ある種の〜」
　　＊　〈some ＋単数形〉に注意。→「お役立ちコラム」(p.490)

▶ **áccuracy**　　名「正確さ」

▶ **vólume**　　名「体積」

▶ **exchánge**　　名「交換」

▶ **árgue that** S' V'　　他「S' V' と主張する」

▶ **length**　　名「長さ」　　＊　long の名詞形

▶ **cálculate** 〜　　他「〜を計算する」

▶ **taxátion**　　名「課税」

第2パラグラフ

▶ **would óften** (V)　　熟「かつてよく (V) したものだった」
　　＊　過去の習慣的行為を示す

▶ *be* **reláted to** 〜　　熟「〜と関連している」

▶ cúbit 名「キュビット／腕尺」
▶ fórearm 名「前腕」 ＊ fore-［前］
▶ the míddle fínger 名「中指」
▶ róyal 形「王室の」
▶ foot 名「(単位の) フィート」
  ＊ 日本語では「1フィート」も間違いではないが，英語では one foot となる

第3パラグラフ

▶ oríginate in 〜 熟「〜から始まる」
▶ occupátion 名「占領」
▶ whatéver its órigin 熟「その起源が何であれ」
  ＊ origin のあとに is が省略されている
▶ there were 〜 in use 熟「〜が使用されていた」
▶ stándardize 〜 他「〜を標準化する」
▶ on his outstrétched arm 熟「彼のいっぱいに広げた腕における」
▶ It was not until 〜 that S' V'. 熟「〜になって初めて S' V' だった」
▶ dócument 名「文書」
▶ descríbe O as C 熟「O を C と述べる」
▶ be divíded ínto 〜 熟「〜に分割される」
▶ a númber of 〜 熟「いくつもの〜／何人もの〜」
  ＊ 意外と多いことを暗示するものの，a large number of 〜「多くの〜」とは区別すること
▶ agréement 名「協定」
▶ respéctively 副「各々」

第4パラグラフ

▶ a stándard from which to devélop a méasuring sýstem
  熟「測定法を開発する際の基準」
  ＊ from which they are to develop a measuring system と考えればよい。直訳すると「そこから測定法を開発することになる基準」となる
▶ be uníque to 〜 熟「〜に独自のものである」
▶ óne-third of 〜 熟「〜の3分の1」
▶ incréase in length 熟「長さにおいて増える」

第5パラグラフ

- ▶ **sáiling** 名「航海」
- ▶ **fáthom** 名「尋」
- ▶ **exténd from ópen arm to ópen arm** 熟「両腕いっぱいに伸ばす」

第6パラグラフ

- ▶ **the métric sýstem** 名「メートル法」
- ▶ **adópt ～** 他「～を採用する」
- ▶ **dóminant** 形「有力な／支配的な」
- ▶ **wórldwíde** 副「世界中で」
- ▶ **éither A or B** 熟「A か B か」
- ▶ **altérnative to ～** 熟「～の代わりのもの」
- ▶ **proféssion** 名「(医師・弁護士などの) 専門職」
- ▶ **lócal** 形「地元の」
- ▶ **width** 名「幅」 ＊ wide の名詞形

第7パラグラフ

- ▶ **tax offícial** 名「税務署の職員／税収官」
- ▶ **now that S' V'** 接「もはや S' V' なので」

お役立ちコラム

some の用法

❶ 〈**some ＋ 複数形の名詞**〉「～な…もいる」「一部の…は」

　例 **Some foreigners** do not like eating fish.
　「魚を食べるのを好まない外国人もいる」 ＊「いくつかの」ではない

❷ 〈**some ＋ 単数形の名詞**〉「何らかの」「ある」「ある程度」

　例 The lives of many people in the country were in **some way** connected
　　 with fishing.
　　 「その国の多くの人の生活は何らかの点で漁と関係していた」

　＊ I'd like some water.「水がほしい」のように 〈some+ 不可算名詞〉では
　　 some を訳さないこともある

❸ 〈**some ＋ 数字**〉「(しばしば驚きの気持ちを示して) およそ」

　例 The task will take **some ten** hours.
　　 「その仕事はおよそ 10 時間くらいかかるだろう」

Your classmate showed you the following message in your school's newsletter, written by an exchange student from the UK.

Volunteers Wanted!

(1) Hello, everyone. I'm Sarah King, an exchange student from London. I'd like to share something important with you today.

(2) You may have heard of the Sakura International Centre. It provides valuable opportunities for Japanese and foreign residents to get to know each other. Popular events such as cooking classes and karaoke contests are held every month. However, there is a serious problem. The building is getting old, and requires expensive repairs. To help raise funds to maintain the centre, many volunteers are needed.

(3) I learnt about the problem a few months ago. While shopping in town, I saw some people taking part in a fund-raising campaign. I spoke to the leader of the campaign, Katy, who explained the situation. She thanked me when I donated some money. She told me that they had asked the town mayor for financial assistance, but their request had been rejected. They had no choice but to start fund-raising.

(4) Last month, I attended a lecture on art at the centre. Again, I saw people trying to raise money, and I decided to help. They were happy when I joined them in asking passersby for donations. We tried hard, but there were too few of us to collect much money. With a tearful face, Katy told me that they wouldn't be able to use the building much longer. I felt the need to do something more. Then, the idea came to me that other students might be willing to help. Katy was delighted to hear this.

(5) Now, I'm asking you to join me in the fund-raising campaign to help the Sakura International Centre. Please email me today! As an exchange student, my time in Japan is limited, but I want to make the most of it. By working together, we can really make a difference.

Class 3 A
Sarah King (sarahk@sakura-h.ed.jp)
セーラ・キング

問 1　Put the following events (①~④) into the order in which they happened.
　① Sarah attended a centre event.
　② Sarah donated money to the centre.
　③ Sarah made a suggestion to Katy.
　④ The campaigners asked the mayor for help.

問 2　From Sarah's message, you learn that the Sakura International Centre ⬚.
　① gives financial aid to international residents
　② offers opportunities to develop friendships
　③ publishes newsletters for the community
　④ sends exchange students to the UK

問 3　You have decided to help with the campaign after reading Sarah's message. What should you do first?
　① Advertise the events at the centre.
　② Contact Sarah for further information.
　③ Organise volunteer activities at school.
　④ Start a new fund-raising campaign.

[本試]

解説 問1 「次の出来事（①~④）を起こった順序どおりに並べ替えなさい」

$\boxed{1} \Rightarrow \boxed{2} \Rightarrow \boxed{3} \Rightarrow \boxed{4}$

　④「キャンペーンの参加者たちは市長に援助を求めた」⇒ ②「セーラはセンターにお金を寄付した」⇒ ①「セーラはセンターのイベントに出席した」⇒ ③「セーラはケイティに提案をした」が正解。

　第3パラグラフの第4~5文に「私が寄付をした際に彼女はお礼を言ってくれました。ケイティさんが言うには、市長に資金援助をお願いしたところ、その要請は却下されてしまったとのことです」から、$\boxed{1}$には④、$\boxed{2}$には②が入るとわかる。She told me that they had asked the town mayor for financial assistance は that 節内が過去完了で書かれている。これは、市長に財政援助をお願いしたのが、直前の文の「セーラが寄付をした」より前のことであると示すた

492

めである。このように文の順序と時系列の順序が逆になっている場合には，過去完了が使われることが多いことを覚えておきたい。この過去完了に気がつかず，④と②の順序を逆にしてしまった人が非常に多かった。

第4パラグラフの第1文「先月，私はセンターで行われたアートに関する講演会に参加しました」から　3　には①が入る。さらに第4パラグラフ第7文「そこで，他の学生が協力することを厭（いと）わないかもしれないという考えを思いつきました」とあり，　4　は③だとわかる。正答率は70％ぐらいであった。

問2　「セーラのメッセージからさくら国際センターについてわかることは　□　だ」

②「友人を作る機会を提供している」が正解。第2パラグラフ第2文に「この地域に住む日本人と外国人が交流できる貴重な機会が提供されており」とあるので②が正解である。①「外国人居住者に経済援助を行っている」，③「コミュニティ向けのお知らせを発行している」，④「イギリスに交換留学生を派遣している」はいずれも本文に記述がないので誤りである。正答率は87.0％。

問3　「あなたはセーラのメッセージを読んでキャンペーンに協力することにした。あなたが最初にすべきことは何か」

②「セーラに詳しい情報を教えてもらうために連絡する」が正解。第5パラグラフ第1〜2文「今回，私は皆さんにさくら国際センターを支援するための募金活動に参加してもらいたいと思っています。今日中に私にメールを送ってください！」とある。①「センターでのイベントを宣伝する」，③「学校でのボランティア活動を企画する」，④「新しい募金活動を始める」は本文に記述がないので誤りである。正答率は65.2％。

解答　問1　④⇒②⇒①⇒③　　問2　②　　問3　②

訳　クラスメートが学校通信に載っている以下のメッセージを見せてくれた。これは，イギリスからの留学生が書いたものである。

ボランティアの募集！

（1）　皆さん，こんにちは。私はロンドンからの交換留学生のセーラ・キングです。今日は皆さんに重要なお知らせをしたいと思います。

（2）　皆さんは「さくら国際センター」について聞いたことがあると思います。この地域に住む日本人と外国人が交流できる貴重な機会が提供されており，料理教室やカラオケ大会などの人気イベントが毎月開催されています。しかし，深刻な問題が生じているのです。建物の老朽化のため，その修復にかなりのお金が必要です。センターを維持する資金を集めるのを助けるために，ボランティアが大勢必要となっています。

（3）　私は数か月前にこの問題について知りました。街で買い物をしているときに，募金活動に参加している人たちを見かけました。キャンペーンのリーダーであるケイティさんに話しかけると，彼女は状況を説明してくれました。私が寄付をした際に彼女はお礼を言ってくれました。ケイティさんが言うには，市長に資金援助をお願いしたところ，その要請は却下されてしまったとのことです。しかたなく募金活動を始めることになりました。

（4）　先月，私はセンターで行われたアートに関する講演会に参加しました。そのときも，募金活動をしている人たちの姿を見て，私も手伝うことにしました。私が通行人に募金を募る活動に参加したことで，彼らは喜んでくれました。私たちも頑張ったのですが，私たちの人数が少なすぎてあまりお金が集まりませんでした。ケイティさんは泣きそうな顔で，「この建物はもうこれ以上使えないと思う」と言っていました。私はもっと何かしなければと感じました。そこで，他の学生が協力することを厭わないかもしれないという考えを思いつきました。ケイティさんはこれを聞いて大喜びでした。

（5）　今回，私は皆さんにさくら国際センターを支援するための募金活動に参加してもらいたいと思っています。今日中に私にメールを送ってください！　交換留学生として，日本での時間は限られていますが，私はこの時間を最大限に活用したいと思っています。一緒に活動することで，私たちは実際に変化を起こすことができます。

3A 組
セーラ・キング（sarahk@sakura-h.ed.jp）

語句　第1パラグラフ
▶ **exchánge stúdent**　　　名「交換留学生」

▶ share *A* with *B*　　　　　熟「A を B と共有する」

第2パラグラフ

▶ províde *A* for *B*　　　　熟「A を B に提供する」
▶ résident　　　　　　　　名「住人」
▶ get to know ～　　　　　熟「～を知るようになる」
▶ hold ～　　　　　　　　他「～を開催する」
▶ requíre ～　　　　　　　他「～を必要とする」
▶ repáir　　　　　　　　　名「修理」
▶ raise funds　　　　　　　熟「資金を集める」
　　＊ fund-raising は「資金集め」の意味
▶ maintáin ～　　　　　　他「～を維持する」

第3パラグラフ

▶ take part in ～　　　　　熟「～に参加する」
▶ expláin ～　　　　　　　他「～を説明する」
▶ dónate ～　　　　　　　他「～を寄付する」
▶ máyor　　　　　　　　　名「市長／町長」
　　＊ major「主要な」と同語源
▶ fináncial　　　　　　　　形「財政的な」
▶ rejéct ～　　　　　　　　他「～を拒絶する」
　　＊〈re-［再び］+ -ject［投げる］〉
▶ have no choice but to (V)　熟「(V) する以外に選択の余地が
　　　　　　　　　　　　　　　ない」

第4パラグラフ

▶ atténd ～　　　　　　　他「～に出席する」
▶ lécture on ～　　　　　　熟「～に関する講義」
▶ pásserbý　　　　　　　　名「通行人」
▶ téarful　　　　　　　　　形「涙ぐんだ」
▶ *be* wílling to (V)　　　　熟「嫌がらずに (V) する」
▶ delíghted　　　　　　　　形「喜んで」

第5パラグラフ

▶ make the most of ～　　　熟「～を最大限に利用する」
▶ make a dífference　　　　熟「変化させる」

論理展開把握・評論・小説・エッセイ読解問題

次の文章を読み，問1～問5の答えとして最も適当なものを，それぞれの選択肢のうちから一つずつ選べ。

Using an international news report, you are going to take part in an English oral presentation contest. Read the following news story from France in preparation for your talk.

(1) Five years ago, Mrs. Sabine Rouas lost her horse. She had spent 20 years with the horse before he died of old age. At that time, she felt that she could never own another horse. Out of loneliness, she spent hours watching cows on a nearby milk farm. Then, one day, she asked the farmer if she could help look after them.

(2) The farmer agreed, and Sabine started work. She quickly developed a friendship with one of the cows. As the cow was pregnant, she spent more time with it than with the others. After the cow's baby was born, the baby started following Sabine around. Unfortunately, the farmer wasn't interested in keeping a bull— a male cow—on a milk farm. The farmer planned to sell the baby bull, which he called Three-oh-nine (309), to a meat market. Sabine decided she wasn't going to let that happen, so she asked the farmer if she could buy him and his mother. The farmer agreed, and she bought them. Sabine then started taking 309 for walks to town. About nine months later, when at last she had permission to move the animals, they moved to Sabine's farm.

(3) Soon after, Sabine was offered a pony. At first, she wasn't sure if she wanted to have him, but the memory of her horse was no longer painful, so she accepted the pony and named him Leon. She then decided to return to her old hobby and started training him for show jumping. Three-oh-nine, who she had renamed Aston, spent most of his time with Leon, and the two became really close friends. However, Sabine had not expected Aston to pay close attention to her training routine with Leon, nor had she expected

Aston to pick up some tricks. The young bull quickly mastered walking, galloping, stopping, going backwards, and turning around on command. He responded to Sabine's voice just like a horse. And despite weighing 1,300 kg, it took him just 18 months to learn how to leap over one-meter-high horse jumps with Sabine on his back. Aston might never have learned those things without having watched Leon. Moreover, Aston understood distance and could adjust his steps before a jump. He also noticed his faults and corrected them without any help from Sabine. That's something only the very best Olympic-standard horses can do.

(4) Now Sabine and Aston go to weekend fairs and horse shows around Europe to show off his skills. Sabine says, "We get a good reaction. Mostly, people are really surprised, and at first, they can be a bit scared because he's big—much bigger than a horse. Most people don't like to get too close to bulls with horns. But once they see his real nature, and see him performing, they often say, 'Oh he's really quite beautiful.'"

(5) "Look!" And Sabine shows a photo of Aston on her smartphone. She then continues, "When Aston was very young, I used to take him out for walks on a lead, like a dog, so that he would get used to humans. Maybe that's why he doesn't mind people. Because he is so calm, children, in particular, really like watching him and getting a chance to be close to him."

(6) Over the last few years, news of the massive show-jumping bull has spread rapidly; now, Aston is a major attraction with a growing number of online followers. Aston and Sabine sometimes need to travel 200 or 300 kilometers away from home, which means they have to stay overnight. Aston has to sleep in a horse box, which isn't really big enough for him.

(7) "He doesn't like it. I have to sleep with him in the box," says Sabine. "But you know, when he wakes up and changes position, he is very careful not to crush me. He really is very gentle. He sometimes gets lonely, and he doesn't like being away from Leon for too long; but other than that, he's very happy."

Your Presentation Slides

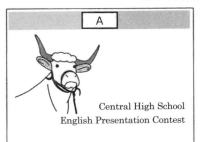

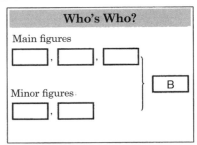

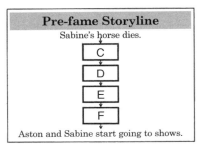

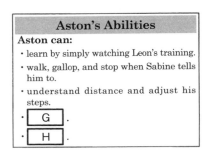

Aston Now

Aston today

- is a show-jumping bull.
- travels to fairs and events with Sabine.
- [I] .

問1　Which is the best title for your presentation? [A]

① Animal-lover Saves the Life of a Pony

② Aston's Summer Show-jumping Tour

③ Meet Aston, the Bull who Behaves Like a Horse

④ The Relationship Between a Farmer and a Cow

498

問2　Which is the best combination for the **Who's Who?** slide?　⬚B⬚

	Main figures	**Minor figures**
①	309, Aston, the farmer	Sabine, the pony
②	Aston, Aston's mother, Sabine	309, the farmer
③	Aston, Leon, the farmer	Aston's mother, Sabine
④	Aston, Sabine, the pony	Aston's mother, the farmer

問3　Choose the four events in the order they happened to complete the **Pre-fame Storyline** slide.　⬚C⬚ ~ ⬚F⬚

① Aston learns to jump.

② Sabine and Aston travel hundreds of kilometers together.

③ Sabine buys 309 and his mother.

④ Sabine goes to work on her neighbor's farm.

⑤ Sabine takes 309 for walks.

問4　Choose the two best items for the **Aston's Abilities** slide. (The order does not matter.)　⬚G⬚ ・ ⬚H⬚

① correct his mistakes by himself

② jump side-by-side with the pony

③ jump with a rider on his back

④ pick up tricks faster than a horse

⑤ pose for photographs

問5　Complete the **Aston Now** slide with the most appropriate item.
⬚I⬚

① has an increasing number of fans

② has made Sabine very wealthy

③ is so famous that he no longer frightens people

④ spends most nights of the year in a horse trailer

［本試］

時系列の順を尋ねる問に備えて，パラグラフメモを取っておこう。また，タイトル選択問題は消去法が有効だ。

解説 パラグラフメモ

第1パラグラフ：飼っていた馬が死に寂しいので，牧場で働く
第2パラグラフ：牝牛と子牛を引き取る
第3パラグラフ：ポニーのまねをして子牛が芸をする
第4パラグラフ：ヨーロッパ中でショーをする
第5パラグラフ：アストンは人慣れしているから人気
第6パラグラフ：人気のため泊まりがけで各地に行くことも
第7パラグラフ：アストンは総じて幸せそうだ

問1 「あなたの発表に最もよく合うタイトルはどれか」 A

　③「馬のように振る舞う牛アストンに会おう」が正解である。この話の概要は「**フランス人のサビーヌが，牛を引き取ってアストンと名づけ，ポニーと一緒に育てた結果，その牛が馬のような芸をするようになり，人気者になった**」ということ。この概要を凝縮したのは③しかない。①「とある動物好きがポニーの命を救った話」は本文にないので誤り。②「アストンによる夏の障害物飛越ツアー」のジャンプツアーに関しては第4パラグラフ第1文に「今ではサビーヌとアストンは，週末の祭典や馬術ショーのためヨーロッパ各地に出向き，アストンの技を披露している」とあるだけで「夏の」については言及がない。さらにこのタイトルでは，アストンがいったい何なのかがわからない。以上から②は不適切である。さらに④「牧場主と牛の関係」は，**そもそも cow「（特に）牝牛」が不適切。アストンは第2パラグラフにも書かれているように bull「雄牛」である。また「牧場主」もこの文章では中心的な人物とは言いがたい。**

　④を選んだ人が30％ほどいるが，全体像を把握する前に選んでしまった可能性が高い。また，**問1**から英文の全体像を尋ねる問題になっていることに注意したい。第1パラグラフだけ読んで**問1**を解く，といった解き方は通用しない。とにかく，まず英文全体を読むことが求められている。

問2 「［誰が誰か］のスライドに最適な組み合わせはどれか」　　B

④「（主役）アストン，サビーヌ，ポニー，（脇役）アストンの母，牧場主」が正解。**本文より主な登場人物は，アストンを救い芸を仕込んだサビーヌと，芸をする牛であるアストン，さらにアストンが芸を覚えるきっかけとなったポニー（のレオン）である。**よって④が正解となる。①②は「309」と「アストン」が同一であることがわかっていない人のための選択肢。③「（主役）アストン，レオン，牧場主，（脇役）アストンの母，サビーヌ」は，牧場主とサビーヌが逆である。

問3　「『名声を得るまでのあらすじ』のスライドを完成させるために，それらが起こった順に4つの出来事を選べ」　　C　〜　　F

④⇒③⇒⑤⇒①が正解。①「アストンがジャンプを覚える」は第3パラグラフ第8文「体重が1,300キロもあるにもかかわらず，わずか18か月で，サビーヌを背中に乗せて1メートルの高さの馬用の障害物を飛び越える方法を習得した」のことである。②「サビーヌとアストンは共に何百キロも移動する」は，第6パラグラフ第2文に記述があるが，同パラグラフの第1文後半に「今ではアストンはネット上のフォロワーを増やし，注目の的となっている」とあり，**名声を得たあとのことなので答えから省く。**③「サビーヌは309とその母親を買い取る」は，第2パラグラフ第6〜8文「牧場主は，スリーオーナイン（309）と呼んでいたその子牛を食肉市場に売ることを計画した。サビーヌはそれを見過ごすわけにはいかないと思い，牧場主にその子牛と母牛を買い取らせてもらうよう頼んだ。牧場主がこれを承諾したので，サビーヌはその2頭を買い取った」のことである。④「サビーヌは近隣の牧場へ働きに行く」は，第2パラグラフ第1文「牧場主の了解を得て，サビーヌは働き始めた」のことである。⑤「サビーヌは309を散歩に連れて行く」は，**第2パラグラフ第9文「サビーヌはそれから309を連れて町まで散歩に行くようになった」のこと**である。以上から正解④⇒③⇒⑤⇒①を得る。かなり差が出た問題である。

問4　「『アストンの能力』のスライドに最も適する2つの項目を選べ（順序は問わない）」　　G　　H

①「自分で間違いを正す」と③「背中に人を乗せてジャンプする」が正解。①は，第3パラグラフ第11〜12文「また，**サビーヌの助**

けを借りなくても，自分の欠点に気づき，それを修正することもできた。こんな芸当ができるのは，ずば抜けて優れたオリンピックレベルの馬ぐらいのものである」と合致する。②「ポニーと並んでジャンプする」は，第3パラグラフ第5文に「しかし，サビーヌは，レオンに施す日々の調教訓練をアストンが注意深く見ていたことも，アストンが何か芸を覚えるなどということも，考えてもみなかった」とあるだけで，そのような記述はないので不適切である。③は，第3パラグラフ第8文「**体重が1,300キロもあるにもかかわらず，わずか18か月で，サビーヌを背中に乗せて1メートルの高さの馬用の障害物を飛び越える方法を習得した**」と合致する。④「馬よりも早く芸を覚える」は，第3パラグラフ第7文に「アストンはサビーヌの声には，まさに馬のように反応した」とあるだけで，アストンが馬より早く芸を覚えたという記述はないので不適切である。⑤「写真のためにポーズをとる」は本文にないので不適切である。以上より①，③が正解となる。

問5 「**最も適する項目を選び『現在のアストン』のスライドを完成させよ**」 I

　①「**ますます多くのファンを獲得している**」が正解。第6パラグラフ第1文に「ここ数年，障害物を飛越する巨大な牛のニュースは急速に広まり，**今ではアストンはネット上のフォロワーを増やし，注目の的となっている**」とあり，合致する。②「サビーヌをとても裕福にした」は，本文に記述がないので不適切。③「とても有名なので，彼はもはや人々を怖がらせない」は第4パラグラフ第3文後半から第4文に「最初は少し怖がることもあります。大半の人は，角のある雄牛のすぐそばにまで近づきたがらないものです」とあるので合致しない。④「一年のほとんどの夜を馬のトレーラーで過ごす」は，第6パラグラフ第2文に「アストンとサビーヌは，時には家から200キロ，300キロ離れた場所を移動しなければならないこともある。それはつまり，宿泊せざるを得ないということを意味する」とあるだけで，一年の大半の夜を外で過ごしているわけではない。よって不適切である。以上から①が正解となる。

解答 問1　③　　問2　④　　問3　④⇒③⇒⑤⇒①　　問4　①　③　　問5　①

　国際的なニュース記事を使って，あなたは英語のスピーチコンテストに参加することになった。スピーチに備えて，フランスで起こった次のニュースを読みなさい。

（1）　今から5年前，サビーヌ・ルアス夫人は飼い馬を失った。彼女は，馬が老衰で亡くなるまで20年間，その馬と一緒に過ごしてきた。そのとき，彼女はもう二度と別の馬を飼うことはできないと感じた。寂しさのあまり，何時間も近くの酪農場の牛たちを眺めて過ごしていた。そして，ある日，サビーヌは牧場主に，牛たちの世話を手伝わせてくれないかと頼んだ。

（2）　牧場主の了解を得て，サビーヌは働き始めた。サビーヌは牝牛の中の1頭とすぐに友情を育んだ。その牛は妊娠していたので，サビーヌは，他の牛たちよりもその牛と一緒に長い時間を過ごした。その牛が子牛を産んでからは，その子牛はサビーヌのあとをついて回るようになった。残念なことに，牧場主は雄牛 —— オスの牛 —— を牧場で飼うことに興味がなかった。牧場主は，スリーオーナイン（309）と呼んでいたその子牛を食肉市場に売ることを計画した。サビーヌはそれを見過ごすわけにはいかないと思い，牧場主にその子牛と母牛を買い取らせてもらうよう頼んだ。牧場主がこれを承諾したので，サビーヌはその2頭を買い取った。サビーヌはそれから309を連れて町まで散歩に行くようになった。それから約9か月後，ようやくその2頭の動物を移動させる許可が出て，2頭はサビーヌの農場へ移動した。

（3）　間もなく，サビーヌは1頭のポニーを譲り受けた。最初，彼女は本当にポニーを飼いたいのかどうか自信が持てなかったが，以前の馬との記憶はもはや辛いものではなくなっていたので，彼女はポニーを受け入れ，彼をレオンと名づけた。その後，彼女はかつての趣味にもう一度戻ることを決意し，そのポニーに対して障害物を飛越する技を教え始めた。スリーオーナインは，アストンという名に改められ，ほとんどの時間をレオンと一緒に過ごし，2頭はとても仲良しになった。しかし，サビーヌは，レオンに施す日々の調教訓練をアストンが注意深く見ていたことも，アストンが何か芸を覚えるなどということも，考えてもみなかった。若い雄牛は，命令に応じて，常歩，全力疾走，停止，後退，方向転換などをすることをすぐにマスターした。アストンはサビーヌの声には，まさに馬のように反応した。そして，体重が1,300キロもあるにもかかわらず，わずか18か月で，サビーヌを背中に乗せて1メートルの高さの馬用の障害物を飛び越える方法を習得した。アストンは，レオンを観察していなければ，これらのことを学ぶことはできなかったかもしれない。さらに，アストンは距離感を把

握し，ジャンプの前に自分の歩幅を調整することができた。また，サビーヌの助けを借りなくても，自分の欠点に気づき，それを修正することもできた。こんな芸当ができるのは，ずば抜けて優れたオリンピックレベルの馬ぐらいのものである。

(4)　今ではサビーヌとアストンは，週末の祭典や馬術ショーのためヨーロッパ各地に出向き，アストンの技を披露している。サビーヌは，「お客さんの受けはいいですよ。たいていの場合，人々は本当に驚きますね。馬よりもずっと大きいので，最初は少し怖がることもあります。大半の人は，角のある雄牛のすぐそばにまで近づきたがらないものです。でも，いったんアストンの本来の性質がわかり，彼が演じるところを見れば，『ああ，アストンは本当に見事だね』と言ってくれることが多いですね」。

(5)　「見て！」と，サビーヌはスマホに入っているアストンの写真を見せ，こう続けた。「アストンがまだ小さかった頃，犬のようにリードをつけて散歩に連れて行き，人間に慣れるようにしていました。だから人間のことを嫌がらないのかもしれませんね。アストンはこんなにおとなしいので，子どもたちは特に彼を見るのが好きで，機会があれば彼の近くにまで行きたがるんです」。

(6)　ここ数年，障害物を飛越する巨大な牛のニュースは急速に広まり，今ではアストンはネット上のフォロワーを増やし，注目の的となっている。アストンとサビーヌは，時には家から200キロ，300キロ離れた場所を移動しなければならないこともある。それはつまり，宿泊せざるを得ないということを意味する。アストンは，自分にとって十分な大きさとはとても言えないような馬匹運搬車の中で寝なければならないことになる。

(7)　「アストンはその馬匹運搬車が好きではありません。だから私が一緒に寝てやらないといけないのです」とサビーヌは言う。「でも，アストンが目を覚まして体勢を変えるときは，私を押しつぶさないように気をつけてくれています。彼は本当にとても心が優しいんです。たまに寂しがって，レオンと長い時間離れ離れになるのが嫌なのですが，それ以外はとても幸せそうなんです」

あなたの発表のスライド

馬のように振る舞う牛アストンに会おう

セントラル高校
英語スピーチコンテスト

誰が誰か？

主役
　アストン，サビーヌ，ポニー

脇役
　アストンの母，牧場主

名声を得るまでのあらすじ

サビーヌの馬が死ぬ

サビーヌは近隣の牧場に働きに行く

サビーヌは309とその母親を買い取る

サビーヌは309を散歩に連れて行く

アストンがジャンプを覚える

アストンとサビーヌはショーに行き始める

アストンの能力

アストンは
・レオンの訓練を見るだけで学ぶことができる
・サビーヌが指示すれば，常歩，ギャロップ，停止できる
・距離感を理解し，自分の歩幅を調整できる
・自分で間違いを正すことができる
・背中に人を乗せてジャンプする

現在のアストン

アストンは今
・障害物を飛越する牛である
・サビーヌと旅をして祭典や催しを訪ねる
・ますます多くのファンを獲得している

語句　第1パラグラフ

▶ **die of old age**　　熟「老衰で死ぬ」

▶ **out of lóneliness**　　熟「孤独から」

▶ **cow**　　名「牝牛／（一般的な）牛」
　　＊　bull「（去勢前の）雄牛」，ox「（去勢後の）雄牛」

▶ **milk farm**　　名「酪農場」

▶ **ask ＋（人）＋ if** S' V'　　熟「（人）に S' V' かどうか尋ねる」

第2パラグラフ

▶ **devélop a fríendship**　　熟「友情を育む」

▶ prégnant 　　　　　　　形「妊娠した」
　　＊　〈pre-［〜の前］＋ -gn-［（= gen）生まれる]〉
　　　　同義語 generate 〜「〜を生み出す」
▶ fóllow 〜 aróund 　　熟「〜をついて回る」
▶ bull 　　　　　　　　名「(去勢前の) 雄牛」
▶ let that háppen 　　　熟「それが起きるのを許す」
▶ permíssion to（V）　　熟「(V) する許可」

第3パラグラフ

▶ póny 　　　　　　　　名「ポニー (小型馬の総称)」
▶ be not sure if S' V' 　　熟「S' V' かどうか自信がない」
▶ no lónger 　　　　　　熟「もはや〜ない」
▶ accépt 〜 　　　　　　他「〜を引き取る」
▶ expéct 〜 to（V）　　　熟「〜が (V) すると予想する」
▶ tráining routíne 　　　名「訓練の日課」
▶ nor had S expécted 〜 熟「S は〜とも思っていなかった」
　　＊　〈nor ＋疑問文〉の形式の倒置形
▶ pick 〜 up ／ up 〜 　　熟「(見て・聞いて) 〜を覚える」
▶ gállop 　　　　　　　自「ギャロップで駆ける」
▶ on commánd 　　　　熟「命令に応じて」
　　＊　「命令に基づいて」が直訳
▶ despíte 〜 　　　　　　前「〜にもかかわらず」
▶ leap óver 〜 　　　　　熟「〜を跳んで乗り越える」
▶ with 〜 on one's back 熟「〜を背中に乗せて」
　　＊　「付帯状況」の with
▶ moreóver 　　　　　　副「おまけに」
▶ dístance 　　　　　　名「距離」
▶ adjúst one's steps 　　熟「歩幅を調整する」
　　＊　「微調整する」こと
▶ fault 　　　　　　　　名「欠点」
▶ corréct 〜 　　　　　　他「〜を修正する」

第4パラグラフ

▶ show off one's skills 　熟「〜の技術を披露する」
▶ at first 　　　　　　　熟「最初のうちは」
　　＊　あとで状況が変化することを示唆

▶ scáred 　　　　　　形 「怖がって」

▶ once ～ 　　　　　　接 「いったん～すれば」

▶ *one's* réal náture 　熟 「～の本当の性質」

第5パラグラフ

▶ a phóto on *one's* smártphone 　熟 「スマホに入っている写真」

▶ used to (V) 　　　　助 「かつて (V) した」

▶ on a lead 　　　　　熟 「リードでつないで」

▶ so that S' will (V') 　熟 「S' が (V') するように」

▶ get used to ～ 　　　熟 「～に慣れる」
　　* この to は前置詞

▶ calm 　　　　　　　形 「落ち着いている」

▶ in partícular 　　　　熟 「とりわけ」

第6パラグラフ

▶ óver ＋期間 　　　　前 「～の間に」

▶ rápidly 　　　　　　副 「急速に」

▶ májor 　　　　　　　形 「主な」　　* / ei / の発音に注意

▶ stay overníght 　　　熟 「宿泊する」

第7パラグラフ

▶ crush ～ 　　　　　他 「～を押しつぶす」

▶ géntle 　　　　　　形 「おとなしい」

▶ óther than ～ 　　　熟 「～以外は」

第3章 論理展開把握・評論・小説・エッセイ読解問題

You are in a student group preparing for an international science presentation contest. You are using the following passage to create your part of the presentation on extraordinary creatures.

(1) Ask someone to name the world's toughest animal, and they might say the Bactrian camel as it can survive in temperatures as high as 50°C, or the Arctic fox which can survive in temperatures lower than −58°C. However, both answers would be wrong as it is widely believed that the tardigrade is the toughest creature on earth.

(2) Tardigrades, also known as water bears, are microscopic creatures, which are between 0.1 mm to 1.5 mm in length. They live almost everywhere, from 6,000-meter-high mountains to 4,600 meters below the ocean's surface. They can even be found under thick ice and in hot springs. Most live in water, but some tardigrades can be found in some of the driest places on earth. One researcher reported finding tardigrades living under rocks in a desert without any recorded rainfall for 25 years. All they need are a few drops or a thin layer of water to live in. When the water dries up, so do they. They lose all but three percent of their body's water and their metabolism slows down to 0.01% of its normal speed. The dried-out tardigrade is now in a state called "tun," a kind of deep sleep. It will continue in this state until it is once again soaked in water. Then, like a sponge, it absorbs the water and springs back to life again as if nothing had happened. Whether the tardigrade is in tun for 1 week or 10 years does not really matter. The moment it is surrounded by water, it comes alive again. When tardigrades are in a state of tun, they are so tough that they can survive in temperatures as low as −272°C and as high as 151°C. Exactly how they achieve this is still not fully understood.

(3) Perhaps even more amazing than their ability to survive on earth — they have been on earth for some 540 million years — is their ability to survive in space. In 2007, a team of European researchers sent a number of living tardigrades into space on the outside of a rocket for 10 days. On their return to earth, the researchers were surprised to see that 68%

were still alive. This means that for 10 days most were able to survive X-rays and ultraviolet radiation 1,000 times more intense than here on earth. Later, in 2019, an Israeli spacecraft crashed onto the moon and thousands of tardigrades in a state of tun were spilled onto its surface. Whether these are still alive or not is unknown as no one has gone to collect them — which is a pity.

(4) Tardigrades are shaped like a short cucumber. They have four short legs on each side of their bodies. Some species have sticky pads at the end of each leg, while others have claws. There are 16 known claw variations, which help identify those species with claws. All tardigrades have a place for eyes, but not all species have eyes. Their eyes are primitive, only having five cells in total — just one of which is light sensitive.

(5) Basically, tardigrades can be divided into those that eat plant matter, and those that eat other creatures. Those that eat vegetation have a ventral mouth — a mouth located in the lower part of the head, like a shark. The type that eats other creatures has a terminal mouth, which means the mouth is at the very front of the head, like a tuna. The mouths of tardigrades do not have teeth. They do, however, have two sharp needles, called stylets, that they use to pierce plant cells or the bodies of smaller creatures so the contents can be sucked out.

(6) Both types of tardigrade have rather simple digestive systems. The mouth leads to the pharynx (throat), where digestive juices and food are mixed. Located above the pharynx is a salivary gland. This produces the juices that flow into the mouth and help with digestion. After the pharynx, there is a tube which transports food toward the gut. This tube is called the esophagus. The middle gut, a simple stomach/intestine type of organ, digests the food and absorbs the nutrients. The leftovers then eventually move through to the anus.

Your presentation slides:

Tardigrades:
Earth's Ultimate Survivors

1. Basic Information

· 0.1 mm to 1.5 mm in length
· shaped like a short cucumber
·
· 1
·
·

2. Habitats

· live almost everywhere
· extreme environments such as...
  ✓ 6 km above sea level
  ✓ 4.6 km below sea level
  ✓ in deserts
  ✓ −272℃ to 151℃
  ✓ in space (possibly)

3. Secrets to Survival

"tun"   active
· 2
· 3

4. Digestive Systems 4

5. Final Statement

5

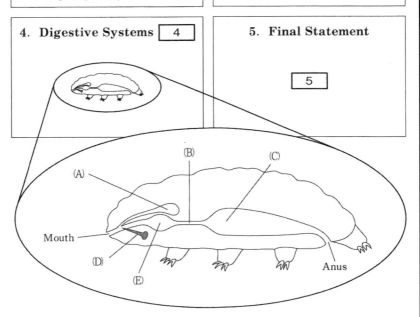

(A)   (B)   (C)

Mouth

(D)

(E)

Anus

問1　Which of the following should you **not** include for ⬚ 1 ⬚ ?

① eight short legs

② either blind or sighted

③ plant-eating or creature-eating

④ sixteen different types of feet

⑤ two stylets rather than teeth

問2　For the **Secrets to Survival** slide, select two features of the tardigrade which best help it survive. (The order does not matter.)

⬚ 2 ⬚ ・ ⬚ 3 ⬚

① In dry conditions, their metabolism drops to less than one percent of normal.

② Tardigrades in a state of tun are able to survive in temperatures exceeding 151°C.

③ The state of tun will cease when the water in a tardigrade's body is above 0.01%.

④ Their shark-like mouths allow them to more easily eat other creatures.

⑤ They have an ability to withstand extreme levels of radiation.

問3　Complete the missing labels on the illustration of a tardigrade for the **Digestive Systems** slide. ⬚ 4 ⬚

① (A) Esophagus　　(B) Pharynx　　　(C) Middle gut
　 (D) Stylets　　　(E) Salivary gland

② (A) Pharynx　　　(B) Stylets　　　(C) Salivary gland
　 (D) Esophagus　　(E) Middle gut

③ (A) Salivary gland　(B) Esophagus　　(C) Middle gut
　 (D) Stylets　　　(E) Pharynx

④ (A) Salivary gland　(B) Middle gut　　(C) Stylets
　 (D) Esophagus　　(E) Pharynx

⑤ (A) Stylets　　　(B) Salivary gland　(C) Pharynx
　 (D) Middle gut　　(E) Esophagus

問 4　Which is the best statement for the final slide?　□5□

① For thousands of years, tardigrades have survived some of the harshest conditions on earth and in space. They will live longer than humankind.

② Tardigrades are from space and can live in temperatures exceeding the limits of the Arctic fox and Bactrian camel, so they are surely stronger than human beings.

③ Tardigrades are, without a doubt, the toughest creatures on earth. They can survive on the top of mountains; at the bottom of the sea; in the waters of hot springs; and they can also thrive on the moon.

④ Tardigrades have survived some of the harshest conditions on earth, and at least one trip into space. This remarkable creature might outlive the human species.

問 5　What can be inferred about sending tardigrades into space?　□6□

① Finding out whether the tardigrades can survive in space was never thought to be important.

② Tardigrades, along with other creatures that have been on earth for millions of years, can withstand X-rays and ultraviolet radiation.

③ The Israeli researchers did not expect so many tardigrades to survive the harsh environment of space.

④ The reason why no one has been to see if tardigrades can survive on the moon's surface attracted the author's attention.

[本試]

解説　パラグラフメモ

第1パラグラフ：地球上で最強の生き物はクマムシである

第2パラグラフ：クマムシはどこでも（高地，海中，乾燥地帯，暑いところ，寒いところなど）生きられる，乾燥すると「タン」という状態になり，水に浸かると元に戻る

第3パラグラフ：宇宙空間でも生き延びた例がある

月面で「タン」状態でばらまかれたが，回収していないので生死は不明

第4パラグラフ：体の構造。粘着系の肉球を持つものと爪を持つもの

第5パラグラフ：口の構造。植物を食べるものはサメのように頭の下部にある。植物以外の食べ物を食べるものはマグロのように頭の前にある

第6パラグラフ：消化器官の構造

問1 「□1□ に含むべきではない選択肢は次のうちのどれか」

④「**16のさまざまな種類の脚**」が正解。

プレゼンのメモと設問から，「クマムシの体の基本的な構造で，本文に書かれていないもの」を答えればよいことがわかる。

選択肢を順に吟味していく。①「8本の短い脚」は，第4パラグラフ第2文「体の両側に4本ずつの短い脚がある」と一致する。②「目が見えないか視力があるか」は，第4パラグラフ第5文の「すべてのクマムシに目のための場所があるが，すべての種に目があるわけではない」と一致する。③「植物を食べるか生物を食べるか」は，第5パラグラフ第1文の「基本的にクマムシは，植物類を食べるものと，他の生物を食べるものに分けられる」と一致する。④「**16のさまざまな種類の脚**」は，「脚」が間違っている。第4パラグラフ第4文「爪は16種あり，そうした爪のある種を識別するのに役立っている」には「爪」と書かれている。よって④が正解。⑤「歯ではなく2本のスタイレット」は，第5パラグラフ第5文「しかし，クマムシはスタイレットと呼ばれる2本の鋭い針を持っており，植物細胞や小型の生き物の体に穴を開け，中身を吸い出すことができる」と一致している。

上位層の正答率でも42.4％しかなく，下位層は20.3％しかない。間違えた人の多くが①，②を選んでいる。

問2 「『生き残るための秘密』のスライドのために，生き残るのに最も役に立っているクマムシの2つの特徴を選べ（順序は問わない）」□2□ □3□

①「乾燥した状態では，クマムシの代謝が普段の1％未満になる」，⑤「クマムシは極端に高いレベルの放射線にも耐えられる能力がある」が正解。問題文から「クマムシの『生き残るための秘密』となる特徴」を答えればよいことがわかる。

選択肢を順に吟味する。①「乾燥した状態では，クマムシの代謝が普段の 1 ％未満になる」は，第 2 パラグラフ第 8 文「クマムシは体内の 3 ％を除くすべての水分を失い，代謝は通常の 0.01 ％の速度にまで低下する」と一致している。②「タン状態のクマムシは 151 ℃を超えた温度でも生き残ることができる」は，「151 ℃を超えた」が間違いである。第 2 パラグラフ第 14 文「クマムシはタンの状態になると強靱になり，下は－272 ℃から，上は 151 ℃の環境でも生き延びることができる」とあり，151 ℃が上限であることがわかる。③「タン状態はクマムシの体内の水分が 0.01 ％を超えたとき終わる」は不可である。第 2 パラグラフ第 9 ～ 10 文「干からびたクマムシは，『タン』と呼ばれる深い眠りの状態になる。クマムシは，再び水に浸かるまでこの状態でいる」とあり，「水に浸かると生き返る」と書かれている。④「クマムシのサメのような口のおかげで他の生物が食べやすくなる」は「他の生物」が不可。第 5 パラグラフ第 2 文「植物を食べるタイプは，腹側に口がある。口が，サメのように頭の下部にあるのだ」とある。なお，creature という単語は「植物を除いた生物」であることに注意すること。⑤「クマムシは極端に高いレベルの放射線にも耐えられる能力がある」は，第 3 パラグラフ第 4 文「つまり，10 日間にわたって，大半のクマムシがここ地球の 1,000 倍以上の強さの X 線と紫外線に耐えることができたのだ」と一致する。

正答率は，上位層で 63.1 ％と 63.9 ％，下位層で 34.7 ％と 50.0 ％である。②や④を選んでしまった人が多かった。

問 3 「『消化システム』のスライドにおいて，クマムシのイラストで空白になっているラベルを埋めよ」 4

③「(A) 唾液腺 (B) 食道 (C) 中腸 (D) スタイレット (E) 咽頭」が正解。設問文から「イラストに入る消化器官の名前を入れる」ことがわかる。難語が多いが，その単語を知らなくても解けるように作られている。第 6 パラグラフ第 2 文「口は咽頭（のど）に通じており，ここで消化液と食物が混ぜ合わされる」から，(E)が「咽頭（のど）」であるとわかる。また第 6 パラグラフ第 3 文「咽頭の上には唾液腺がある」から，(A)が「唾液腺」だとわかる。さらに第 6 パラグラフ第 5 ～ 6 文「咽頭の後ろには，食べ物を腸のほうへ運ぶ管がある。この管は食道と呼ばれる」から，(B)が「食道」だとわかり，これで答えは③と決定できる。

上位層の正答率は 81.3％だが，中位層では 67.2％しかない。

問4 「最後のスライドに最も適切な文章はどれか」 ☐ 5

④「クマムシは地球上で最も厳しい状況のいくつかを生き抜いてきて，少なくとも一度宇宙へ旅立った。この驚くべき生き物は人間より長生きするかもしれない」が正解。

設問には「最後のスライドに最も適切な文章」とあるので，「クマムシについてのまとめ」のような内容が入ると予測して，選択肢を順に吟味する。①「何千年もの間，クマムシは地球上と宇宙空間において最も厳しい状況のいくつかを生き抜いてきた。彼らは人間より長生きするだろう」は，まず「何千年もの間」が不可である。第3パラグラフ第1文「クマムシの地球上での生きる能力 —— およそ5億4,000万年前から地球上に生息している —— よりさらに驚くべきは，ひょっとすれば，クマムシの宇宙空間での生存能力だろう」とあり，「5億4,000万年生きてきた」と書かれている。また選択肢①の後半「彼らは人間より長生きするだろう」は，「人間が絶滅したあとも生き延びる」と言いたいようだ。本文から「（核戦争などで）人間が滅亡したあとも，放射線にも強いクマムシは生き延びるだろう」と推測はできるが, will を用いて断定するのは言い過ぎであろう。②「クマムシは宇宙から来た生き物で，ホッキョクギツネやフタコブラクダの限界を超えた温度でも生きることができるので，人間より確実に強い」では，本文に「クマムシは宇宙から来た生き物」のような記述はないので不可である。この選択肢の後半「人間より確実に強い」は，「人間は生物学的には決して強くないが，それを知能で補ってきた」ことを考えれば，言い過ぎであろう。③「クマムシは疑いの余地なく地球上で最も強靱な生き物である。山頂や海底，温泉の中でも生きていける。そして月でも繁栄できるのである」は，「月でも繁栄できる」が不可である。第3パラグラフ第5〜6文「その後，2019年にイスラエルの宇宙船が月に墜落し，タン状態のクマムシ数千匹が月面にばらまかれた。これらのクマムシがまだ生きているかどうかは，誰もそのクマムシを回収に行っていないので不明である，残念なことだ」とあり，月で繁栄したかどうかは不明である。

以上から消去法で ④ を選ぶ。④ の「クマムシは地球上で最も厳しい状況のいくつかを生き抜いてきて」は，本文第2〜3パラグラフの記述と一致している。また「少なくとも一度宇宙へ旅立った」も

第3パラグラフ第2文の「2007年，ヨーロッパの研究チームは，生きた何匹ものクマムシをロケットの外側につけたまま10日間宇宙へ送った」と一致する。最後の「この驚くべき生き物は人間より長生きするかもしれない」は，他の選択肢で検討してきたように，本文にはこの内容を直接記述した箇所はない。しかし，この選択肢はmightを用いて断定を避けている。よって，×にはできないだろう。

　上位層の正答率でも47.0％しかなく，下位層は24.6％しかない。多くの人が③を選んでいるのは，第3パラグラフの最終文の意味が理解できていないからであろう。

問5　「クマムシを宇宙へ送り出したことから推測されることは何か」
　　　6

　④「誰もクマムシが月面で生存できるか確認してこなかった理由に，筆者の注意が引きつけられた」が正解。設問文から「クマムシを宇宙へ送り出したことから推測されること」を答えればよいとわかる。

　選択肢を順に吟味する。①「クマムシが宇宙で生きることができるかどうか突き止めることは，重要だと考えられることはなかった」は，「重要だと考えられることはなかった」が間違っている。第3パラグラフ第2〜3文「2007年，ヨーロッパの研究チームは，生きた何匹ものクマムシをロケットの外側につけたまま10日間宇宙へ送った。クマムシが地球に戻ってきて，研究者たちが驚いたことには，そのクマムシの68％が依然として生きていたのだ」は，クマムシが宇宙空間でも生きられるのかの実験であり，クマムシが宇宙空間で生きられるかどうかに興味が向けられたことを示している。②「クマムシは，何百万もの間地球上で生き続けてきた他の生物と同様に，X線や紫外線放射に耐えることができる」は，「他の生物と同様に」が間違っている。第3パラグラフ第1文に「クマムシの地球上での生きる能力 —— およそ5億4,000万年前から地球上に生息している —— よりさらに驚くべきは，ひょっとすれば，クマムシの宇宙空間での生存能力だろう」と書かれており，宇宙空間でX線や紫外線放射に耐えることができるというのは，他の生物にはないクマムシ特有のものであるということが示唆されている。③「イスラエルの研究者たちは，これほどまでに多くのクマムシが宇宙の厳しい環境で生き残ることができると考えていなかった」は不可である。第3パラグラフ第5〜6文に「その後，2019年にイスラエルの宇宙船が月に墜落し，タン状

態のクマムシ数千匹が月面にばらまかれた。これらのクマムシがまだ生きているかどうかは，誰もそのクマムシを回収に行っていないので不明だが，残念なことだ」とあり，クマムシが月面で生き残っているかどうかは不明である。

　以上から，④ が正解となる。「誰もクマムシが月面で生存できるか確認してこなかった理由」は，上で述べた第 3 パラグラフ第 6 文の中の「誰もそのクマムシを回収に行っていない」ことを指している。それに対する筆者の評価は「残念なことだ」とあるので，「筆者の注意が引きつけられた」は正しい。

　上位層でも正答率は 26.3 ％しかなく，41.4 ％の人が ② を，18.7 ％の人が ③ を選んでいる。下位層の正答率は 16.9 ％しかなく，②，③ を選んだ人がそれぞれ 32.2 ％いる。この問題の正解となる選択肢の「言い換え」が強烈だったため，言い換えに気がつかず「本文に近い表現」を選んだことが原因であろう。

解答 問1 ④　　問2 ① ⑤　　問3 ③　　問4 ④　　問5 ④

訳　あなたは学生団体に所属しており，国際科学プレゼンテーションコンテストの準備をしている。あなたは次の文章を使って，驚異的な生物についてのプレゼンテーションの一部を作成している。

(1)　世界で最も強靭な動物の名前を挙げるように誰かに尋ねてみると，相手は 50℃の気温でも生きられるフタコブラクダと答えるかもしれない。あるいは，− 58℃以下の気温でも生きられるホッキョクギツネと答えるかもしれない。しかし，どちらの答えも間違いだろう。なぜなら，クマムシこそが地球上で最も強靭な生物であると広く信じられているからだ。

(2)　クマムシは水のクマとしても知られており，体長 0.1 〜 1.5mm ほどの微小な生物である。標高 6,000m の山から海面下 4,600m まで，ほとんどどこにでも生息している。厚い氷の下や温泉の中でさえ見つけることができる。クマムシの大半は水中に生息しているが，地球上で最も乾燥した場所の一部で発見されることもある。ある研究者は，25 年間一度も雨が降った記録がない砂漠の岩の下にクマムシが生息しているのを発見したと報告している。クマムシが必要とするのは，生きていくための数滴の水か薄い水の層だけなのだ。水が干上がれば，クマムシも干上がる。体内の 3 ％を除くすべての水分を失い，代謝は通常の 0.01 ％の速度にまで低下する。干からびたクマムシは，「タン」と呼ばれる深い眠りの状態

になる。クマムシは，再び水に浸かるまでこの状態でいる。水に浸かると，クマムシはスポンジのように水を吸い込み，何ごともなかったかのようにあっという間に元どおりになる。クマムシはタン状態になっている時間が1週間でも10年でもあまり関係ない。水に囲まれた瞬間に生き返る。クマムシはタンの状態になると強靱になり，下は−272℃から，上は151℃の環境でも生き延びることができる。クマムシがいったいどのようにしてこのようなことができるのかは，まだ完全には解明されていない。

(3)　クマムシの地球上での生きる能力 —— およそ5億4,000万年前から地球上に生息している —— よりさらに驚くべきは，ひょっとすれば，クマムシの宇宙空間での生存能力だろう。2007年，ヨーロッパの研究チームは，生きた何匹ものクマムシをロケットの外側につけたまま10日間宇宙へ送った。クマムシが地球に戻ってきて，研究者たちが驚いたことには，そのクマムシの68％が依然として生きていたのだ。つまり，10日間にわたって，大半のクマムシがここ地球の1,000倍以上の強さのX線と紫外線に耐えることができたのだ。その後，2019年にイスラエルの宇宙船が月に墜落し，タン状態のクマムシ数千匹が月面にばらまかれた。これらのクマムシがまだ生きているかどうかは，誰もそのクマムシを回収に行っていないので不明だが，残念なことである。

(4)　クマムシは，背の低いキュウリのような形をしている。体の両側に4本ずつの短い脚がある。それぞれの脚の先端に粘着性の肉球がある種もあれば，爪を持つ種もある。爪は16種あり，そうした爪のある種を識別するのに役立っている。すべてのクマムシに目のための場所があるが，すべての種に目があるわけではない。クマムシの目は原始的で，全部で5つの細胞しかなく，そのうち1つだけが光を感じることができる。

(5)　基本的にクマムシは，植物類を食べるものと，他の生物を食べるものに分けられる。植物を食べるタイプは，腹側に口がある。口が，サメのように頭の下部にあるのだ。他の生物を食べるタイプは，末端に口がある。つまり，マグロのように頭の一番前に口があるのだ。クマムシの口には歯がない。しかし，クマムシはスタイレットと呼ばれる2本の鋭い針を持っており，植物細胞や小型の生物の体に穴を開け，中身を吸い出すことができる。

(6)　どちらのタイプのクマムシも消化器系は単純である。口は咽頭（のど）に通じており，ここで消化液と食物が混ぜ合わされる。咽頭の上には，唾液腺がある。この唾液腺は，口の中に流れ込み消化を助ける液体を作り出す。咽頭の後ろには，食べ物を腸のほうへ運ぶ管がある。この管は食道と呼ばれる。中腸は，単純な胃と腸のような器官で，食べ物を消化し，

栄養を吸収する。そして，食べ残しは最終的に肛門へと送られる。

発表のスライド：

クマムシ：
地球の究極の生存者

1．基本情報

・体長 0.1 ～ 1.5mm
・短いキュウリのような形
・8 本の短い脚
・目が見えないか視力があるか
・植物を食べるか生物を食べるか
・歯ではなく 2 本のスタイレット

2．生息地

・およそどこにでも生息する
・極端な環境（海抜 6 km，海面下 4.6 km，砂漠，−272℃ ～ 151℃，宇宙空間（おそらく））

3．生き残るための秘密

 ⇔

「タン状態」　　　　　　　　　活動状態

・乾燥した状態では，クマムシの代謝が普段の 1 ％未満になる
・クマムシは極端に高いレベルの放射線にも耐えられる能力がある

4．消化システム

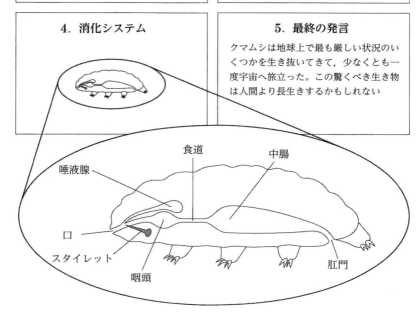

食道　　　中腸

唾液腺

口

スタイレット

咽頭

肛門

5．最終の発言

クマムシは地球上で最も厳しい状況のいくつかを生き抜いてきて，少なくとも一度宇宙へ旅立った。この驚くべき生き物は人間より長生きするかもしれない

▶ créature 　　　　　　　　　名「（植物を除く）生物」
　　　　* creature / iː / の発音に注意

第1パラグラフ

▶ **name** ～ 　　　　　　　　他「（名前など）を挙げる」
▶ **tough** 　　　　　　　　　形「強靭な」
▶ **Báctrian cámel** 　　　　　名「フタコブラクダ]
▶ **survíve** 　　　　　　　　自「生き残る」
▶ **témperature** 　　　　　　名「温度」
▶ **as high as** ～ 　　　　　　熟「～もの（高さの）」
▶ **Árctic fox** 　　　　　　　名「ホッキョクギツネ」
▶ **tárdigrade** 　　　　　　　名「クマムシ」

第2パラグラフ

▶ **microscópic** 　　　　　　　形「微小な」
▶ **in length** 　　　　　　　　熟「長さにおいて」
▶ **belów the ócean's súrface** 熟「海面下」
▶ **thick** 　　　　　　　　　　形「分厚い」
▶ **hot spring** 　　　　　　　名「温泉」
▶ **désert** 　　　　　　　　　名「砂漠」
▶ **All they need are** ～ **.** 　熟「それらが必要とするのは～だけだ」
▶ **drop** 　　　　　　　　　　名「滴／粒」
▶ **láyer** 　　　　　　　　　　名「層」
▶ **dry up** 　　　　　　　　　熟「干上がる」
▶ **so do they** 　　　　　　　熟「それらもそうする」
　　　　* = they dry up, too
▶ **all but** ～ 　　　　　　　　熟「～以外のすべて」
▶ **metábolism** 　　　　　　　名「（新陳）代謝」
▶ **slow down** 　　　　　　　熟「低下する」
▶ **in a state** ～ 　　　　　　熟「～な状態にある」
▶ **tun** 　　　　　　　　　　　名「タン」
▶ *be* **soaked in** ～ 　　　　熟「～の中に浸される」
▶ **absórb** ～ 　　　　　　　　他「～を吸収する」
▶ **spring back to life** 　　　熟「息を吹き返す」
▶ **the móment** S' V' 　　　　接「S' V' するとすぐに」
▶ **surróund** ～ 　　　　　　　他「～を取り囲む」

▶ **come alíve**	熟	「息を吹き返す」
▶ **exáctly**	副	「正確に」
＊ 疑問詞を強調する働き		
▶ **achíeve** ～	他	「～を達成する」

第3パラグラフ

▶ **éven** ＋比較級	副	「さらに～」
▶ **amázing**	形	「驚くべき」
＊ 主にプラスイメージ		
▶ **some** ＋数字	形	「(驚きを示して) およそ～」
▶ **send** *A* **into** *B*	熟	「A を B に送り込む」
▶ **a númber of** ～	熟	「いくつもの～／〈米語〉多くの～」
▶ **on** ＋動作を表す名詞	前	「～したときに」
▶ **survíve** ～	他	「～のあと生き延びる」
▶ **X́-ray**	名	「X 線」
▶ **ultravíolet radiátion**	名	「紫外線」
▶ **inténse**	形	「強烈な」
▶ **here on earth**	熟	「ここ地球で」
▶ **crash onto** ～	熟	「～に衝突する」
▶ **thóusands of** ～	熟	「何千もの～／多くの～」
▶ **spill** *A* **onto** *B*	熟	「A を B にばらまく」
▶ S **is a píty**	熟	「S は残念だ」

第4パラグラフ

▶ *be* **shaped like** ～	熟	「～の形をした」
▶ **cúcumber**	名	「キュウリ」
▶ **spécies**	名	「種(しゅ)」
▶ **stícky**	形	「粘着性の」
▶ **pad**	名	「肉球」
▶ **claw**	名	「爪」
▶ **help (to)** (V)	他	「(V) に役立つ」
▶ **idéntify** ～	他	「～を特定する」
▶ **prímitive**	形	「原始的な」
▶ **cell**	名	「細胞」
▶ **in tótal**	熟	「全部で」
▶ **light sénsitive**	熟	「光を感じることができる」

第**3**章 論理展開把握・評論・小説・エッセイ読解問題

▶ **básically** 　　　　　副「基本的に」

▶ *be* **divíded into** ～ 　熟「～に分割される」

▶ **plant mátter** 　　　名「植物類」

▶ **véntral** 　　　　　　形「腹側の」

▶ **shark** 　　　　　　　名「サメ」

▶ **términal** 　　　　　形「末端の」

▶ **néedle** 　　　　　　名「針」

▶ **stýlet** 　　　　　　名「スタイレット（小さな針状や剛
毛状の突起）」

▶ **pierce** ～ 　　　　他「～に穴を開ける」

▶ **cóntent** 　　　　　名「中身」

▶ **suck** ～ **out** 　　　熟「～を吸い出す」

▶ **digéstive sýstem** 　名「消化器系」

▶ **phárynx** 　　　　　名「咽頭」

▶ **digéstive juice** 　　名「消化液」

▶ **Lócated abóve the phárynx is** ～ 「咽頭の上にあるのは～」
　　＊ ～ is located above the pharynx の倒置形

▶ **sálivary gland** 　　名「唾液腺」

▶ **flow into** ～ 　　　熟「～に流れ込む」

▶ **tube** 　　　　　　　名「管」

▶ **transpórt** *A* **tóward** *B* 　熟「A を B へ運ぶ」

▶ **gut** 　　　　　　　　名「腸」

▶ **esóphagus** 　　　　名「食道」

▶ **míddle gut** 　　　　名「中腸」

▶ **intéstine** 　　　　　名「腸」

▶ **órgan** 　　　　　　名「器官」

▶ **nútrient** 　　　　　名「栄養（になるもの）／栄養素」

▶ **léftover** 　　　　　名「食べ残し」

▶ **evéntually** 　　　　副「最終的に」

▶ **ánus** 　　　　　　　名「肛門」

▶ **drop to** ～ 　　　　熟「～まで下がる」

▶ excéed ～　　　　　　　　他「～を超える」

▶ withstánd ～　　　　　　他「～に耐える」

▶ harsh　　　　　　　　　形「過酷な」

▶ húmankind　　　　　　　名「人類」

▶ thrive　　　　　　　　　自「繁栄する」

▶ outlíve ～　　　　　　　他「～より長生きする」

▶ *be* thought to be ～　　熟「～だと考えられている」

▶ attráct *one's* atténtion　熟「～の注意を引く」

第**3**章

論理展開把握・評論・小説・エッセイ読解問題

Your college English club's room has several problems and you want to redesign it. Based on the following article and the results of a questionnaire given to members, you make a handout for a group discussion.

What Makes a Good Classroom?

Diana Bashworth, writer at *Trends in Education*

As many schools work to improve their classrooms, it is important to have some ideas for making design decisions. SIN, which stands for *Stimulation*, *Individualization*, and *Naturalness*, is a framework that might be helpful to consider when designing classrooms.

The first, Stimulation, has two aspects: color and complexity. This has to do with the ceiling, floor, walls, and interior furnishings. For example, a classroom that lacks colors might be uninteresting. On the other hand, a classroom should not be too colorful. A bright color could be used on one wall, on the floor, window coverings, or furniture. In addition, it can be visually distracting to have too many things displayed on walls. It is suggested that 20 to 30 percent of wall space remain free.

The next item in the framework is Individualization, which includes two considerations: ownership and flexibility. Ownership refers to whether the classroom feels personalized. Examples of this include having chairs and desks that are suitable for student sizes and ages, and providing storage space and areas for displaying student works or projects. Flexibility is about having a classroom that allows for different kinds of activities.

Naturalness relates to the quality and quantity of light, both natural and artificial, and the temperature of the classroom. Too much natural light may make screens and boards difficult to see;

students may have difficulty reading or writing if there is a lack of light. In addition, hot summer classrooms do not promote effective study. Schools should install systems allowing for the adjustment of both light and temperature.

While Naturalness is more familiar to us, and therefore often considered the priority, the other components are equally important. Hopefully, these ideas can guide your project to a successful end.

Results of the Questionnaire

Q1: Choose any items that match your use of the English club's room.

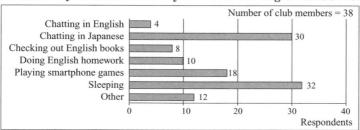

Q2: What do you think about the current English club's room?

Main comments:

Student 1 (S 1): I can't see the projector screen and whiteboard well on a sunny day. Also, there's no way to control the temperature.

S2: By the windows, the sunlight makes it hard to read. The other side of the room doesn't get enough light. Also, the books are disorganized and the walls are covered with posters. It makes me feel uncomfortable.

S3: The chairs don't really fit me and the desks are hard to move when we work in small groups. Also, lots of members speak Japanese, even though it's an English club.

S4: The pictures of foreign countries on the walls make me want to speak English. Everyone likes the sofas — they are so comfortable that we often use the room for sleeping!

S5: The room is so far away, so I hardly ever go there! Aren't there other rooms available?

S6: There's so much gray in the room. I don't like it. But it's good that there are plenty of everyday English phrases on the walls!

Your discussion handout:

Room Improvement Project

■ SIN Framework
– What it is : ⬚ 1 ⬚
– SIN = Stimulation, Individualization, Naturalness

■ Design Recommendations Based on SIN and Questionnaire Results
– Stimulation:
Cover the floor with a colorful rug and ⬚ 2 ⬚ .

– Individualization:
Replace room furniture.
（tables with wheels → easy to move around）

– Naturalness:
⬚ 3 ⬚
A. Install blinds on windows.
B. Make temperature control possible.
C. Move projector screen away from windows.
D. Place sofas near walls.
E. Put floor lamp in darker corner.

■ Other Issues to Discuss
– The majority of members ⬚ 4 ⬚ the room as ⬚ 5 ⬚ 's comment mentioned. How can we solve this?

- Based on both the graph and ☐ 6 ☐'s comment, should we set a language rule in the room to motivate members to speak English more?
- S 5 doesn't like the location, but we can't change the room, so let's think about how to encourage members to visit more often.

問 1　Choose the best option for ☐ 1 ☐.
　① A guide to show which colors are appropriate to use in classrooms
　② A method to prioritize the needs of students and teachers in classrooms
　③ A model to follow when planning classroom environments
　④ A system to understand how classrooms influence students' performance

問 2　Choose the best option for ☐ 2 ☐.
　① move the screen to a better place
　② paint each wall a different color
　③ put books on shelves
　④ reduce displayed items

問 3　You are checking the handout. You notice an error in the recommendations under Naturalness. Which of the following should you **remove**? ☐ 3 ☐

　① A　　② B　　③ C　　④ D　　⑤ E

問 4　Choose the best options for ☐ 4 ☐ and ☐ 5 ☐.
　☐ 4 ☐
　① borrow books from
　② can't easily get to
　③ don't use Japanese in
　④ feel anxious in
　⑤ take naps in

問5　Choose the best option for | 6 | .

① S 1　　　② S 2　　　③ S 3　　　④ S 4　　　⑤ S 5
⑥ S 6　　　　　　　　　　　　　　　　　　　　　　　　［本試］

解説　問1　「| 1 | に最も適当な選択肢を選べ」

① 「教室で使うのにどの色が適切かを示す指針」
② 「教室の生徒と教師の要求を優先する方法」
③ 「教室環境を計画するときに従うべきモデル」
④ 「教室が生徒の成績にどの程度影響を与えるかを理解する制度」

③ が正解。プリントと設問から「SIN Framework が何であるか」を答えればよいことがわかる。該当箇所は本文第1パラグラフ第2文『刺激』,『個別化』,『自然さ』を表す SIN は,教室を設計する際に考えるのに役立つかもしれない枠組みである」である。

選択肢を順に吟味する。①は,「色」に特化しているので不可。第2パラグラフで「色」について言及しているが,これは SIN のうち「刺激（Stimulation）」の一側面にすぎない。②は,教室の再設計とは無関係な記述なので不可。③は,第1パラグラフ第2文の内容に合致する。本文の framework が model に置き換えられていることに注意。④は第1パラグラフ第2文の内容に合わないので不可である。

正答率は上位層では 88.9%だが,下位層では 64.6%しかなかった。本文の該当箇所がわからなかった,あるいは選択肢の英文の意味が理解できなかった可能性が高い。

問2　「| 2 | に最も適当な選択肢を選べ」

① 「スクリーンをより良い位置に移動させる」
② 「それぞれの壁を違う色で塗る」
③ 「棚に本を置く」
④ 「展示品を減らす」

④ が正解。プリントと設問から「Stimulation の内容について書かれていること」を答えればよいことがわかる。本文の該当箇所は,第

2パラグラフである。第2パラグラフではまず「色」について「無色の教室は面白くないかもしれない。一方で，教室は色が多過ぎてもいけない。明るい色を使うなら壁の一面だけ，床，窓を覆うもの，あるいは家具に使うのがよいだろう」と書かれている。さらに「壁にものを飾り過ぎると視覚的に気が散ってしまうかもしれない。壁面積の20〜30%は何もない状態であることが推奨されている」と書かれている。選択肢の中でそれに該当するのは ④ だけである。

正答率は上位層では 87.8%だが，下位層では 69.2%しかなかった。② を選んだ人が多かった。本文の仮定法で書かれた A bright color could be .... の部分の理解が不十分だったからだと推察される。

問3 「あなたはプリントを確認している。自然さの推奨事項の中の誤りに気づく。次のうちどれを除くべきか」

④ が正解。プリントと設問から「『自然さ』について本文に書かれていない，もしくは間違ったもの」を選べばよいとわかる。選択肢を順に吟味する。A と C と E はいずれも照度に関する記述であり，本文第4パラグラフ第2文「自然光が強過ぎるとスクリーンや黒板が見えづらくなる。しかしその一方で，光が少ないと生徒の読み書きに支障があるかもしれない」に合致する。B は室温に関する記述で，同パラグラフ最終文「学校は光と室温の両方を調節できるシステムを導入すべきだ」と合致している。D は，照度にも室温にも関係ない記述なので間違いであるとわかる。

正答率は上位層では 95.8%だが，下位層では 73.8%しかなかった。

問4 「 4 と 5 に最も適当な選択肢を選べ」
  4
① 「部室から本を借りる」
② 「部室に簡単に行けない」
③ 「部室で日本語を使わない」
④ 「部室で心配になる」
⑤ 「部室で昼寝をする」

⑤ が正解。プリントと設問から，「生徒のコメントの中で，解決すべき問題となっているもの」を答えればよいことがわかる。①「部室から本を借りる」，④「部室で心配になる」は，いずれも生徒のコメントにはないので不可である。②は生徒5の発言の「部室は遠くてめっ

たに行かない」と合致している。しかし，本問はグラフから，大多数の部員の意見を反映したものとはいえないので不可。また，③「部室で日本語を使わない」は，生徒3のコメントと矛盾するので不可である。⑤は生徒4（④）のコメントと合致していて，　5　はこれが正解である。

　正答率は上位層では88.9％だが，下位層では64.6％しかなかった。おそらくtake a napとsleepが結びつかなかったことが原因であろう。

問5　「　6　に最も適当な選択肢を選べ」

　③が正解。プリントと設問から，「『部室の中でもっと英語を話せるような規則を作ればよい』ことの根拠となる生徒のコメントで，質問1のグラフにもあるもの」を選べばよいことがわかる。質問1のグラフの中で，特に多いのは「日本語でおしゃべりする」と「寝る」だが，後者についてはすでに問4で扱った。よって前者のコメントをしている生徒を選べばよい。これに該当するのは生徒3のコメントの後半部「また，英語クラブであるにもかかわらず，多くの部員が日本語を話します」である。

　正答率は上位層では95.8％とかなり高いが，下位層は73.8％しかなかった。

解答　問1　③　問2　④　問3　④　問4　　4　　⑤　　5　　④
　　　　問5　③

訳　あなたの大学の英語クラブの部室はいくつか問題を抱えており，あなたはその部室を設計し直したいと思っています。次の記事と部員へのアンケート結果に基づいてグループ討論のプリントを作ります。

何が良い教室にするのか？
ダイアナ・バッシュワース，教育トレンド部門の作家

　多くの学校が教室の改善に取り組む中，デザインを決定するためのアイデアをいくつか持っておくことが重要である。「刺激」，「個別化」，「自然さ」を表すSINは，教室を設計する際に考えるのに役立つかもしれない枠組みである。

　第一要素である「刺激」には色と複雑さという2つの側面がある。これは天井，床，壁，そしてインテリアの調度品と関係がある。たとえば，

無色の教室は面白くないかもしれない。一方で，教室は色が多過ぎてもいけない。明るい色を使うなら壁の一面だけ，床，窓を覆うもの，あるいは家具に使うのがよいだろう。さらに，壁にものを飾り過ぎると視覚的に気が散ってしまうかもしれない。壁面積の 20 ～ 30％は何もない状態であることが推奨されている。

枠組みの次の要素は「個別化」で，それは，2 つの考慮事項を含む。それは，所有しているという気持ちと柔軟性である。所有しているという気持ちは教室が個別化されているように感じるかどうかを指す。この例として，生徒の体格や年齢にあった椅子や机があること，また，収納スペースと生徒の作品やプロジェクトを展示するための場所が提供されていること，などが挙げられる。柔軟性は異なる種類の活動ができる教室であることについてである。

「自然さ」は自然光と人工的な光の質と量，室温に関係する。自然光が強過ぎるとスクリーンや黒板が見えづらくなる。しかしその一方で，光が少ないと生徒の読み書きに支障があるかもしれない。さらに，暑い夏の教室では効果的な勉強が促進されない。学校は光と室温の両方を調節できるシステムを導入すべきだ。

「自然さ」は私たちによりなじみ深く，それゆえによく優先事項とみなされるが，他の要素も同様に重要だ。これらのアイデアが計画を成功に導くことを願う。

アンケート結果

質問 1　英語クラブの部室の用途に当てはまるものをすべて選びなさい。

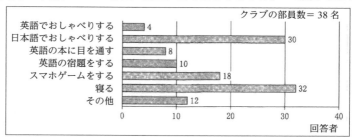

質問 2　現在の英語クラブの部室についてどう思いますか。

主なコメント

生徒 1：晴れの日にはプロジェクターのスクリーンとホワイトボードがよく見えません。また，室温を調整する方法がありません。

生徒2：窓の横では，日光で読書しづらいです。もう一方の端では光が十分に届きません。また，本が整理されていなくて，壁はポスターで埋め尽くされています。不愉快です。

生徒3：椅子が自分に合わなくて，小グループで作業するとき机が動かしにくいです。また，英語クラブであるにもかかわらず，多くの部員が日本語を話します。

生徒4：壁に貼ってある外国の写真を見ると，英語を話したくなります。みんな部室のソファーが好きです。とても心地よいので，寝るためによく部室を使います！

生徒5：部室がとても遠くて，めったに行くことはありません！　他に利用可能な部屋はないのですか。

生徒6：部室に灰色の部分がとても多いです。私はそれが気に入りません。しかし，壁にたくさんの英語の日常の言い回しが貼ってあるのはいいです！

ディスカッションのプリント

部室の改良計画

■ SIN 枠組み

−それは何か：教室環境を計画するときに従うべきモデル

− SIN ＝刺激，個別化，自然さ

■ SIN とアンケート結果に基づいたデザインの提案

−刺激：

　カラフルな敷物で床を覆い，壁に貼るものを減らす

−個別化：

　家具の再配置（キャスター付きの机→動かしやすい）

−自然さ：

　A. 窓にブラインドをつける。

　B. 室温の調整を可能にする。

　C. プロジェクターのスクリーンを窓から離れたところに動かす。

　D. ソファーを壁の近くに置く。

　E. 他と比べて暗い角にはフロアスタンドを置く。

－生徒4のコメントが言及したように，大多数の部員が部室で昼寝をする。これをどう解決するか。

－グラフと生徒3のコメントをもとに，英語をより多く話す意欲を部員に起こさせるために部室での言語ルールを設けるべきか。

－生徒5は位置が気に入らない，でも部室を変更することはできないので，部員がより頻繁に訪れるよう促すにはどうすればよいか考えよう。

語句

▶ redesígn ～　　　　　　　他「～を設計し直す」
▶ fóllowing　　　　　　　　形「次の」
▶ questionnáire　　　　　　名「アンケート」
▶ hándout　　　　　　　　名「プリント」
▶ stand for ～　　　　　　熟「(略号が) ～を表す」
▶ stimulátion　　　　　　　名「刺激」
▶ individualizátion　　　　名「個別化」
▶ frámework　　　　　　　名「枠組み」
▶ áspect　　　　　　　　　名「側面」
▶ compléxity　　　　　　　名「複雑さ」
▶ have to do with ～　　　熟「～と関係がある」
▶ fúrnishings　　　　　　　名「家具や調度品」
　　＊　furniture より範囲が広い
▶ lack ～　　　　　　　　　他「～がない」
▶ on the óther hand　　　熟「一方」
▶ in addítion　　　　　　　熟「おまけに」
▶ vísually　　　　　　　　副「視覚的に」
▶ distrácting　　　　　　　形「気を散らす」
▶ suggést that S' V'　　　熟「S' V' と提案する」
▶ remáin ～　　　　　　　自「～のままである」
▶ considerátion　　　　　　名「考慮すること／考慮事項」
▶ ównership　　　　　　　名「所有しているという気持ち」
▶ flexibílity　　　　　　　名「柔軟性」
▶ refér to ～　　　　　　　熟「～を指す」
▶ pérsonalized　　　　　　形「個別化されている」
▶ be súitable for ～　　　熟「～に適している」

▶ stórage space	名	「貯蔵場所／保管場所」
▶ *A* is abóut ～	熟	「A の本質は～だ」
▶ allów for ～	熟	「～を可能にする」
▶ quálity and quántity	名	「質と量」
▶ témperature	名	「温度」
▶ have dífficulty (V) ing	熟	「(V) に困難を持つ／(V) するのが困難だ」

    ＊ in (V) ing の in の脱落

▶ promóte ～	他	「～を促進する」
▶ efféctive	形	「効果的な」
▶ instáll ～	他	「～を取り付ける」
▶ adjústment	名	「調整」
▶ *be* famíliar to ～	熟	「～に知られている」
▶ *be* consídered ～	熟	「～と思われる」
▶ priórity	名	「優先事項」
▶ compónent	名	「要素」
▶ guide ～ to a succéssful end	熟	「～を成功へと導く」
▶ disórganized	形	「乱雑な」
▶ work in small groups	熟	「小さなグループで作業する」
▶ hárdly éver	熟	「めったに～ない」
▶ aváilable	形	「手に入る／利用可能な」
▶ plénty of ～	熟	「多くの～」
▶ méntion ～	他	「～について言及する」
▶ mótivate O to (V)	熟	「O に (V) するように動機づける」
▶ encóurage O to (V)	熟	「O に (V) するように奨励する」

You are in an English discussion group, and it is your turn to introduce a story. You have found a story in an English language magazine in Japan. You are preparing notes for your presentation.

Maki's Kitchen

(**1**) "*Irasshai-mase*," said Maki as two customers entered her restaurant, Maki's Kitchen. Maki had joined her family business at the age of 19 when her father became ill. After he recovered, Maki decided to continue. Eventually, Maki's parents retired and she became the owner. Maki had many regular customers who came not only for the delicious food, but also to sit at the counter and talk to her. Although her business was doing very well, Maki occasionally daydreamed about doing something different.

(**2**) "Can we sit at the counter?" she heard. It was her old friends, Takuya and Kasumi. A phone call a few weeks earlier from Kasumi to Takuya had given them the idea to visit Maki and surprise her.

(**3**) Takuya's phone vibrated, and he saw a familiar name, Kasumi. "Kasumi!"

"Hi Takuya, I saw you in the newspaper. Congratulations!"

"Thanks. Hey, you weren't at our 20th high school reunion last month."

"No, I couldn't make it. I can't believe it's been 20 years since we graduated. Actually, I was calling to ask if you've seen Maki recently."

(**4**) Takuya's family had moved to Kawanaka Town shortly before he started high school. He joined the drama club, where he met Maki and Kasumi. The three became inseparable. After graduation, Takuya left Kawanaka to become an actor, while Maki and Kasumi remained. Maki had decided she wanted to study at university and enrolled in a preparatory school. Kasumi, on the other hand, started her career. Takuya tried out for various acting roles but was constantly rejected; eventually, he quit.

(5) Exactly one year after graduation, Takuya returned to Kawanaka with his dreams destroyed. He called Maki, who offered her sympathy. He was surprised to learn that Maki had abandoned her plan to attend university because she had to manage her family's restaurant. Her first day of work had been the day he called. For some reason, Takuya could not resist giving Maki some advice.

(6) "Maki, I've always thought your family's restaurant should change the coffee it serves. I think people in Kawanaka want a bolder flavor. I'd be happy to recommend a different brand," he said.

(7) "Takuya, you really know your coffee. Hey, I was walking by Café Kawanaka and saw a help-wanted sign. You should apply!" Maki replied.

(8) Takuya was hired by Café Kawanaka and became fascinated by the science of coffee making. On the one-year anniversary of his employment, Takuya was talking to Maki at her restaurant.

"Maki," he said, "do you know what my dream is?"

"It must have something to do with coffee."

"That's right! It's to have my own coffee business."

"I can't imagine a better person for it. What are you waiting for?"

(9) Maki's encouragement inspired Takuya. He quit his job, purchased a coffee bean roaster, and began roasting beans. Maki had a sign in her restaurant saying, "We proudly serve Takuya's Coffee," and this publicity helped the coffee gain popularity in Kawanaka. Takuya started making good money selling his beans. Eventually, he opened his own café and became a successful business owner.

(10) Kasumi was reading the newspaper when she saw the headline: *TAKUYA'S CAFÉ ATTRACTING TOURISTS TO KAWANAKA TOWN.* "Who would have thought that Takuya would be so successful?" Kasumi thought to herself as she reflected on her past.

(11) In the high school drama club, Kasumi's duty was to put make-up on the actors. No one could do it better than her. Maki noticed

this and saw that a cosmetics company called Beautella was advertising for salespeople. She encouraged Kasumi to apply, and, after graduation, she became an employee of Beautella.

(12) The work was tough; Kasumi went door to door selling cosmetics. On bad days, she would call Maki, who would lift her spirits. One day, Maki had an idea. "Doesn't Beautella do make-up workshops? I think you are more suited for that. You can show people how to use the make-up. They'll love the way they look and buy lots of cosmetics!"

(13) Kasumi's company agreed to let her do workshops, and they were a hit! Kasumi's sales were so good that eight months out of high school, she had been promoted, moving to the big city of Ishijima. Since then, she had steadily climbed her way up the company ladder until she had been named vice-president of Beautella this year.

(14) "I wouldn't be vice-president now without Maki," she thought, "she helped me when I was struggling, but I was too absorbed with my work in Ishijima to give her support when she had to quit her preparatory school." Glancing back to the article, she decided to call Takuya.

(15) "Maki wasn't at the reunion. I haven't seen her in ages," said Takuya.

"Same here. It's a pity. Where would we be without her?" asked Kasumi.

The conversation became silent, as they wordlessly communicated their guilt. Then, Kasumi had an idea.

(16) The three friends were talking and laughing when Maki asked, "By the way, I'm really happy to see you two, but what brings you here?"

"Payback," said Takuya.

"Have I done something wrong?" asked Maki.

"No. The opposite. You understand people incredibly well. You can identify others' strengths and show them how to make use of them. We're proof of this. You made us aware of our gifts," said Takuya.

"The irony is that you couldn't do the same for yourself," added Kasumi.

"I think Ishijima University would be ideal for you. It offers a degree program in counseling that's designed for people with jobs," said Takuya.

"You'd have to go there a few times a month, but you could stay with me. Also, Takuya can help you find staff for your restaurant," said Kasumi.

Maki closed her eyes and imagined Kawanaka having both "Maki's Kitchen" and "Maki's Counseling." She liked that idea.

Your notes:

Maki's Kitchen

Story outline

Maki, Takuya, and Kasumi graduate from high school.

```
| ┌──────┐
| │  1   │
| ├──────┤
| │  2   │
| ├──────┤
| │  3   │
| ├──────┤
↓ │  4   │
  └──────┘
```

Maki begins to think about a second career.

About Maki

· Age : [5]

· Occupation: restaurant owner

· How she supported her friends:

　　Provided Takuya with encouragement and [6].

　　　〃　　Kasumi　〃　　　　〃　　and [7].

Interpretation of key moments

· Kasumi and Takuya experience an uncomfortable silence on the phone because they [8].

· In the final scene, Kasumi uses the word "irony" with Maki. The irony is that Maki does not [9].

問1　Choose **four** out of the five events (①〜⑤) and rearrange them in the order they happened. ⎣ 1 ⎦ ⇒ ⎣ 2 ⎦ ⇒ ⎣ 3 ⎦ ⇒ ⎣ 4 ⎦

① Kasumi becomes vice-president of her company.
② Kasumi gets in touch with Takuya.
③ Maki gets her university degree.
④ Maki starts working in her family business.
⑤ Takuya is inspired to start his own business.

問2　Choose the best option for ⎣ 5 ⎦.
① early 30s
② late 30s
③ early 40s
④ late 40s

問3　Choose the best options for ⎣ 6 ⎦ and ⎣ 7 ⎦.
① made the product known to people
② proposed a successful business idea
③ purchased equipment for the business
④ suggested moving to a bigger city
⑤ taught the necessary skills for success

問4　Choose the best option for ⎣ 8 ⎦.
① do not want to discuss their success
② have not spoken in a long time
③ regret not appreciating their friend more
④ think Maki was envious of their achievements

問5　Choose the best option for ⎣ 9 ⎦.
① like to try different things
② recognize her own talent
③ understand the ability she lacks
④ want to pursue her dreams

[本試]

解説 問1 「5つの出来事から4つを選び，起こった順に並べ替えよ」

① 「カスミが会社の副社長になる」
② 「カスミがタクヤに連絡を取る」
③ 「マキが大学の学士号を取る」
④ 「マキが家業で働き始める」
⑤ 「タクヤが自分の事業を始めようと鼓舞される」

　正解は④⇒⑤⇒①⇒②である。選択肢を順に吟味する。①「カスミが会社の副社長になる」は，第13パラグラフ最終文（Since then, she ...）の後半に「そしてついに，今年ビューテラの副社長に任命された」とあるので，「今年」のことであることがわかる。また第3パラグラフ第5～6文（Thanks. Hey, you ...）に「ありがとう。そうだ，君は先月の高校卒業20周年の同窓会にいなかったじゃないか」とあることから，今年で38歳だとわかる。②「カスミがタクヤに連絡を取る」は，第14パラグラフ最終文（Glancing back to ...）に「タクヤの記事に再び目をやり，タクヤに電話をかけることを決めたのだった」とある。このパラグラフは直前の第13パラグラフの続きとなっている。よってカスミが副社長になったあとのことだとわかる。つまり38歳であることは変わらないが，①のあとである。③「マキが大学の学士号を取る」は本文に記述がない。「学位」の記述は第16パラグラフ12～13行目「そこは仕事がある人向けに設計された，カウンセリングの学位プログラムを提供しているんだ」，同パラグラフ最後の2文（Maki closed her ...）「マキは目を閉じ，『マキのキッチン』と『マキのカウンセリング』の両方がある川中を想像した。彼女はその考えが気に入った」とあるだけで，実際にマキが学士号を取ったとは書かれていない。④「マキが家業で働き始める」は，第1パラグラフ第2文（Maki had joined ...）に「マキは父親が病気になったとき，19歳で家業に加わった」とあるので，マキが19歳のときだとわかる。⑤「タクヤが自分の事業を始めようと鼓舞される」は，第9パラグラフ第1文（Maki's encouragement inspired ...）「マキの励ましがタクヤを鼓舞した」に該当する。ここまでに至るいきさつは，第5パラグラフ第1文（Exactly one year ...）「卒業からちょうど1年後，タクヤは夢が破れて川中市に戻った」，第8パラグラフ第2文（On the one-year anniversary ...）「雇われて1周年のとき，タクヤはマキのレストランで彼女と話していた」とあり，タクヤが卒業後2年（つまり20歳）のときのことだとわかる。以上から，④⇒⑤⇒①⇒②となる。

正答率は上位層でおよそ 60％，下位層はおよそ 45％であった。

問2 「 5 に最も当てはまる選択肢を選べ」

　正解は ② である。問 1 でも検討したように，第 3 パラグラフ 4 行目（Thanks. Hey, you ...）に「ありがとう。そうだ，君は先月の高校卒業 20 周年の同窓会にいなかったじゃないか」とあることから，18＋ 20 ＝ 38 となり，今年で 38 歳だとわかる。これに対応する選択肢は ②「30 代後半」である。

　正答率は上位層で 82.0％，下位層で 70.8％だった。間違えた人の多くは③「40 代前半」を選んでいた。

問3 「 6 と 7 に最も当てはまる選択肢を選べ」

① 「製品を人々に知られるようにした」
② 「成功するビジネスアイデアを提案した」
③ 「ビジネスのために設備を買った」
④ 「大都会へ移住することを勧めた」
⑤ 「成功するのに必要な技術を教えた」

　正解は 6 ①，7 ② である。マキがタクヤにやったことは，第 9 パラグラフ第 1 ～ 3 文（Maki's encouragement inspired ...）に「マキの励ましがタクヤを鼓舞した。彼は仕事をやめ，コーヒー豆の焙煎機を購入し，豆を焙煎し始めた。マキは自分のレストランに『我々は自信を持ってタクヤのコーヒーを提供しております』という看板を掲げ，この宣伝が川中でコーヒー人気を高めることに役立った」とあり，この内容を表しているのは ①「製品を人々に知られるようにした」である。

　マキがカスミにやったことは，第 12 パラグラフ第 3 ～ 7 文（One day, Maki ...）の「ある日マキはある考えを思いついた。『ビューテラはメイク講習会をしないのかしら？　あなたはそのほうがより適任だと私は思うの。あなたは化粧品の使い方を人に教えることができるわ。その人たちは自分の見え方をとても気に入って，化粧品を多く買うと思うわよ！』」であり，この内容を表しているのは ②「成功するビジネスアイデアを提案した」である。

　残りの選択肢 ③「ビジネスのために設備を買った」は，第 9 パラグラフ第 2 文（He quit his ...）「彼は仕事をやめ，コーヒー豆の焙煎機を購入し，豆を焙煎し始めた」に対応しているが，焙煎機を買ったの

はマキではなくタクヤなので、この選択肢は不可である。④「大都会
へ移住することを勧めた」は、第13パラグラフ第2文（Kasumi's
sales were ...）「カスミの売り上げがとても良かったので、高校を出て
から8か月で彼女は昇進し、大都市の石島に栄転になった」に対応す
るが、カスミが大都会の石島へ引っ越したのは、マキの勧めがあった
からではないので、この選択肢は不可である。⑤「成功するのに必要
な技術を教えた」は、本文にそのような記述はない。

　　　6　　の正答率は上位層で64.0％であり、下位層では31.3％し
かなかった。本文第9パラグラフの内容が十分に把握できなかったた
めであろう。

　　　7　　の正答率は上位層で76.2％であり、下位層では47.73％で
あった。間違えた人は、③、④、⑤を同じぐらいの率で選んでいた。

問4　「　　8　　に最も当てはまる選択肢を選べ」
　①「自分たちの成功のことを話し合いたくない」
　②「長期間話してこなかった」
　③「友人の有り難さをもっと理解しなかったことを後悔している」
　④「マキが自分たちの業績をうらやましく思ったと考える」

　正解は③。「電話越しにカスミとタクヤはばつの悪い沈黙を経験し
た」理由を選ぶ問題である。該当箇所は第15パラグラフ（"Maki
wasn't at ...）「『マキは同窓会にいなかったよ。僕は長年彼女に会って
いないよ』とタクヤは言った。『私も同じだわ。残念なことね。私た
ちは彼女がいなかったらどうなっていただろう？』カスミが尋ねた。
彼らは自責の念を無言で伝え合ったので、会話が止まった」である。
また第14パラグラフ2〜4行目のカスミの発言に「『彼女は私が困っ
ているときに助けてくれたけど、私は石島での自分の仕事に熱中し過
ぎて、彼女が予備校をやめなければならなかったときに支えられな
かった』」とあり、さらに、第16パラグラフ8行目（You made us ...）
のタクヤの発言「君のおかげで僕たちは自分の才能に気づけたんだ」
などから、「カスミとタクヤは、自分たちの才能を開花するきっかけ
を与えてくれたマキが困っているときに何もできなかったという自責
の念を感じて沈黙した」ことがわかる。この内容に最も近い選択肢は
③「友人の有り難さをもっと理解しなかったことを後悔している」で
ある。

　残りの選択肢の①「自分たちの成功のことを話し合いたくない」、

② 「長期間話してこなかった」，④ 「マキが自分たちの業績をうらやましく思ったと考える」は，いずれも間違いである。

正答率は上位層で 68.8％ であり，下位層では 38.5％ しかなく，差がついた問題であったことがわかる。間違えた人の多くは ② か ④ を選んでいた。

なお正解の選択肢にある appreciate ＋（人）という形は，イギリス英語では不可とされることが多いが，アメリカ英語，特にグリーティングカードでよく見る表現である。

問5 「 9 に最も当てはまる選択肢を選べ」
① 「いろいろなことに挑戦するのが好き」
② 「自分自身の才能を認識している」
③ 「自分にない能力を理解している」
④ 「自分の夢を追求したいと思う」

正解は ②。メモの記述は「最後のシーンではカスミは『皮肉』という言葉をマキに使う。皮肉とは，マキが 9 ではないことである」という意味である。該当箇所は第 16 パラグラフ 8〜11 行目（You made us ...）「『君のおかげで僕たちは自分の才能に気づけたんだ』とタクヤは言った。『皮肉なのは，あなたが自分自身に同じことをできていないことね』カスミが付け加えた」である。ここから，皮肉とは「マキはタクヤとカスミの才能には気がついたくせに，自分自身の才能には気がつかなかった」ことだとわかる。つまり空所には「自分の才能を認識する」という内容が入ることがわかる。この内容を表現した選択肢は ② 「自分自身の才能を認識している」である。

他の選択肢 ① 「いろいろなことに挑戦するのが好き」，③ 「自分にない能力を理解している」，④ 「自分の夢を追求したいと思う」はいずれも間違いである。

正答率は上位層で 73.5％，中位層で 67.4％，下位層では 46.7％ であった。間違えた人の多くは ④ を選んだようだ。

解答 問1　④⇒⑤⇒①⇒②　問2　②　問3　 6 ①　 7 ②　問4　③　問5　②

訳 あなたは英語の議論グループに入っており，ある物語を紹介する番です。あなたは日本の英語雑誌の中の物語を見つけました。あなたはプレゼンの

ためのメモを用意しています。

マキのキッチン

（1）2人の客がマキのレストラン，マキのキッチンに入ったとき，「いらっしゃいませ」とマキは言った。マキは父親が病気になったとき，19歳で家業に加わった。彼女の父親が回復したあと，マキは続ける決心をした。結局，両親が引退して，マキがオーナーになった。マキには，おいしい料理だけではなく，カウンターに座って彼女とおしゃべりをするためにやってくる多くの常連客がいた。彼女の事業はうまくいっていたけれど，マキは時折，何か他のことをしていることを空想した。

（2）「カウンターに座ってもいい？」彼女は耳にした。それは旧友のタクヤとカスミだった。数週間前，カスミがタクヤに一本の電話をかけ，2人はマキのもとを訪れ，マキを驚かせるという考えを思いついた。

（3）タクヤの電話が振動し，彼はなじみのあるカスミという名前を目にした。

「カスミ！」

「こんにちは，タクヤ。新聞であなたのことを見たわよ。おめでとう！」

「ありがとう。そうだ，君は先月の高校卒業20周年の同窓会にいなかったじゃないか」

「ええ，都合がつかなかったの。卒業してから20年だなんて信じられない。実は，あなたが最近マキに会ったかを尋ねようと思って電話したのよ」

（4）タクヤが高校生活を始める少し前に，タクヤの家族は川中市に引っ越してきた。彼は演劇部に入部し，そこで彼はマキとカスミに出会った。3人はとても仲良くなった。卒業後，タクヤは俳優になるため川中市を去る一方，マキとカスミは残った。マキは大学で勉強したいと思い，予備校に入学することを決めた。他方，カスミは就職した。タクヤはさまざまな役柄に応募したが終始受け入れられず，最後に彼はやめてしまった。

（5）卒業からちょうど1年後，タクヤは夢が破れて川中市に戻った。彼はマキに電話し，彼女は同情した。マキが家業のレストランを経営する必要があるため大学に入学する計画を捨てたのだと知り，タクヤは驚いた。マキの仕事の初日が，彼が電話した日だった。どういうわけか，タクヤはマキにアドバイスせずにはいられなかった。

（6）「マキ，君の家族のレストランは提供するコーヒーを変えるべきだと僕はいつも思っていたんだ。僕は，川中の人は香りがより引き立つコー

ヒーがほしいと思っていると考えるんだ。僕は別の銘柄をお勧めするよ」と彼は言った。

（7）「タクヤ，あなたは本当にコーヒーについてよく知っているのね。そう，私がカフェ・カワナカのそばを歩いていて，求人の案内を見かけたわ。応募すべきよ！」とマキは答えた。

（8）タクヤはカフェ・カワナカに雇われ，コーヒーをいれる技に魅せられた。雇われて1周年のとき，タクヤはマキのレストランで彼女と話していた。

「マキ，僕の夢が何だか知ってる？」彼は言った。

「コーヒーに関連することに違いないわ」

「そのとおりだよ！　自分自身のコーヒービジネスをすることだよ」

「あなた以上に最適な人を想像できないわ！　何をグズグズしているの？」

（9）マキの励ましがタクヤを鼓舞した。彼は仕事をやめ，コーヒー豆の焙煎機を購入し，豆を焙煎し始めた。マキは自分のレストランに「我々は自信を持ってタクヤのコーヒーを提供しております」という看板を掲げ，この宣伝が川中でコーヒー人気を高めることに役立った。タクヤはコーヒー豆を販売してちょっとしたお金を稼ぎ始めた。最後には彼は自分自身のカフェを開き，経営者として成功した。

（10）カスミが新聞を読んでいて，『タクヤのカフェが川中市に観光客を引きつける』という見出しを見つけた。「タクヤがそれほどまでに成功するなんて誰が考えたでしょう？」カスミは自身の過去を顧みながら心の中で考えた。

（11）高校の演劇部でカスミの役目は俳優たちにメイクを施すことだった。彼女の右に出る者はいなかった。マキがこのことに気づいた。そしてビューテラという化粧品会社が販売員の募集広告を出しているのを知った。彼女はカスミに応募するよう勧め，卒業後，彼女はビューテラの社員となった。

（12）仕事は大変だった。カスミは一軒ずつ回って歩き，化粧品を販売した。ついていない日には彼女はマキに電話し，マキがカスミを元気づけたものだった。ある日マキはある考えを思いついた。「ビューテラはメイク講習会をしないのかしら？　あなたはそのほうがより適任だと私は思うの。あなたは化粧品の使い方を人に教えることができるわ。その人たちは自分の見え方をとても気に入って，化粧品を多く買うと思うわよ！」

（13）カスミの会社は，彼女が講習会をすることを認め，講習会は大成功した！　カスミの売り上げがとても良かったので，高校を出てから8か

月で彼女は昇進し，大都市の石島に栄転になった。そのときから，彼女は着実に出世の階段を上り，そしてついに，今年ビューテラの副社長に任命された。

(14)「マキがいなかったら，今頃私は副社長になっていなかったわ」と彼女は考えた。「彼女は私が困っているときに助けてくれたけど，私は石島での自分の仕事に熱中し過ぎて，彼女が予備校をやめなければならなかったときに支えられなかった」タクヤの記事に再び目をやり，タクヤに電話をかけることを決めたのだった。

(15)「マキは同窓会にいなかったよ。僕は長年彼女に会っていないよ」とタクヤは言った。

「私も同じだわ。残念なことね。私たちは彼女がいなかったらどうなっていただろう？」カスミが尋ねた。

彼らは自責の念を無言で伝え合ったので，会話が止まった。それから，カスミがある考えを思いついた。

(16)3人の友人が話し，笑っていたとき，マキが「ところで，私は2人に会えてとてもうれしいのだけど，どうしてここに来たの？」と尋ねた。

「お返しをしに」タクヤは言った。

「私が何か悪いことでもした？」マキは尋ねた。

「いいえ，真逆だよ。君は人を，信じられないくらいよく理解している。他人の強みを見いだし，それを利用する方法を教えることができる。僕たちがその証拠だ。君のおかげで僕たちは自分の才能に気づけたんだ」とタクヤは言った。

「皮肉なのは，あなたが自分自身に同じことをできていないことね」カスミが付け加えた。

「石島大学が君にとってうってつけだと思うよ。そこは仕事がある人向けに設計された，カウンセリングの学位プログラムを提供しているんだ」タクヤが言った。

「大学には1か月に数回行く必要があるけれど，私の家に泊まればいいわよ。さらに，タクヤはあなたのレストランの従業員を探せるわ」とカスミが言った。

マキは目を閉じ，「マキのキッチン」と「マキのカウンセリング」の両方がある川中を想像した。彼女はその考えが気に入った。

メモ：

マキのキッチン

物語の概要

マキ，タクヤ，カスミが高校を卒業する。

> マキが家業で働き始める。
> タクヤが自分の事業を始めようと鼓舞される。
> カスミは会社の副社長になる。
> カスミがタクヤに連絡を取る。

マキがセカンドキャリアについて考え始める。

マキについて

・年齢：30代後半
・仕事：レストランの経営者
・友達の支え方

　　タクヤを励まし，製品を人々に知られるようにした。
　　カスミを励まし，成功するビジネスアイデアを提案した。

重要な瞬間の解釈

・友人の有り難さをもっと理解しなかったことを後悔しているので，電話越しにカスミとタクヤはばつの悪い沈黙を経験する。
・最後のシーンではカスミは「皮肉」という言葉をマキに使う。皮肉とは，マキが自分自身の才能を認識していないということである。

【語句】　第1〜2パラグラフ

▶ **two cústomers**　　　　名「2人の客」
　＊　ここではタクヤとカスミのこと

▶ **evéntually**　　　　　　副「最終的に」

▶ **retíre**　　　　　　　　自「引退する」

▶ **occásionally**　　　　　副「時折」

▶ **dáydream abóut 〜**　　熟「〜を空想する」

第3パラグラフ

▶ **víbrate**　　　　　　　自「振動する」

▶ **reúnion**　　　　　　　名「再会／同窓会」

▶ **make it**　　　　　　　熟「うまくいく／都合をつける」

第4〜9パラグラフ

- ▶ **inséparable** 　形「(親密で) 離れられない」
- ▶ **enróll in ～** 　熟「～に入学する」
- ▶ **prepáratory school** 　名「予備校」
- ▶ **try out for ～** 　熟「(チーム・劇団など) の一員になるためにテストを受ける」
- ▶ **ácting role** 　名「役柄」
- ▶ **rejéct ～** 　他「～を拒絶する」
- ▶ **quit** 　自「やめる」
- ▶ **one year áfter ～** 　熟「～の1年あと」
- ▶ **with** *one's* **dreams destróyed** 　熟「夢が破れて」
  - ＊ 付帯状況の with
- ▶ **óffer** *one's* **sýmpathy** 　熟「同情する」
- ▶ **abándon ～** 　他「～を捨てる」
- ▶ **mánage ～** 　他「～を経営する」
- ▶ **for some réason** 　熟「何らかの理由で」
- ▶ **cánnot resíst** (V)**ing** 　熟「(V) が我慢できない／(V) せずにいられない」
- ▶ **bólder flávor** 　名「より引き立つ香り」
- ▶ **recomménd ～** 　他「～を推薦する」
- ▶ **hélp-wánted sign** 　名「求人の案内」
- ▶ **híre ～** 　他「～を雇う」
- ▶ **becóme fáscinated by ～** 　熟「～に魅了される」
- ▶ **scíence** 　名「技術」
- ▶ **on the one-year annivérsary of ～** 　熟「～して1年経ったときに」
- ▶ **have sómething to do with ～** 　熟「～とある程度関連がある」
- ▶ **inspíre ～** 　他「～を鼓舞する」
- ▶ **púrchase ～** 　他「～を購入する」
- ▶ **cóffee bean róaster** 　名「コーヒー豆の焙煎機」
- ▶ **publícity** 　名「宣伝」
- ▶ **gain populárity** 　熟「人気を博する」

第10〜14パラグラフ

- ▶ **héadline** 　名「見出し」

▶ attráct *A* to *B*　　　　熟「A を B にひきつける」
▶ Who would have thought ～?　熟「誰が～を考えただろうか
　　　　　　　　　　　　　　　　（いや誰も考えていなかった）」
▶ refléct on ～　　　　　　熟「～について回顧する」
▶ put máke-up on ～　　　熟「～に化粧する」
▶ cosmétics cómpany　　　名「化粧品会社」
▶ ádvertise for ～　　　　熟「～を募集する広告を出す」
▶ encóurage O to (V)　　熟「O に (V) するよう激励する」
▶ apply　　　　　　　　　自「申し込む」
▶ would call ～　　　　　熟「～に電話したものだった」
▶ lift *one's* spírits　　　熟「～を励ます」
▶ máke-up wórkshop　　　名「化粧の講習会」
▶ *be* súited for ～　　　熟「～に向いている」
▶ *be* promóted　　　　　熟「出世する」
▶ stéadily　　　　　　　　副「着実に」
▶ climb *one's* way up the cómpany ládder
　　　　　　　　　　　　　熟「出世の階段を上る」
▶ více-président　　　　　名「副社長」
▶ strúggle　　　　　　　　自「苦労する／もがく」
▶ *be* absórbed with ～　熟「～に熱中する」
▶ glance back to ～　　　熟「再び～をちらっと見る」

第15パラグラフ
▶ in ages　　　　　　　　熟「長年の間」
▶ guilt　　　　　　　　　名「罪悪感／罪」

第16パラグラフ
▶ páyback　　　　　　　　名「仕返し／お返し」
▶ idéntify ～　　　　　　他「～を特定する」
▶ degrée prógram　　　　名「学位プログラム」

次の文章を読み，A・Bに答えよ。なお，(1) ～ (6) はパラグラフの番号を表している。

Listening Convenience and Sound Quality: Is There Another Priority?

(1)　In 1877, Thomas Edison invented the phonograph, a new device that could record and play back sound. For the first time, people could enjoy the musical performance of a full orchestra in the convenience of their own homes. A few years later, Bell Laboratories developed a new phonograph that offered better sound quality; voices and instruments sounded clearer and more true-to-life. These early products represent two major focuses in the development of audio technology —— making listening easier and improving the sound quality of the music we hear. The advances over the years have been significant in both areas, but it is important not to let the music itself get lost in all the technology.

(2)　Although the phonograph made listening to music much more convenient, it was just the beginning. The introduction of the car radio in the 1920s meant that music could be enjoyed on the road as well. Interest in portable audio really started to take off in the 1980s with the development of personal music players that allowed listeners to enjoy music through headphones while walking outside. These days, we are able to carry around hundreds of albums on small digital players and listen to them with tiny earphones.

(3)　Another factor affecting our enjoyment of music is its sound quality. In the 1950s, the term "high fidelity," or "hi-fi" for short, was commonly used by companies to advertise recordings and audio equipment providing the highest possible quality of sound reproduction. Fidelity, meaning truthfulness, refers to recording and reproducing music that is as close as possible to the original performance. Ideally, if we listen to a recorded symphony with our eyes closed, we feel as if we were in a concert hall. Technological advances since the 1950s have resulted in modern recording techniques and playback equipment that allow listeners to come very close to the goals of high fidelity.

(4) Walking into an electronics store today, consumers are faced with an amazing variety of audio technology. Someone looking for a portable system can choose from hundreds of different earphones, headphones, and digital players that come in a range of colors, shapes, and sizes. For audiophiles —— music fans who see high fidelity as a priority —— a different section of the store features a range of large speakers and heavy components, such as CD players and amplifiers, that often come at high prices. Faced with all this technology and so many choices, music fans often spend a great deal of time researching and making decisions about the right equipment for their listening needs.

(5) Even after the equipment is bought, the advances in audio technology sometimes continue to take consumers' attention away from the music itself. The convenience of portable systems lets people listen to music while doing something else, like jogging in the park or commuting to work. In these settings, music may be partly lost in background noise, making it hard for the listener to concentrate on it. In another case, audiophiles may spend a considerable amount of time and energy testing and adjusting their combination of components to achieve the highest standard of fidelity.

(6) With so much technology available, actually listening to music can sometimes feel like a secondary issue. We are lucky to be able to take our favorite recordings with us on the train to work, but if we listen to music while our attention is focused elsewhere, we miss much of its power. Likewise, although it is good to have access to high-quality equipment, if we worry too much about achieving perfect fidelity, technology itself comes between us and the music. Music is an amazing and powerful art form, and perhaps what is most important is to make time to sit and appreciate what we hear. Thanks to the genius of Edison and other inventors, the beauty of music is now more accessible than ever. It's up to us to stop and truly listen.

A 問1～5の [　　　] に入れるのに最も適当なものを，それぞれ下の ①～④ のうちから一つずつ選べ。

問1 According to paragraph (1), Bell Laboratories' phonograph could [　　　] than Thomas Edison's.

① be built more quickly and cheaply

② be operated with less difficulty

③ play more musical instruments

④ reproduce sound more realistically

問2 In paragraph (3), the author suggests that today's best audio equipment [＿＿＿＿].

① almost recreates the sound quality of a live concert

② is used to play live music in the best concert halls

③ makes recordings sound better than original performances

④ reproduces great performances from the 1950s

問3 According to paragraph (4), audiophiles are people who [＿＿＿＿].

① care deeply about the quality of music reproduction

② perform in symphonies in good concert halls

③ prefer live concerts to recorded performances

④ work at shops that sell the best audio equipment

問4 Based on paragraph (5), which of the following is true? [＿＿＿＿]

① Background noise often helps people concentrate on music.

② Portable audio systems tend to create background noise.

③ Setting up a hi-fi system can take a great amount of effort.

④ The busier people are, the more they appreciate music.

問5 The author's main point in paragraph (6) is that [＿＿＿＿].

① audiophiles tend to enjoy listening to music on portable devices

② convenience is an important factor in buying audio equipment

③ music is the primary consideration, regardless of technology

④ portable equipment will likely replace high-fidelity equipment

B 次の表は，本文の段落と内容をまとめたものである。[＿＿＿＿]に入れるのに最も適当なものを，下の①〜④のうちから一つずつ選べ。ただし，同じものを繰り返し選んではいけない。

Paragraph	Content
(1)	Two goals of audio technology
(2)	
(3)	The idea of high fidelity
(4)	
(5)	
(6)	

① Advances in music listening convenience

② Concerns about the focus of music listeners

③ The value of giving music your full attention

④ The wide selection of audio products for sale　　　　　[本試]

中位層以上で差がついたのは，Ａの問4，問5，Ｂである。パラグラフごとにメモをとり，全体で何が言いたいのかを考えてから設問を見るとミスが減る。

解説　各パラグラフの役割とパラグラフメモ

第1パラグラフ：[**主張**]：オーディオは，簡単に聴ける，音質を向上させることを重視して開発されてきたが，本末転倒になってはいけないということ

第2パラグラフ：[**譲歩**]：現在までのオーディオの発展の歴史

第3パラグラフ：[**譲歩：具体化1**]：すぐれた音質のオーディオの登場

第4パラグラフ：[**譲歩：具体化2**]：さまざまな種類のオーディオの登場

第5パラグラフ：[**主張の再現**]：オーディオ機器の進歩による弊害

第6パラグラフ：[**主張の再現：具体化**]：音楽を楽しむことの大切さ

全体の要旨　すぐれた音質や多種多様な音響機器が出現したが，そうしたものに気をとられるあまり，音楽を聴いて楽しむことをおろそかにしてしまっている人がいる。音楽はじっくりと味わうものである。

A

問1 「第1パラグラフによると，ベル研究所の蓄音機はトーマス・エジソンのものより ☐☐☐☐ ことができた」

④「より原音に近い音を再現する」が正解。「歴史と共に音質が向上した」が第1パラグラフの主旨。

①「より速く安く組み立てる」，②「より簡単に操作される」，③「より多くの楽器を演奏する」はすべて主旨から外れるし，本文に記述もない。よって④が正解。**細かいところを読まなくてもパラグラフ全体の主旨，あるいは文全体の主旨がわかっていれば簡単に解ける。**

問2 「第3パラグラフにおいて，筆者は今日の最高の音響機器は ☐☐☐☐ と示唆している」

①「ライブ・コンサートの音質をほぼ再現する」が正解。**第3パラグラフでは「すぐれた音質のオーディオの登場」について述べられている。**それを念頭に置いて選択肢を見る。①は，このパラグラフの主旨に合致しているが，念のため他の選択肢も確認。②「最高のコンサートホールでライブ音楽を演奏するのに用いられる」。音響機器でライブ音楽を演奏!? これは見た瞬間に消える。③「録音したものを元の演奏より良い音に聴こえさせる」は，さすがにそれはナイ！と笑いながら不可としたい。④「1950年代からの名演奏を再現する」。原音に近づけることはできても，100%の再現はできない。また「1950年代からの名演奏」も本文とは無関係。間違えた人の多くは④を選んでしまったようだ。

問3 「第4パラグラフによると，オーディオファイルとは ☐☐☐☐ 人々である」

①「音楽再生の質に深く注意を払う」が正解。本文の直後に「ハイ・フィデリティを優先事項と考える音楽ファン」と説明が書かれているが，その部分がわからなくても「オーディオマニア」であることは，本文の他の記述部分から推測できるはずである。

①は，まさに正解だが，念のため他の選択肢もチェックする。②「良いコンサートホールの中で，交響楽団で演奏をする」，③「録音された演奏よりもライブのコンサートを好む」，④「最高の音響機器を売る店で働く」は，すべて本文の主旨とはズレる。

本文に戻っていちいちチェックせずとも，パラグラフの方向性をつ

かめば，正解を得られるように作問されている。良問である。中位層は④にした人が多かったようだ。

問４ 「第５パラグラフに基づけば，次の中で正しいものはどれか」

　③「ハイファイ・システムの構築には多大な労力を要することがある」が正解。**第５パラグラフは，「オーディオ機器の進歩による弊害」について述べられている。**中位層のこの問の正答率は 50％を切っている。

　①「背景音は人々が音楽に集中するのに役立つことが多い」は，プラスイメージで不可。②「ポータブル音響システムは背景音を作り出す傾向がある」は，本文に記述がないので不可。中位層では 25％を超える人がこの選択肢を選んでいる。③「ハイファイ・システムの構築には多大な労力を要することがある」は本文のマイナスイメージとも一致していて正解。④「人は忙しくなればなるほど，音楽を味わい楽しむ」は，プラスイメージで不可。

問５ 「第６パラグラフにおいて筆者の主な主張は ▢ ということである」

　第６パラグラフでは「音楽を楽しむことの大切さ」が述べられている。中位層の正答率は６割ぐらい。

　③「技術と無関係に，音楽こそが主として考慮するべきことだ」が正解。①「オーディオファイルはポータブル機器で音楽を楽しむ傾向がある」は，デタラメで不可。②「利便性は音響機器を購入する際の重要な要因だ」は不可。「利便性」を追求するがあまりに音楽を楽しめなくなっている，というのが本文の主旨。③「技術と無関係に，音楽こそが主として考慮するべきことだ」は本文の主張の方向に一致。④「おそらくポータブル機器がハイファイ機器に取って代わるだろう」は，本文の主張と無関係。

B

パラグラフ	内容	答え
(1)	音響技術の2つの目標	
(2)	音楽鑑賞の利便性の向上	①
(3)	ハイ・フィデリティという考え方	
(4)	販売されている音響製品の幅広い品揃え	④
(5)	音楽鑑賞者が置く重点に関する懸念	②
(6)	音楽に集中することの価値	③

　一番簡単なのは④「販売されている音響製品の幅広い品揃え」。これは第4パラグラフの主張と合致している。次に，マイナスの内容のパラグラフは第5パラグラフのみなので，②「音楽鑑賞者が置く重点に関する懸念」が決まる。あとは①「音楽鑑賞の利便性の向上」と③「音楽に集中することの価値」を比べて検討すれば，①が第2パラグラフだとわかる。**消去法を効果的に使うことが大切**。上位層の正答率は70%前後，中位層の正答率は45%。差がついた問題。

解答 A　問1 ④　　問2 ①　　問3 ①　　問4 ③　　問5 ③
　　　 B　**(2)** ①　　**(4)** ④　　**(5)** ②　　**(6)** ③

訳　　**聴くための利便性と音質。他に優先すべきものはないのだろうか。**

(1)　1877年，トマス・エジソンは，蓄音機，つまり音を記録して再生できる新しい装置を発明した。歴史上初めて，人々はフルオーケストラの演奏を，自宅という都合のいい場所で楽しむことができたのである。数年後，ベル研究所は，より良い音質を提供する新しい蓄音機を開発した。よって，声や楽器はより鮮明かつ現実に近い音として聞こえるようになった。これらの初期の製品は，音響技術の発達において重視された2つの点を表している。すなわち，聴くのをより容易にすることと，聴く音楽の質を高めることである。どちらの分野においても，長年にわたり大きく進歩してきているが，これらのあらゆる技術の中に，音楽自体を埋没させないようにすることが大切だ。

(2)　蓄音機によって音楽鑑賞ははるかに便利なものになったが，それは始まりにすぎなかった。1920年代にカーラジオが導入され，音楽は路上でも楽しめるものになった。携帯型オーディオに対する関心が高まり始めたのは，聴く人が外を歩きながらヘッドフォンで音楽を楽しむことを可能にしたパーソナル音楽プレーヤーが開発された1980年代である。今日では，何百ものアルバムを小型のデジタルプレーヤーに入れて携帯し，

小さなイヤフォンで聴くことができる。

(3)　音楽鑑賞に影響を与えるもう1つの要因は音質である。1950年代に「ハイ・フィデリティ」，略して「ハイファイ」という用語が，可能な限り最高の音響再生の品質を提供するレコーディングや音響機器を宣伝するために，いろいろな会社によって広く使われた。フィデリティは，「真実」を意味し，元々の演奏にできるだけ近い音楽の録音や再生のことをいう。理想的には，録音された交響曲を目を閉じて聴く場合，コンサートホールにいるかのような感覚になることだ。1950年代から始まった技術進歩の結果，聴く人をハイ・フィデリティという目標に非常に近づけるような現代的な録音技術と再生機器が生まれた。

(4)　今日，電気店に入ってみると，消費者の目の前には驚くほどさまざまな音響技術が現れる。ポータブルシステムを探している人は，さまざまな色，形，大きさをした何百ものいろいろなイヤフォン，ヘッドフォン，デジタルプレーヤーの中から選ぶことができる。オーディオファイル（ハイ・フィデリティを優先事項と考える音楽ファン）のために，しばしば高い値段がつけられているさまざまな大型スピーカー，CDプレーヤー，アンプなどの重厚なコンポを目玉とする別のコーナーも店にはある。このようなすべての技術と，そしてかくも多くの種類がそろっているのを目の当たりにすると，音楽ファンはしばしば非常に多くの時間をかけて調べ，自分の音楽鑑賞のニーズにぴったり合う機器を決めようとする。

(5)　音響技術の進歩のために，消費者は機器の購入のあとでさえ，音楽自体に注意を向けないという状況が続くことがある。ポータブルシステムの利便性のため，公園でのジョギングや通勤途中などといった，他のことをしながら音楽を聴くことができる。このような状況では，音楽はその一部が背景音にかき消され，聴く人が音楽に集中するのが難しくなるかもしれない。また別の場合には，オーディオファイルはフィデリティを最高の水準まで上げるため，相当な時間と労力を費やし自分のコンポの組み合わせをあれこれいじることがあるかもしれない。

(6)　これほど多くの技術が利用できる状況では，実際に音楽を聴くことは二の次になるように感じられることがある。私たちは幸運にも，好きな音楽を録音したものを持って通勤電車に乗ることができるが，注意を他のところに向けているときに音楽を聴くと，音楽の持つ力の多くを聴き逃してしまうことになる。同様に，高級な機器の入手が容易になるのは良いことだが，完全なフィデリティを目指すことを気にしすぎるならば，技術自体が私たちと音楽の仲を引き裂くことになってしまう。音楽は驚嘆すべき強力な芸術形態であり，きわめて大切なのは，聞こえてくるものをじっくりと味わい楽しむ時間を作ることであろう。エジソンという

天才や他の発明家たちのおかげで，今では美しい音楽がかつてないほど簡単に手に入る。私たちがなすべきことは，立ち止まって心から耳を傾けることである。

語句

第1パラグラフ
- ▶ **phónograph** 　名「蓄音機」
- ▶ **devíce** 　名「装置」
- ▶ **perfórmance** 　名「演奏」
- ▶ **láboratory** 　名「研究室」
- ▶ **trúe-to-lífe** 　形「現実に近い」
- ▶ **represént** ～ 　他「～を表す」
- ▶ **advánce** 　名「進歩」
- ▶ **signíficant** 　形「著しい」
- ▶ **get lost in** ～ 　熟「～に埋没する」

第2パラグラフ
- ▶ **as well** 　熟「同様に」
- ▶ **take off** 　熟「離陸する／始まる」
- ▶ **cárry ～ aróund ／ aróund ～** 　熟「～を持ち運ぶ」

第3パラグラフ
- ▶ **afféct** ～ 　他「～に影響する」
- ▶ **term** 　名「用語」
- ▶ **fidélity** 　名「信頼性」
  - ＊ fiancé「フィアンセ／婚約者」は「信頼できる人」からできた語
- ▶ **for short** 　熟「短縮して言えば」
- ▶ **equipment** 　名「装置」　＊ 不可算名詞
- ▶ **reprodúction** 　名「再生」
- ▶ **refér to** ～ 　熟「～を指す」
- ▶ **oríginal** 　形「元々の」
- ▶ **idéally** 　副「理想的には」
- ▶ **feel as if** ～ 　熟「～のように感じる」
- ▶ *A* **resúlt in** *B* 　熟「*A* の結果 *B* となる」

第4パラグラフ
- ▶ **consúmer** 　名「消費者」
- ▶ *be* **faced with** ～ 　熟「～に直面する」

▶ come in ～	熟	「～の種類がある」
▶ áudiophile	名	「オーディオ愛好家」
▶ see O as C	熟	「O を C と見る」
▶ priórity	名	「優先事項」
▶ féature ～	他	「～を特集する」
▶ ámplifier	名	「アンプ／増幅器」
▶ spend O (V)ing	熟	「O を (V) することに費やす」
▶ a great deal of ～	熟	「多量の～」

第5パラグラフ

▶ take ～ awáy	熟	「～を引き離す」
▶ séttings	名	「状況」
▶ pártly	副	「一部には」
▶ cóncentrate on ～	熟	「～に集中する」
▶ consíderable	形	「かなりの」

第6パラグラフ

▶ aváilable	形	「手に入る」
▶ sécondary	形	「副次的な」
▶ íssue	名	「(社会的) 問題」
▶ líkewise	副	「同様に」
▶ appréciate ～	他	「～を鑑賞する」

お役立ちコラム
語源で覚えよう

audiophile の -phile は［愛する］という意味。

philosophy「哲学」は,〈philo-［愛する］＋ -sophy［知恵］〉が原義。最初に philosophy を訳した哲学者の西周は「希哲学」とした。この「哲」は「知恵」の意味。ところがあとで「希」を取って「哲学」としてしまったんだ。

ちなみに phil- の反意語は -phobia［恐怖症］。claustrophobia と言えば「閉所恐怖症」のことだ。

チャレンジ問題 11

標準 **18分**

次の文章を読み，問1～5の 　　　　 に入れるのに最も適当なものを，それぞれ下の ① ～ ④ のうちから一つずつ選べ。

(1) My brother, Kimo, is calling my name, "Keilani! Keilani!" as we stand outside the dark cave, but I'm not really listening. I'm focused on the very old wooden box in the mud at my feet. For a moment, I imagine running to my grandfather's house to show him this incredible discovery. But then I remember that he passed away just last month. I feel sad as I realize he missed the chance to achieve his lifelong goal of finding the lost treasure of Captain James.

(2) Grandfather was a genuinely kind and extremely charming person. He loved spending time outdoors, reading books, and telling stories. He would often take us on hikes around the enormous volcano at the center of our island and teach us about the different kinds of plants and animals we would see. However, more than anything else, he loved telling us stories about the adventures of Captain James, the legendary British explorer.

(3) Grandfather's favorite story was the one about how Captain James found an amazing treasure on his last journey. He buried it on an unknown island to hide it from pirates, but died without telling anyone the exact location. However, there was an old, well-known sailor's song that supposedly contained clues to its location: a large volcano and a lion that held the treasure deep in its mouth. Most people didn't believe the story, but Grandfather thought the treasure was real and buried on our island. In a quest for the treasure, he spent much of his life exploring the jungle, rocks, and caves that covered the volcano.

(4) I could not understand why he was so interested in those old legends. Lost treasure, pirates, and hidden clues? How could someone who knew so much about the natural world believe such silly stories? I always politely listened when he talked about these things but could never let him know what I really thought.

(5) Things changed when the largest storm in 200 years hit our island. Heavy rain poured for five straight days, causing landslides down the

560

slopes of the volcano. When the weather cleared, the volcano looked very different. Many parts of it that had been hidden by the jungle were revealed, including an area of large, strangely-shaped rocks that, from a distance, did indeed look like the shapes of a lion. For the first time, I thought that maybe my grandfather's story was true.

(6) Although there was still the risk of more landslides, Kimo and I decided to go this morning and look closely at the lion-shaped rock formation. It took us four hours to reach the lion's head, where we found an opening to a cave. When covered by the jungle, no one would have ever known it was there. Using my flashlight, I was able to find a large wooden box covered in mud at the back of the cave. Together, Kimo and I were able to drag the heavy box outside and into the light.

(7) I'm still staring at the box when Kimo yells again, "Keilani, look!" and this time I hear him. Far above us, I can see the start of a landslide bringing down rocks and mud. Kimo grabs my arm and pulls me into the cave. I look back and see the wooden box, sitting in the sun. A moment later it's gone. With a thunderous sound, the landslide crashes down past the cave entrance taking everything with it —— trees, rocks, and the wooden box.

(8) When the rocks have finally stopped falling, we crawl out of the cave. Whatever is left of the box and its secret contents are buried deep underneath rocks and mud somewhere down below us and will be very difficult to find. Strangely, I'm not frustrated. Instead, a feeling of determination builds inside me. I know the legend is true. I know that my grandfather was right all along. And I know I will never stop searching until I find the lost treasure of Captain James.

問1　Keilani briefly forgot that her grandfather had died because she was _____ .

① listening to Kimo call her name
② so excited to find the lost treasure
③ trying to help Captain James
④ worried about the falling rocks

問2　What did Grandfather most enjoy doing with Keilani and Kimo?

　　① Collecting interesting rocks and plants.
　　② Listening to the history of English pirates.
　　③ Studying rainstorms and landslides.
　　④ Telling stories about a well-known explorer.

問3　What did Keilani hesitate to tell her grandfather?
　　① She felt bored hearing about plants and animals.
　　② She knew more about nature than he did.
　　③ The legend of the treasure was not true.
　　④ The pirates in his story were too scary.

問4　What is most likely true about the time Captain James visited the island?
　　① He did not have any secret treasure.
　　② He met Grandfather for the first time.
　　③ The island's volcano had not yet formed.
　　④ The lion-shaped rock formation was visible.

問5　Which statement expresses a change in Keilani by the end of the story?
　　① She came to have the same goal as her grandfather.
　　② She decided to sell the treasure to make a lot of money.
　　③ She learned that the treasure did not exist.
　　④ She no longer cared about finding the treasure.　　　　［追試］

時系列に乱れがある。第1パラグラフは，本来は第7パラグラフの前に置かれていたもの。
また，随所に「歴史的現在（過去のことでも，生き生きと描写するために用いられる現在時制）」が登場する。
登場するジェームズ船長とは，おそらく，実在したイギリスの海軍士官，海洋探検家，海図製作者であるジェームズ・クック（James Cook，1728年10月27日〜1779年2月14日）で通称キャプテン・クック（Captain Cook）であろう。

各パラグラフの役割とパラグラフメモ

第1パラグラフ：祖父の話していた宝箱を発見

第2パラグラフ：祖父のこと（探検家のジェームズ船長が好き）

第3パラグラフ：祖父の言う宝の伝説（自分の住む島に宝はある）

第4パラグラフ：私は信じなかった

第5パラグラフ：地滑りで伝説のライオン岩が出現

第6パラグラフ：宝箱を発見

第7パラグラフ：2回目の地滑りで宝箱が埋まる

第8パラグラフ：掘り出す決意を固める

全体の要旨　祖父から聞いていた伝説の宝箱に関して半信半疑であったが，大嵐のためにその実物を目にした。そして今後もその宝箱を追い求めようと決意した。

問1　「ケイラニは，◻︎◻︎◻︎◻︎◻︎ という理由で祖父が亡くなっていたことを少しの間忘れていた」

「宝箱を見つけて興奮した」からである。①「キモが自分の名前を呼ぶのを聴いていた」は不可。第7パラグラフに「今度はキモの声が聞こえた」とあることからもわかるように，最初，名前を呼ばれたときは，兄のキモの声に気がつかなかったのである。②「失われた宝を見つけて興奮していた」が正解。③「ジェームズ船長を助けようとしていた」，④「落ちてくる岩のことを案じていた」は明らかに不可。①にした人が2割ほどいた問題。

問2　「祖父がケイラニとキモと一緒にいるときに，最も楽しんだことは何か」

この話全体に関わる問題。「ジェームズ船長の隠した宝箱」という内容のものを選ぶ。

①「興味深い岩と植物を集めること」，②「イギリスの海賊の歴史について聞くこと」，③「嵐と地滑りについて研究すること」は，いずれも本題からほど遠いので不可。正解は④「よく知られた探検家についての話をすること」。正答率は90％を超えている。

問3　「ケイラニが祖父に伝えるのをためらったのは何か」

最初，ケイラニは，祖父の宝箱の話を信じていなかったが，そのことを直接祖父に伝えてはいない。①「動植物についての話を聞くのに

飽きたということ」，②「自然のことなら祖父よりよく知っているということ」は，話の展開を考えれば，このような選択肢が正解になるわけがないことなどわかるはず。③「宝物の伝説は本当ではない」は，「宝物の伝説は本当ではないと思っている」となっていれば正解。④「祖父の話の中の海賊は怖すぎる」は，まったくのデタラメ。以上から，③を選ぶしかない。

問4 「ジェームズ船長がその島を訪れた時期に関して，最も本当らしいのはどれか」

第3パラグラフの船乗りの歌に登場する「火山とライオンが存在する」というのを選ぶ。①「秘密の宝物を持っていなかった」が正解なら，この話は成立しない。②「船長が初めて祖父に出会った」なら，伝説の人物にはなり得ない。③「島の火山はまだできていなかった」は不可。④「ライオンの形をした岩の層が見えた」が正解。③にしてしまった人が30%ぐらいいるようだ。

問5 「物語の最後までにケイラニは変化したが，そのことを表したものはどれか」

最終パラグラフに「宝物を探そう！」と決意したとある。①「祖父と同じ目的を持つようになった」が正解。②「たくさんのお金をもうけるために宝物を売る決意をした」は，共通テストの登場人物にはあり得ない行動。もちろん，本文にはそのような記述はない。③「その宝物が存在していないと知った」はまったくのデタラメ。④「宝物を探すことにもはや興味はなかった」もデタラメ。以上から①が正解。

解答 問1 ②　　問2 ④　　問3 ③　　問4 ④　　問5 ①

訳 (1) 私たちは暗い洞窟の外にいて，兄のキモは「ケイラニ，ケイラニ！」と私の名前を呼んでいた。しかし，じつはその声は私の耳には届いていなかった。私の注意は，足もとの泥の中にあるとても古い木製の箱に注がれていた。祖父の家まで走っていって，この信じられない発見を祖父に教えてあげようかなと，ほんの一瞬，考えた。だがその次の瞬間，祖父は先月亡くなったばかりであることを思い出した。失われたキャプテン・ジェームズの宝物を見つけるという，生涯の目標を達成する機会を祖父が逃してしまったことを知り，悲しくなった。

（2）　祖父は本当に優しくきわめて魅力あふれる人だった。外で過ごしたり，本を読んだり，話をするのが好きだった。私たちの住む島の中央にある巨大な火山の付近まで，よく私たちをハイキングに連れ出し，目についたさまざまな動植物について教えてくれた。しかし，他の何よりも祖父が好きなのは，イギリスの伝説の探検家，ジェームズ船長の冒険についての話をすることだった。

（3）　祖父の好きな話はジェームズ船長が最後の旅の途中にどのようにして驚くべき宝物を見つけたかというものだった。船長は宝物が海賊に見つからないように，名も知らぬ島にそれを埋めたが，誰にも正確な場所を伝えることなく死んでしまった。しかし，その場所の手がかりを含むと思われる昔からよく知られた船乗りの歌があり，それによると，その場所には大きな火山とライオンが存在して，そのライオンの口の深い所に宝物があるということだった。たいていの人はこの話を信じなかったが，祖父はその宝物は本物で，私たちの島に埋められていると思っていた。その宝物を求めて，祖父はその人生のずいぶんと長い時間を割いて，火山を覆うジャングル，岩，洞窟を探検していた。

（4）　祖父がその古い伝説に，なぜあれほどの興味を持っていたのかは私にはわからなかった。失われた財宝，海賊，そして隠された手がかり？自然世界のことを十分に知っている人が，どうしてそんなばかげた話を信じられるというのか？　祖父がそうしたことについて話し出すと，私はいつもきちんとその話に耳を傾けたが，私の本当の心のうちを祖父に知らせることは決してなかった。

（5）　200年ぶりの大嵐が島を襲ったとき，状況が変わった。5日もの間，毎日激しい雨が降り続き，火山の斜面に地滑りが起きた。嵐が収まると，火山のようすは一変していた。ジャングルによって隠されていた火山の多くの部分が露わになった。そして，その中には大きな変わった形の岩がある所があり，それを少し離れて見ると本当にライオンのように見えた。祖父の話は，もしかすると本当かもしれないと，そのとき初めて思った。

（6）　さらに地滑りが起きる危険性はまだあったが，キモと私は，今朝，ライオンの形をした岩場に行き，間近に見ることにした。ライオンの頭の所まで4時間かかり，そこには洞窟の入り口がぽっかり開いていた。ジャングルに覆われていたとき，誰もその洞窟がそこにあることなど知らなかったのである。懐中電灯を用いて覗いてみると，洞窟の奥に泥で覆われた大きな木製の箱が見つかった。キモと私は一緒に，その重い箱を外の明るい所まで引きずりながら運び出した。

(7)　私がまだじっとその箱を見ていると，キモが「ケイラニ，見て！」と再び叫んだ。今度はキモの声が聞こえた。私たちのはるか上のほうで，地滑りが始まり，岩や泥を押し流しているのが見えた。キモは私の腕をつかんで洞窟の中へ私を引っ張り込んだ。振り返ると，木の箱が日の光に照らされている所にあるのが見えた。次の瞬間にそれはなくなった。地響きがして，地滑りによる土砂が洞窟の入り口の前を通り過ぎ，それと共にすべてのものが奪われた。木に岩に，そしてあの木の箱までが。

(8)　地滑りがやっと収まったとき，私たちは洞窟から這い出た。残っていた例の箱とその中の秘密の宝は，私たちの下の岩と泥のどこかに深く埋まってしまい，見つけるのはとても困難になってしまった。不思議なことに，私はイライラすることはなかった。その代わり，ある決意が私の中でふつふつと湧き上がった。伝説が本当であることはもうわかっている。祖父は初めからずっと正しかったこともわかっている。そして，私がジェームズ船長の失われた宝を見つけるまでは，探すのをやめないこともわかっている。

（語句）　**第1パラグラフ**

▶ **cave** 　　　　　　　名「洞窟」

▶ **incrédible** 　　　　形「信じられない」

▶ **pass awáy** 　　　　熟「亡くなる」
　　＊ die の婉曲表現で，普通，人間の場合に使う

▶ **lífelong** 　　　　　形「生涯の」

第2パラグラフ

▶ **génuinely** 　　　　副「本当に」

▶ **enórmous** 　　　　形「巨大な」

▶ **volcáno** 　　　　　名「火山」

▶ **légendary** 　　　　形「伝説の」

第3パラグラフ

▶ **amázing** 　　　　　形「驚くべき」

▶ **bury** ～ 　　　　　他「～を埋める」
　　＊ / beri /

▶ **pírate** 　　　　　　名「海賊」

▶ **locátion** 　　　　　名「(ホテル・店・物などの) 場所／位置」

▶ **suppósedly** 　　　　副「～と思われている」

▶ **clue to** ～ 　　　　熟「～の手がかり」

▶ **quest for** ～ 　　　　　熟「～の探求」

▶ **explóre** ～ 　　　　　他「～を探検する」

第4パラグラフ

▶ **sílly** 　　　　　形「ばかな」

第5パラグラフ

▶ **things** 　　　　　名「状況／事態」

▶ **pour** 　　　　　自「注ぐ」
　　＊ / pɔː(r) / に注意

▶ **lándslide** 　　　　　名「地滑り」

▶ **from a dístance** 　　　　　熟「少し離れた所から見ると」

第6パラグラフ

▶ **rock formátion** 　　　　　名「岩の層」

▶ **fláshlight** 　　　　　名「懐中電灯」

▶ **drag** ～ 　　　　　他「～を引きずる」
　　＊ dragon「ドラゴン」は〈drag-［身体をずるずる引きずる］＋
　　-on［大きい］〉から。million, billion が同語源

第7パラグラフ

▶ **stare at** ～ 　　　　　熟「～をじっと見る」

▶ **thúnderous** 　　　　　形「雷のような」

第8パラグラフ

▶ **crawl out of** ～ 　　　　　熟「～から這い出る」

▶ **undernéath** ～ 　　　　　前「～の下に」

▶ **frústrated** 　　　　　形「イライラして」

▶ **determinátion** 　　　　　名「決意」

▶ **all alóng** 　　　　　熟「最初から」
　　＊ all は強調の副詞。along なので「ずーっと」のイメージ
　　　例 I knew it all along. 「私はそれを最初から知っていた」

次の文章を読み，問 1 〜 6 の [　　　　] に入れるのに最も適当なものを，それぞれ下の ① 〜 ④ のうちから一つずつ選べ。なお，（1）〜（6）はパラグラフの番号を表している。

(1)　Designers are always trying to improve upon existing products. They try to make things work better, look better, and be a pleasure to own. Music players, for example, continue to improve every year through development of better electronics and enhanced functions. Unfortunately, they also become more complex. It is estimated that as many as one-fifth of all adults have difficulty using everyday products. While people are naturally more interested in quality, appearance, and color, they are also becoming more interested in how easy products are to use. This means successful designers need to consider the three principles of usability: *visibility*, *feedback*, and *affordance*, in addition to the customary ways of doing things, which are known as conventions.

(2)　The first principle is visibility. This means that we can see the main features and easily recognize what they are for. It should be clear where to put the CD. It should be obvious which is the on/off switch, and which is the volume control. Important controls must be easy to find and easy to recognize. Too many buttons can make a music player confusing to operate, especially if the most used buttons are mixed with the least used. This is why the least used controls are often hidden behind a panel.

(3)　The second principle, *feedback*, is about letting the user know what is happening; it shows the effect of an action. When a button is pushed, there should be some response from the machine —— a click, a beep, a light, or something on the display —— so the user knows the button is working and the command has been accepted. For example, many electrical goods have a small light to indicate that the power is on, while most CD players have a screen to show which track is playing.

(4)　The third principle, *affordance*, is a term used not only in the field of design but in other areas such as psychology, and it has various definitions. Dr. Donald Norman, who specializes in design, states, "Affordances provide strong clues to the operations of things ... the user knows what to do just by looking: no picture, label, or instruction is required." For example, a large CD player has a handle on top. The handle looks comfortable, and suggests that it can be picked up and moved easily. We want to use the handle. It invites us to use it.

(5)　When designers apply these principles, they must also consider conventions of use, because people should not have to, nor do they want to, relearn how to use an already familiar item. For example, which way would you turn the knob if you wanted to turn the volume up on a music player? Most would say, to the right —— clockwise. Most people associate the clockwise turning of a control with an increase in something. But, what about water? Which way do you turn on a water faucet? That's correct, to the left —— counterclockwise. For water and gas the conventions are usually reversed. However, while some conventions are almost worldwide, others are more local. Electric light switches in Japanese homes mostly go from side to side, while in the USA and the UK most go up and down. However, up is typically on in the USA and down is on in the UK.

(6)　Designers have known about conventions and the principles of usability for many years, but have sometimes paid little attention to them. However, as consumers' needs are changing, designers are increasingly focusing on *visibility*, *feedback*, and *affordance* in an effort to make their products easier to use and thus more attractive. While it is difficult to predict what color or shape future music players will be, it is reasonable to assume that designers will produce many well-thought-out designs that are easier for everyone to use.

問1　In paragraph **1**, the writer points out the problem that ⬚ .

① 　adults are not concerned about design and color

② 　designers are making small fashionable products

③ 　people cannot find pleasure in owning colorful products

④ 　products have become too complicated for some people

問2　According to paragraph **2**, a product with good *visibility* ☐ .
① has fragile controls protected by a cover
② has the main controls hidden by a cover
③ makes the main controls easier to find
④ must have a clear plastic CD drawer

問3　According to paragraph **5**, ☐ .
① conventions are universal so that everyone can use things readily
② household electric light switches do not follow regional conventions
③ it would be frustrating if we had to relearn the basic functions of every new product
④ keeping to conventions prevents us from making new products

問4　A handle on a living room door that you must open as in the picture below ☐ .
① breaks with convention
② does not follow the *feedback* principle
③ improves the *affordance* of the design
④ is a bad example of *visibility*

問5　In the passage, the writer implies ☐ .
① designers should make new rules reflecting current demands
② designers should not change according to the age of consumers
③ future products are likely to be better designed to meet users' needs
④ smaller and cheaper products will be welcome in the future

問6　The contents covered in the passage are listed at random below.
(a) Consumers trends (What people want)
(b) Future trends
(c) Global conventions
(d) Local conventions
(e) The three principles of usability

Which of the following best reflects the flow of the passage? ☐

① (a) ⇒ (e) ⇒ (c) ⇒ (d) ⇒ (b)

② (a) ⇒ (e) ⇒ (d) ⇒ (c) ⇒ (b)

③ (b) ⇒ (e) ⇒ (c) ⇒ (d) ⇒ (a)

④ (b) ⇒ (e) ⇒ (d) ⇒ (c) ⇒ (a)

[追試]

affordance という見慣れない単語が入っているが，その部分はうまく設問から外されている。正答率が 50% ぐらいしかないのは，問3，問4，問6である。

解説 各パラグラフの役割とパラグラフメモ

第1パラグラフ：[**主張**] ：製品の設計には，慣習，見た目，フィードバック，アフォーダンスを考慮に入れる必要がある

第2パラグラフ：[**主張の具体化**]：「見た目」とは，主な機能がぱっとわかること

第3パラグラフ：[**主張の具体化**]：「フィードバック」とは，何かの動作に対して製品が反応すること

第4パラグラフ：[**主張の具体化**]：「アフォーダンス」とは，その製品を置いておくだけで，思わず使いたくなる気持ちにさせること

第5パラグラフ：[**主張の具体化**]：地域差はあるが，製品は「慣習」に従っている

第6パラグラフ：[**主張の再現**] ：製品の設計者は今後も使いやすい製品を作るだろう

全体の要旨 製品を使いやすいものにするためには，設計段階で慣習，見た目，フィードバック，アフォーダンスを考慮に入れる必要があり，将来もこの傾向は続くだろう。

問1 「第1パラグラフで，筆者は ☐ という問題を指摘している」

　第1パラグラフは，「製品の使用法が難しくなりすぎている今日，製品の設計者として成功を収めるには使いやすさを考慮することが重

要である」という主旨。

よって，①「大人は設計や色に関心がない」，②「設計者は小さな流行の製品を作りつつある」，③「人々は色彩豊かな製品を所有することに楽しみを見いだすことはできない」はすべてまったくのデタラメ。

消去法により④「製品は一部の人にとって複雑になりすぎている」を選ぶ。

問2 「第2パラグラフによると，良い見た目を持つ製品とは □□□□□ ものである」

第2パラグラフでは，「製品のつまみ類の設計では，どのつまみが大切なのかを明確にしなければならない」ということが述べられている。

①「壊れやすい機能はカバーで覆われている」は第2パラグラフと無関係だが，fragile「脆い」というやや難しい単語に飛びつく人がいるかもしれない。

②「主な機能はカバーで隠されている」はまったくのデタラメ。もしこれが正しければ非常に使いにくい製品になる（笑）。

④「透き通ったプラスチックのCD用の引き出しを必ず備えつけている」は，本文の「CDを入れる所がどこなのかを明確にしなければならない」をもとにでっち上げた間違い選択肢。ただし，「CD用の引き出し」という段階で不可だとわかる。具体例の一部がパラグラフ全体を表すことはないからである。

以上から，③「主な機能を見つけやすくしている」が正解だとわかる。

問3 「第5パラグラフによると，□□□□□」

第5パラグラフでは，「地域差はあるものの，製品は慣習に従わなければならない」ということが述べられている。

①「慣習は，誰もがものを容易に使えるように普遍的なものである」は「普遍的」が不可。「地域差がある」と矛盾する。

②「家庭用の電灯スイッチは地域の慣習に従っていない」は本文と真逆。

④「慣習に従うことで新たな製品を作ることができなくなる」は，内容は正しいと思われるが，本文では述べられていない。また，このパラグラフの主張とは異なるので不可。

以上から③「新しい製品それぞれの基本的な機能を一から覚えなければならないなら，イライラすることになるだろう」が正解となる。

問４ 「下の絵のように開けなければならない居間のドアの取っ手は ☐☐☐☐ 」

第3パラグラフの内容である②「『フィードバック』の原則に従っていない」，第4パラグラフの内容である③「設計の『アフォーダンス』を向上させる」，第2パラグラフの内容である④「『見た目』の悪い例である」は不可。

以上から①「慣習に反している」だとわかる。文全体の細かい内容を覚えていなくても十分に解答可能な良問。

問５ 「この文では，筆者は ☐☐☐☐ ということを暗に意味している」

全体の要旨は「製品を使いやすいものにするためには，設計段階で慣習，見た目，フィードバック，アフォーダンスを考慮に入れる必要があり，将来もこの傾向は続くだろう」ということ。

①「設計者は現代の需要を反映した新たな規則を作るべきだ」は「新たな規則を作る」が不可。

②「設計は消費者の年齢に応じて変化してはいけない」，④「将来，より小さくより安い製品が歓迎されるだろう」はどちらも本文にない。

以上から③「将来の製品は使用者の要求を満たすようにより良く設計されるだろう」が正解。

問６ 「本文中で扱われている内容が以下に順不同で挙げられている」

(a) 消費者の傾向（人々が何を望むか）
(b) 未来の傾向
(c) 世界的な慣習
(d) 各地の慣習
(e) 使いやすさの3つの原則

「次のうちこの文の流れを最もよく反映しているものはどれか」

(b)の「未来の傾向」は最後だから①か②に絞られる。(c)「世界的な慣習」と(d)「各地の慣習」は共に第5パラグラフであるが，イギリスとかアメリカの話がパラグラフの後半であることからだけでも，(c)「世界的な慣習」⇒(d)「各地の慣習」だとわかる。以上から①が正解だとわかる。

問1 ④ 問2 ③ 問3 ③
問4 ① 問5 ③ 問6 ①

（1） ものの設計をする人たちは，既存の製品に改良を加える努力をいつも
続けている。商品がよりうまく作動するように，見栄えが良くなるように，
持っていてうれしいものになるように彼らは努力する。たとえば，音楽プ
レーヤーはより良い電子機器と高性能の機能の開発を通して毎年改良され
ている。残念ながら，そうした製品はますます複雑になっている。推定で
は，全体の5分の1もの大人が日常製品を使いこなすことに困難を感じ
ているということだ。人々が製品の質や外見や色に興味を持つのは当然だ
が，彼らは同時に，製品の使いやすさにも興味を持ちつつある。これが意
味することは，設計者として成功を収めるには，慣習として知られている，
物事を行う習慣的なやり方に加え，3つの使いやすさの原則，つまり，見
た目，フィードバック，アフォーダンスを考慮に入れる必要があるという
ことである。

（2） 1番目の原則は見た目である。つまり，主な特徴が目に入り，それら
が何のためにあるのかをすぐに認識できることである。CDを入れる所が
どこなのかを明確にしなければならない。どれが電源スイッチで，どれが
ボリュームかを明確にしておかねばならない。大切な機能は見つけやす
く，また認識しやすいものにしなければならない。音楽プレーヤーのボタ
ンが多すぎると，操作に混乱を招く。特に最もよく使うボタンと一番使わ
ないボタンが一緒に配置されている場合はそうだ。だから，最も使わない
機能は多くの場合パネルの裏に隠されているわけだ。

（3） 2番目の原則，フィードバックは使用者に何が起きているのかを教え
るものである。それはある行為の結果を見せるものである。ボタンを押す
と，機械から何らかの反応——カチッという音がしたり，ビーという音
がしたり，光ったり，画面上に何かが現れたり——があって，使用者がボ
タンが機能していること，命令が受け入れられたことを知ることができな
ければならない。たとえば，多くの電気機器は電源が入っていることを示
すための小さなライトがついており，一方たいていのCDプレーヤーはど
のトラックを演奏しているかを示すための画面がある。

（4） 3番目の原則，アフォーダンスは，設計の分野だけでなく，心理学な
ど他の分野でも使われている用語で，さまざまな定義を持つ。設計を専門
に研究しているドナルド・ノーマン博士は「アフォーダンスはものの操作
に対する強い手掛かりを与える……使用者は見るだけで何をするかがわか
る。絵も，ラベルも，指示も必要ない」と述べている。たとえば，大きな
CDプレーヤーは上に取っ手がある。その取っ手は見た目が心地よく，そ

れを持てば，プレーヤーを簡単に移動させることができるということを示している。取っ手を使いたくなる。それは私たちに使うように誘うのである。

(5) 設計者が3つの原則を適用するとき，使う際の慣習も同時に考慮に入れなければならない。なぜなら人々にとって，すでによく知っているものをどう使うのかを一から学び直す必要などないことが大切であり，またそんなことを望む人はいないからである。たとえば，音楽プレーヤーのボリュームを上げたいと思うなら，つまみをどちらに回すだろうか？　たいていの人は「右方向，つまり時計回り」と答えるだろう。つまみを時計回りに回すことから何かが大きくなることを連想する人が大半である。しかし水はどうだろうか？　水道の蛇口をどちらに回すだろうか？　左回り，つまり，反時計回りが正しい。水道やガスでは慣習はたいてい逆なのである。しかし，ほぼ世界中で同じ慣習もあるが，ある地域にしか通用しない慣習もある。日本の家庭用電灯スイッチはたいてい左右に動くが，アメリカやイギリスでは大半は上下に動く。しかしアメリカでは通常，上に押せば電源が入り，イギリスでは下に押せば電源が入る。

(6) 設計者は何年も前から慣習や使いやすさの原則を知っている。しかし，それらにあまり注意を払わないときもあった。しかし，消費者の要求が変化するにつれて，設計者も，製品をより使いやすく魅力的なものにするために，見た目，フィードバック，アフォーダンスにますます注目している。将来の音楽プレーヤーが，どのような色や形になるか予測するのは難しいが，設計者が誰もが使いやすい，考え抜かれた多くの設計を生み出すだろうと考えるのは理にかなっている。

| 語句 | 第1パラグラフ |

- ▶ **impróve upón** ～ — 熟「～に改良を加える」
- ▶ **electrónics** — 名「電子機器／電子回路」
- ▶ **enhánce** ～ — 他「～を高める」
  - ＊〈en-［動詞化］＋ hance (high 高い)〉
- ▶ **unfórtunately** — 副「残念ながら」
- ▶ **compléx** — 形「複雑な」
- ▶ **éstimate** ～ — 他「～を推定する」
- ▶ **as mány as** ＋数字 — 熟「(最大で) ～も (の)」
- ▶ **náturally** — 副「当然」
- ▶ **prínciple** — 名「原理」
- ▶ **usabílity** — 名「使いやすさ／使い勝手」

▶ visibílity 名「見た目」

▶ affórdance 名「(認知心理学者ギブソンの造語) アフォーダンス」

▶ convéntion 名「慣習／しきたり」
　　＊　元は「集会（con-［皆］＋ -ven［来る]）」の意味だが「集会での（いつもながらの）取り決め」→「慣習」となった

第2パラグラフ

▶ féature 名「特徴」

▶ récognize 〜 他「〜を認識する」

▶ óbvious 形「明白な」

▶ óperate 〜 他「〜を操作する」

▶ the least used（búttons） 熟「最も使わない（ボタン）」
　　＊　least は little の最上級

第3パラグラフ

▶ respónse 名「反応」

▶ click 名「カチッという音」

▶ beep 名「ビーという音」

▶ commánd 名「命令」

▶ índicate 〜 他「〜を示す」

第4パラグラフ

▶ term 名「(主に専門的な) 用語」

▶ psychólogy 名「心理学」　＊　p は黙字

▶ definítion 名「定義」

▶ instrúction 名「指示」

第5パラグラフ

▶ applý 〜 他「〜を適用する」

▶ reléarn 〜 他「〜を一から学び直す」

▶ ítem 名「品」

▶ clóckwise 副「時計回りに」

▶ assóciate A with B 熟「A から B を連想する」

▶ an íncrease in 〜 熟「〜の増加」

▶ còunterclóckwise 副「反時計回りに」

▶ revérsed 形「逆の」

▶ lócal	形	「局地的な／地元の」

第6パラグラフ

▶ pay atténtion to ~	熟	「~に注意を払う」
▶ incréasingly	副	「ますます」
▶ fócus on ~	熟	「~に焦点を当てる」
▶ attráctive	形	「魅力的な」
▶ predíct ~	他	「~を予測する」

    ＊　〈pre- [あらかじめ] + -dict [言う]〉
       dictionary「辞書（人々が言っていることを集めたもの)」

▶ réasonable	形	「理にかなっている」
▶ wéll-thought-óut	形	「十分に考え抜かれた」

お役立ちコラム
the U.K. と the U.S. について

❶　**the United Kingdom**（**the U.K.**）「**イギリス**」

　　イギリスは，England「イングランド」，Wales「ウェールズ」，Scotland「スコットランド」，Northern Ireland「北アイルランド」が統合された国。England＝「イギリス」ではないことに注意。サッカーやラグビーの大会では，それぞれが独自のチームで戦っているのは有名だろう。

❷　**the United States**（**of America**）（**the U.S.**）「**アメリカ**」

　　普通，America と言えば，North America「北アメリカ」，South America「南アメリカ」という大陸名を表す。よって，英字新聞では，「アメリカ合衆国」の表記は the U.S. となっていて，USA は応援のときに使われるのが普通。またアメリカ人は the States と言うこともある。

次の文章を読み，問1～6の　　　　　に入れるのに最も適当なものを，それぞれ下の①～④のうちから一つずつ選べ。なお，(1)～(13)はパラグラフの番号を表している。

(1) Douglas Corrigan peered out of the window of his airplane. Below, a thick blanket of fog hid the ground from view. Earlier that morning on July 17, 1938, Corrigan had taken off from New York. He hoped to fly nonstop to the West Coast.

(2) Flight across the continent was still unusual, and in a plane like Corrigan's, it was a daring venture. Corrigan had bought the plane secondhand. It had been a four-seater built to fly short distances, but he had replaced three of the seats with extra fuel tanks and changed the original engine for one with more horsepower. Corrigan had worked diligently on every inch of the plane he called *Sunshine*.

(3) Ever since he had been a boy hanging around the Los Angeles airfields doing odd jobs, he had loved flying. Corrigan had no money and very little formal education. His father had abandoned the family, and a few years later his mother died. By working hard and doing without many things, including breakfast and sometimes lunch, he saved enough money to take flying lessons at the age of eighteen.

(4) Corrigan's dream was to fly across the Atlantic, as his hero, Charles Lindbergh, had done. But when Corrigan applied for a license to fly to Europe, the inspectors took one look at the condition of the plane and refused to issue him one. However, Corrigan did talk them into giving him a license to fly nonstop from Los Angeles to New York and, if things went well, to try the return trip from New York back to the West Coast.

(5) Things went well. In spite of rough weather, Corrigan made the trip east in twenty-seven hours. He was confident that both he and *Sunshine* could cross the continent a second time.

(6) Spectators gathered as Corrigan climbed into the plane. Few supplies were aboard. Except for a box of cookies and some candy bars, he wasn't taking much with him, not even a parachute.

Sunshine was already carrying a heavy load of fuel, so he didn't want to add any more weight.

(7)   As dawn was breaking, the overweight plane rose with difficulty into the sky.   Within a few minutes, Corrigan and his plane were swallowed by the fog.   He soon noticed that one of his compasses didn't work.   But he wasn't worried.   A second compass on the floor of the plane was set for a westerly course.   Corrigan swung the plane around to match the compass setting, and climbed above the fog.   Ten hours later he was still flying above the fog.

(8)   As darkness closed around the plane, Corrigan's feet began to feel wet and chilled.   He turned on his flashlight.   The floor of the cabin was covered with gasoline that had leaked from the main tank.   With a screwdriver, Corrigan poked a hole through the cabin floor so that the gasoline could safely drain into the open air.   He wasn't too worried about the loss of fuel.   After all, he thought, he could always land if he ran out of gasoline.

(9)   Hour after hour, Corrigan flew on through the night, following his compass needle.   His muscles ached from sitting too long in one position.   His gasoline-soaked feet were numb.

(10)   When daylight came, Corrigan was surprised to see water below him.   He checked his compass and realized that in the poor light he had matched his course to the wrong end of the compass needle.   Instead of flying west, toward California, he had flown east, out over the Atlantic Ocean.

(11)   He had no idea how far from land he was.   He had no radio, no parachute, and he was running low on fuel.   There was only one thing he could do: keep flying and hope he reached land before running out of gas.

(12)   Twenty-eight hours after takeoff, he spotted land.   At a large airfield, Corrigan brought *Sunshine* safely back to Earth.   He was approached by an army officer.

(13)   "Hi," Corrigan said.   "I got turned around in the fog.   I guess I flew the wrong way."   He soon found out he had landed near Dublin, Ireland.   And it wasn't long before the whole world knew about "Wrong Way" Corrigan, the man who flew backward into his dream.

問1　What kind of plane was the *Sunshine*? ☐

 ① A four-seater which could fly only short distances.

 ② A small, used plane changed to seat one person.

 ③ A three-seater with extra fuel tanks.

 ④ One with an extra engine for more horsepower.

問2　What did Corrigan get permission to do? ☐

 ① To fly across the continent and back.

 ② To fly from the U.S. to Europe.

 ③ To fly only one way from New York to Los Angeles.

 ④ To fly only short distances.

問3　What was the reason that the *Sunshine* had difficulty taking off?
☐

 ① Corrigan found that one of his compasses was broken.

 ② Many supplies were necessary for such a long trip.

 ③ The fog made it difficult for Corrigan to see the controls.

 ④ There was a large quantity of fuel on board.

問4　Why wasn't Corrigan too worried about losing fuel? ☐

 ① He had carried plenty of fuel with him.

 ② He managed to drain the gasoline into the sky.

 ③ He thought he could land at any time.

 ④ He was more concerned about the numbness in his feet.

問5　When daylight came, what did Corrigan discover? ☐

 ① Both of his compasses were broken.

 ② He had forgotten his parachute and was running low on fuel.

 ③ He had used the compass incorrectly.

 ④ He was already near his destination.

問6　Why was the hero of the story called "Wrong Way" Corrigan?
☐

 ① He failed to make his dream come true.

 ② He flew back to Los Angeles.

 ③ He fulfilled his dream in an unexpected way.

 ④ He landed in Dublin instead of New York.　　[本試・改題]

公式発表の正答率は，問1…14%，問2…41%，問3…46%，問4…53%，問5…52%，問6…51%。

解説 各パラグラフの役割とパラグラフメモ

第1パラグラフ	：	ニューヨークから出発。ノンストップで西海岸へ行きたい
第2パラグラフ	：	中古の小型飛行機を徹底的に改造
第3パラグラフ	：	パイロットの免許を取るために苦労を重ねる
第4パラグラフ	：	ロサンゼルスからニューヨーク，もしうまくいけば帰りも OK という許可証を取る
第5・6パラグラフ	：	ロサンゼルスからニューヨークへは万事順調。帰りの準備。重量制限
第7パラグラフ	：	燃料を積み過ぎて重量オーバーだが，ロサンゼルスに向けなんとか出発。コンパスの1つが故障していたが，大丈夫
第8・9パラグラフ	：	トラブルがあるが，致命的なものではない
第10パラグラフ	：	夜が明け，方向を間違えていることが判明。大西洋上を東に向けて飛んでいる
第11パラグラフ	：	絶体絶命
第12・13パラグラフ	：	アイルランドに不時着。一躍有名人となる

全体の要旨 自作の飛行機で大西洋横断を試みたかったが許可が出ず，アメリカ横断をすることになった。コンパスを見間違えた結果，偶然にも大西洋を横断することに成功した。

　まず，解答する前に次の流れを確認しておく。

　コリガンの本来の予定は「ロサンゼルス ⇒ ニューヨーク ⇒ ロサンゼルス」。それが「ロサンゼルス ⇒ ニューヨーク ⇒ ダブリン」になってしまったのである。にもかかわらず，第1パラグラフを見ると「ニューヨークから」とあるから，**このパラグラフは，本来途中に入るべきものである**ことがわかる。正確には，第7パラグラフ第2文の後ろに入れるべき一節なのである。

問1 「サンシャインとはどんな飛行機だったか」
　文章を最後まで読めば，「1人乗り用の飛行機」であることは明白。

念のため，*Sunshine* について説明している第 2 パラグラフ第 2 文の Corrigan had bought the plane secondhand. と次の文の It had been a four-seater built 〜 . を確認。

この 2 つの文に述べられた内容を列挙すると，次のとおりになる。❶「中古で買った」，❷「短距離用である」，❸「改造をほどこした」。

原則❾ に従って，この 3 つの内容を網羅する選択肢を探すと，②「一人乗り用に改造をほどこされた，小さな中古の飛行機」しかない。「**短距離用**」は **small** で，「**中古で買った**」は **used** で，「**改造をほどこした**」は **changed to seat one person** で言い換えられている ⇒ 原則❽。

雑な受験生は「small なんて本文にない」という理由でこの選択肢を選ばなかった。そんな受験生が全体で 30 万人！

①「短距離しか飛べない 4 人乗り」。これは改造前の姿。fly only short distances という「**本文そのまま**」の表現を「**あやしい**」と思う**感覚が必要**。

③「余分の燃料タンクがある 3 人乗り」。論外。

④「より大きな馬力のための予備エンジンのついたもの」。選択肢に **an extra engine**「**予備エンジン**」とあるが，これは第 2 パラグラフ第 3 文の extra fuel tanks「予備燃料タンク」とは似て非なるもの。引っかかってはいけない。

問 2 「コリガンは何をする許可を取ったか」

大西洋を横断したことによって「道を間違えた」コリガンと言われることになったのだから，少なくとも**大西洋横断の許可ではない**ことがわからなければならない。

①「大陸を横断し，戻ってくる飛行のための」。これが正解。該当箇所は第 4 パラグラフ。

②「アメリカからヨーロッパまで飛行するための」。論外。

③「ニューヨークからロサンゼルスまで片道だけを飛行するための」。第 4 パラグラフ最終文に，**to fly nonstop** 〜 and 〈if ...〉 **to try the return trip** とあり，ニューヨークとロサンゼルスを，片道ではなく**往復する**飛行の許可を（条件付きではあるが）取ったことがわかるので，不可。

④「短距離だけを飛行するための」。論外。

問3 「サンシャインが離陸に手間取った理由は何か」

大陸を横断するために「3 つの座席を燃料タンクに改造した」のであるから，機体が重くて飛べないのは明白。念のため第 6 パラグラフを確認する。

① 「コリガンにはコンパスの 1 つが壊れているのがわかった」。論外。

② 「そのような長旅には多くの物資が必要であった」。第 6 パラグラフ第 3 文に not even a parachute「パラシュート**さえ**ない」と書いてあるので不可。

③ 「霧のため，コリガンが操縦パネルを見ることが困難になった」。原因は，天候にではなく，飛行機にある。的外れ。もちろん，本文にもまったく記述がない。

④ 「多くの燃料を積んでいた」。これが文句なく正解。

問4 「燃料を失っても，コリガンがそれほど心配しなかったのはなぜか」

第 8 パラグラフ最終文に After all で始まる箇所がある。この箇所は，コリガンが**アメリカ大陸を横断している**と**勘違い**していて，いつでも不時着できると思っていることを表している。なお，**After all** は，文頭で用いられるときは［補足理由］を示すことを覚えておきたい。もちろん，この知識がなくても答えはわかるはずだ。

① 「多くの燃料を積んでいた」。理由として成立しない。

② 「ガソリンを空へ流すことができた」。これも的外れ。drain「流れ出る」などという，**本文そのままの難語が正解になる可能性は低い**。

③ 「いつでも着陸できると思っていた」。これが正解。

④ 「足が冷たくなったことのほうが心配だった」。こんな記述はどこにもない。

問5 「夜が明けたとき，コリガンは何を発見したか」

第 10 パラグラフ第 1 文に Corrigan was surprised to see water below him.「**水**(= **海**)を見つけた」とある。そして，その理由は，次の文に matched his course to the wrong end of the compass needle「コースをコンパスの針の逆方向に合わせて」とあるように，「**コンパスを間違って使った**」からである。

① 「コンパスが両方とも壊れていた」。「**ワナ**」の選択肢。第 7 パラ

グラフ第 3 文 He soon noticed that one of his compasses didn't work. および，第 5 文 A second compass on the floor of the plane was set for a westerly course. より，少なくとも片方のコンパスは壊れていないことがわかる。適当にやっていると間違える。

②「パラシュートを持ってくるのを忘れていて，燃料ももうすぐなくなりそうだ」。論外。

③「コンパスを間違った方法で使用した」。正解 ⇒ **原則❻**。

④「すでに目的地に近い」。論外。「海」を見たときに方向を間違えたとわかったはず。

問 6 「この物語の主人公が『道を間違えた』コリガンと呼ばれたのはなぜか」

文全体のテーマさえわかれば容易に解ける問題。

①「夢を実現できなかった」。論外。

②「ロサンゼルスに戻った」。論外。

③「予期せぬ方法で夢を実現した」。最終パラグラフ最終文 the man who flew backward into his dream「逆方向へ飛んだために夢を実現した男（＝コリガン）」の**見事な言い換え** ⇒ **原則❽**。

④「ニューヨークではなくて，ダブリンに着陸した」。「ワナ」。「ニューヨークではなくて」が「**ロサンゼルスではなくて**」なら正解。

解答 問 1 ② 問 2 ① 問 3 ④
問 4 ③ 問 5 ③ 問 6 ③

訳 （1） ダグラス・コリガンは機内から外を注意深く見た。下は厚い毛布のように濃い霧で覆われており，地面が見えなかった。1938 年 7 月 17 日の早朝，コリガンはニューヨークを飛び立った。無着陸飛行で西海岸まで行こうとしていた。

（2） 当時，大陸横断飛行などまだ珍しく，コリガンのような飛行機での試みなど無謀であった。その飛行機は中古で手に入れたもので，短距離用の 4 人乗りのものであった。しかし，コリガンは座席のうち 3 つを取り外し，そこに予備燃料タンクを取りつけた。さらに，元のエンジンを，もっと馬力の出るものに取り替えた。コリガンは，サンシャインと名づけたこの飛行機の隅々に至るまで手を加えた。

（3） コリガンは，雑用係としてロサンゼルスの空港でうろついていた少年時代から，空を飛ぶことが好きだった。お金などまったくなく，正規の教育を受けたこともほとんどなかった。父は家族を見捨てて出て行き，

その数年後には母が亡くなった。コリガンは懸命に働き，さまざまなものを我慢した。朝ご飯を抜き，時には昼ご飯も抜いた。そして，18歳のときにはパイロット養成の講習を受けるだけの資金を蓄えたのであった。

(4)　コリガンの夢は，あこがれの人であるチャールズ・リンドバーグが成し遂げたように，大西洋を飛行機で横断することであった。しかし，コリガンがヨーロッパまでの飛行許可証を取る申請をしたとき，審査官たちは飛行機の状態をひと目見て，許可証を出すのを拒んだ。それでも何とか審査官を説得し，ロサンゼルスからニューヨークまでの無着陸飛行の許可証と，もしそれがうまくいけばという条件で，ニューヨークから西海岸まで戻ってくるための許可証をもらった。

(5)　万事うまくいった。荒天にもかかわらず，コリガンは27時間で東海岸へ到着した。自分もサンシャインも，もう一度大陸横断に耐えられるという自信があった。

(6)　コリガンが飛行機に乗り込むとき，見物人が集まってきた。飛行機に積載されている物資はわずかであった。クッキー1箱とキャンディーバー以外にはほとんど何も積んでおらず，パラシュートさえなかった。サンシャインはすでに燃料をずいぶん積んでいて，それ以上重量を増やしたくなかったからである。

(7)　明け方，積載過剰の飛行機はやっとのことで空へ舞い上がり，しばらくすると，コリガンと飛行機は霧に飲み込まれた。コンパスの1つが故障していることがすぐにわかった。だが，コリガンに心配などなかった。飛行機の床にもう1つのコンパスがあり，それが西向きに合わせてあったからだ。コリガンはコンパスの方位に合うよう飛行機を旋回させ，霧の上へと出た。10時間後，まだ霧の上空を飛行していた。

(8)　夕闇が飛行機を包む頃，コリガンは足もとがぬれて冷たくなっていることに気づいた。懐中電灯をつけてみると，操縦室の床一面がメインタンクから漏れ出したガソリンで覆われていた。コリガンは，ガソリンが空中に安全に流れ出るように，ドライバーを使って操縦室の床に穴を開けた。燃料漏れのことはそれほど気にはならなかった。「まあ，ガス欠になれば不時着すればいいだけだ」と，コリガンは考えた。

(9)　コリガンは，コンパスの針に従って夜通し何時間も飛び続けた。あまりに長い間同じ姿勢で座っていたため，筋肉のあちこちが痛み始めた。ガソリンでびしょぬれになった足は感覚がなくなった。

(10)　夜が明けたとき，コリガンは眼下の水面を見て驚いた。コンパスを点検してみると，薄明かりの中でコースをコンパスの針の逆方向に合わせてしまったことに気がついた。西のカリフォルニアに向かって飛んでいるのではなく，大陸を離れ，東の大西洋上空を飛んでいたのだ。

(11) 陸地からどれほど離れたところにいるかわからなかった。無線もパラシュートもない。おまけに燃料もわずかしか残っていなかった。コリガンにできることはただ1つ。このまま飛び続け，ガス欠になってしまう前に陸地に着くことを願うだけだった。

(12) 離陸して28時間後，陸地を発見した。大きな飛行場に，コリガンは無事にサンシャインを着陸させることができた。1人の軍の将校が近づいてきた。

(13) 「こんにちは」とコリガンは言った。「霧で方向が逆になってしまいました。コースを間違えて飛んだようです」。着陸したのは，アイルランドのダブリンの近くであることを間もなく知った。逆方向へ飛んだために夢を実現した，「道を間違えた」コリガンのことは，まもなく全世界が知ることとなった。

(語句)

第1・2パラグラフ

▶ peer out of ~ 　　　熟「~から（しばしばよく見えないものを）慎重に見る」

▶ hide ~ from view 　　熟「~を視界からさえぎる」

▶ dáring 　　　　　　形「危険を伴う」

▶ buy ~ sécondhánd 　熟「~を中古で買う」

▶ fóur-seater 　　　名「座席が4つついた車・飛行機」

▶ repláce A with B 　熟「AとBを取り替える」

▶ change A for B 　　熟「AをBに変更する」

▶ work on ~ 　　　熟「~に取り組む」

▶ évery inch 　　　熟「隅々」

第3・4パラグラフ

▶ hang aróund ~ 　　熟「~をぶらぶらする」

▶ odd jobs 　　　　名「雑用」

▶ abándon the fámily 　熟「家族を捨てる」

▶ do withóut ~ 　　熟「~なしですます」

▶ inclúding ~ 　　　前「~を含めて」

▶ applý for ~ 　　　熟「~を申請する／申し込む」

▶ inspéctor 　　　名「審査官」

▶ íssue + 人 + もの 　他「(人)に(もの)を発行する」

▶ **be cónfident that** S' V' 　　熟 「S' が V' することに対して自信が
　　　　　　　　　　　　　　　　　　　　　　　　ある」

▶ **spéctator** 　　　　　　　　　名 「(スポーツなどの) 観客」

▶ **climb into** 〜 　　　　　　　熟 「(はうようにしてやっとのことで)
　　　　　　　　　　　　　　　　　　　　　　　　〜に入る」

▶ *be* **abóard** 　　　　　　　　熟 「(荷物などが飛行機・船などに)
　　　　　　　　　　　　　　　　　　　　　　　　積み込んである」

▶ **dawn breaks** 　　　　　　　熟 「夜が明ける」

▶ **rise into the sky** 　　　　　熟 「空まで上がる」

▶ *be* **swállowed by** 〜 　　　熟 「〜に飲み込まれる」

▶ **work** 　　　　　　　　　　　自 「(機械類が) 作動する」

▶ **swing the plane aróund** 　　　「飛行機を旋回させる」

▶ **match the cómpass sétting** 「コンパスの設定に (機体の向き
　　　　　　　　　　　　　　　　　　　　　　　　を) 合わせる」

▶ **chilled** 　　　　　　　　　　形 「凍えている」

▶ **leak from** 〜 　　　　　　　熟 「〜から漏れる」

▶ **poke a hole** 　　　　　　　熟 「穴をあける」

▶ **so that** S' **can** V' 　　　　熟 「S' が V' できるように」

▶ **run out of** 〜 　　　　　　　熟 「〜を切らす」

▶ **ache** 　　　　　　　　　　　自 「痛む」 ＊ / eik /

▶ **numb** 　　　　　　　　　　　形 「無感覚になった」 ＊ / nʌm /

▶ **in the poor light** 　　　　　「弱い光の中で ⇒ 薄明かりの中で」

▶ **the wrong end of** 〜 　　　「〜の間違ったほうの先 ⇒ 〜の反対
　　　　　　　　　　　　　　　　　　　　　　　側の先」

▶ **have no idéa** 〜 　　　　　　熟 「〜がさっぱりわからない」

▶ **spot land** 　　　　　　　　　「陸を見つける」

▶ **bring** 〜 **back to Earth** 　「〜を地上に連れ帰る」

▶ **it wasn't long befóre** S' V' 「まもなく S' は V' した」

▶ **fly báckward into his dream**
　　　　　　　　　　　「反対方向に向かって飛行し，夢にたどり着く」

第**3**章
論理展開把握・評論・小説・エッセイ読解問題

君たちも，コリガンのように勇気をもって未来に踏み出そう！

MEMO

MEMO

MEMO

竹岡　広信（たけおか　ひろのぶ）

　京都大学工学部・文学部卒業。現在、駿台予備学校講師（札幌、仙台、名古屋、京都、大阪、神戸、福岡などに出講。衛星放送講座の「駿台サテネット21」にも出講）、Gakkenプライムゼミ特任講師、および竹岡塾主宰。

　授業は、基礎から超難関のあらゆるレベル、あらゆるジャンルに幅広く対応。駿台の講習会は、受付日初日に定員オーバーとなる超人気講座。校舎所在地以外の他府県からの受講生も多数。また、近年は、絶えず新しい英語教育を実践しようとする姿勢が高く評価され、高等学校の教員を対象とした研究会でも講師を務める。その活躍は、NHK「プロフェッショナル　仕事の流儀」でも紹介された。

　授業は毒舌に満ちているが、それは受講生への愛情の裏返し。趣味が「効果的な英語の教材作成」で、夜を徹しての教材執筆も苦にしない“鉄人”。

　著書に、『CD2枚付 決定版 竹岡広信の 英作文が面白いほど書ける本』『DVD付 竹岡広信の「英語の頭」に変わる勉強法』（共に、KADOKAWA）、『竹岡の英語長文SUPREMACY 至高の20題』（Gakken）、『改訂新版 ドラゴン・イングリッシュ 基本英文100』（講談社）、『必携英単語 LEAP』（数研出版）、『入門英文問題精講 4訂版』（旺文社）、『英作文基礎10題ドリル』（駿台文庫）、『東大の英語25ヵ年 ［第12版］』（教学社）などがある。

改訂第2版　大学入学共通テスト
英語[リーディング]の点数が面白いほどとれる本
0からはじめて100までねらえる

2020年6月12日　初版　　　第1刷発行
2022年6月17日　改訂版　　第1刷発行
2024年7月2日　改訂第2版　第1刷発行

著者／竹岡　広信

発行者／山下　直久

発行／株式会社KADOKAWA
〒102-8177　東京都千代田区富士見2-13-3
電話 0570-002-301（ナビダイヤル）

印刷所／TOPPANクロレ株式会社
製本所／TOPPANクロレ株式会社

©Hironobu Takeoka 2024　Printed in Japan
ISBN 978-4-04-606243-7　C7082